商业伦理：全球视角
Business Ethics

主　编　黄海峰

副主编　陆华良　吴华南　陈怡俊　吴　迪
　　　　李　洋　严　忑　盛春红

北京大学出版社
PEKING UNIVERSITY PRESS

图书在版编目（CIP）数据

商业伦理：全球视角 / 黄海峰主编. —北京：北京大学出版社，2021.9
ISBN 978-7-301-32394-6

Ⅰ.①商…　Ⅱ.①黄…　Ⅲ.①商业道德　Ⅳ.①F718

中国版本图书馆CIP数据核字（2021）第158150号

书　　　名	商业伦理：全球视角 SHANGYE LUNLI: QUANQIU SHIJIAO
著作责任者	黄海峰　主编
责任编辑	周　莹
标准书号	ISBN 978-7-301-32394-6
出版发行	北京大学出版社
地　　　址	北京市海淀区成府路205号　100871
网　　　址	http://www.pup.cn
微信公众号	北京大学出版社经管书苑（pupembook）
电子信箱	编辑部 em@pup.cn　　总编室 zpup@pup.cn
电　　　话	邮购部 010-62752015　发行部 010-62750672 编辑部 010-62752926
印　刷　者	北京虎彩文化传播有限公司
经　销　者	新华书店
	730毫米×1020毫米　16开本　23.25印张　452千字 2021年9月第1版　2024年1月第2次印刷
定　　　价	65.00元

未经许可，不得以任何方式复制或抄袭本书之部分或全部内容。
版权所有，侵权必究
举报电话：010-62752024　电子信箱：fd@pup.pku.edu.cn
图书如有印装质量问题，请与出版部联系，电话：010-62756370

内容简介

人类社会创造了巨大的精神及物质财富,但是也对人类赖以生存的生态系统构成了极大的威胁。随着经济增长与资源短缺的矛盾日益尖锐,国内外商业活动也不断爆出有违商业伦理的丑闻,引起了全社会对商业伦理的高度重视。尤其是在全球化背景下,贸易纠纷和商业竞争涉及对商业伦理价值观的遵守与捍卫。商业伦理既是维护社会公正和经济秩序的基本道德规范,也为建设生态文明和美丽中国提供了有力保障。本书直面当今商业伦理的缺失,基于国际视角,本着反思、批判和创新的精神,汲取东西方文化和思想的精华,深入解读生命价值,以重塑商业伦理的决心,力图在生态文明建设中,构建中国商业伦理的研究体系。

本书全面阐述了商业伦理的思想体系、理论框架与实践方法。全书从"大商业"的宏观视角审视商业伦理学,从理论研究、案例分析到实践探索,全方位分析管理者在企业经营和商业竞争中可能面临的各种伦理问题,强调可操作性,具有理论分析和实证研究相统一的特点。编者在查阅与研究中外大量文献资料的基础上,结合国内外的商业诚信缺失情况,全面进行商业伦理现状分析、商业伦理判断与道德决策流程及其应用问题的研究。

本书既阐述思想体系,也提供商业伦理的分析工具和对策。全书包含国内外学者参与写作的十四个章节,涉及不同的专题。本书旨在帮助读者增强商业伦理意识,走出盲目追求物质化生活的误区,营造精神幸福的氛围,树立健康的生活方式;帮助企业理性思考、独立分析经济活动中所遇到的商业伦理问题,掌握商业伦理决策方法,履行社会责任和环境责任。本书汇集了近期国内外商业伦理的研究成果,并有国际知名学者参与,旨在通过加强与国际社会合作,为促进中国社会经济的良性转型、共建人类命运共同体建言献策。

本书体系完整、结构清晰、观点前沿、案例丰富、可操作性强,有不少原创的观点;既可以作为管理类、经济类专业本科生及MBA的"商业伦理学""企业伦理学""管理伦理学"等相关课程的教材,也可作为管理者研究商业伦理问题的参考用书。

Introduction

Modernization has created enormous material and spiritual wealth around the world, but it has also brought serious damage to the ecosystems humanity depends on. Similarly, a growing number of business scandals around the world related to severe violations of business ethics exemplify the conflict between economic growth and environmental sustainability. This worrying phenomenon has caused the international community to attach more serious concern to business ethics. Especially in the context of globalization, trade disputes and competing in the business bear choices to adhere to and uphold the values of business ethics. A well-functioning business ethics system can help maintain social justice and economic order and provide strong stewardship for an ecological civilization and "a beautiful China". Considering the lack of a robust framework of business ethics in our contemporary society, this book endeavors to explain the value of life, and, by reconstructing business ethics for a new era, attempts to build a system for the study of Chinese business ethics through introspective, critical and innovative perspectives which bridge Eastern and Western philosophical thinking.

The book provides a comprehensive picture of the conceptual system, theoretical framework, and empirical methodologies of business ethics. From a macro perspective of business ethics, the book is comprised of theoretical investigation, case study analysis, and empirical exploration. It analyzes various ethical issues and practical problems managers confront during their business activities, emphasizing practicability while drawing from a combination of theoretical and empirical findings. Based on a comprehensive review of Chinese and international literature, the authors conduct in-depth analysis of cases both in China and abroad of serious business ethics violations and systematically examine theories, practices, judgements, decision-making, and applications of business ethics to rectify social problems.

The book explains a conceptual system for analyzing ethical issues and provides analytical tools and possible strategies for responding to dilemmas in business ethics. The book is a compilation of 14 chapters of analysis and contributions from leading experts across the world who investigate critical business and management topics and issues. The book aims to raise awareness towards business ethics and advocate for the importance of going beyond the blind desire for material wealth to obtain personal and corporate satisfaction and have a healthy lifestyle.

The purpose is to reveal a way of professional life where one contemplates and evaluates the ethical issues confronted in the professional business sphere independently, masters decision-making, and fulfills social and environmental responsibilities. The book combines leading research findings from Chinese and international scholars on business ethics, invites international experts to participate, and offers advice on promoting the healthy transformation of China's economy and creating a community of common destiny for mankind through strengthening international collaboration.

The book features a clear and comprehensive structure, innovative and cutting-edge ideas, diverse cases and operable methods. The book can be used as a textbook for undergraduate students majoring in economics and management, as well as MBA students in classes like "business ethics" "enterprise ethics", or "ethics in management". It is also intended to be complementary reading and learning materials for business ethics researchers and scholars.

推荐序一
商业伦理有助于可持续绿色发展

莫汉·穆纳辛格（Mohan Munasinghe）[1]

重视商业伦理以推进人类社会的可持续发展

人类社会是否可持续发展将是 21 世纪人类面临的重大挑战。目前，资源短缺、饥饿、疾病、环境危害、冲突和气候变化都在其中。以目前人口的增长速度来计算，预计到 2050 年，地球将拥有 90 亿人口。然而就当今人类社会的 70 亿人口所使用的自然资源而言，到 2025 年，可能需要两个地球才能维系人类现有的生活方式。不仅如此，在全球现有资源使用中，最富有的 14 亿人口还消费了全球大约 85% 的资源产出，其消费量是最贫困的 14 亿人口的 60 多倍。显而易见，少数富人消耗了大部分穷人维系生存的自然资源。2015 年，联合国通过了两大全球协定，即《联合国可持续发展目标》和在《联合国气候变化框架公约》第 21 次缔约方大会上通过的《巴黎协定》，这两大协定都强调并指出了人类存在过度消费这一伦理问题，因此增强企业的商业伦理意识十分关键。可持续发展第十二项目标"SDG 12"力图解决可持续生产和消费的问题，要实现经济增长和可持续发展，人类必须立刻改变生产和消费方式。因此，实现目标"SDG 12"非常关键的是，一方面要有效管理共同自然资源，掌握有毒废物及污染物的处理方式；另一方面要鼓励产业、企业和消费者循环利用、减少废弃物。与此同时，大力支持

---

[1] 作为穆纳辛格研究所（Munasinghe Institute for Development）创始人之一，穆纳辛格教授曾担任联合国政府间气候变化专门委员会（IPCC-AR4）副主席、斯里兰卡总统高级能源顾问、美国总统环境质量委员会顾问以及世界银行高级顾问，兼任国际生态发展联盟高级顾问。在世界数所著名大学担任客座教授，并因其研究和应用获得许多国际奖励。撰写了 100 多本著作和约 300 篇有关经济学、可持续发展、气候变化、能源、水资源、交通、环境和信息技术等主题的学术论文。此外，被选为多个国际公认的科学院院士，担任十几种专业期刊的编辑委员会委员。穆纳辛格教授于 2021 年荣获了"蓝色星球奖"（Blue Planet Prize）。

发展中国家在 2030 年前转向可持续的消费模式。

2030 年的全球发展目标：

・**环境目标**：将人类的全球生态足迹减少至一个地球所能承受的总量以内。

・**社会目标**：在全球的资源使用范围之内，满足穷人的基本消费需求，使消费分配更加公平。

・**经济目标**：在可持续经济中促进经济的繁荣，但要尊重关键的环境与社会可持续性制约因素。

《联合国可持续发展目标》是一个适当优先于国家需求的有效的监管框架。

重塑伦理价值以提升人类社会的综合发展水平

在 1992 年里约热内卢全球峰会上，大会提出了以可持续经济学来解决现实问题的举措，主要基于以下基本原则：

（1）发展更加可持续。明确其步骤，促使立即行动，不用等待领导者下令。这是符合实际的，因为许多不可持续的活动都是很容易被消除的，例如节约能源和水源、植树造林等。

（2）平衡和协调可持续发展中社会、经济和环境的三大目标。

（3）重视伦理、价值、守则和利益相关者之间的关联。伦理准则将取代不可持续的价值观，通过鼓励跨学科研究，展开全球范围的宏观分析，以开阔视野及与多方利益相关者开展合作。

（4）采用全周期工具——适用于整个运行周期的创新工具。

坚持可持续发展原则需要改变价值观，因为在当今世界，非伦理型的发展正起着主导作用。一些贪婪、自私、腐败、暴力、不平等、不公正和精英主义的非伦理价值观导致全球经济的畸形发展，生态环境的污染和自然资源的枯竭引发了巨大的环境债务。在恶性循环下，自然资源的稀缺将激发社会矛盾和更多的不道德行为，使可持续发展陷入困境。

为了在 2030 年达成可持续发展目标，我们必须给公民尤其是企业家灌输道德的、可持续的价值观，以打破这种不可持续的循环。

推广商业伦理以扩展人类社会的绿色发展路径

基于可持续发展经济学的观点，大力推广符合社会公平和正义的商业伦理理念十分重要。长期以来，发达国家作为温室气体（Greenhouse Gas）主要排放国，应该遵循商业伦理原则，积极协助较为贫困的国家适应气候变化并减少温室气体的排放。贫困国家应该把重点放在强化或提高适应性上，以降低气候变化对其所造成的危害。

同样，我们也可以发现一条适用于所有自然资源利用的绿色增长路径，尤其是能源、水和矿物质等。这条绿色增长路径可以通过扶贫措施，转化为平衡包容性的绿色增长路径。在世界范围内，由于最富有的14亿人消费了超过80%的资源，因此减少他们的消费从而减轻环境的负担是符合伦理标准的，同时释放资源以提高贫困人口的生活水平。

人类社会发展需要企业和社会的创新，政府无法单独解决可持续发展问题。自然资源节约型的绿色商业创新（Green Business Innovation）是一项吸引人的双赢选择，因为公司不仅可以降低成本，使自身更具竞争力和盈利能力，而且能保护环境，加强可持续发展的品牌建设。可持续的生产方法正在为越来越多的人所寻求，比如运用价值链或供应链分析方法，改善制造流程。现有的直线型产业系统必须向运用创新型生产程序、产品和管理方法的可循环系统转化。

绿色商业创新通过新的产品、服务和生产方式来满足未实现的社会需求，并联合包括政府、企业、协会和公民在内的合作力量与平台，实现对社会和环境有益的目标。在非营利部门中的企业家和社会企业，代表有价值的社会资本，是社会伦理创新的重要驱动力。诸如国际生态发展联盟（Ecological Development Union International, EDUI）、法国国际生态文明大学以及在中国福建筹建的生态文明健康与艺术学院等社会教育机构所聚集的来自知识界和企业界的力量，显示出卓越的绿色领导力，代表了一种共建、共享、共生的新型合作创新模式。全社会正是通过鼓励绿色商业创新，树立良好的商业伦理准则，让更多的人积极地参与到人类可持续发展的事业中。

在黄海峰教授的主持下，汇集了其他专家学者研究成果的《商业伦理》一书即将推出，这不仅具有进一步开拓研究领域的意义，也将为中国社会可持续发展战略的实施打下具有前瞻性的坚实基础。

# 推荐序二
商业领袖必须承担企业社会责任

格哈德·斯塔尔（Gerhard Stahl）[1]

长期以来，在一些企业界和商学院中盛行"赚钱是企业唯一目标"的观点，企业社会责任被忽略。该观点认为追求利润最终有利于社会繁荣，市场作为看不见的手将形成最优的资源配置。然而，近年来发生的两项风险使持有这一立场的拥护者，也开始产生了怀疑。

第一，金融危机的风险。2008年美国次贷危机对国际经济乃至政治制度的稳定构成了重大威胁。为了实现更高的利润，具有高风险的金融产品应运而生，导致一些金融机构的破产，迫使政府注入大量资金，其负担最终由纳税人承担。这些贪婪成性的银行家是否构成了社会风险？造成这种后果的原因是什么？

第二，气候变化的危险。在忽略生态环境的经济增长模式中，人类未来可持续发展日益受到巨大威胁。经过数十年的讨论和交锋，2015年12月在巴黎召开的联合国气候会议，最终成功达成了变革现行政策的国际共识。限制全球气温的上升和避免气候灾难，不仅需要全球启动重大的政治、经济变革，而且特别需要公民限制并改变个人无节制的消费行为。但是，这一变革随着"美国优先"（America First）的论调而变得扑朔迷离。

毫无疑问，商学院必须为这种变革做好准备。现代商业教育必须关注与经济、社会和环境发展相关的各个方面。联合国《2030年可持续发展议程》涉及的17项可持续发展目标，为人类可持续发展的统筹提供了一个有意义的蓝图。众所周知，企业在这些目标的实现上发挥着关键作用。企业家精神将鼓励企业开发新技术，为社会创新做出贡献，以期建立新的经济秩序。这个秩序必须更加社会化、综合化、可循环，倡导资源节约并尊重环境。

---

[1] 格哈德·斯塔尔曾担任欧盟地区委员会（Committe of the Regions，CoR）秘书长，国际生态发展联盟高级顾问。欧盟地区委员会于1994年依据《马斯特里赫特条约》（Maastricht Treaty）而设立，是欧盟下属的咨询机构，由各成员国按相同人数比例原则委派的334名委员组成。委员是由来自各地区、社区和区域联合体的政治家（如地区主席、议员、市长等）构成；由成员国推荐，欧盟首脑会议任命，任期4年。委员会代表地区、社区和区域联合体的利益，欧盟机构在进行决策时须在区域和社区管理、环境、教育及交通等方面听取地区委员会的意见。

欧盟鼓励企业遵守这些国际准则，支持将企业社会责任作为新商业模式加以实施：
- 加强企业社会责任的知名度及其有效传播；
- 改善公司对社会和环境信息的披露；
- 将企业社会责任纳入教育、培训和研究；
- 改善自我监管和共同监管的流程，创造商业社区、民间社会和政策制定者之间良好合作的文化。

不仅欧盟在推广企业社会责任，而且那些盎格鲁－撒克逊模式[1]市场经济国家也开始探讨企业社会责任的益处，考虑如何兼顾员工、工会和政府等利益相关者的利益，而不再是仅仅维护股东的利益。

通过共享价值这一新概念，我们可以更好地理解商业如何为客户和商业伙伴的社会进步做出贡献，从而使公司获得更大的成功。美国管理学家迈克尔·波特（Michael Porter）持有的这一观点获得了越来越多的公司的认同。有证据表明，商业机会与社会进步和环境健康有关联。对于发展中国家而言，良好的公私合作关系可以促进社会进步，市场经济的动力将加快社会发展。

作为最大的发展中国家，中国建立了社会主义市场经济体制，成为最具活力的经济体之一。如果中国企业能更好地理解商业伦理，进一步承担企业社会责任，则将有利于当今的经济转型与未来的可持续发展。

由黄海峰教授主笔，在国内外专家的共同努力下，一部研究和推广商业伦理、企业社会责任的最佳实践案例书得以推出。毫无疑问，随着越来越多的中国企业在发展中国家和发达国家投资，中国的商业文化、商业伦理和商业模式将日益受到关注。如果中国企业领导者致力于落实企业社会责任，将使更多的人从中获益，并对世界产生重要影响。

---

[1] 盎格鲁－撒克逊模式（Anglo-Saxon Model）又称"英美模式"，是以市场经济为导向，以个人主义和自由主义为基本理论依托，倡导放弃管制、削弱国家作用的所谓"国家最小化，市场最大化"原则。其主要特征包括：突出自由竞争；强调劳动力市场的流动性，劳动者享受有限的法定劳动所得和社会福利；公司注重短期目标的实现，证券市场在公司投融资中起着举足轻重的作用。该模式的特征在20世纪70—80年代随着英国的撒切尔夫人上台执政和美国里根当选总统，相继推行"撒切尔主义"和"里根经济学"而更趋强化。在经济上，其主张削减赋税、自由竞争、放松管制、私有化和鼓励个人财富的积聚。

前　言

大国之大，不仅在于经济繁荣、体量庞大，还在于伦理垂范、礼仪万邦。在中国日渐崛起的今日，应该如何弥补企业在急功近利发展中所造成的商业伦理的缺失？要回答这个问题，则有必要了解企业的本质以及企业家的内涵。所谓企业，顾名思义就是"企求创业"，它以营利为目的，以实现投资人、客户、员工、社会大众的利益最大化为使命，通过提供产品或服务换取收入，其经营过程完全遵循其商业向善的规则。法国经济学家理查德·坎蒂隆（Richard Cantillon）首次在其著作《商业性质概论》（*Essay on the Nature of Commerce in General*）中提出"企业家"这一术语。"企业家"作为"企求创业"的专家，具有冒险和创新精神，这种精神简称为企业家精神。它作为企业家特殊技能（包括精神和技巧）的集合，是一种重要且特殊的无形生产要素。在当今中国经济转型过程中，企业家精神与商业伦理直接关系到一个社会的进步与文明。

党的二十大报告中明确提出"中国式现代化是物质文明和精神文明相协调的现代化"，要"完善中国特色现代企业制度，弘扬企业家精神，加快建设世界一流企业"。这不仅需要不断完善现代商业体系，通过加强商业伦理来塑造与之相协调的现代商业文明；而且中国的企业家也需要以商业伦理来守正创新，秉持正确的价值观，在为社会创造价值的同时，严格遵守经济、社会与环境三重底线，奉行诚实、公正和廉洁的道德准则，不断审视企业的经营决策与行为，使中国企业在传承中华文明、加强国际合作的过程中，构筑中国品牌，从而推动全球商业文明新格局的构建。

商业伦理与人才标准

判断人才培养是否成功，其标准在于衡量受教育者是否具有基本的伦理道德。当今世界，大学扮演着一个非常重要的角色，就是培养人才。毫无疑问，大学是未来人才的摇篮。

大学的人才标准是什么？如何培养出对社会产生正面影响的人才？从 20 世纪 80 年代初至今，笔者在教育研究机构里工作与学习 30 多年。其间，受邀担任过德国、美国、法国等企业的咨询顾问，从事促进中外之间商业合作的相关工作；也曾担任过政府部门的项目负责人，主管过高端的国际合作，主持过中欧高层学术论坛、中美高层学术论坛，参与过联合国环境规划署《迈向绿色经济：实现可持续发展与消除贫困之途径》的撰写，评审过世界银行项目，负责过跨国企业国际咨询项目。在与许多世界级领袖和著名企业家的交流过程中，笔者发现，这些推动社会进步的人都有一个共同的特质，就是智商与情商兼备、社会责任和社会贡献并存。党的十八大报告也提出，立德树人是教育的根本任务。因此，大学教育的最高境界并非向学生灌输知识，而是要将价值塑造、知识传授和能力培养融为一体，引导学生树立正确的世界观、人生观，培养担当民族复兴大任的时代新人。

商业伦理与人生内涵

商业伦理要求从事商业活动的组织和公民履行相应的社会责任。对于组织而言，社会责任通常是指组织承担了高于组织目标的社会义务，它超越了法律与经济对组织所要求的义务，实质是对组织管理道德的要求。履行社会责任完全是组织出于义务的自愿行为。对于公民而言，责任感是衡量一个人精神素质的重要指标，社会责任是指一个人应以一种有利于社会发展进步的方式从事工作，承担其社会义务。企业的领导者在真正领悟商业伦理之前，应该了解人生的真正内涵，须理解人生的"三命"状态：人从出生开始就拥有了性命；经过大学的学习和社会的磨炼而拥有了生命；如果把个人生命与社会发展相结合、把个人责任与社会贡献相结合，则拥有了使命。在这"三命"状态下，要成为一个对社会有积极影响的人才，还应该遵守"信用、承诺、道义"三种处事准则，同时拥有"敬畏、慈悲、感恩、宽容"四种心灵境界。当企业家具有信用时，他将具备核心的竞争力；当企业家学会承诺并一诺千金时，他将拥有极大的号召力；当企业家奉行道义时，他将释放巨大的影响力，从而聚集具有相同价值观的人才。

总之，"性命、生命、使命"这三种状态代表了企业家的高度；"信用、承诺、道义"这三种处事准则体现了企业家的厚度；"敬畏、慈悲、感恩、宽容"这四种心灵境界展现了企业家的广度，其中"宽容"不仅是对领导和同事，也是对自己。人生总有逆境，学会把握峰回路转的机遇，此乃改变命运的开始。

目前，一些企业家由于工作高度紧张，有的在40多岁时生命就不幸终止。因此，不仅要提倡社会的可持续发展，还要注重个人生命的可持续发展。为此，商学院不仅要研究产品的生命周期、企业的战略定位，还要研究人自身的生命周期和定位，将生命当作艺术进行研究，挖掘人生价值。如果每一个企业家的生命多延长10年或20年，那么对社会而言将是巨大的贡献。

商业伦理与人性艺术

商业伦理有助于丰富人性的艺术。一个人只有具备人性的艺术，才能掌握工作的艺术和生活的艺术，最终才能拥有真正的领导艺术，释放出领导者的人性魅力，宣扬同理心、同情心和社会良知。第一任哈佛大学校长德鲁·吉尔平·福斯特（Drew Gilpin Faust）应邀访问美国陆军军官学院（西点军校）时，在发表的演讲中强调指出，人文教育在高效率的领导力中具有重要和不可替代的价值。学校教育更应该强调人格、道德、情感的培养，避免受教育者对他人生命、对外部世事和人间疾苦的漠视。中国伟大的哲学家庄子曾说："哀莫大于心死。"[1]一个对外部世界冷漠无情的人，是没有希望的人；一个对生活、对生命无动于衷的领导者，最终也可能成为危害人类的恶魔。

什么是真正的领导艺术？世界经济论坛创始人及执行主席克劳斯·施瓦布（Klaus Schwab）认为，真正的领导力有四个构成要素：智慧、灵魂、真心以及良好的心理状态。关键在于领导者要学会将自己置身于一个全方位、全系统的思考体系。领导艺术作为支撑机体的复杂毛细血管，通过提升领导力，促进系统的新陈代谢、升级再造，从而使领导者引导团队，实现从量变到质变的价值转型。这种转型体现在两个方面：其一，从追逐有形的产品价值向注重无形的服务价值转型；其二，从强调单一的商业价值向注重人生的生命价值转型。

中国聚集了一批优秀的企业家，像华为、腾讯、三一重工的高层管理者，在与这些企业家交流时，笔者发现他们已经实现了从强调商业价值向注重生命价值的转型。在湖南长沙三一重工总部的参访中，笔者发现该公司将中国质量与世界贡献并列，以"品质改变世界"作为企业的价值观，从而强化了中国企业在国际上的正面形象。正是兼顾商业价值与生命价值这两点，以上企业将最终实现从外在到内在的价值升华。以根植于

---

[1] 出自《庄子·田子方》。

内心的修养、无须提醒的自觉、以约束为前提的自由、为别人着想的善良作为伦理价值观，这就是以上企业可持续发展壮大的领导艺术。

总之，评价一个人才的成就，不应仅仅看他取得过哪些辉煌的业绩，更重要的是看他有没有做过任何逾越道德底线的坏事；衡量一个企业的发展，"天道酬勤"和"财散人聚"则揭示了其发展秘诀。其中，"天道酬勤"表明企业在开创之初虽缺少充裕的资金，但若能勤劳吃苦，必能发展壮大；"财散人聚"表明企业在有充足资本的时候，建立合理的利益分配机制，就能凝聚人才。今天，商学院在鼓励学生创造更多财富的同时，还应该引导学生掌握商业伦理的精髓，成为新一代具有社会责任意识和责任能力的伦理型领导者，为中国生态文明建设和社会的可持续发展做出贡献。

因此，在这一使命感的鞭策下，笔者向北京大学出版社提出著作撰写申请，与陆华良教授共同组织，在国际著名学者联合国政府间气候变化专门委员会（IPCC）副主席莫汉·穆纳辛格（Mohan Munasinghe）院士、欧盟地区委员会原秘书长、国际生态发展联盟高级顾问格哈德·斯塔尔（Gerhard Stahl）教授，全球新兴经济体商学院联盟主席、斯洛文尼亚国际发展管理中心布莱德管理学院校长丹妮卡·普尔格（Danica Purg）教授的大力支持下，与吴华南、陈怡俊、吴迪、李洋、严忞、盛春红等中青年学友密切合作，历时三年撰写完成了《商业伦理：全球视角》这本著作。在写作过程中，编写组大部分专家知行合一，积极响应中国政府生态文明建设的相关政策以及联合国倡导高校要积极贯彻责任管理教育原则的号召，联合国内几十所高校、政府部门以及社会组织的专家学者，率先成立中国责任管理教育学术委员会、中国责任管理教育与可持续发展研究院，得到了国内外学术界的一致好评。

在编写本书的过程中，编写组根据教育部《高等学校课程思政建设指导纲要》等文件精神，力求把课程思政内容尤其是党的"二十大"精神与专业知识有机融为一体，坚持正确导向，强化价值引领，落实立德树人根本任务，力求提供一本符合新时代人才培养需要的优秀商业伦理著作。

黄海峰

2024 年 1 月 8 日

目 录

第1章 商业伦理的教育基础 1
    1.1 研究内容 3
        1.1.1 道德与伦理 4
        1.1.2 含义与本质 6
        1.1.3 学说与方法 10
    1.2 发展历程 13
        1.2.1 发展背景 13
        1.2.2 发展演变 14
    1.3 学习意义 21
        1.3.1 商业伦理的经济性 22
        1.3.2 商业伦理的教育性 22
        1.3.3 商业伦理的示范性 23
        1.3.4 商业伦理的导向性 24
    1.4 教育基础 24
        1.4.1 中国商业伦理教育 26
        1.4.2 西方商业伦理教育 30
        1.4.3 商业伦理教育课程 33

第2章 商业伦理的文化基础 39
    2.1 文化的内涵及构成要素 42

- 2.1.1 文化的重要内涵 ... 42
- 2.1.2 文化的构成要素 ... 43
- 2.2 **商业伦理与企业文化** ... 45
  - 2.2.1 企业文化的产生与发展 ... 45
  - 2.2.2 企业文化的特征和功能 ... 46
  - 2.2.3 中外企业文化的差异性 ... 48
- 2.3 **商业伦理与中国传统文化** ... 52
  - 2.3.1 儒家思想与商业伦理 ... 52
  - 2.3.2 道家思想与商业伦理 ... 57
- 2.4 **商业伦理与西方哲学思想** ... 60
  - 2.4.1 古典哲学与商业伦理 ... 60
  - 2.4.2 经济伦理学与商业伦理 ... 61

第3章 商业伦理的理论基础 ... 65

- 3.1 **商业伦理的原则** ... 67
  - 3.1.1 原则的产生 ... 67
  - 3.1.2 原则的内容 ... 69
  - 3.1.3 原则的作用 ... 71
- 3.2 **商业伦理的类型及理论** ... 73
  - 3.2.1 商业伦理的类型 ... 73
  - 3.2.2 商业伦理的理论 ... 75
- 3.3 **商业伦理的评价** ... 76
  - 3.3.1 道德观论 ... 76
  - 3.3.2 评价方法 ... 79
- 3.4 **商业伦理的决策** ... 81
  - 3.4.1 主要模型 ... 81
  - 3.4.2 影响因素 ... 85
  - 3.4.3 主要步骤 ... 86

第4章 商业伦理的社会基础 ... 91

4.1 公民的社会责任 ... 93
4.1.1 基本内涵 ... 93
4.1.2 道德意识 ... 94
4.1.3 伦理基础 ... 95

4.2 政府的社会责任 ... 97
4.2.1 基本内涵 ... 97
4.2.2 社会基础 ... 97
4.2.3 主要分类 ... 98

4.3 非政府组织的社会责任 ... 99
4.3.1 基本内涵 ... 99
4.3.2 具体内容 ... 100
4.3.3 培育方式 ... 100

4.4 企业的社会责任 ... 102
4.4.1 基本内涵 ... 103
4.4.2 具体对象 ... 104
4.4.3 驱动因素 ... 104

4.5 相互关系 ... 106
4.5.1 不同组织社会责任的联系 ... 106
4.5.2 不同组织社会责任的区别 ... 107

第5章 商业伦理与企业发展 ... 109

5.1 理论概述 ... 111
5.1.1 企业生命周期的理论 ... 112
5.1.2 企业风险理论的渊源 ... 113
5.1.3 企业风险与商业伦理 ... 114

5.2 商业伦理对企业发展的影响 ... 115
5.2.1 企业内部风险 ... 116
5.2.2 企业外部风险 ... 118

	5.3	商业伦理对中国企业的影响	120
		5.3.1 诚信仁义的基本观念	120
		5.3.2 和为贵的做人原则	120
		5.3.3 勤俭节约的做事方法	121
	5.4	企业商业伦理问题的分类	121
		5.4.1 外部商业伦理问题	122
		5.4.2 内部商业伦理问题	123

第6章 商业伦理与科技发展 127

	6.1	科技发展的伦理思考	129
		6.1.1 现实意义	129
		6.1.2 伦理反思	130
		6.1.3 伦理规范	133
	6.2	科技伦理的基本概念	134
		6.2.1 基本内涵	134
		6.2.2 主要特性	134
		6.2.3 道德约束	135
		6.2.4 政府责任	135
	6.3	科技发展的伦理实践	136
		6.3.1 主要政策	136
		6.3.2 体系建设	137
		6.3.3 社会实践	137
	6.4	商业伦理的文化重建	139
		6.4.1 重建商业伦理的文化基础	139
		6.4.2 重视知识产权的保护作用	139
		6.4.3 规范科技商业的应用推广	140

第7章 商业伦理与金融发展 143

	7.1	商业伦理与金融伦理	145

　　　　7.1.1　金融伦理的基本概念 145
　　　　7.1.2　金融伦理的核心关系 148
　　　　7.1.3　金融伦理问题的决策框架 149
　　7.2　商业伦理与监管体制 152
　　　　7.2.1　商业伦理的缺失 152
　　　　7.2.2　监管体制的模式 153
　　　　7.2.3　监管体制的发展 156
　　7.3　商业伦理与绿色金融 159
　　　　7.3.1　发展背景 159
　　　　7.3.2　基本概念 160
　　　　7.3.3　主要措施 162

第8章　商业伦理与生态发展 167
　　8.1　生态发展的思想体系 169
　　　　8.1.1　基本内涵 169
　　　　8.1.2　基本原则 173
　　　　8.1.3　思想演进 174
　　8.2　工业文明的伦理反思 177
　　　　8.2.1　企业责任观 177
　　　　8.2.2　企业利润论 178
　　　　8.2.3　利益冲突论 179
　　　　8.2.4　人类中心论 180
　　　　8.2.5　消费导向论 181
　　8.3　生态文明的伦理反思 182
　　　　8.3.1　食品安全管理的伦理 183
　　　　8.3.2　中医药学管理的伦理 188

第9章　商业伦理与创新能力 197
　　9.1　创新伦理机制研究 199

        9.1.1 创新伦理的内涵 200
        9.1.2 创新伦理方法 201
        9.1.3 创新伦理机制 203
    9.2 社会管理创新能力 204
        9.2.1 伦理问题 204
        9.2.2 基本内涵 205
        9.2.3 中国实践 207
    9.3 经济政策创新能力 208
        9.3.1 伦理问题 208
        9.3.2 中国实践 209
    9.4 绿色创新能力实践 210
        9.4.1 绿色创新的含义 211
        9.4.2 绿色创新的挑战 211
        9.4.3 绿色创新的实践 211

第 10 章 商业伦理与领导能力 217
    10.1 目标与意义 219
        10.1.1 主要目标 219
        10.1.2 重要意义 220
    10.2 概念与理论 221
        10.2.1 基本概念 221
        10.2.2 主要理论 224
    10.3 作用与方法 228
        10.3.1 影响作用 228
        10.3.2 形成作用 229
        10.3.3 用人方法 229
        10.3.4 施权方法 230
        10.3.5 执行方法 230
    10.4 核心与内涵 230

		10.4.1 核心内容	230
		10.4.2 管理内涵	232
	10.5	古代文明智慧	233
		10.5.1 老子的"层次"学说	234
		10.5.2 孔子的"六艺"学说	235
		10.5.3 孙子的"五德"学说	236
		10.5.4 诸葛亮的"十力"学说	237
	10.6	现代文明智慧	238
		10.6.1 良好的心态	238
		10.6.2 优雅的神态	241
		10.6.3 积极的姿态	242

第 11 章 商业伦理与法治能力 245

	11.1	重要概述	247
		11.1.1 认识与演变	249
		11.1.2 发展与互动	250
	11.2	商业伦理与法律的主要特征及差异	251
		11.2.1 商业伦理的差异性与法律的普遍性	252
		11.2.2 商业伦理的不确定性与法律的确定性	252
		11.2.3 商业伦理的非强制性与法律的强制性	253
	11.3	法律的局限性	254
		11.3.1 法律的惩罚机制	254
		11.3.2 法律的奖励机制	255
		11.3.3 法律奖惩机制的局限性	255
		11.3.4 法律的其他局限性	256
	11.4	商业伦理的主要优势及与法律的互补性	257
		11.4.1 规范商业行为的优势	257
		11.4.2 商业伦理和法律互为补充	258

第 12 章 商业伦理与向善能力 263

12.1 向善能力的理论基础 265
12.1.1 文化向善 266
12.1.2 社会向善 267
12.1.3 商业向善 268
12.1.4 经济向善 269

12.2 向善能力的驱动要素 270
12.2.1 商业价值观 270
12.2.2 企业文化观 271
12.2.3 市场机制说 272

12.3 向善能力的组织形态 273
12.3.1 新型的商业组织 273
12.3.2 新型的标准认证 274
12.3.3 新型的经营模式 276
12.3.4 新型的投资方式 277

12.4 向善能力的社会实践 279
12.4.1 社会企业 280
12.4.2 共益企业 280
12.4.3 共惠企业 281
12.4.4 共享平台 281

第 13 章 商业伦理的中国视角 285

13.1 传统商业伦理的思考 287
13.1.1 冲突与挑战 287
13.1.2 继承与发扬 288
13.1.3 发展与契机 289

13.2 中西方商业伦理比较 289
13.2.1 中西方商业伦理的差异 290
13.2.2 中西方商业伦理的内涵 290

            13.2.3 中国商业伦理的特征 291
    13.3 中国社会企业的兴起 293
            13.3.1 社会企业的基本概念 293
            13.3.2 中国社会企业的发展 293
            13.3.3 中国社会企业的特征 294
            13.3.4 中国社会企业的困境 294
            13.3.5 中国社会企业的对策 295
    13.4 中国商业伦理的展望 296
            13.4.1 企业公民与商业伦理 296
            13.4.2 互联网化与商业伦理 297
            13.4.3 全球化经营与商业伦理 298

第 14 章 商业伦理的欧非视角 303
    14.1 公司治理的全球伦理问题 305
            14.1.1 主要问题 305
            14.1.2 国际特征 306
            14.1.3 重要意义 307
    14.2 欧洲地区的企业社会责任 308
            14.2.1 欧洲 CSR 的思想演变 308
            14.2.2 欧洲 CSR 的发展阶段 308
            14.2.3 欧洲 CSR 的变化过程 309
    14.3 欧洲 CSR 的发展 310
            14.3.1 CSR 多元化合作 311
            14.3.2 CSR 融合化趋势 311
            14.3.3 CSR 差异性特点 311
    14.4 非洲地区的商业伦理分析 312
            14.4.1 传统和当代分析 312
            14.4.2 宏观和微观分析 313
            14.4.3 重点部门的研究 315

    14.4.4　组织管理的研究 315
    14.4.5　道德困境的研究 316
  14.5　全球商业伦理的未来展望 317
    14.5.1　全球商业伦理的挑战 317
    14.5.2　全球商业伦理的前景 318

结束语 321
参考文献 326
后　记 337

CONTENTS

Chapter 1 Educational Foundations of Business Ethics 1
    1.1 Research Contents 3
    1.2 Development 13
    1.3 Significance 21
    1.4 Foundations of Education 24

Chapter 2 Cultural Foundations of Business Ethics 39
    2.1 Cultural Implications and Elements 42
    2.2 Business Ethics and Corporate Culture 45
    2.3 Business Ethics and Chinese Traditional Culture 52
    2.4 Business Ethics and Western Philosophy 60

Chapter 3 Theoretical Foundations of Business Ethics 65
    3.1 Principles of Business Ethics 67
    3.2 Theories of Business Ethics 73
    3.3 Evaluation of Business Ethics 76
    3.4 Decision-Making in Business Ethics 81

Chapter 4 Social Foundations of Business Ethics 91
    4.1 Social Responsibilities of Citizens 93
    4.2 Social Responsibilities of Government Agencies 97
    4.3 Social Responsibility of NGOs 99
    4.4 Corporate Social Responsibility 102

4.5 Inter-Relationships of CSR 106

Chapter 5 Business Ethics and Corporate Development 109
    5.1 Theoretical Overview 111
    5.2 Impact of Business Ethics on Corporate Development 115
    5.3 Impact of Business Ethics on Chinese Corporations 120
    5.4 Classification of Corporate Ethical Issues 121

Chapter 6 Business Ethics and Science and Technology Development 127
    6.1 Ethical Thinking of Science and Technology Development 129
    6.2 Basic Concepts of the Ethics of Science and Technology 134
    6.3 Ethical Practice of Science and Technology Development 136
    6.4 Cultural Reconstruction of Business Ethics 139

Chapter 7 Business Ethics and the Development of Finance 143
    7.1 Business Ethics and Financial Ethics 145
    7.2 Business Ethics and Regulatory Systems 152
    7.3 Business Ethics and Green Finance 159

Chapter 8 Business Ethics and Ecological Development 167
    8.1 Ideological System of Ecological Development 169
    8.2 Ethical Reflections of Industrial Civilization 177
    8.3 Ethical Reflections of Ecological Civilization 182

Chapter 9 Business Ethics and Innovation Capability 197
    9.1 Research on the Mechanisms of Innovation Ethics 199
    9.2 Innovation Capability of Social Management 204
    9.3 Innovation Capability of Economic Policy 208
    9.4 Practice of Green Innovation Capability 210

Chapter 10 Business Ethics and Leadership 217
  10.1 Objectives and Significance 219
  10.2 Concepts and Theories 221
  10.3 Functions and Methods 228
  10.4 Core Content and Implications 230
  10.5 Wisdom of Ancient Chinese Civilization 233
  10.6 Wisdom of Modern Civilization 238

Chapter 11 Business Ethics and the Legal Capability 245
  11.1 Overview 247
  11.2 Main Features and Distinctions 251
  11.3 The Limitations of Laws 254
  11.4 Main Advantages and Complementarity 257

Chapter 12 Business Ethics and Doing Good 263
  12.1 Theoretical Foundation of Doing Good 265
  12.2 Driving Forces of Doing Good 270
  12.3 Organizational Forms of Doing Good 273
  12.4 Social Practice of Doing Good 279

Chapter 13 Business Ethics from Chinese Perspective 285
  13.1 Thinking on Traditional Business Ethics 287
  13.2 Comparison of Chinese and Western Business Ethics 289
  13.3 Rise of Social Corporations in China 293
  13.4 Future Outlook for Chinese Business Ethics 296

Chapter 14 Business Ethics from European and African Perspective 303
  14.1 Global Ethical Issues of Corporate Governance 305
  14.2 Corporate Social Responsibility in Europe 308
  14.3 Development of CSR in Europe 310

14.4 Business Ethics in Africa 312
14.5 Global Business Ethics Outlook 317

Conclusion 321
References 326
Afterword 337

第1章
商业伦理的教育基础

> 道德普遍地被认为是人类的最高目的，因此也是教育的最高目的。
> ——约翰·弗里德里希·赫尔巴特（Johann Friedrich Herbart，德国哲学家）

> 道德是做人的根本。根本一坏，纵然使你有一些学问和本领，也无甚用处，并且没有道德的人，学问和本领愈大，就能为非作恶愈大。
> ——陶行知（中国教育家）

本章提要

大学是培养社会各界未来人才的摇篮，坚守商业伦理原则将有助于避免陷入伦理冲突的困境。商业伦理的教育基础越扎实，越有助于个人的职业生涯规划和社会的文明进步。本章首先分析了商业伦理中道德和伦理的内涵，从个体、组织和社会三个层面剖析了商业伦理的本质；其次，从商业伦理思想和商业伦理学两个角度，分析了商业伦理的发展和演变，阐述了不同历史阶段的商业伦理观念和特征；再次，系统阐述了学习商业伦理的教育意义，总结了商业伦理的经济性、教育性、示范性和导向性；最后，总结了中国商业伦理的教育基础，介绍了中国和国外商业伦理教育的现状，并对生态文明建设中的中国商业伦理教育体系提出了相应的要求。

学习目的

1. 理解商业伦理的内涵以及道德和伦理的关系
2. 掌握商业伦理的三种研究方法
3. 掌握商业伦理的本质与特性
4. 在生态文明建设中,明确商业伦理教育体系在当今社会中的重要性和作用

知识拓展

"善"教育

教育的本质是善。商业伦理作为大学教育的主要内容,有助于形成商业道德和商业规则的内化。"善"教育,旨在培养"善德、善行、善学"的品质,彰显了现代教育以"人"为本理念的重要转变,关注受教育者的德商与成长。教育的重要目的是教人为善,教育应该符合人的发展规律、合乎社会的发展规律,其终极目标是促进人的全面发展。教育与伦理同为一体,"善"教育注重教育与人的生存和发展的合理性、价值性的关系,使教育价值得以最大限度地发挥,使人类对教育的需要得以更好地满足,使人的生命在知识的沐浴和道德的洗礼中得到升华。

引导案例

"善"教育挽救万千灵魂

2000年4月2日凌晨,在南京发生了一起骇人听闻的凶杀案。来自德国的普方先生与他的太太和一对儿女被入室盗窃的四名歹徒残忍地杀害。四名农村青年深夜潜入别墅行窃被发现后,在慌乱中毫不留情地杀害了这一家人。警方很快将这四名凶手缉拿归案。

当普方先生的岳父母得知这个消息时,他们都不敢相信,自己亲爱的女儿一家四口就这样被残忍地杀害。但他们得知审判结果后却做出了惊人的决定,给法院致信请求法官不要判处这四名凶犯死刑。江苏省高级人民法院最终维持死刑的原判。这起轰动一时的全国特大涉外灭门惨案很快结了案。

故事并没有结束,普方先生的亲人和朋友们了解到,这几名凶犯来自极其贫困的江

苏省北部的沭阳县，悲剧发生的原因在于这些年轻人没有接受过良好的教育，缺少爱的教育，缺少改变生活命运的机会，在对金钱的渴望中，无视生命的尊严和珍贵，萌发了恶念。他们认为，缺乏教育是伦理丧失的主要原因；要彻底铲除滋生犯罪的土壤，靠仇恨是没有用的，除了法庭和监狱的审判与惩治，更需要的是互助与教育。为了避免这样的悲剧重演，普方先生的岳父母联合朋友们在爱德基金会旗下成立了相对独立运作的普方协会（Pfrang Association），致力于改变江苏贫困地区儿童的生活状况，让他们从小就有良好的教育基础，树立正确的伦理观和致富观。他们把募集到的善款用来支付那四名凶犯的家乡——苏北沭阳县贫困家庭孩子们的学费，为他们铺平自主而充实人生的道路。

截至2019年，这一协会已经独立运作了19年，资助了1 800多个贫困家庭的儿童，尤其是帮助了许多残疾儿童完成中学学业。现在参与普方协会的志愿者越来越多，而且来自不同的国家。德国巴符州驻南京代表处总经理朱利娅说："我们想让大家知道，教育能够改变或成就人的一生。"普方协会的国际专家们把眼光放在了长远的"善"教育方面，而在一个青少年受到良好的伦理教育后，就会在内心埋下伦理的种子，懂得爱与善的伦理，这将会是社会发展的动力。因此，教育作为灌输伦理和滋养道德的肥沃土壤，能促进真善美的发展。

资料来源：邵万雷. 德国人普方灭门案：是剥夺一个生命，还是挽救万千灵魂?[Z/OL].(2019-08-04) [2020-03-06]. https://www.sohu.com/a/331390546_120032。

思考题：如何从教育基础入手，让商学院学生树立牢固的商业伦理？

1.1 研究内容

美国学者约翰·杜威（John Dewey）在其著作《民主主义与教育》（*Democracy and Education*）中针对教育弊端，曾一针见血地指出："如果所获得的知识和专门的智力技能不能影响社会倾向的形成，平常的充满活力的经验的意义不能增进，而学校教育只能制造学习上的'骗子'——自私自利的专家"，出现这些问题的原因在于薄弱的教育基础。一个社会的教育目标应该回应现实的需求和伦理的关怀，一个国家未来的发展格局在于教育基础。教育需要关切人类社会发展的未来需求，完成从工业文明教育阶段向生态文明教育阶段的过渡。生态文明阶段的教育体系与工业文明阶段不同，需要思想观念和认知方式的进一步转变，更加注重伦理、生态、自然、生命的研究，更深层次地挖掘人生的内涵，更紧密地连接受教育者的个人生命与社会使命，这样才能培养出更多具备正确世界观、价值观和伦理观的人才。

1.1.1 道德与伦理

英国教育家艾尔弗雷德·诺思·怀特海（Alfred North Whitehead）在《教育的目的》(*The Aims of Education*) 前言中指出，学生是有血有肉的人，教育的目的是激发和引导他们的自我发展之路。印度圣雄甘地在《年轻的印度》一书中指出，人类社会存在"七宗罪"[1]，其中包括"拥有知识而没有品德"这一项，由此可见德行修炼的重要性（Weber, 2011）。反观社会，许多人才在走向管理岗位之后，受到利益的驱使而投机取巧甚至铤而走险，让自己或所在机构的发展遭受坎坷，个人因为犯法而坠入深渊，究其原因，正是长期以来缺失商业伦理教育的结果。因此，为更好地开展商业伦理教育，首先应从人的商业行为中探究商业伦理的本质。例如，企业在产品广告中使用夸张的手法来吸引消费者的眼球，销售人员在产品销售中掩盖产品的安全隐患，这些现象是否违背了商业伦理？这些问题难以从法律层面进行规范，但是可以通过在实际商品交易过程中人们不约而同遵守的某些道德伦理予以约束。因此，夯实商业伦理的教育基础，应该首先进一步理解道德与伦理的内涵。

1.1.1.1 道德

道德，从个人角度而言，是指一个人衡量自己行为正当与否的标准；从社会角度而言，是指在特定的社会环境下产生的用于调整人与人之间以及人与社会之间关系的行为规范总和。《博弈圣经》认为道德是"优先预测悲剧后作出的忍让"（曹国正, 2007）。

在不同的社会环境和文化背景下，关于道德的内容和范围的解释也不尽相同。早在中国古代，"道"与"德"这两个概念就已经开始使用。"道"即道路，也被引申为掌控自然和人类社会生活的法则及运行规律；古人赋予"道"伦理学的含义，并阐明了"道"

---

[1] 甘地定义的社会"七宗罪"：搞政治而不讲原则，积累财富而不付出劳动，追求享乐而不关心他人，拥有知识而没有品德，经商而不讲道德，研究科学而不讲人性，膜拜神灵而不做奉献。

是人基本的处世之道，是世世代代所遵循的自然法则。"德"也为"得"，即"有所得"这一最高原则；在伦理学层面，"德"是人们内在的信念，是人们坚守内在形成的特殊品质。"道"是"德"的前提，"德"是"道"的归宿，道德相依，密不可分。伦理学主要研究五个方面的问题：①道德和社会历史条件的关系问题；②"善"与"恶"的矛盾；③"应有"与"实有"的关系；④个体的发展要求和对他人及社会尽责任、义务的关系；⑤道德与利益的关系（纪良纲，2005）。

"道德"二字在中国的研究可以追溯到3 000多年前的殷商时期，在相关典籍中均有记载。《道德经》中就有提到，"道生之，德畜之，物形之，势成之。是以万物莫不尊道而贵德。道之尊，德之贵，夫莫之命而常自然"。其中"道"指的是自然运行和人世共处的真理，"德"为遵循道的规律发展变化的事物（姚荻琳，甘胜军，2013）。《荀子·王制》中提到，"无德不贵，无能不官，无功不赏，无罪不罚"。意思是一个人如果没有美德，不能让他富贵；没有才能，不能让他做官；没有功劳，不能给予奖赏；没有罪过，不能给予惩罚。这里的"德"就是道德的意思。东汉文学家许慎认为"德，外得于人，内得于己也"，意思是说实现德是一种双惠行为，一方面使他人有所收益，另一方面自己也从中得到了好处。"道德"二字连用，最早出现于春秋战国时期的《管子》《庄子》《荀子》等书。荀子在《劝学》篇中说"故学至乎礼而止矣，夫是之谓道德之极"。可以看出，中国古代思想家更加强调道德的自我反省和自我修养，推崇通过学习圣人的著作和思想来修正道德行为。

道德是不断变化的。随着时代的更迭和阶级的调整，社会的道德观念也会不断变化和发展。道德作为一种基于社会经济基础的上层建筑和意识形态，是通过人们的意识所形成的社会关系；而这种社会关系又常受到物质的社会关系的影响，并伴随着社会经济关系的变化而变化。道德与制度之间的差别在于，制度是通过对立法、司法等机构进行有效组织的一种社会机制，运用社会强权去执行，耗费一定的人力和物力；而道德如果被人们自觉遵守，就无需成本（樊纲，2014）。因此，道德体系的性质是由社会经济关系所决定的，各种道德体系受到社会经济结构的基本原则、主要规范的直接影响。

1.1.1.2 伦理

伦理学作为道德哲学由来已久，可以追溯到希腊哲学家柏拉图（Plato）所处的时代和中国哲学家老子所在时期等，但作为一门独立学科的历史却很短暂。

伦理是指人与人相处的各种道德准则，即"人伦之理"或"做人之理"；从道德现象的哲学角度思考，一系列指导行为的观念即伦理。伦理一方面包括对人与人、人与社会和人与自然之间关系处理中的行为规范，另一方面也涵盖了按照相应原则对行为进行规范的准则（韩步江，余达淮，2016）。在中国，"伦理"（Ethics）一词最早出现在《礼记·乐记》中，书中提到"凡音者，生于人心者也。乐者，通伦理者也"。意思是：音，是由人心产生的；乐，是与事物伦理相通的。乐是由声音生成的，它产生的本源在于人心受到外物的感动。而"通伦理"则表现出遵循事物的条理，进一步则指遵守道德的含义，即需要基于原则和规范将不同的事物、类别进行划分。纵观历史，从早期的讲究祭祀之礼、宗法之礼到后面强调"三纲五常"[1]，再到当代社会主义基本道德规范，中国人对于伦理侧重的是对人际关系的规范，包括社会规范和家庭规范；而对于道德则关注个人的内在修养。相对于道德而言，伦理的意义更加广泛和深刻。

在古希腊，"伦理"一词早在荷马史诗《伊利亚特》中就已经出现了。西方语言学家普遍认为它来源于希腊的"ethos"和"itos"两个词汇。"ethos"意为（某团体或社会的）道德思想，"itos"意为内心状态。从词源的意思来看，"ethics"表示内在的道德规范。公元前4世纪，古希腊学者亚里士多德（Aristotle）扩大和改造了"ethos"的意义，构建了形容词"ethikos"（伦理的）。美国学者曼纽尔·G.贝拉斯克斯（Manuel G. Velasquez）认为伦理更加强调社会秩序规范，其核心内容在于能够指导人类进行人际交往，建立一系列的权利、义务和责任观。

1.1.2 含义与本质

道德和伦理都是对一定行为的规范，企业规范在市场经济中起着关键作用，引导着企业的可持续发展。

1.1.2.1 商业伦理的含义

商业伦理起源经历了前哲学阶段、哲学阶段和从哲学到商业伦理的嬗变阶段（拉什，康纳威，2017）。在前哲学阶段，道德秩序和对错是由社会习俗、价值和规范决定的；在哲学阶段，出现了一整套不同的推理机制和决策原则，涉及责任、人权、正

---

[1] "三纲"：君为臣纲，父为子纲，夫为妻纲。"五常"：仁、义、礼、智、信。三纲五常（纲常）是中国儒家伦理文化中的重要思想，为历代儒客所尊崇，儒家通过三纲五常的教化来维护社会的伦理道德、政治制度。

义、为他人谋取幸福等论点；从哲学到商业伦理的嬗变阶段，则融入了社会科学，包括行为心理学、组织管理学、商业及经济学等，其中柏拉图和亚里士多德的美德伦理学和美好生活的思想、伊曼努尔·康德（Immanuel Kant）的义务论（Ethics of Duty）、杰瑞米·边沁（Jeremy Bentham）的幸福最大化原则（Greatest Happiness Principle）、约翰·斯图亚特·穆勒（John Stuart Mill）的功利主义（Utilitarianism）、劳伦斯·科尔伯格（Lawrence Kohlberg）的道德发展阶段论、约翰·罗尔斯（John Rawls）的正义论（Theory of Justice）、约根·哈贝马斯（（Jürgen Habermas）的语域伦理学（Discourse Ethics）、琳达·K. 屈维诺（Linda K. Trevino）的行为伦理学（Behavioral Ethics）等对于推动商业伦理的发展做出了重要的贡献。

商业伦理主要是指人们在经济活动中应当遵守的道德、规范或准则。它主要研究与组织的决策、行为及政策相关的"对错"问题，并利用相关原理进行指导，以帮助人们在决策中更好地兼顾经济利益和社会责任的均衡发展（王延平，2015）。

英国古典政治经济学家亚当·斯密（Adam Smith）在他所撰写的《道德情操论》（*The Theory of Moral Sentiments*）一书中，阐述了具有利己主义本性的个人（主要是追逐利润的资本家）是如何在资本主义生产关系和社会关系中控制自己的感情和行为，尤其是自私的感情行为，从而建立一个确立行为准则的社会的。斯密在此书中主要阐述的是伦理道德问题，他竭力证明，建立一个有必要确立行为准则的社会来有规律地活动，反对市场经济的非道德化（苏勇，2017）；而他在之后的《国富论》（*An Inquiry into the Nature and Causes of the Wealth of Nations*）中也提到了关于商业伦理的看法。斯密认为，企业为追求利润而进行生产经营的活动是正当行为，而且也会产生服务人群、贡献社会的效果，进而促进社会进步。

对于商业伦理的定义，目前学术界也是众说纷纭，但大致可归纳为以下三个层面：其一，从个体层面而言，商业伦理是指行为主体在制定决策时所受到的伦理准则的影响；其二，从组织层面而言，商业伦理是指伦理规范、道德观念、价值导向和商业行为的总和，被组织用来协调在日常的生产经营中人与人、人与社会、社会团体与社会团体之间的利益关系；其三，从制度层面而言，商业伦理是结合政治、经济和法律作用，使得企业更好地遵守伦理道德的标准与规则。

总之，商业伦理揭示了商业活动中的伦理关系及其规律，是个体或组织在从事商业活动中的行为规范和准则，具有导向功能、凝聚功能、规范功能和激励功能（刘爱军，钟尉等，2016）。对企业而言，商业伦理具体指企业在开展日常经营活动的过程中，既要严格遵守法律的要求,又要固守道德伦理的底线。市场经济必须要有先进的商业伦理作为支撑,才能有序、诚信且和谐。

1.1.2.2 商业伦理的本质

1. 个体层面

关于商业伦理的研究,早期的学者比较关注领导特质。他们从个体的角度去研究领导者对于企业行为的影响。美国领导力专家约翰·P.科特(John P. Kotter)认为领导的内涵很重要,它是关于领导的核心行为,是一种超越文化、产业并且与时俱进的变革核心(Kotter, 1988)。美国领导特征理论的创始者拉尔夫·M.斯托格迪尔(Ralph M. Stogdill)则认为,领导者的身份、社会背景、智力、社交以及与工作有关的特征对企业的影响非常关键(Stogdill, 1948)。美国经济学家小约翰·纳什(John Nash Jr.)也基于个体层面,将商业伦理界定为行为主体在面对道德困境时所参考的准则。他强调商业行为个体所具备的道德能动性,认为商业行为主体自身价值的评判能力会影响商业伦理(Nash, 1951)。美国学者埃德温·M.爱泼斯坦(Edwin M. Epstein)赞同纳什的观点,也从个体感知角度,强调个体评判自己的商业伦理行为;他认为商业伦理在企业内部可以表现为组织管理者对员工采取的商业行为,在企业外部可以表现为对社会利益相关者的影响效果(Epstein, 1987)。美国学者阿奇·B.卡罗尔(Archie B. Carroll)指出,伦理是判别行为主体的行为正确与否和公平与否的标准;一般情况下,伦理被视为基于行为主体在社会交往关系中所展现的道德行为,其意义在于当人们面对某些具体情境时,指导其形成一个是非对错的判断标准(Carroll, 1991)。美国学者阿尔梅林达·弗特(Almerinda Forte)也从个体的角度研究领导者特质与商业伦理的关系,她以美国400位管理者为样本,认为商业伦理不是组织存在的固有特征,它受到领导者特征(如年龄、受教育程度、性别等),行业特征(行业类别),领导者心理控制能力(即心理控制程度)和组织伦理氛围(如关怀、法律法规、规章制度、工具性、独立性等水平)等诸多因素的综合影响(Forte, 2004)。

2. 组织层面

21世纪初,随着组织行为理论的发展,对商业伦理的研究逐渐从个体层面扩展到组织层面。在对商业伦理的组织层面进行研究后发现,许多与商业伦理组织层面有关的变量(如组织气氛或组织文化、组织整体发展战略、教育培训策略等)也逐渐得到验证。拉瑞·T.霍斯默(Larue T. Hosmer)认为组织在制定战略发展策略时必须要考虑商业伦理和道德因素,这些因素与组织战略的实施和有效执行紧密相关(Hosmer, 2007)。除此以外，组织规模、组织结构和组织发展等组织层面的基本特征变量也是影响组织伦理决策的重要因素。陈卫国（2010）认为商业伦理是商业组织用来调节个人与他人、个人与团体以及团体与团体之间关于价值观念、道德规范和行为准则的综合。琼·兰姆－坦南特（Joan Lamm-Tennant）和玛丽·A. 韦斯（Mary A. Weiss）从公司治理的角度发现，公司在面对复杂伦理困境时，在调查、分析和解决过程中，商业伦理成为所遵循的价值判断标准（Lamm-Tennant，Weiss，1997）。斯科特·J. 维特尔（Scott J. Vitell）和恩卡纳西昂·R. 伊达尔戈（Encarnación R. Hidalgo）用美国和西班牙的两个管理者案例，通过实证分析对比后提出了三层次商业伦理影响因素模型（Vitell，Hidalgo，2006）。该模型反映出个体层面、组织层面、社会层面的要素与商业伦理水平之间的相互关系，即组织层面的组织伦理气氛、组织伦理规范和组织伦理承诺与商业伦理水平具有显著的直接关系。该模型的确立，不仅拓展了以往以个体层面为主的商业伦理影响机制，也就是个人的伦理理想主义的程度会直接影响到商业伦理水平的高低；而且表明除了组织的内部层面因素影响商业伦理，外部的文化、环境、政治等宏观因素也会影响商业伦理，并且社会层面的跨文化特征也会影响商业伦理水平。

3. 社会层面

随着经济全球化的发展，不同组织之间的互动越来越频繁，企业之间原有的边界也越来越模糊，竞争与合作已经成为企业组织得以生存和发展的常态模式。企业想在国际上站稳脚跟，需要遵守基于道德层面的商业政策和制度准则，这样才能获得稳定的商业伙伴。在此情况下，很多学者基于地域文化、法律环境等宏观因素，研究商业伦理的影响因素。其中，有学者采用情境问卷调查的方法对在中国大陆、越南和印度尼西亚的 375 家台湾企业进行调查，验证了国际商业伦理模型（如图 1-1 所示），着重强调了商业伦理受到社会资源（组织内部和外部）、环境要素（社会营销、国家风险、国际文化差异）等多种外部宏观因素的共同影响（Wu，2001）。该研究发现，提升组织的商业伦理水平绝不仅仅决定于个体和组织内部层面，更大程度上取决于组织所处的社会环境以及拥有的社会资源，甚至取决于组织在社会层面采取的措施行为和伦理决策；如果扩展至国际商业伦理的层次，更需要考虑国家层面的环境因素，包括国家风险、国际文化差异等。

由于组织的经营会受到文化、政策等外部因素的影响，就社会层面而言，商业伦理应充分考虑内外因素以及社会环境的道德基础，从而在商业经营过程中，更好地遵守伦理准则。

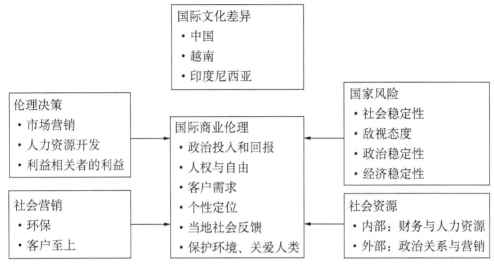

图 1-1　国际商业伦理模型

资料来源：Wu（2001）。

1.1.3　学说与方法

商业伦理的研究对象是指经济活动中组织与个体、组织与组织、组织与社会的伦理关系及其规律，其目标是让经济活动既符合市场经济规律，又有利于人类的健康发展，进而建立良好的商业道德秩序。同时，它还将社会上因经济利益冲突而发生的贿赂、欺骗、偷窃、胁迫、歧视等不良现象作为重点研究对象，通过这种方式警示这些行为所造成的损害和产生的社会负面影响。总之，商业伦理的研究对象是组织及其利益相关者的一系列经济活动。目前，关于商业伦理研究对象的界定主要有三层次说、经济伦理说、企业社会责任说。

1.1.3.1　商业伦理学说

1. 三层次说

依据不同的目标、不同的利益和不同的动力，人们的经济活动可以分为三个层次：微观、中观和宏观，即个体的行为（微观）、企业的或组织的行为（中观）、国家或社会的行为（宏观）。三层次说主要从微观、中观、宏观三个层面来划分商业伦理的研究对象（孙英，吴然，2005）。其中，微观层面主要研究组织与个体之间的商业伦理，涉及投资者、供应商、管理者和员工等；中观层面主要研究组织与组织之间的商业伦理，即不同组织在进行商业合作时所应遵守的伦理准则；宏观层面主要研究组织与社会之间的商业伦理，组织作为由诸多要素相互联系起来的系统，也是社会的组成部分，对社会和人类文明承担着可持续发展的社会责任。

2. 经济伦理说

20世纪70—80年代，经济伦理[1]成为伦理学、经济学、法学等关注的对象。美国学者乔治·恩德勒（Georges Enderle）作为经济伦理学的开拓者之一，将经济伦理说视为一种推动改进经济实践的"新思维"，一方面强调实践对理论的优先性，另一方面强调批评与建设性的任务（恩德勒，2002）。其实，社会经济过程包括生产、交换、分配和消费四大环节，经济伦理涵盖了这四个过程的伦理规范，而商业伦理是指其中的交换伦理或流通伦理，从属于经济伦理。经济伦理学涉及公平与效率、贫与富、道德与盈利等多个范畴，而这些范畴也是商业伦理所讨论的。亚里士多德在《尼各马可伦理学》[2]开篇中提出，经济研究应该紧密联系人类行为所追求的目的。经济活动应该遵循一般人性特征和伦理规则（廖申白，2002）。

在商品流通过程中，生产者、消费者、其他厂商之间发生着密切的商业关系。从经济伦理的角度来看，商业伦理的研究对象是指商品流通过程中所有与商品相关的个体与组织。

3. 企业社会责任说

目前关于企业社会责任的研究中，学术界普遍认可卡罗尔企业社会责任金字塔（Pyramid of Corporate Social Responsibility）模型[3]。这一模型从四个维度解释了企业社会责任的内容，包括经济责任、法律责任、伦理责任和慈善责任（Carroll，1991）。企业社会责任的研究对象包括员工、供应商、社区、消费者和政府等与企业生产活动相关的

---

[1] 这里，"经济伦理"中的"经济"所对应的英文单词并不是"economy"，而是"business"。

[2] 《尼各马可伦理学》是古希腊哲学家亚里士多德创作的伦理学著作，约公元前330年左右成书。全书共10卷、132章，探讨了道德行为发展的各个环节和道德关系的各种规定等问题。书中系统阐述了"德性在于合乎理性的活动""至善就是幸福"等观点，认为万物都有一个"求善"的目的，任何事物都具备"为善"的本性。人生的最高目的是求得至善，至善就是幸福，求得个人善是伦理学目的；求得社会的群体善是政治学目的。该思想成为西方近现代伦理学思想的主要渊源之一，为西方近现代伦理学思想奠定了基础。

[3] 卡罗尔作为企业社会责任领域声望最高的学者之一，对企业社会责任进行了长达20多年的研究。他于1979年首先对企业社会责任进行了概括，形成了社会责任的四个类别：经济责任、法律责任、伦理责任和自觉责任。1991年，他再次对企业社会责任类别进行了更改，把"自觉责任"改为"慈善责任"，提出了企业社会责任金字塔模型。

利益相关者。商业伦理研究的是组织在商业活动中遵循的伦理准则,因此,企业社会责任的内容包括商业伦理,它与商业伦理是整体与局部的关系。从企业社会责任的角度而言,商业伦理的研究对象是指与企业生产经营相关的利益相关者。

1.1.1.3.2 商业伦理研究方法

1. 描述性研究法

描述性研究法是一种常见的研究方法,它基于自身对已有的现象、规律和理论的理解及验证,并对其进行叙述和解释。描述性研究法在商业伦理的研究中比较重要,它是对其他论证的一种解释,是对各种理论的叙述,并针对性地提出问题、揭示弊端、描述现象以及介绍经验,它有利于加强商业伦理在各个领域的应用。此外,借助描述性统计还可以详细地开展有关商业伦理方面的调查与说明等。

在伦理学基础理论中,学者们经常在判定行为是否符合道德的标准上存在不同意见,该研究法有助于理解商业伦理学的基础理论与分析框架。当然,该研究法偏重于理论分析,注重研究商业伦理学中的不同流派。

2. 比较研究法

比较研究法是一种科学方法,在多国度、多文化或多社会因素的条件下,对同类的或近似同类的学科进行详细的比较,对存在的异同点进行评价和阐释。简单来说,比较研究法将结合社会环境中的所有因素对存在的各个异同点加以解释。其中,"衡量尺度"是比较研究法中最为重要的,即需要一个通用的尺度,来对不同的对象进行比较研究。在商业伦理领域中,社会现象的复杂性意味着不能简单和机械地分析问题,不能套用任何标准来对商业伦理进行评判。

3. 案例研究法

案例研究法广泛应用于商业伦理研究中,它是一种较为深入而具有针对性的分析方法。其研究对象包括个体、团体、组织、文化、事件或情境。

案例研究法的研究过程一般包括案例研究设计、数据收集前的准备、数据收集、数据(证据)分析和研究报告撰写五个阶段。研究设计是将需要用实证数据研究的问题和最终结论联系起来的逻辑顺序。在案例研究设计中,应特别注意以下要素:研究的问题、理论的假设、分析的单位、连接的数据和假设的逻辑,以及解释研究结果的标准等。案例研究方法的问题是"如何"和"为什么",研究的对象是正在发生的事情。理论假设是关于行为、事件、结构和思想为什么发生的假设,它可以确保研究方向的正确性。

1.2 发展历程

随着商品交易的出现，人类社会出现了形形色色的造假、贿赂等违背伦理的商业行为，这为商业伦理学说的产生和发展提供了社会背景。受到特定文化和社会背景的影响，商业伦理的发展演变出了中西方两个不同文化背景的分支。

1.2.1 发展背景

人们在商业活动中所遵循的道德规范和行为准则，也受到不同的中西方文化与宗教的影响。

1.2.1.1 商业伦理的形成背景

商业伦理的形成与特定的社会和文化背景息息相关。研究商业伦理的产生背景，有利于探讨商业伦理的发展和未来趋势。

中华文明的发源地是黄河中下游地区。自有文字记载以来，统治阶级就极为重视自给自足的农业经济，却极大地限制商业经济，形成了"重农抑商"的格局。在士、农、工、商四个阶层中，商人的地位最低。商人因不参与生产劳动，靠赚取差价获取重利，常常被描述为投机取巧、见利忘义的小人，不能得到平等的尊重。因此，基于社会浓厚的"重义轻利"思想，加之国家治理注重人治、政治伦理或宗法伦理，中国古代社会对商业伦理的认识也只是源于道德对于人性的规范。

西方商业伦理来源于古希腊和古罗马文化。这两类文化均在地中海孕育而生，海洋成为西方人发展经济、拓展领地和交流文化的纽带（张红明，朱丽贤，2005）。西方国家在经济上注重航海经商，航海不仅使得这些西方国家获得经济效益，而且使其通过海上贸易形成了文化交流频繁的商业经济。海上贸易对于西方而言是经济的命脉，更是文明交流的纽带。与此同时，由于对法治、宗教伦理或经济伦理的重视，西方社会也较早地制定了相对完善的法治体系来保护工商业者，进一步推动了商业贸易的发展。

1.2.1.2 商业伦理思想的起源

中国的商业伦理源于儒、道、佛三家的哲学思想，其中，儒家思想对中国商业伦理的影响最为深远。儒家的经济伦理主要是围绕统治者如何实现"仁政"展开的，主张与民同乐和施政于民，强调"仁、义、礼、智、信"，将商业活动和"治国之道"联系起来；

道家的老子注重"无为""知足""勿矜""勿伐""勿骄";佛家的代表人物释迦牟尼强调"行善去恶""善恶轮回报应"。虽然这三家的重点不尽相同,但是在商业伦理方面具有相通之处。

西方的商业伦理思想主要来源于哲学和宗教,其中影响最大的是新教,其所倡导的"追求财富是对上帝虔诚的表现"和"绝对理性"的思想促进了西方资本主义的发展。中国强调"修身"式的商业伦理,西方则强调商业伦理的可操作性,为此制定了可实施的商业伦理遵守法则,设置了相应的部门去专门管理和监督商业行为(张红明,朱丽贤,2005)。

中西方商业伦理产生的背景和思想起源差异较大,但是对于在商业贸易中强调"诚实守信、公平交易"的原则,中西方是一致的。在学术上对于商业伦理的研究始于19世纪末的美国。中国对商业伦理的研究始于20世纪80年代,理论研究起步较晚。

1.2.2 发展演变

中西方的商业伦理发展历史源远流长,商业伦理思想的发展也呈现各自特点。

1.2.2.1 中国商业伦理的不同观念

商业伦理作为人类在经济活动中应秉持的基本伦理观念和职业操守,在环境社会系统分析视角下,不断发生着系统的转型演化。系统的转型演化是指系统的结构、状态、特征、行为、功能随着时间推移而发生的变化,它包括社会系统、经济系统和自然系统在内的环境社会系统的演变,由此引发了对应的主流商业伦理观念的不断变迁。根据人类生产方式、生活方式和社会组织方式动态变化的进程,可以将环境社会系统转型演化过程划分为原始文明、农业文明、工业文明和生态文明四个阶段(张象枢,2012)。各个历史发展阶段具有不同的商业伦理观念。

1. 原始文明阶段的商业伦理观念

在原始文明时期,人口再生产和经济再生产规模都很小,人类活动对自然环境再生产过程的影响很小,环境社会系统的演化过程基本属于原始的有序演化状态。同时,受限于较少的人口和较低的生产力水平,人类尚不能持续获得充足的食物和其他生活必需品,可用于同其他部落交换的剩余产品非常少。在这一阶段,不存在现代意义的商业伦理,朴素的商业伦理观念主要体现为不同部落间能够通过平等的交换做到互通有无,保证不劫掠、不杀戮。

2. 农业文明阶段的商业伦理观念

进入农业文明阶段后，人口再生产的规模开始扩大，大规模的农耕活动在一定程度上减少了森林面积，破坏了自然生态环境，环境社会系统的演化过程开始加快。由于社会生产力水平的提高，对生产工具的需求开始增加，进入流通领域的剩余产品开始增加，区域间的商品交换和市场贸易活动开始兴盛起来。在这一阶段，商业伦理观念得以确立和发展，主要体现在为顾客提供质优价廉的商品、公平交易、能够信守交易双方达成的约定等。

3. 工业文明阶段的商业伦理观念

进入工业文明阶段后，人口再生产的规模迅速扩大，大规模的工业生产活动不仅消耗了大量的自然资源，还产生了大量的废弃物，形成了严重的环境污染。环境社会系统经历了前所未有的剧烈变革。工业生产不仅需要对原材料和生产装备进行交易，还需要对大量的产成品进行交易，全球贸易体系得以确立并不断深化。在这一阶段，商业伦理的内涵进一步得到扩展，主要体现为充分尊重和满足顾客的各种要求、维护公平的国际贸易规则等。

4. 生态文明阶段的商业伦理观念

进入生态文明阶段后，人口再生产规模持续扩大的趋势将趋于平缓，人类社会与自然环境之间的物质循环将从人类向自然"索取"为主转变为人类向自然"反哺"为主，人类活动对自然环境的冲击将由负面影响转变为正面影响。环境社会系统将会实现现代意义的有序演化。在这一阶段，商业伦理也具有了更为丰富的生态内涵，主要体现为人与自然和谐发展、环境社会可持续发展、商业向善和"代际公正"（Intergenerational Justice）等。

1.2.2.2 中国商业伦理的不同特征

在不同的历史阶段中，中国商业伦理相应地具有了不同的民族品格，表现为不同的特征。

1. 古代中国的商业伦理特征

尽管中国古代社会长期实行"重农抑商"的社会经济政策，但依托于灿烂的中华文明、发达的农耕经济和大规模的产品剩余，仍然形成了丝绸之路、茶马古道、京杭大运河等连接东西、贯通南北的商业网络和晋商、徽商等著名商派，彰显了富有中华文化特色的商业伦理观念。

第一，与时逐利与农末俱利。陶朱公范蠡是中国道德经商之鼻祖，作为历史上著名的商贾巨富，他提出了"与时逐利"的思想。他巧妙利用粮食等大宗商品丰歉和价格的周期规律，低价时购进，上涨周期中卖出，不仅能够获得巨额利润，还能够平抑物价，维护市场秩序。由他提出的粮食价格"三八法则"，主张政府通过储粮调节市场价格，上涨不超过80%，下跌不超过30%，以实现"农末俱利"，农商共赢。

第二，诚信重义与互惠双赢。诚信重义、互惠双赢的观念在中国古代的商业伦理中长期处于主导地位，主要体现在以下四个方面：一是在商业活动中讲求诚信原则。"民无信不立""言不二价，童叟无欺"在古代已经成为深入人心的商业伦理观念；二是注重先义而后利，利服从于义。仗义疏财，急公好义，乐善好施，能够为商人树立良好的形象；三是注重打造互惠的人际关系。"合则两利，分则两害""和气生财"等成为商人处理人际关系的基本方法。四是遵循"以人为本"的思想。尊重人们追求利益和富贵的本性，强调"君子爱财，取之有道"。

2. 近代中国的商业伦理特征

鸦片战争以后，中国逐渐沦为半殖民地半封建社会。广大的民族资产阶级和工商业者关心民族命运，忧虑国家前途，凸显了爱国济民、实业报国的商业伦理和道德观念。

第一，奋发图强与爱国济民。列强用炮舰打开了清王朝的大门之后，开始大肆对中国进行产品倾销。中国两千多年封建社会依存的小农经济开始瓦解，民生逐步凋敝，国势日渐衰微。根植于中国土壤的众多民族工商业者在封建买办和帝国主义的夹缝中发展，不仅奋发图强、团结乡人、组织商帮、联合发展，成为国家赋税的重要来源，还兴义学、救灾民、助军饷、提倡国货、抗议外辱，成为维护社会稳定的重要力量，展现出爱国济民的高尚情怀。

第二，实业报国与救亡图存。随着民族危机的进一步加深，很多有识之士认识到中国与西方强国的差距，尝试通过发展现代工业来实现富国强兵，这促进了工商业在20世纪20—30年代的快速发展。日本帝国主义的入侵打断了中国的现代化进程，也压制了民族工商业的发展。广大工商业者积极投身于抗日救亡的洪流之中，与祖国同呼吸、共命运，抵制日货、义买义卖、捐款捐物，为中国取得抗日战争的最终胜利做出了巨大贡献。

3. 当代中国的商业伦理特征

中华人民共和国成立后，广大工商业者积极参加社会主义改造，奠定了社会主义工商业的公有制基础。自改革开放以来，蓬勃发展的私营经济促进了中国社会经济的全面发展。当代中国的商业伦理充分体现出艰苦创业的豪迈情感和复兴中华的社会责任。

第一，自力更生与艰苦创业。中华人民共和国成立后，百废待兴，国家经济建设的重点在重工业，商业发展的基础总体比较薄弱。自改革开放以来，随着社会主义市场经济的发展，广大人民群众继续发扬艰苦奋斗的精神，促进了私营经济的快速发展，对于活跃经济、繁荣市场、扩大就业、增加税收和促进区域经济发展发挥了重要作用。

第二，与时俱进与复兴中华。21世纪以来，中国的工商业与时俱进，开拓创新，形成了一股强大的经济力量，不但加快了中国和平崛起的步伐，也影响了全球的产业发展。拥有了全球视野的中国企业，逐渐融入了全球产业分工，获得了越来越多的话语权，对于推动建立全球经济新秩序做出了积极贡献。阿里巴巴、腾讯、京东等互联网巨头的迅速发展，不仅显示了东方巨人崛起的身影，也彰显了中国企业与时俱进的商业观念和复兴中华的崇高理想。

1.2.2.3 商业伦理思想的东西方比较

商业伦理思想的发展伴随着商业的发展而呈现出不同的状态。表1-1是中西方商业伦理思想发展阶段的对比。中国商业伦理思想始终以儒家思想为主流思想，道家和佛家思想贯穿其中，起到了很好的辅助和补充作用；西方商业伦理并没有占据主导地位的哲学流派，大体上以人生哲学和宗教哲学为中心。从时间的发展来看，中西方商业伦理思想的繁荣期正好相反，这些现象都与当时的社会发展阶段有关（张红明，朱丽贤，2005）。例如明清时期，由于闭关锁国和封建思想的束缚，中国经济停滞不前，甚至出现倒退；而同期的西方国家纷纷通过工业革命的成功，实现了科技的发展，进而带动了经济和军事的发展，自然而然地促进了伦理思想的进步。

20世纪以来，经济全球化已成为一股不可逆转的历史大势。经济全球化使得不同文化背景下的伦理思想发生了激烈的碰撞，同时促进了不同伦理思想之间的借鉴和融合。

表 1-1 中西方商业伦理思想发展阶段对比

中国		西方	
时 期	主要思想流派和代表人物	时 期	主要思想流派和代表人物
远古时期	用神话、传说等解释善行和美德	远古时期	源于古希腊,以神话、传说来解释世界及荷马时代的英雄伦理和善行
先秦时期（公元前206年以前）	中央集权,百家争鸣 代表人物：孔子、孟子、老子、荀子、墨子、韩非子等	希腊罗马时期（4世纪以前）	以人生哲学为主,幸福论和德性论为中心,个体主义和自然主义是主流倾向 代表人物：柏拉图、赫拉克利特、苏格拉底、亚里士多德等
两汉时期（公元前202年至公元220年）	"罢黜百家,独尊儒术" 代表人物：董仲舒		
魏晋时期（公元220年至5世纪）	"越名教""援道入儒",超越神学和纲常伦理,弘扬自由与个体价值；以儒家文化为主,儒、道、佛三者逐步融合 代表人物：王弼、嵇康、郭象等	基督教中世纪（4世纪至14世纪末期）	中世纪基督教伦理学基本上就是神律学,绝对义务论和神学德性论是其重心,而神学主义和禁欲主义是其基本倾向 代表人物：奥古斯丁、阿奎那、阿伯拉尔、罗吉尔·培根
南北两朝至隋朝（5世纪至10世纪）	道教和佛教挑战儒教,三教互相竞争、互相补充、互相会通 代表人物：韩愈		
宋明时期（10世纪至14世纪）	宋明理学,三家之合；提出"天理"为宇宙本体和道德本源,主张"存天理,灭人欲" 代表人物：周敦颐、程颐、朱熹		
清朝至近代（14世纪至20世纪初）	理学遭到强烈的批判,儒家理论逐步走向衰退	文艺复兴（14世纪末至17世纪初）	人文主义的伦理思想；宗教改革者们的伦理思想；政治思想家的伦理思想 代表人物：瓦拉、但丁、路德、加尔文、马基雅维利、布鲁诺

（续表）

中国		西方	
时 期	主要思想流派和代表人物	时 期	主要思想流派和代表人物
		近代（17世纪至20世纪初）	大体上是道德哲学，人性论、良心论、道德源泉和基础论是其主要部分，人本主义、理性主义、功利主义是其主导倾向 代表人物：弗朗西斯·培根、伏尔泰、黑格尔、费尔巴哈等
现代（20世纪至今）	马克思主义理论开始传入中国，并对中国产生了深远的影响；抵抗外国侵略者、国内革命战争和"文化大革命"使得伦理发展停滞不前；改革开放以来，中国引进西方的思想，融入"儒、道、佛"三家中国传统文化，形成了中国特有的伦理思想	现代（20世纪至今）	道德哲学、人生哲学和神律学三足鼎立，主要理论有元伦理学、情感主义、科学主义、人道主义 代表人物：摩尔、席勒、罗素、弗洛伊德、荣格、马斯洛等

资料来源：张红明，朱丽贤（2005）。

1.2.2.4 商业伦理学的发展阶段

商业伦理学也称为企业伦理学和管理伦理学。商业伦理学作为伦理学在商业领域的应用学科，于20世纪早期发展起来，在各个时期都具有不同的研究重点：1960年之前主要研究商业中的伦理；20世纪60年代主要研究商业中的社会问题；70—80年代重点研究商业伦理的形成、界定与发展；90年代着重研究伦理决策和行为；目前，开始研究各种热点以及检验伦理管理工具的实践性（拉什，康纳威，2017）。商业伦理学的发展大致可以分为四个阶段。

1. 第一阶段（20世纪50年代）

这一阶段，商界和学界并没有重点关注商业伦理和公司责任，但也有学者创造性地探讨了企业的社会角色，其中具有代表性的著作有：霍华德·R. 鲍恩（Howard R. Bowen）的《商人的社会责任》、小阿道夫·A. 伯利（Adolf A. Berle, Jr.）的《没有财产权的权力》、爱德华·S. 梅森（Edward S. Mason）的《现代社会中的公司》。其中也有一小部分的书籍是关于商业伦理的，其中最为重要的是由马奎斯·W.蔡尔兹（Marquis W. Childs）和道格拉斯·凯特（Douglass Cater）所著的《商业社会中的伦理道德》。

2. 第二阶段（20世纪60年代）

这一阶段，商业伦理和社会政策开始成为管理学教育的内容。企业在这一时期迅速发展，部分企业不择手段追求利润，频频出现行业垄断、商业欺诈和商业贿赂等恶劣行为，企业丑闻频繁曝光，引发了公众的极大不满。1962年，美国政府公布了《关于商业伦理及相应行动的声明》（A Statement on Business Ethics and a Call for Action），开始将商业伦理应用于商业实践。关于企业社会责任的讨论也在社会上出现。20世纪60年代中期是美国消费者保护运动的开始阶段，这一时期消费者对于自我的保护意识提高，对于违背商业伦理的行为更加抵触，这也促进了商业伦理学的发展。于是，社会上开始出现关于企业及其领导人有关社会责任的争论。人们提出了一系列尖锐问题，例如，企业应该对社会和利益相关者承担怎样的义务？理查德·埃尔（Richard Eell）和克拉伦斯·C.沃尔顿（Clarence C. Walton）的《商业的概念基础》、卡温顿·荷迪（Covington Hardee）和理查德·埃尔（Richard Eell）的《现代社会中的公司》，以及厄尔·F.谢特（Earl F. Cheit）的《商业架构》等都对公司的权力、合法性和责任以及混合经济条件下私有财产与商业间关系的本质和状况等提出了一系列疑问（爱泼斯坦，张飞，2002）。20世纪60年代，美国政府通过制定具体的法律，以满足社会各界对于企业行为的约束，使企业和社会群体之间形成了新型的关系。

3. 第三阶段（20世纪70—80年代）

20世纪70—80年代是现代商业伦理学传播的重要时期，高校开始设置商业伦理学的课程，对于商业伦理的研究不仅仅局限于管理学家，一大批社会学家和哲学家也从自己专业的角度去研究商业伦理，商业伦理学逐渐成为一门涉及多个学科的课程。20世纪70年代早期，包括加州伯克利大学（University of California, Berkeley）、匹兹堡大学（University of Pittsburgh）、哥伦比亚大学（Columbia University）和华盛顿大学（University of Washington）在内的一些美国大学，在学校设立了该方向的博士学位。同时，美国各所高校的本科和管理学硕士项目也设立了商业伦理课程。

诺曼·鲍伊（Norman Bowie）、杰拉尔德·卡瓦纳（Gerald Cavanagh）、查尔斯·麦科伊（Charles McCoy）、罗伯特·所罗门（Robert Solomon）和帕特里夏·韦哈尼（Patricia Werhane）等学者在商业伦理领域有了相当大的建树（爱泼斯坦，张飞，2002）。随着研究商业伦理的团体建立，更多学者投入了商业伦理的研究，在商业伦理领域的合作与交流也日益频繁,企业家更加注重社会形象,通用公司、大西洋富田公司等企业在公司内部成立了伦理委员会,重视商业伦理问题。美国前总统吉米·卡特(Jimmy Carter)在执政期间通过了《反海外贿赂行为法》(The Foreign Corrupt Practices Act),该法对海外企业贿赂行为进行了更明确的约束。

4. 第四阶段(20世纪90年代至今)

这一阶段是商业伦理进行反思与展望的阶段。社会上广泛开展了商业伦理的基础性教育,商业伦理开始成为管理学、经济学和社会学等多学科的研究内容。1994年,美国、日本和欧洲的企业界领袖在瑞士通过的《考克斯圆桌商业原则》[1](以下简称《原则》)为公司经营提供了商业伦理的基本准则。圆桌会议认为"生活和工作都要出色",要使合作互赢与健康和公平竞争共存,要体现"人类自尊"。《原则》由一篇绪论、七条通则及六组利益相关人士通则组成,后者规定了公司对顾客、员工、业主或投资者、供货商、竞争对手及社区这六个利益相关群体所担负的责任(尹珏林,2014),要求所有公司加以尊重和遵守,并且在生产经营活动中严格执行。尤其是安然、世通等公司发生财务丑闻以来,原波音首席财务官迈克·西尔斯(Mike Sears)也因涉嫌非道德伦理行为被解雇,商业伦理问题很快成为社会关注的焦点。许多国家相继制定了相关法律来规范商业伦理,各大高校也纷纷着手商业伦理的研究与教学。

1.3 学习意义

英国哲学家伯特兰·阿瑟·威廉·罗素(Bertrand Arthur William Russell)曾经说过:"在人类的历史上,我们第一次达到了这样一个时刻:人类种族的锦亘已经开始取决于人类能够学到的为伦理思考所支配的程度。"其实,这种学习才刚刚开始。为此,美国教育学家霍华德·加德纳(Howard Gardner)认为应该加强培养未来人才的五种心智,即学术专业之智(the Disciplined Mind)、综合统筹之智(the Synthesizing Mind)、开拓创新之智(the Creating Mind)、尊重包容之智(the Respectful Mind)和道德伦理之智(the

---

[1] 《考克斯圆桌商业原则》(Caux Round Table Principles for Business)最初由欧美和日本工商界人士组成的非正式组织"考克斯圆桌会议"提出。该文件强调道德在商业决策中的价值,旨在"建立一个可以对商业行为进行衡量的世界性标准"。

Ethical Mind)（加德纳，2010）。显而易见，加强商业伦理的教育具有广泛的意义，同时还有必要进一步了解商业伦理的经济性、教育性、示范性和导向性。

1.3.1 商业伦理的经济性

在市场经济高度发达的今天，企业提升竞争力是生存之道。一方面，企业可以通过技术创新、工艺创新、产品创新吸引更多的合作者和消费者；另一方面，企业可以建立良好的价值观、企业文化和管理制度，并培育出优秀的管理者和员工为企业注入力量。践行商业伦理的企业不仅能够提高企业的经济利润，而且有助于提高企业的社会形象，从而增强企业的核心竞争力。

市场经济的发展，不仅要考虑社会环境、政治环境等直接影响因素，还要考虑包括道德伦理在内的非经济因素的作用。道德伦理既是文化传承的体现，也以非制度化方式约束与规范人们的行为。在商业经营与交易过程中，取得社会共识后符合商业伦理的准则，从实践上可以视为对法律法规的补充。同时，市场经济的正常运行离不开政府的管理与调控。一方面，企业的发展有着强烈的逐利动机；另一方面，企业的运营也受到法律法规的约束，这些约束是为了更好地维护企业的发展，是企业获取利润的保证。在商业行为中建立起一整套行之有效的秩序规则，包括有关的经济法律法规、纯技术性的商业交换规则和商业伦理，将在帮助企业获取更大利益的同时，创造出社会效益。由此可以看出，自利动机和道德约束的协同作用是一个成熟的市场经济体制的特征。

1.3.2 商业伦理的教育性

一般而言，人类和动物之间的重要区别在于人类是高度智能的生物，能够创造、积累和传承所获得的经验。后天经验是人类与个体生存和发展的特殊文化资源，文化资源的创造、积累和享受是人类进化和保持连续性的重要机制，也是人类超越普通动物的奥秘。商业伦理也可以通过教育、积累和传承，成为人类进化中资源积累的一部分。

在商业政策和商业行为之间如何运用道德伦理的标准以确保企业经营的合法性，则是商业伦理研究的重要内容。成功的企业将经济利益和社会利益相结合以实现可持续经营。在这个过程中，雇员道德、领导伦理、企业社会责任和社会经济制度交织在一起。20世纪70—80年代兴起了商业伦理学研究热潮，它作为一门应用性的规范伦理学，将一般规范伦理学的原则与方法应用于工商管理活动，被高校的管理学院或商学院相继纳入管理学课程的范畴。

近年来，国内外也出现了一系列涉及教育界、科学界和商界的伦理丑闻，国内有"翟天临学术门"事件，国外有"心肌干细胞学术造假"和德国大众汽车"排放门"等重大丑闻。这些伦理丑闻都警示我们要反思教育、科学和商业伦理的缺失问题。这些负面事件不仅造成了信用危机，不利于社会经济的健康发展，也对教育伦理问题提出了更高、更迫切的要求。故商业伦理和基础道德教育之间的关系就如同鱼和水的关系，没有基础道德教育的保障，商业伦理教育就是空谈。只有加强"善"教育，遵循教育伦理，在筛选人才的过程中，重视德育资质的考核，不唯考试成绩论成败，这样才能真正培养出具有"善德、善行、善学"且集"品质、智商、德商"于一体的社会主义事业建设者和接班人。

1.3.3　商业伦理的示范性

商业伦理的特殊社会功能对企业的发展有着显著影响。在企业内部，道德和伦理是一种软约束，可以规范人们的行为和改善公共关系。它不仅有利于树立企业的整体价值观，还能洞察未来发展的大势，及时调整企业发展的方向，从而有利于调动全体员工的积极性和创造性，使企业在激烈的市场竞争中立于不败之地。同时，商业伦理是企业立足社会的保证，企业不仅要追求经济绩效，还要积极参与社会公益活动等实现社会绩效，助力企业树立良好的企业形象。一个拥有良好商业伦理的企业，长期来看，将会比其他企业拥有更多的竞争优势，在整个行业中起到示范作用。商业伦理旨在建立一套通用的道德体系并对其做出解释，而商业伦理的示范性是指社会上存在的道德伦理现象在商业运营中所起到的规范和模范作用。商业伦理的示范性有以下两个特点：其一，通过各种方式对道德的基本原则进行合理性的论证；其二，将社会道德的各种准则、标准和价值理念与商业结合，整合出符合商业与道德伦理的一套标准，依据该标准对商业行为进行评判。

1.3.4 商业伦理的导向性

企业的成功与否离不开商业伦理的指导作用，商业伦理正是企业处理与社会和生态环境之间关系的指导原则。商业伦理可以对企业的行为、人的发展以及社会的进步和可持续发展等进行指导与协调。

企业的决策可以为企业未来的发展指明方向、确定目标以及明确方法。如果企业在进行决策的时候缺乏商业伦理的概念，就会忽视对企业所在社区建设的责任和环境的保护，仅仅片面地追求经济利益。如果企业自觉采用社会标准来规范自己的行为以实现商业伦理的目标，在做经营决策的时候用社会的道德标准进行衡量，那么不仅可以实现企业活动的经济效益，还可以实现社会效益和环境效益。美国管理学家伯德·H. 施密特（Bernd H. Schmitt）认为企业的决策者如果具有良好的伦理价值观，并在决策的时候秉持这些价值观，那么将极大促进企业的可持续发展。

1.4 教育基础

教育是促进人类社会发展进步的坚实基石，也是推动人类行为活动、价值观念和道德伦理转变的关键工具。联合国教科文组织（UNESCO）成立70多年以来，先后发布了三个关于教育的重要研究报告。其一，1972年发布的《学会生存——教育世界的今天和明天》报告提出，教育要为科学发展服务，促进经济更加繁荣，以科学主义和经济主义为主体设立教育目标；建立学习型社会及培育终身学习的思想。其二，1996年发布的《教育——财富蕴藏其中》报告提出了四个"学会"："学会认知、学会做事、学会生存、学会共处"，作为教育改革的指导思想。其三，2015年发布的《反思教育——向"全球共同利益"的理念转变》报告提出，为人类的可持续发展服务，教育应该把经济的发展、社会的包容性、环境的可持续性三者的协调作为教育的立足点。之后，UNESCO分别在2018年4月、2018年7月和2019年7月连续召开了3次全球行动计划合作网络会议，部署了全球可持续发展教育行动，构建了"为了可持续发展目标的可持续发展教育"（ESD for SDGs）的全球教育路线图。总之，UNESCO一系列的活动和报告反映了全球教育价值观的快速发展，"全球共同利益"价值定位的深层共识，教育本质和功能的深度回归，以及伦理观念作为教育价值观念的日益重要性。此外，2007

年联合国全球契约组织（UNGC）[1]提出"责任管理教育原则"（PRME）的倡议[2]，旨在加强责任管理教育的研究和思维，在课程设置、研究、教学方法和战略定位等各个方面，重视可持续发展和企业社会责任，以适应新的商业挑战和发展机遇（拉什，康纳威，2017）。其中，制定的六项基本原则[3]为高等教育机构提供了一个由联合国支持的合作框架，将可持续发展整合到教育、研究和校园实践中，引导学生树立正确的伦理价值观。

毫无疑问，商业伦理教育有助于学生走向社会并成为维护社会健康发展的人才，而不是让大学成为培养"精致的利己主义者"[4]的温床。商学院应该通过灌输利益相关者的思维模式，培养企业管理者协调企业绩效、社会责任和伦理领导关系的能力，使其为未来的企业和组织领导者树立信心，从员工、经理人、股东、工会、供应商和民间社会等利益相关者的不同视角，更好地协调相关的利益冲突。伦理教育将培养学生的自主意识和自主能力，使其拥有自尊、自信、自理、自强、自省和"德才兼备"[5]的基本素质，树立可持续发展理念，肩负不同利益相关者的责任，提升伦理领导力。伦理教育要超越书本中知识的局限，兼顾其他知识体系，从伦理与文明的视角，关注各个领域的最新发

---

[1] 联合国全球契约组织（United Nations Global Compact）作为世界上最大的推进企业可持续发展的国际组织，拥有来自160多个国家的一万多家企业和其他利益相关方会员。这些会员承诺履行以联合国公约为基础，涵盖人权、劳工标准、环境和反腐败领域的全球契约十项原则并每年报告进展。联合国全球契约组织持续帮助企业将全球契约十项原则整合到其战略和运营中去，通过合作与伙伴关系共同推进更广泛的联合国可持续发展目标（SDGs）。

[2] 责任管理教育原则（The Principles for Responsible Management Education）于2007年在日内瓦全球契约领导人峰会上正式提出，旨在激发和支持全球责任管理教育、研究和实践。目前，包括康奈尔大学、牛津大学、清华大学、中欧国际工商学院等知名高校在内，已有来自80个国家的600多个商学院和管理教育机构签署了PRME原则（参见网址：https://www.unprme.org）。

[3] PRME六项原则：①目标（Purpose）：帮助学生进行能力建设，使之成为未来商业和社会可持续发展价值观的缔造者，更好地服务于一个包容和可持续发展的全球经济；②价值（Values）：将诸如UNGC等国际组织所提出的全球社会责任纳入学术活动和课程；③方法（Method）：建立教育框架、组织教材建设、营造教学氛围，使学生能有效地学习责任及领导力；④研究（Research）：积极参与理论和实践研究，加强企业对可持续的社会、环境和经济价值方面的特色、动态和影响的了解；⑤合作（Partnership）：加深与企业管理者的互动，更好地了解他们在社会和环境责任方面所遇到的挑战，并与之一道寻求最有效的方法应对挑战；⑥对话（Dialogue）：促进与教育机构、学生、企业、政府、消费者、媒体、民间社会组织以及其他有关团体和利益相关者展开对话和探究，内容涉及全球社会责任和可持续发展等重要议题。

[4] 北京大学钱理群教授在2008年纪念北大110周年校庆时发表演讲，他认为现在的实用主义、实利主义、虚无主义的教育，正在培养出一批"绝对的、精致的利己主义者"。所谓"绝对"，是指一己利益成为他们言行的唯一的绝对的直接驱动力；所谓"精致"，是指他们有很高的智商和教养，所做的一切都合理、合法且无可挑剔，他们惊人地世故、老到，故意做出忠诚姿态，很懂得配合、表演，以及利用体制的力量来达到自己的目的。

[5] 兼有优秀的品德和才能。"德"是指伦理素质，这种素质决定于世界观、人生观和价值观；"才"是指智能水平，包括管理科学知识、本职专业知识、综合分析问题和解决问题的能力。

展,关注和平、包容与社会正义,遵循商业伦理的原则,超越狭隘的功利主义和经济主义,反对暴力、不宽容、歧视和排斥。

总之,应将人生发展作为终身的教育,未来合格人才首先应达到"四有"人才标准(4Cs):善于沟通(Communication)、乐于合作(Collaboration)、独立思考(Critical Thinking)、不断创新(Creative)。此外,21世纪需要"德智体能"全面发展的人才,"德"是道德修养、素质情操、社会责任,其中守诚信、讲公正、爱荣誉、负责任、有理想、有信念都是重要的素质;"智"是学习能力的智慧,包括对当今经济社会的洞察力和理解力,它决定了视野的高低与心胸的宽窄;"体"是精神和身体的综合状态,是团队精神和拼搏精神的基础;"能"是具有解决实际问题、发展事业所需的知识储备能力。

1.4.1 中国商业伦理教育

中国高校对商业伦理和社会责任的相关教学与研究还有待加强,尤其要加强商业伦理的培训与教学。

1.4.1.1 大学本科商业伦理课程现状

表1-2是中国17个最有价值的商学院所开设的商业伦理课程情况。表中的高校商学院均是2007年和2008年福布斯中国商学院排行榜中前20名的高校(其中剔除了北京大学国际MBA、上海财经大学商学院与中欧国际工商学院三所研究生性质的商学院)。

根据表中信息分析得出,将商业伦理课程作为必修课的高校只有北京大学光华管理学院和上海交通大学安泰经济与管理学院,大部分的高校将其放入专业方向选修课和综合选修课的范畴中。同时,课程的名称多种多样,并且有些高校将商业伦理与"会计""投资"和"信息管理"等专业知识结合起来。

表1-2 中国17个最有价值的商学院开设商业伦理课程的情况

课程类型	院校名称	课程名称	数量
必修课	北京大学光华管理学院 上海交通大学安泰经济与管理学院	企业伦理 管理伦理	2

(续表)

课程类型	院校名称	课程名称	数量
综合选修课	对外经济贸易大学国际商学院	商业伦理企业法律环境	3
	中山大学管理学院	商业伦理学	
	同济大学经济与管理学院	商业伦理	
专业方向选修课	清华大学经济管理学院	信息管理中的伦理选择	10
	对外经济贸易大学国际商学院	会计职业道德	
	北京大学光华管理学院	企业伦理	
	四川大学工商管理学院	管理伦理学	
	暨南大学管理学院	商业伦理学/会计职业道德/管理伦理	
	中山大学岭南学院	投资伦理和专业准则	
	厦门大学管理学院	企业伦理/企业伦理与职业道德	
	复旦大学管理学院	会计职业道德/会计与审计法律专题	
	上海交通大学安泰经济与管理学院	管理伦理	
	浙江大学管理学院	企业伦理	

资料来源：吴红梅（2012）。

表1-3是中国21所高校开设商业伦理课程的情况。其中，将商业伦理课程设为必修课的高校有8所，设为专业方向选修课和综合选修课的高校有13所，所占的比例较高。

结合表1-2和表1-3，可以看到中国已经有较多的高校开设了商业伦理相关课程，但是大部分高校都将其列入选修课的范畴。这一现象说明中国高校中，商业伦理课程并没有引起校方的足够重视。

表1-3 中国21所高校开设商业伦理课程的情况

课程类型	院校名称	课程名称	数量
必修课	山东大学管理学院	管理伦理	8
	郑州大学商学院	领导与伦理学	
	贵州大学管理学院	管理伦理学	
	武汉大学经济与管理学院	企业文化与伦理	
	上海财经大学国际工商管理学院	职业道德规范	
	华中科技大学管理学院	管理伦理学	
	贵州财经大学工商管理学院	管理伦理与企业文化	
	广东外语外贸大学国际工商管理学院	中国传统文化与营销哲学	

(续表)

课程类型	院校名称	课程名称	数量
专业方向选修课	西南大学经济管理学院 吉林大学商学院 深圳大学管理学院 兰州大学管理学院 华北电力大学经济与管理学院 中国海洋大学管理学院 浙江工商大学工商管理学院 东北财经大学会计学院	企业伦理与企业文化 / 企业伦理与文化建设 企业伦理与文化 企业伦理学广告伦理 企业伦理学 / 会计职业道德与规范 会计职业道德 企业伦理学 管理伦理学 会计伦理学 / 财会职业道德专题	8
综合选修课	华中科技大学管理学院 辽宁大学商学院 东北师范大学商学院 浙江工商大学工商管理学院 海南大学经济与管理学院	商业伦理 企业伦理 管理伦理 / 管理伦理与文化 企业伦理文化 / 商业伦理学 商业伦理学	5

资料来源：吴红梅（2012）。

表1-4是中国港澳台地区10所高校商业伦理课程的开设情况。从表中可以看出，在10所高校中，有7所高校都将商业伦理课程纳入必修课范畴。通过比较分析，中国港澳台地区高校对商业伦理课程的重视程度比较高。

表1-4 中国港澳台地区10所高校商业伦理课程开设情况

课程类型	院校名称	课程名称	数量
必修课	香港浸会大学商学院 香港理工大学商学院 淡江大学管理学院 静宜大学管理学院 台湾中兴大学管理学院 澳门科技大学行政与管理学院 亚洲澳门国际公开大学本科学院	商业与公司社会责任 公司社会责任 企业伦理 企业伦理 企业伦理 企业法律环境 / 伦理学 商业伦理	7

(续表)

课程类型	院校名称	课程名称	数量
综合选修课	香港大学商学院 香港城市大学商学院 澳门理工学院管理科学高等学校	商业伦理/公司治理与社会责任 商业伦理 企业道德	3

资料来源：吴红梅（2012）。

1.4.1.2 中国研究生商学院商业伦理课程现状

近年来，商业伦理教育在商学院研究生教学中承担着越来越重要的角色。越来越多的商学院将商业伦理作为 MBA 基础选修课程或必修课程。与国外相比，中国 MBA 商业伦理教育起步较晚，但发展迅速。目前，几乎每一所新近获批的 MBA 培养单位都将商业伦理与企业社会责任教育纳入其培养体系。在 MBA 商业伦理课程设置中，各商学院既突出一般要求，又关注特色培养，开设特色课程。

但国内的 MBA 商业伦理教育仍存在较多问题，主要体现在以下三个方面：

(1) MBA 商业伦理课程的开设数量仍显不足。从中国已具有 MBA 培养资格的 238 所高校来看，只有 85 门商业伦理与企业社会责任相关课程被设为必修课程，其中 58 门为公共必修课程，27 门为专业必修课程。

(2) 商业伦理课程体系混乱，各商学院开设的商业伦理相关课程的名称五花八门，且缺乏统一的教学视角和规范；同时，国内缺乏适合本土教学的商业伦理教材，缺乏符合课程需要的中国企业案例资料。

(3) 商业伦理课程教学的制度环境不佳。绝大多数商学院仍将商业伦理课程视为边缘课程，并未将商业伦理作为 MBA 教育的指导思想；同时缺乏有力的资源支持，商业伦理相关课程教学所获得的资源十分有限。一些教师讲授商业伦理与企业社会责任课程更多的是出于个人热情及责任心。

因此，为促进国内商业伦理教育的发展，商学院需要以商业伦理为核心构建 MBA 课程体系，并设计适合本土教学的商业伦理课程内容，配套有力的课程教学资源，提供充足的课程研究基金，同时积极参与商学院国际化认证，以提升国内 MBA 商业伦理教育知名度。

1.4.2　西方商业伦理教育

1993年，美国90%以上的商学院或管理学院开设有商业伦理课程，欧洲还构建了欧洲企业伦理网络。随着商业伦理研究机构的不断建立，有关商业伦理的期刊、教材、专著等不断涌现。美国的哈佛大学商学院、麻省理工学院斯隆管理学院、宾夕法尼亚大学沃顿商学院等知名商学院，都建立了较为完善的商业伦理学教学体系。

哈佛大学商学院面向学生开设了与伦理、道德和责任直接相关的课程，采取案例教学的形式，让学生在掌握理论知识后参与社会实践。此外，通过与商界领导者之间开展沟通和互动，师生们能够对不同形式的商业活动有所了解。

麻省理工学院斯隆管理学院主要采用理论教学、对话讨论以及案例教学相结合的方式，围绕"历史、环境与伦理"的主题开展教学。其教学大纲囊括了经典短篇小说、游戏、精选电影等内容，讨论的问题主要包括领导与权力、企业社会责任、伦理标准的应用、科学伦理关系等，以培养学生的商业伦理观和伦理型领导作风。

宾夕法尼亚大学沃顿商学院则采用理论与案例相结合的教学方法，同时将法律研究融入"伦理与责任教育"教学，进而阐释商业伦理的内涵。教师在课程中通过设计伦理冲突的案例，分析企业成功或失败的原因，鼓励学生参与不同模块，对企业管理和企业伦理做出批判性的评价，深层次地理解商业伦理的特性，提升个人或整个团队的鉴别能力与分析能力。

美国排名前十位的商学院都将商业伦理相关课程列入核心课程之中，且课程设置多样化（见表1-5）。大部分的商业伦理课程都与领导力课程、公司治理课程相结合，麻省理工学院斯隆管理学院还开设了与文学相关的商业伦理课程。

从以上分析可以明显看出，国外商业伦理课程的重点在于实践，注重将商业伦理的理论知识运用于公司治理和领导力提升方面，如宾夕法尼亚大学沃顿商学院开设的国际商业伦理课程和西北大学凯洛格商学院开设的全球公司治理课程。

第 1 章
商业伦理的教育基础

表 1-5 美国排名前十位的商学院商业伦理课程开设情况

课程类型	院校名称	课程名称	数量
核心课程	哈佛大学商学院	商业伦理（Business Ethics） 领导力和公司责任（Leadership and Corporate Accountability） 领导力和组织行为（Leadership and Organizational Behavior）	3
	宾夕法尼亚大学沃顿商学院	公司责任和伦理（Corporate Responsibility and Ethics） 国际商业伦理（International Business Ethics）	2
	斯坦福大学商学院	管理学伦理（Ethics in Management）	1
	哥伦比亚大学商学院	领导力和伦理（Leadership and Ethics）	1
	加州伯克利大学哈斯商学院	伦理和负责任的领导力（Ethics and Responsible Business Leadership）	1
	芝加哥大学布斯商学院	商务、政治和伦理（Business, Politics, and Ethics） 商业伦理（Ethics of Business）	2
	麻省理工学院斯隆管理学院	领导力的故事：文学、伦理和权威（Leadership Stories: Literature, Ethics, and Authority） 伦理实践：通过职场素养、社会责任和系统设计领导（Ethical Practice: Leading Through Professionalism, Social Responsibility, and System Design）	2
	西北大学凯洛格商学院	公司治理：董事会的有效性和责任（Corporate Governance: Effectiveness and Accountability in the Boardroom） 全球公司治理（Global Corporate Governance）	2
	耶鲁大学管理学院	全球领导力：个人和人际交往有效性（Global Leadership: Personal and Interpersonal Effectiveness）	1
	纽约大学斯特恩商学院	职业责任和领导力（Professional Responsibility & Leadership） 职业性责任（Professional Responsibility）	2

资料来源：根据表中各商学院官网资料整理。

表1-6是对美国各商学院对商业伦理课程满意度调查的排名情况。该排名基于学生对于该调查的回应。调查要求学生对该校的商业伦理课程按照A至F的等级打分，A等级得1分，F等级得5分，以此类推，最后取每个学校的平均分，即平均分最低的学校满意度最高。

排名位于首位的圣母大学门多萨商学院，虽然"伦理"并没有出现在其所有的课程概述中，但是伦理的概念贯穿于其每一门课程中。该商学院的特色课程"商务与社会前瞻"为面对商务问题提供了伦理上的框架；"让价值观发声"这一课程鼓励学生们开发出对待伦理问题的一套方法；而在"商业伦理实践"的课程中，高年级学生则会收获社会实践中的商业伦理经验。

表1-6 美国商业伦理课程满意度前十位的本科商学院

排名	院校名称	得分
1	圣母大学门多萨商学院	1.032
2	杨百翰大学麦里特商学院	1.102
3	北伊利诺伊大学商学院	1.113
4	丹佛大学丹尼尔商学院	1.118
5	西弗吉尼亚大学约翰·钱伯斯商业与经济学院	1.154
6	得克萨斯大学麦康姆商学院	1.160
7	昆尼皮亚克德里豪斯商学院	1.161
8	里士满大学罗宾斯商学院	1.173
9	塔尔萨大学科林商学院	1.174
10	得克萨斯州农工大学梅斯商学院	1.180

资料来源：Gloeckler（2013）。

总体而言，美国的商业伦理教育已经达到了较为成熟的水平。根据Andrew Stark（1993）的统计数据，美国有超过500所高校开设了商业伦理课程，有将近90%的高校开展了商业伦理知识的培训；欧洲的大学商学院，部分开设了企业社会责任必修课程，其商业伦理教育有待进一步普及。

1.4.3 商业伦理教育课程

2014年,在北京大学汇丰商学院组织的"第五届全球商学院院长论坛"上,有学者研究发现,在全球22家顶尖级商学院所肩负的使命中,仅仅只有两家提到了道德使命,这说明商学院的教育重点应该发生转变(海闻,2016)。

1.4.3.1 注重能力培养以解决实际问题

根据对美国排名前十位的商学院商业伦理课程的分析,大多数的课程都与"领导力""组织行为""社会责任""公司治理"和"职业责任"相结合。以加州伯克利大学开设的"伦理和负责任的领导力"课程为例,该课程有助于提升学生的批判性分析能力,以及面对全球化背景下社会、伦理和政治挑战的能力。

中国高校的商业伦理课程多为"管理伦理学"和"企业伦理",课程内容集中于商业伦理的基础理论、商务中的伦理原则以及商业伦理的案例分析。例如,北京大学汇丰商学院的"领导力与商业伦理"课程分为理论篇、智慧篇、幸福篇和伦理篇四个部分。其中,理论篇包括领导素质、心态与行为培养要素;智慧篇将领导力的核心要素提炼为"责任、公益、传承、亲和、协调、变通";幸福篇强调作为领导者在关注社会可持续发展的同时,也要关注大家的幸福生活;伦理篇则以崭新的"绿色领导力"为主题,让学生们切实理解伦理和领导力的内在联系。

总之,课程不应只集中于理论的传授,更重要的是要教会学生如何把理论和实践结合起来。

1.4.3.2 挖掘传统文化以丰富课程内涵

商业伦理课广泛运用案例教学法,通过案例使得学生对于商业伦理理论知识有更深刻的理解,这样案例选择便成了课程的关键。

麻省理工学院斯隆管理学院开设的"领导力的故事:文学、伦理和权威"课程即运用案例故事来阐述伦理规范,形式包括小说、戏剧、叙述性影片等;主题包括领导力、权威性、职业道德、伦理标准的本质、社会企业责任以及性别、个人和文化身份等。教学材料每年都有所不同,往年材料既有罗伯特·鲍特(Robert Bolt)、迈克尔·弗莱恩(Michael Frayn)、毛翔清(Timothy Mo)、沃尔·索因卡(Wole Soyinka)、亨利·梭罗(Henry Thoreau)等人的作品,也有《卧虎藏龙》《卢旺达饭店》《后人》《摩托日记》和《夺金三王》等电影作品。这不仅有利于增加课程的趣味性,也是对本土文化的传承。北京大学汇丰商学院的"领导力和商业伦理"课程充分挖掘了中国传统文化的精华:提炼出老子、孔子、孙子和诸葛亮等人有关伦理型领导力的思想;分享了"攻心联"和《诫子书》中的领导力精髓;通过"刘备以礼待人""孙权意气相投""曹操权术驭人"的例子,将领导力的核心要素提炼为"责任、公益、传承、亲和、协调、变通"。中国古代的商业文化十分丰富,包括晋商文化、温商文化和徽商文化等,这些古代商业文化中的商业伦理内容都值得进行深度的挖掘和研究。

1.4.3.3 以多样化的模式开展商业伦理教学

美国各大商学院的商业伦理教学模式大致可以归纳为三种:其一,开设独立课程(Stand Alone)。它始于美国宾夕法尼亚大学沃顿商学院,现在美国有上百所商学院采用这种教学模式;其二,整合传授(Incorporating Ethics Instruction into the Curriculum),即将商业伦理课程整合到专业课程中,这种教学模式是美国商学院中最广泛使用的模式;其三,与学校的其他院系合作开设商业伦理课程。据调查显示,美国有40%左右的商学院与哲学系合作开设商业伦理课程(晁罡等,2012)。

美国通过多样化的教学模式来提高商业伦理教育的地位,让商业伦理知识融入不同的课程,这有利于商业伦理课程的多样化,从而让更多的学生和教师能学习和践行相关理念。

本章小结

商业伦理缺失,市场经济注定乱象;教育基础薄弱,伦理道德势必丧失。只有高度重视商业伦理的教育基础,才能铲除滋生"精致的利己主义者"的土壤,进而达到培养伦理型领导者或企业家等未来人才之目的。许多商学院教师本应承担普及商业伦理观念的教育使命,但是有些专家学者为了推销快速盈利的商业模式,四处"走穴",自身缺乏对商业本质的深刻理解,也就未能对受教育者伦理价值观进行系统的培养和塑造,结果造成那些涉世不深、又急于快速致富的企业家不择手段地追逐高利润,其违背商业伦理的行为给社会带来了难以弥补的损失。因此,在当今生态文明教育体系中,受教育者应该更多地被引导去关注人类社会的发展问题,通过学习商业伦理的内涵,理解商业伦理的经济性、教育性、示范性和导向性。对全球发展富有洞察力的美国学者杰弗里·D. 萨克斯（Jeffrey D. Sachs）在《可持续发展的时代》（*The Age of Sustainable Development*）中，提出了一套系统实用的可持续发展理论与实践框架，试图通过教育解决全球范围内持续存在的极端贫困、公共卫生危机、环境气候恶化、政治经济不公和全球秩序混乱等疑难问题。只有教育全民"知善"，鼓励全民"行善"，引导全民"扬善"，激励全民"乐善"，在经营管理中弘扬商业伦理精神，遵守市场竞争法则，才能构建繁荣与健康的社会。

关键术语

商业伦理　企业社会责任　教育伦理　"善"教育

思考练习

1. 阐述 UNESCO 三大报告的内涵与意义。
2. 明确"精致的利己主义者"与"德才兼备"人才的区别。
3. 掌握考克斯圆桌商业原则和卡罗尔企业社会责任金字塔模型。

应用案例

以智力扶贫推行"善"教育

四川省通江县是位于秦巴革命老区的国家重点扶贫县，交通不便、信息闭塞，是四川省极少数没有通铁路、高速公路的县，属于典型的"老少边穷"地区[1]。2014 年，全县人口 80.2 万，贫困人口就超过 10 万。中国环境科学学会理事单位"国际生态发展联盟"（以下简称"联盟"）联合社会各界专家组成了智力扶贫支教团，多次深入通江县开展智力扶贫活动，产生了良好的社会效益，既体现了"善"教育倡导的社会责任，又在探索扶贫致富新路上迈出了可喜的一步。

---

[1] "老少边穷"地区是老革命根据地、少数民族地区、边境和边远地区、贫困地区的统称。

经验一：以智力扶贫汇集外部力量

来自中国自然资源部（原国土资源部）执法监察局、民建中央能源与资源环境委员会、中国社会科学院、中国科学院、北京大学、清华大学、中国人民大学、北京工业大学、四川省社会科学院的专家们，先后多次对通江县文化资源进行深度考察发掘，积极采纳张象枢教授提出的"三生共赢"（生态、生活、生产相结合）发展模式，以座谈会、培训会、支教助学等方式，协助通江县的生态农村建设，从单纯强调"引资"到"引智"，培育脱贫攻坚的核心竞争力，将绿色发展作为巴中市发展的核心竞争力。除了通过培训加强生态文明建设的教育，"联盟"专家还进一步研究农村主体利益均衡机制、产业发展多元带动机制、发展要素系统整合机制和贫困群众持续增收机制，探索出贫困山区脱贫致富的新方式。

经验二：以支教助学培养当地脱贫致富的内生力量

近十年来，"联盟"专家先后多次以支教的方式访问通江县和宜宾县，先后对泥溪小学、通江中学和锦屏中学开展了一系列教育资助活动，共捐赠了价值近百万元的电脑、书籍、学习卡和奖学金。近百位师生先后开展了长达十年的通江县生态扶贫课题研究，并多次与县委、县政府各级领导面对面座谈，组织了一系列针对泥溪镇和空山乡的考察和培训活动。通过知识宣讲、技术培训、学术座谈、登门调研等方式，让贫困群众既看到自身的差距，又看到脱贫致富的希望。于是，一些村庄涌现出种植和经营安全、健康农产品的农业公司。当地农民企业家受邀参与中欧社会论坛（巴黎）和亚洲教育论坛，进一步提高了贫困主体的主动性和积极性，学习国内外可持续农业的经营理念，建立符合商业伦理的产业链和供应链，最大限度地挖掘绿色农业的价值链，激发脱贫致富的内在动力。

目前，泥溪镇和空山乡涌现出一批具有绿色发展理念的乡村干部和企业家，他们逐渐成为绿色管理、绿色农业和绿色旅游的行家。

经验三：以健康文化传播脱贫致富的生活方式

来自科学出版社、深圳大学城图书馆、北京大学汇丰商学院绿色经济研究中心、北京工业大学中国经济转型研究中心的专家们，参与四川省锦屏镇、泥溪镇等乡村文化和伦理建设，设立"联盟"夏光图书馆，先后汇集了上万册书籍；通过捐赠书架、电脑、名人字画等方式，极大地丰富了乡村的文化活动；通过发挥当地村民的主体作用，激发了乡民脱贫致富的活力。

正如泥溪中学时任校长李升所说，这种扶贫支教活动不仅给予了大家发展的动力，而且传递了智慧理念，进基层接地气，用文化凝聚民心，用文化引导民意，用文化熏陶民风，是智力扶贫的最高境界。

资料来源：郭倩. 智力扶贫，支教助学——北大汇丰师生调研秦巴山区通江县 [EB/OL]. (2017-06-22) [2020-04-30]. https://www.phbs.pku.edu.cn/content-419-4286-1.html。

思考题："善"教育式的智力扶贫对于解决中国西南地区贫富差距的作用有多大？这种方式能真正促进乡村的绿色农业繁荣吗？

第 2 章
商业伦理的文化基础

> 文化的基础正如性格的基础，至少来说，是一种道德上的情感。
> ——拉尔夫·沃尔多·爱默生（Ralph Waldo Emerson，美国诗人）

> 中国文化特别是作为其根基的儒释道所倡导的天地人和、阴阳互动的价值观念可以为生态文明和商业伦理提供强有力的理论支撑。
> ——小约翰·柯布（John Cobb, Jr., 美国生态经济学家）

本章提要

文化对商业行为有着重大的影响，而商业伦理作为社会道德文化的反映，是社会文化的重要组成部分。长期以来，伦理体系依托于传统文化，在从非市场经济到市场经济、从农业文明和工业文明向生态文明转型的过程中，都面临着文化重构和伦理重建的挑战。本章首先介绍了文化的内涵及构成要素；其次，通过研究商业伦理与企业文化的产生和发展，揭示了商业伦理和企业文化的特征和功能，论述了中国、美国和一些欧洲国家企业文化的起源与特征，阐述了不同国家企业文化的差异；再次，通过介绍儒家思想和道家思想来揭示中国传统文化的商业伦理渊源；最后，从宗教思想、哲学思想两方面来探讨西方传统文化与商业伦理的关系。

学习目的

1. 了解商业伦理与企业文化的产生与发展
2. 掌握商业伦理与企业文化的内涵、特征和功能
3. 透过不同的商业伦理行为，分析中西方企业文化的差异和根源
4. 在跨文化商业情境中，了解儒家文化、道家文化对构建企业文化的影响

知识拓展

文化伦理

文化伦理是指社会文化活动中的伦理关系及其调节原则。社会文化活动蕴含着社会价值精神，并表达了特定社会价值关系及其要求，具有伦理性。文化以丰富多样的形式，一方面传承人类文明，另一方面又起着某种社会价值的引导作用。在这种社会价值引导作用中，文化活动主体的现实社会关系内容及其内在道德精神与价值取向得以标识。所有关涉文化伦理性方面的内容均构成文化伦理的现实内容，如用以指导文化活动的价值原则的合理性，文化活动中的真、善、美，文化的一元与多元关系，文化现代性中的文化宽容，文化活动与人性的提升，文化活动主体的道德精神与价值态度，等等。

引导案例

晋商文化

晋商是中国最早的商人，其历史可追溯到春秋战国时期。晋商位居中国十大商帮之首，于明清两代达到鼎盛，在中国商界称雄500多年。进取精神、敬业精神、谨慎精神、群体精神等都属于晋商文化的范畴，后人将其归纳为"晋商精神"。这种精神在晋商经营伦理、组织管理和心智素养中都有所体现，又被称为"晋商之魂"。

（一）进取精神

根据清朝政治家纪晓岚《阅微草堂笔记》记载："山西人多商于外，十余岁辄从人学贸易，俟蓄积有资，始归纳妇。"意为：晋商十多岁开始外出从商，攒够了钱才回家娶媳妇儿。可见，经商在山西人眼中是作为大事业来对待的，他们所谓的成家立业、兴

宗耀祖的抱负，需要通过经商来实现，经商成功后，自然会"崇义让，淳宗族，睦邻里亲友，赈贫恤乏，解纷讼，成人之美"。[1]

（二）敬业精神

晋人一向以经商为荣、褒商扬贾、摒弃旧俗。居于榆次的富商常氏，有清一代不绝于科举，但从不漠视商业，而且经常让家族中最杰出的子弟学习经商。常氏始终秉承"学而优则商"，能集数代杰出人才而锐意经商，从而塑造了一个具有共同文化的商人群体。正是因为他们在商界中渗透了儒家的诚信、仁义、忠诚精神，才有了常氏家族在商业上的持续繁盛。由此可知，晋商经商之所以成功的一个重要因素就是将商业作为一项终身的崇高事业来对待。

（三）谨慎精神

晋商经商以谨慎为名。他们从不贸然行事，也不毫无准备地去应敌，而是在对各种情况有了充分调查和了解的基础上，运筹帷幄、协商决定，从而避免一些不必要的麻烦。

（四）群体精神

群体力量在晋商从事经营活动过程中扮演了很重要的角色。他们以宗法社会的乡里之谊为基础团结在一起，通过维系会馆和精神上崇尚关圣（关羽）的方式来促进彼此间的了解，以讲义气、讲帮派为基础，通过消除不和的人际关系来维系商号间的关系，致使大大小小的商帮群体得以出现。晋商这种商帮群体精神的出现得益于家族间孝悌和睦的伦理，并为经商活动中扩大业务与应对商业竞争提供了保障。商业竞争随着晋商经营范围和业务领域的扩大也越来越激烈，于是，一种"同舟共济"的商业伦理规范逐渐形成，这一群体使家族成员与乡人间得到了有效融合。

资料来源：改编自欧人，葛山.商人地图：中国商人的地域性格与文化精神 [M]. 郑州：郑州大学出版社，2005。

思考题：晋商文化从哪些方面体现了商业伦理的精髓？

---

[1] 出自山西南部的蒲州是明代晋商重要的发源地之一，据沈思孝的《晋录》载："平阳、泽、潞豪商大贾甲天下，非数十万不称富。"明代晋商，输粮纳盐，行商四海，不仅成为当时商界的巨擘，也为明王朝北部边防的巩固做出了巨大的贡献。席铭（1481—1542）就是其中的杰出代表，他出生于蒲州平阳（今山西临汾市），是明代著名的山西商人。这句话描述的是席铭经商成功后的做法。

2.1 文化的内涵及构成要素

文化的本质不是物质成就,而是人类社会对世界和生命的伦理性肯定。伦理,说到底是文化的一部分,不同的商业伦理只不过是不同的社会文化对商业活动道德标准要求的不同体现(上海国家会计学院,2010),只有认识文化的伦理本质的思想重新获得力量,才会有伦理的文化基础。对于商业伦理的文化基础而言,阿尔贝特·施韦泽(Albert Schweitzer)对整个人类思想的研究使"敬畏生命"伦理学能够超越宗教,认为持续性的道德和文化,不仅要尊重后代的生命权,还要尊重动物的生命权和自然的内在价值(Schweitzer,1923)。

中国文化重视秩序和伦理,但是经济的飞速发展和脆弱文化伦理氛围的不配套、不协调,使得物质主义、消费主义和功利主义等日益侵蚀人们的道德底线。过于强调竞争、对抗和效率,弱化价值、理想和伦理,忽视自然、"天道"和"仁德",导致现代人们的生活焦虑感加重,生活满意度和幸福感下降,心理和精神健康问题日趋严重。特别是城市化、工业化使一些地区的本土文化遭到破坏,大规模的同质化建设使文化的多样性锐减。因此,在生态文明建设中,夯实商业伦理的文化基础是经济、社会和教育可持续发展的必备前提。

2.1.1 文化的重要内涵

在西方,文化(Culture)一词由拉丁文"耕种"(Cultura)引申而来,包括耕种、培育、修饰、打扮、敬仰、崇拜、祭祀等含义。1871年,英国文化人类学家爱德华·伯内特·泰勒(Edward Burnett Tylor)在《原始文化》(*Primitive Culture*)一书中写道:"文化是一种包括知识、信仰、道德、法规、习俗以及所有作为社会成员的人所获得的其他能力和习惯的复合整体。"歌德的文化伦理观主张"人要高贵、乐于助人和善良",但"不以正义为代价去做有能力做到的事情",这对于大部分发展中国家中出现的贫富悬殊、环境污染有着重大的现实启示意义。

西方学者将文化定义为"人类能力的高度发展,借训练与经验而促成身心的发展、锻炼、修养;或人类社会智力发展的证据、文明,如艺术、科学等"(汤普森,2005)。美国人类科学家阿尔弗雷德·克罗伯(Alfred Kroeber)和克莱德·克拉克洪(Clyde Kluckhohn)教授认为:文化是一种外显的和内隐的、可以通过象征符号获得和传递的行为模式,它代表了人类群体的显著成就,包括它们在人工器物中的体现。文化是活动的产物,也是活动的决定因素,它的核心部分是传统的观念,尤其是它们所附带的价值(Kroeber,Kluckhohn,1952)。

在中国,文化一词最早可以追溯到《易经》。《易经·贲卦·象传》记载:"文明以止,人文也。观乎天文,以察时变;观乎人文,以化成天下。"[1]实际上,文化是"文"和"化"二字的组合,"文"是指语言／文字／典章、制度等;"化"是指感化、改造／塑造的过程和结果。二者包括文学、艺术、教育和科学等,以及运用文字的能力和一般知识(何九盈等,2018)。

文化总是在不断变化的过程中,其中某些部分变化速度较快,另外一些部分变化则较慢甚至变化很小。变与不变及其速度的快慢就形成了文化的深层、中间层与表层,这三个层次的文化在不同类别的文化中的表现是不一样的。所谓深层文化,是指在历史发展过程中变化较小的文化,像道德、宗教、语言、部分思维方式和一部分文化理念和习俗,如贴对联等,这些在历史上的变化都比较小。中国人倡导忠孝与仁爱结合的伦理、对神的崇拜存在自利的因素、喜欢使用评价性的语言等,其实都属于深层文化。相较之下,表层文化就是在历史上变化较大的文化,像审美、艺术就有很多表层的内容。中间层的文化则处于深层文化和表层文化之间;像大多数思维方法、生活方式和一部分制度是处于深层与表层之间的文化,它们会在经历一段较长的时间或者一个大时代之后发生变化。

2.1.2 文化的构成要素

社会学家们一般认为,文化是由精神要素、语言和符号、规范体系、社会关系和社会组织以及物质产品五种基本要素构成的。

1. 精神要素

精神要素即精神文化。精神文化是人类创造活动的动力,是文化要素中最有活力的部分,也是人类有别于动物的地方。精神文化包括哲学和艺术、科学、宗教、伦理道德以及价值观念等。其中,精神文化的核心是价值观念,它不仅为社会成员

---

[1] 大意是:文治教化让每个人明白自身义务再规范举止,这是人类社会的样子。观察天道运行规律,以认知时节的变化;注重人事伦理道德,用教化推广于天下。

的行为和对事物的评价提供了参考，也为人们从各种备选目标中选择切实可行的目标提供了标准。除此之外，价值观念还贯穿于人类创造的一切物质和非物质产品过程的始终。

2. 语言和符号

语言和符号在人类的社交活动中起着重要作用，两者都具有表意性。同时，语言和符号作为文化积淀和传承的一种方式，成为人类有效沟通的桥梁，也促进了人们在沟通和互动中对文化的创造。人类特有的属性是通过语言和符号从事社会生产活动，从而使文化在创新中更加丰富多彩。

3. 规范体系

规范是评判人们行为是否正确的准则，如法律条文、群体组织的规章制度等明文规定，以及风俗等约定俗成的准则。各种规范相辅相成，对调整人与人之间的各种社会关系有着至关重要的作用。此外，规范限定了人们选择活动的形式、采取的方法和式样的类别，同时也限定了语言和符号运用的对象和方法。规范是价值观念的具体化，它的设立或形成是出于满足人类需要的目的。

4. 社会关系和社会组织

社会关系是上述各文化要素产生的基础，它不仅是文化的重要组成部分，也是文化创造的基础，而生产关系又是各种社会关系的基础。因此，只有具备一定的组织保障，社会关系才能得以确定。一个社会要保证各种社会关系的运行，就必须建立各种社会组织，如工厂、公司、政府、军队、家庭、学校等。社会组织包括物质因素和精神因素，如组织目标、规章制度、一定数量的成员和物资设备等都属于社会组织的范畴。可以看出，社会关系和社会组织两者之间互相联系、不可分割，是文化不可或缺的重要组成部分。

5. 物质产品

物质产品作为文化的有形部分，涵盖了人类在改造自然环境中所创造出来的器皿、建筑、公园等一切物品，集人类的观念、需求和能力于一体。随着物质产品中的文化含量越来越高，物质产品生产越来越接近于精神文化产品生产并相互促进，最终融为一体。

2.2 商业伦理与企业文化

2.2.1 企业文化的产生与发展

企业文化[1]的出现由来已久。20世纪70年代以后，日本和美国经济的不平衡引起了学术界对企业文化的研究热潮。当时，日本商品迅速进入世界市场，与美国企业形成了竞争态势。美国的现代管理方法在50年代被日本引入，日本在消化和吸收美国的现代管理方法后，在管理方式、组织方式、领导方式等方面形成了与美国不一样的管理模式。

20世纪80年代，四本关于企业管理理论的畅销书相继出版：美国著名管理学者威廉·G.大内（William G. Ouchi）的《Z理论——美国企业界怎样迎接日本的挑战》（*Theory Z: How American Business Can Meet the Japanese Challenge*）、美国斯坦福大学教授理查德·T.帕斯卡尔（Richard T. Pascale）和美国哈佛大学教授安东尼·G.艾索斯（Anthony G. Athos）合著的《日本的管理艺术》（*The Art of Japanese Management*）、美国企业管理咨询顾问托马斯·J.彼得斯（Thomas J. Peters）和罗伯特·H.沃特曼（Robert H. Waterman）合著的《追求卓越——美国企业成功的秘诀》（*In Search of Excellence: Lessons from America's Best-Run Companies*）、美国著名的麦肯锡管理咨询公司顾问艾伦·A.肯尼迪（Allan A. Kennedy）和泰伦斯·E.迪尔（Terrence E. Deal）合著的《企业文化——企业生活中的礼仪与仪式》（*Corporate Cultures: The Rites and Rituals of Corporate Life*）。"企业文化"浪潮随着这四本书的出版在80年代风靡全球。

在此之后，随着几本企业文化的重磅著作问世：拉尔夫·H.基尔曼（Ralph H. Kilmann）的《赢得公司文化的控制》（*Gaining Control of the Corporate Culture*）、埃德加·H.沙因（Edgar H. Schein）的《组织文化与领导力》（*Organizational Culture and Leadership*）、汤姆·彼得斯（Tom Peters）和南希·奥斯汀（Nancy Austin）的《赢得优势——领导艺术的较量》（*A Passion for Excellence: The Leadership Difference*），"企业文化"更加具体化地融入国外企业管理的实践。自20世纪80年代中期开始，越来越大的竞争压力在中国的企业之间蔓延，各企业为了提升竞争力纷纷学习国外先进的管理经验。与此同时，中国的学者们也加强了对企业文化的研究。

---

[1] 企业文化作为专业术语，于20世纪80年代在管理学界出现。在英文中，企业文化有不同的表达，如corporate culture, firm culture, company culture, enterprise culture等。

2.2.2 企业文化的特征和功能

在研究企业文化的特征与功能之前,首先要了解企业文化的内涵。"以文兴商、以商载道",既要求企业尊重规律,又要求企业家表现出更高的思想境界。企业文化包括三个层次,精神文化是企业的深层文化,制度文化是企业的中间层文化,物质文化是企业的表层文化,如表2-1所示。三种文化互相联系、相互作用,保证了企业文化体系的完整性。

表 2-1 企业文化的内涵

文化层次	文化内涵
企业的深层文化——精神文化	企业价值观 企业精神 企业经营哲学 企业的目标追求等
企业的中间层文化——制度文化	企业领导体制 企业组织结构 企业管理制度
企业的表层文化——物质文化	企业形象 企业产品和服务形象 企业家及员工形象

(1) 精神文化。作为企业文化的核心与灵魂,精神文化是物质文化和制度文化的思想基础,主要包括企业价值观、企业经营哲学、企业精神等企业价值观念,它是企业管理者及员工在潜意识中内化于心的意识形态的总和。

(2) 制度文化。制度文化约束和规范着物质文化和精神文化。制度文化对员工的行为、企业运营秩序起着一定的规范作用,从而使企业活动在过程管理[1]原则的指导下顺利进行,企业领导体制、组织机构和管理制度这三个方面构成其主要内容。

(3) 物质文化。它是制度文化和精神文化的物质基础,更是企业文化的外在表现和

---

[1] 过程管理方法具有与传统管理方法不同的哲理,其基本思想是:从"横向"视角把企业看作一个由产品研发、生产、销售、采购、计划管理、质量管理、成本管理、客户管理和人事管理等业务过程按一定方式组成的过程网络系统;根据企业经营目标,优化业务过程,确定业务过程之间的联结方式或组合方式;以业务过程为中心,制订资源配置方案和组织机构设计方案,制订解决企业信息流、物流、资金流和工作流管理问题的方案;综合应用信息技术、网络技术、计划与控制技术和智能技术等解决过程管理问题。

载体。物质文化不仅包括企业提供的产品和服务，还包括企业生产环境、设备现代化程度、产品外观及包装等。企业的物质文化是企业的经营理念、管理风格和工作作风等的载体，也是让企业形象深入顾客和社会各界的完美诠释者。

2.2.2.1 企业文化的特征

企业文化不仅具有自身的不同特征，还体现了民族文化和社会文化的共同属性。这是因为企业所处的社会环境、文化背景、行业特点不同，企业的生产经营状况、组织结构和员工素质也会有所不同，进而各个企业所形成的企业文化也不尽相同。因此，企业文化具有民族性、继承性、人本性和系统性四个方面的特征。

（1）民族性。企业文化是文化系统中的亚文化，它受到"民族文化"和"社会文化"这两种主文化的影响和制约。一个民族的传统文化直接影响人们的思想和行为。同时，民族文化作为企业文化的根基，也直接影响着企业员工的思想和行为。企业文化的民族性是在不同的社会经济环境中所形成的特定的风俗习惯、宗教信仰、道德标准、价值观念等在企业文化上的反映。企业只有在全民族共同认可的风俗习惯范围内培养企业文化，才能使企业人员的积极性与创造性得到最大限度的发挥。

（2）继承性。企业文化在特定的文化背景下形成，并且存在于社会物质文化生活环境之中，体现了时代的要求，反映了时代的风貌。企业文化的继承性不仅表现在对传统价值观念、行为规范等精神文化范畴中优秀传统文化的传承，还表现在企业员工也会随着企业的成长和发展慢慢地接受，并一代代地传承下去。

（3）人本性。企业文化强调以人为本，为社会服务、为企业员工提供和谐的工作环境是它的宗旨。人本性是区分企业文化与西方传统企业管理理论的重要标志之一，即强调企业的一切活动从内到外都应以人为中心。企业不是生产产品和创造利润的机器，员工也不是机器的附属品。相反，企业应该成为员工发挥聪明才智、实现职业发展目标的大家庭。基于当代企业文化的发展趋势，企业的人文性、服务性将成为企业文化发展的主要内容（赵曙明，1996）。

（4）系统性。企业文化是一个由企业精神、价值观念、经营准则、道德规范和企业目标等所形成的有机整体。员工的思想和行为要受制于企业文化，而企业文化会整合企业经济活动产生的功能与效果。因而，企业文化为社会的整体利益和全局利益提供了保证，并且强调个体利益服从企业利益，企业利益服从社会利益，从而使三者达到统一。

2.2.2.2 企业文化的功能

随着人们对商业伦理认知的不断完善，由商业伦理发展而来的企业文化也日趋重要，二者在社会功能方面相互影响。具体表现为：

(1) 融合功能。企业与社会的融合是企业在社会上生存的基础。企业要想获取更多的利润和可持续发展，必须要先学会如何与社会融合，而商业伦理正是企业与社会融合的利器。企业只有通过遵守法律法规，对员工履行社会责任，承担必要的社会责任，实现企业与社会的融合，才能更好地得到法律和社会的认可。相反，若企业采取不正当的手段，如实施偷税漏税等违法行为，不善待员工，则其最终会得到惩罚，被社会淘汰。

(2) 约束功能。约束功能意味着企业会从商业伦理的角度制约其经营行为。商业伦理约束功能的核心思想是以商业伦理作为价值判断，预防和控制企业即将发生但还未发生的违背伦理的行为，从而使企业能够很好地实现内部控制。商业伦理对企业有着明显的约束力，大多数员工一旦认可了企业的非明文规定的行为准则，他们就会自觉地遵守这种规则，进而达到约束整个企业行为的目的。

(3) 凝聚功能。商业伦理作为一种道德判断准则，指导着企业的行为，企业在追求经济利益的同时必须遵循伦理准则。该准则将在企业内部产生凝聚效应，从而提升企业的整体素质。当管理层和员工将商业伦理作为一种价值判断时，其经营和管理行为就会高度一致，企业的凝聚力就能得到加强。由此可见，商业伦理不仅是企业文化的重要组成部分，也是将企业作为道德主体、教育功能、文化载体的重要组成部分。

(4) 导向功能。企业效益的提高依赖于商业伦理的导向作用。例如，在资源匮乏的时代，企业的高产行为能够使社会的需求得到最大限度的满足，实现消费者对物质的满足，使物质和精神文明得到发展，这便是企业"善"的体现。此外，创新是企业发展的不竭动力，能给企业注入新的力量。创新不仅能够挖掘市场需求、扩大市场份额，而且能使整个社会的物质文明和精神文明同时发展，从而促进制度文化和精神文化的进步。

2.2.3 中外企业文化的差异性

中国企业不断走出国门，与国外企业开展广泛合作；同时，世界 500 强的外资企业也不断进入中国。在日益紧密的合作交流中，中外企业文化的差异性进一步显现。

2.2.3.1 中国的企业文化

1. 中国传统文化的社会渊源

中国传统文化历经五千年的发展，源远流长、博大精深。尤其是中华传统文化在经过中华文明历史长河的积淀后，蕴含着儒家和道家思想。儒家文化是中国文化传统的核心，但在人们的实际行为上，往往是儒道佛共存。故而，中国传统文化的基本精神大致可以分为以下几个方面：

第一，协调。中国传统文化中关于天人协调的观点，最为典型的当属《周易》。《周易》强调人、天、地和自然的衍化物，仅是自然界的一部分，这是天人协调观的体现。但是自然界的普遍规律认为，人在自然界中又具有超越万物的卓越地位。因此，人在自然界中要自强不息，有所作为，服从这种普遍规律，以实现天人协调。

第二，中庸。即强调"明人伦""讲执中""求致合"的人际关系。人际关系是复杂的，在中国传统文化背景，"明人伦"是指要了解和遵守道德规范，可用于调节人际关系；"讲执中"就是指在调节人与人之间的关系时要"适度"，且这个"度"讲究不过分、不短缺，以"中庸"为好；"求致合"是指人们在保持和谐人际关系的同时，也要兼顾"和而不同"，在对待文化的差异性和多样性时，要有"海纳百川，兼收并蓄"[1]的宽容态度和"厚德载物"[2]的博大胸怀。

第三，诚信。诚信本意即诚实无欺，信守承诺。"诚信不欺，一诺千金"是中国商业精神的体现。《通书》中写道："诚，五常之本，百行之源也""诚者，圣人之本"[3]。"诚"可以帮助企业提高信誉，增强消费者忠诚度。孔子说"君子信而后劳其民"，从中国的传统文化角度来看，诚信就是必须让人信任你，这是人们之间建立稳定关系的基础，也是事业成功和国家兴旺的保证。

第四，进取。《礼记·大学》有言："苟日新，日日新，又日新"，就是说国家和民族应当自强不息，积极进取，革新图强。自强不息强调不仅要有百折不挠、顽强拼搏的意志，还要培养一种超越自我、奋发向上的品质。历史证明，只有在困境面前自强不息，在和平时期积极进取，一个国家和民族才可能永久地生存和发展。因此，自强不息、勇于进取是人生之本、民族之魂。

---

[1] "海纳百川，兼收并蓄"："海纳百川"是以大海对无数江河湖水的容纳和融合来形容人的超常大气。"兼收并蓄"是指把不同内容、不同性质的东西收下来，保存起来。旨在告诫人要豁达大度、胸怀宽阔。

[2] "厚德载物"：出自《周易·坤》，意思是指道德高尚者能承担重大任务。

[3] 这两句均出自宋代周敦颐的《通书》，大意是真诚既是杰出人物的根本，也是使百业兴旺的源泉。

2. 中国企业文化的特征

中国企业文化的特征概括起来有以下几点：

第一，推崇集体主义，有利于企业形成同甘共苦的风气。儒家和道家都重视"人"，要求"以人为本"，强调团队精神的企业文化，当个人利益与集体利益存在冲突时，要不惜牺牲个人利益来维护集体利益的最大化。

第二，注重以和为贵，在企业中营造和谐的文化氛围。"中庸之道"是儒家文化的精髓，其关键在于"和谐"二字。这种以和为贵的主流思想，不仅有利于消除企业之间的恶性竞争，而且有利于促进社会的稳定和发展。

第三，强调修身治平。中国传统文化强调个人修为，"穷则独善其身，达则兼济天下"，任何一个企业，必须修身和正心，只有这样，才能在激烈的竞争中有所作为。儒家学派创始人孔子认为管理要"修己安人"，管理者首先要自我修行，自觉用道德规范约束自己，同时影响组织中的其他人。仅依靠外在规范约束个人，只能达到微小的效果，要想个体从心理上认同管理上的要求，必须借助道德伦理的力量，营造人人自觉的风气，这才是理想的管理。

2.2.3.2 美国的企业文化

1. 美国企业文化的社会渊源

第一，个人主义。美国人充分借鉴其他民族的优秀品质，与本民族的优势相结合，取长补短，由此具有特殊性的美利坚民族的性格得以形成，他们不相信命运，个人主义色彩较浓厚，凡事都依靠自己，最终形成了具有典型特征的美国社会文化。

第二，创新精神。美国人顽强拼搏、艰苦奋斗的性格形成于北美险恶的自然条件之下，同时开拓进取、勇于冒险的精神形成于对丰富资源的开发利用。美国人坚信，创新精神使他们对未来充满希望。

第三，实用主义。美国文化是在美国人对美洲大陆开发过程中逐渐形成的，他们始终秉承的观点是"有用、有效、有利就是真理"。这种实用主义观点使得美国人立足于现实生活和人生经验。

2. 美国企业文化的特征

第一，重视个人能力。美国崇尚个人主义和英雄主义，强调个人的作用。因此，美国企业文化在尊重个人尊严和价值、承认个人的努力和成就的同时，还强调个人决策。由于美国企业提倡个人主义，进而对职务规范和责任的要求都很明确，因此在决策执行过程中，大家权责清晰，很少出现相互推诿的现象。

第二，强调理性主义。理性主义的文化传统滋生了理性主义的企业文化。企业生产经营活动的标准要求包括：关注求实精神，摒弃形式主义，追求明确、直接和速度，检测是否符合实际、是否合理、是否符合逻辑等。企业上下级及同级人员之间的关系直接明确，岗位清晰，合作与独立并存。

2.2.3.3 欧洲国家的企业文化

1. 欧洲企业文化的社会渊源

欧洲企业文化的形成取决于欧洲的社会基础。在欧洲，企业的出现起源于17世纪开始的市民革命，企业通过市民活动最后挣脱了封建权力的约束，实现了自由活动。而欧洲企业文化的构成大致包括以下几部分：

第一，英国的企业文化。英国工业革命后产生的工商业创建者绝大部分是清教徒。由于受宗教的熏陶，这些早期的工商业创建者严格遵守道德规范，重视信誉，尤其重视经营者的人格，这种重视人的道德观念的行为传承至今。贵族绅士精神是英国企业的精神基础，这些人正义感强、重视公益事业、遵守社会秩序、讲求信用，强调公正公平，这些都是构成英国企业文化的影响因素。

第二，法国的企业文化。法国的企业家精神受天主教的影响较大，他们崇尚公平的等价交换。法国大革命成功后，法国的封建社会瓦解，农民分配到土地，所有民众也能参与社会分工。于是，在新的市民社会下全社会就形成了具有区域民主的地方自治共同体，这构成了法国企业的原型。后来，法国为了在经济上超越英国，通过基于小资产经济采用的机械化生产和资本集中的方式组建了大企业，这些因素都是奠定法国企业文化的基石。

第三，德国的企业文化。德国于16世纪发生了重要的宗教改革，它对整个欧洲有很大的影响。新教徒的宗教在资本主义社会中占主导地位，形成了集经济、政治和宗教于一体的企业自治体。在德国，企业的所有者、经营者、员工及债权者等利益相关者都以其特殊的职责承担着社会责任。

2. 欧洲企业文化的特征

随着经济社会的发展，欧洲现代管理理念重视以愿景为导向的管理实践、个性化管理和员工潜能开发以及非权力领导力等。

第一，重视以愿景为导向的管理实践。欧洲企业管理面临着经济全球化、协同内部创业、价值取向、个性化和灵活性以及（内部）顾客导向等五个方面的问题。因此，最新的管理理论强调以愿景（即企业的未来发展方向）为导向，统筹全局，将愿景与企业管理的各个方面、各个环节紧密结合（沈晴，2006）。

第二，推行人性化管理和员工潜能开发。欧洲企业特别注重人才的培养，大力推行人性化管理，各个环节都能体现以人为本的经营理念。企业以个体为重点，鼓励具有创新精神、个性张扬的人才，并且给他们足够的发展空间。同时不断调整员工的工作任务，使其被分配到更能充分发挥个人特长的岗位上，从而接受挑战与锻炼，开发员工的潜能。

第三，追求非权力领导力。欧洲十分重视非权力领导力，它不是由组织职位、权力所赋予的领导力，而是个性、影响力的反映，它是领导者自身的独特魅力，不因外部因素的变化而变化（沈晴，2006）。非权力领导者能够激发员工的积极性，使员工全身心地投入组织工作。

2.3 商业伦理与中国传统文化

2.3.1 儒家思想与商业伦理

不同的文化产生不同的伦理观，了解文化才能理解特定文化中的商业伦理。中国传统文化对商业与伦理的关系有着辩证的认识，既有对财富终极价值的深刻思考，又有对财富获取途径的道德准绳。

2.3.1.1 儒家思想概述

在经历了诸子百家争鸣之后，儒家文化渐渐成为中国传统文化的主流。中国是一个多民族的国家，在各民族进行融合的过程中，儒家文化对于各民族文化起到凝聚的作用。随着儒家文化的传播和发扬，它逐渐成为国民心中的精神力量，儒家文化不仅是中华文化的重要基础，也对经济政治的发展起到了关键作用。

1. 儒家文化的积极性

儒家文化提倡修身养性，强调个人要"修身，齐家，治国，平天下"[1]。对于企业

---

[1] "修身，齐家，治国，平天下"出自《礼记·大学》，意为先修养品性，才能管理家庭、治理国家，而后使天下太平。"修身"是指完善自己，行为有规范。"齐家"是指管理好一个家族，成为宗族的楷模、效仿学习的样板。"治国"是指治理好各个诸侯国，而不是现代意义的国家。古代的诸侯国是要对周王室负责的，也就是我们平时所说的"邦"。"平天下"是指安抚天下黎民百姓，使他们能够丰衣足食、安居乐业，而不是诉诸武力。

而言，企业要从内部开始反省面临的困境，寻找解决措施。企业作为社会的一分子，也要注重企业的伦理修养，履行社会责任。

2. 儒家文化的消极性

在封建社会，等级制度和长幼尊卑思想根深蒂固，尤其在以家庭为单位的小农经济社会中，做事情时更多考虑的是亲疏远近。现代企业中领导者如果抱有这种思想，就会出现任人唯亲的状况，这将抑制员工的积极性，导致生产效率低下，公司业绩下滑，不利于企业的长期健康发展。因此，克服儒家文化的封建残余也很重要。

2.3.1.2 儒家思想与企业文化

1. 儒家文化与企业文化的矛盾性与统一性

（1）儒家文化与中国企业文化的矛盾性。儒家文化是在自然经济条件下形成的，且自然经济是以小农经济为主体的，而企业文化是在以高度发达的商品经济为基础的市场经济条件下逐渐形成的。所以，传统儒家文化与企业文化体现了不同的社会现象，这就使得二者在某些方面必然会存在矛盾，具体表现为：

第一，儒家文化的"贵和"思想与企业"竞争"意识的矛盾。儒家文化倡导"贵和"，在处理人际关系时，儒家文化注重自我内心世界的完善，认为只要内心世界和谐，就会与外部统一，即只要"内圣"，就能"外王"。而马克思主义哲学告诉我们，事物的发展是由其内部和外部的双重作用共同决定的，其中事物发展的基础由内因决定，事物发展的条件由外因决定，不能片面地强调某一方面而忽视另一方面，而要以全面发展的眼光去思考问题。因此，企业要想在激烈的竞争中取胜，就必须增强开拓进取和核心竞争力的意识，如此才能适应市场的变化，这是一种与儒家文化内核相矛盾的外向型经济的发展模式。

第二，儒家文化重视精神与企业重视实际的矛盾。以重实质、轻形式为特点的儒家文化不仅强调主体意识，还强调"形而上学之道"，它认为最高境界的精神追求是对自我精神的探索，而对具体物质的认知则被看作"壮夫不为"的雕虫小技。儒家这种"重道轻器"的思想在很大程度上影响着传统的儒士，致使他们对背诵经典、空谈论道情有独钟，却四体不勤，五谷不分，不懂实用技术（王静玉，2013）。然而对于需要各种各样专业人才的企业来说，所有人必须以其一技之长才能在企业立足，这使得企业与儒家文化在考察人才时所重视的才能不一致。

第三，儒家文化与企业在利益观上的矛盾。虽然和谐的伦理等级关系是儒家社会思想的基础，但是儒家追求的人格理想则强调"内圣外王"的君子、圣人，这占据了儒家思想的核心地位。从价值取向角度来看，这种理想追求就是重义轻利的思想。"正其义不谋其利，明其道不计其功"[1]，正是西汉思想家董仲舒对义利观的高度概括。此后将重义轻利思想推向极致的是宋明理学的"存天理，灭人欲"[2]。但是企业在商品生产和交换过程中更加重视利益，将利益当作企业经营的最终目标，这与儒家思想强调的重义轻利是相悖的。

由此可见，儒家文化与企业文化存在对立和冲突。在社会主义经济建设过程中，时常会出现与儒家文化相背离的现象，且儒家文化的消极方面会对市场经济的发展起到阻碍作用。同样地，在企业经营管理中，也会出现封建家长制、裙带关系等旧观念带来的消极影响。因此，企业在建设过程中应学会摒弃儒家文化中的糟粕，这样才有助于企业的可持续发展。

(2) 儒家文化与中国企业文化的统一性。儒家文化中也有适合企业文化健康发展的思想，这些思想可以促进优秀企业文化的构建。在中国历史上儒商也曾创造过辉煌的商业成就。孔子的学生子贡可谓儒商第一人，他的经商之道在于根据市场的供求关系来决定商品的价格。此后汉唐、宋代也涌现出许多著名的儒商，特别是在明末清初的动荡时代，一大批儒士运用儒家思维下海经商，促进了商品市场的繁荣。比如，元末明初的大儒商程维宗宽厚仁慈；徽商黄莹礼贤济世；晋商李明性崇尚仁德；清朝的"红顶商人"胡雪岩坚守达则兼济天下等。

总而言之，儒家文化与企业文化是对立统一的。企业要学会利用儒家文化的积极因素，将儒家文化的精华转化为企业的生产能力，促进企业获得最大的利润，并且使企业获得可持续发展。

2. 汲取儒家文化精华，构建中国特色企业文化

中国企业文化理论参考了中国几千年的传统儒家文化，有很多现代企业文化理论是由儒家文化延伸发展而来的。

(1) 构建以人为本的企业文化。儒家认为"天生万物，唯人为贵"，一切的社会的

---

[1] 出自《汉书·董仲舒传》，意思是说，应当端正与人相交往的态度，不要为了能够从他人那里获取某种好处或达到某种目的，才决定与其结交。

[2] 即保存心中的天理，消灭人的欲望，它是朱熹理学思想的重要观点之一，但这句名言并非由朱熹提出。事实上，这一概念在《礼记·乐记》中已经出现，其中说道："人化物也者，灭天理而穷人欲者也。于是有悖逆诈伪之心，有淫泆作乱之事。"其中的"灭天理而穷人欲者"就是指泯灭天理而为所欲为者。

发展都是为了人。"民惟邦本，本固邦宁"说的就是要以民为重，民是国家的根本，根本牢固便是国家安宁的基础。此外，儒家思想主张"仁者爱人"，企业注重"和为贵""和气生财"的经营之道，这有利于建立和谐的员工与员工、员工与企业的关系。企业尊重和关爱员工，了解员工的需求，营造和睦的工作氛围，这是东方社会管理的一大传统特色。美国作家玛丽·K. 阿什（Mary K. Ash）在《掌握人性的管理》（*Mary Kay on People Management*）中直接指出，提高员工生产效率的唯一法则就是"你希望别人怎样对待你，你就该怎样对待别人"。其实，孔子早在两千多年前就已经提及这种黄金法则，用来对员工进行良好管理（王静玉，2013）。

中国企业文化在建设过程中广泛应用了人本思想。譬如，孔子说"惠则足以使人"就在告诫企业不能无限地使用员工，要先给员工恩惠然后才能让员工做事。在企业的管理中，要从制度、奖惩等角度去规范和鼓励员工，激发员工的主观能动性，发挥员工个人最大的潜力。在这一点上，日本企业实行终身雇用制就是通过对人力资本的投资，实行民主管理来稳定员工队伍，减少企业人才的流失。而企业要做到以人为本，首先要使人力资源得到合理配置，做到人岗匹配，即合适的岗位由合适的人来承担；其次要鼓励并提供条件让员工学习提升，这就要求企业定期对员工进行专业能力培训或者提供后期学习深造的机会；最后要为员工营造良好的工作环境，为距离远的员工安排出行和住宿事宜。这些都体现了企业以人为本的经营理念。

（2）构建义利统一的企业文化。孔子云："不义而富且贵，于我如浮云"[1]，他反对见利忘义，主张先义后利，义利并生，强调经济活动的道德原则。孟子也认为"先义后利"，在中国商界"贸易不欺三尺子，公平义取四方财"的说法，特别是晋商奉行"利以义制，名以清修"的诚信观，这些都体现了义在利之前的经商之道，可见商业道德受儒家思想的影响之大。整体利益、民族利益和国家利益由儒家思想的"义"所倡导，而生财有道、不损人利己则由企业的"义"所强调。儒家所讲的"利"是广义上的利，这种"利"包含道德和仁义，而狭义的"利"一般指金钱方面的利。企业要想实现稳定发展，就必须兼顾经济利益与社会利益，倡导义利统一。

义利统一要处理好自身利益和公共利益（即道德与利益）的关系。其中，公利代表"义"，而不以公利为首要的就是私利。在企业文化中，义利统一就是要处理好企业与

---

[1] 出自《论语·述而》，意思是用不正当的手段获得的荣华富贵，对我来说只是天际的一片浮云，毫无意义。孔子认为富贵如不以道义得之，则没有价值。

社会公众、国家之间的关系，处理好企业内部的义利关系。企业正确的利义观是在实现自身利润的同时，帮助社会公众，为社会创造更大的福利。当今社会各种利益关系环环相扣，错综复杂，正确的义利合一就是要把社会和人民当作利益的主体，为社会和人民输送和创造利益，同时理顺企业内部的义利关系。企业为社会创造利润就是对社会的贡献，因为企业在创造利润的同时也是在为社会的发展服务。但企业在谋取经济利益的同时也要做到义利统一，采用正确合法的手段去获得利润，不从事损害社会和人民利益的活动。所以，中国企业文化建设也必须遵循义利统一的原则。

(3) 构建诚实守信的企业文化。儒家提倡"诚信"是力求履行的道德原则和行为规范。诚信就是要做到"言必信，行必果"，且儒家认为"诚信者，天下之结也"[1]。"诚信"对企业来讲是企业长期发展的保证。儒家的诚信思想对社会的发展和经济的繁荣是必不可少的，也有利于建立企业与消费者之间和企业内部的诚信机制，从而构建诚信的企业文化。

首先，企业要建立与消费者之间的诚信机制。企业间的竞争会随着市场经济的发展越来越激烈，而企业是否赢得消费者的信任决定了其能否在激烈的竞争中取得成功。只有企业的产品和信誉给消费者带来信任，消费者才会重复去消费企业的产品和服务，进而成为企业的忠诚顾客，这样企业才能获得长久的利润。此外，企业要建立内部的诚信机制。一方面，管理者应怀"仁爱"之心，关心和尊重员工，用平等的心态去处理员工关系，关心员工的物质生活和精神生活。另一方面，管理者要以企业、社会、国家的利益为先，以身作则以取得员工的信任。

(4) 构建恰当适度的企业文化。"中者，不偏不倚，无过无不及之名；庸，平常也。"这是宋代理学家朱熹对《中庸》篇名"中庸"二字的诠释，即在做事情的过程中掌握适度原则即"中庸"。孔子曰："过犹不及。"即"过"和"不及"都是不好的，管理的目的就是使人、财、物保持一种适度的运营状态，这样才能得到最好的效益。中庸之道与儒家提倡的"和谐"相契合，如果企业要实现长远发展，就必须遵循中庸之道，方能游刃有余于经营过程中。

企业的规章制度如果过于机械化，不结合实际情况进行变通，就会给员工带来压迫感，导致员工与管理者疏远并对企业的管理产生不满。然而如果管理者过度迁就，甚至只讲人情不讲原则，一味姑息员工的过错，虽然这样使得上下级关系比较融洽，但企业

---

[1] 出自《管子·枢言》，意思为讲诚信是天下行为准则的关键。

内部会滋生懒惰、推卸责任等不良风气，不利于企业的长远发展。

儒家文化历经千年仍适用于现代企业管理，表现出强大的生命力。儒家文化所提倡的"人本思想""义利统一""诚实守信""中庸思想"等，为现代企业的发展提供了强大的精神后盾和智力支持。但企业的文化建设并非一朝一夕之事，企业在构建起企业文化后，在后期的持续经营过程中还需根据实际情况进行调整，选择与企业内部相适应的儒家传统文化，并对其做创新改进，建立具有中国特色的现代企业文化。

2.3.2 道家思想与商业伦理

2.3.2.1 道家思想概述

道家思想始于老子，在先秦时期不断丰富和发展，随后杨朱学派、宋尹学派等学术流派相继出现，道家学术思想的鼎盛要得益于庄子对其的传承和进一步发展。而道家学派的另一个分支产生于战国后期——稷下黄老道家。汉代初期，稷下黄老道家发展为大众所熟知的"黄老之学"。道家思想的核心便是"道"，而天地万物的本质及其自然循环的规律是道家之"道"的最好体现。其指出自然界万物一直处于运动和变化之中，道即其基本法则。关于道家思想的代表著作《道德经》曾记载"人法地，地法天，天法道，道法自然"[1]，这就是关于"道"的具体阐述。

1. 道家思想主要内容

（1）"天人合一"的思想。它强调人与自然和谐统一，认为大自然是人类行为活动的标准。所谓的"天"是指大自然，而不是虚幻的神灵，人要顺应而不能违背自然规律，使人与自然真正和谐统一。

（2）"道法自然"的思想。老子将其分为天之道和人之道。"天之道，损有余而补不足。人之道则不然，损不足以奉有余。孰能有余以奉天下，其唯有道者。"[2]其中的"损有余而补不足"体现了一种和谐自然的状态，那么"损不足以奉有余"则表现的是紧张、不和

---

[1] 出自老子《道德经》第二十五章。大意是：人在大地上栖息，遵守大地万物生长作息的规则；万物的生长繁衍和迁徙是依据自然气候的变化而进行的；自然气候、天象变化遵从宇宙间的"大道"运行；而宇宙间的"大道"，则是世间万物本来的样子。

[2] 出自老子《道德经》第七十七章。大意是：自然界的规律是减少有余的而补充不足的；人类社会的处事原则却不是这样，而是减少不足的去供奉有余的。谁能让有余来供奉天下呢？只有有道之人。

谐的状态。"道法自然"揭示了自然界万事万物之间的关系，承认人与自然的普遍联系和平等的地位，主张人类应当顺应自然规律，与自然和谐相处，方能实现永续发展。

（3）"无为而治"的思想。它是老子思想的核心，也是道家哲学的最高范畴。老子强调的"无为"，是指管理者不受"为"的主体的干预，管理者"无不为"要通过它来实现。"无为"以实现自我管理为本质，使社会实现自治式管理。

2. 道家思想的积极性

道家自产生至今已历数千年，其思想应用于企业管理研究具有重大意义。道家对社会现实持批判态度。老庄道家在其生活年代对社会现象痛心疾首，对战争、侵略和奴役等现实做出批判和反抗，其思想言论对当局者和百姓有一定的指引作用。当代社会虽处于和平年代，人们物质生活得到极大的满足，但精神世界却日渐萎靡，对现实社会的道德判断也日渐缺失。三俗文化[1]、物质主义[2]、纵欲主义[3]等各种不良社会文化的泛滥，腐蚀了人们的心灵，社会生活也变得动荡不安。道家思想对个体充满人文关怀，譬如庄重严肃的生命是老子关注的重点，诙谐洒脱的精神是庄子关注的重点，二者相辅相成、相得益彰。可以看出，道家强调个人主义，并且认为个体自由是其终极目标。老子所说的"自由"即"自然"："执古之道，以御今之有"（《道德经》第十四章），庄子所说的自由即"逍遥"："独与天地精神相往来"（《庄子·天下》）。这些都彰显了道家的人文情怀，也体现了对个体解放的呼唤，以及对个体精神意识觉醒的渴望。同时，道家注重人与自然之间的和谐相处，主张天人合一的思想。其认为人与自然从根本上来说是统一的；人身为自然中的一员，与自然和谐相处、共生共存是社会持久安定的唯一道路。

3. 道家思想的消极性

道家思想带有强烈的崇古意识和空想成分。道家还鼓吹抽象的人性论，带有禁欲主义的色彩。此外，道家认为人类的本质特征是具有婴儿般无知无欲的状态，而这种本质特征的存在和发展严重受到了后天的感官和物质欲望的损害。而这种倒退的、消极的人性观点是对抽象人性论很好的诠释。由于道家对人们欲望的节制和对物质追求的限制，必然会对社会生产的发展、人类历史的进步产生严重的阻碍作用。

---

[1] 指庸俗文化、低俗文化和媚俗文化。

[2] 指以物质生活为生活的第一和中心要义，强调物质利益的极端重要性，主张致力于物质享受，并以物质生活资料判断善恶是非的理论观点和思想学说。

[3] 指无限制地放纵自己的欲望、尽情享乐而不计后果的思想观点和行为体系。

2.3.2.2 道家思想与企业文化

1. "治大国若烹小鲜"——企业文化中的制度建设

道家的管理理念是"治大国若烹小鲜",即治理大国好像烹调美味的小菜一样,不能常常对其进行干扰。老子认为,治国必须坚持政策的一贯性,要稳定民意而不能随意改变政策,要在遵循客观规律的基础上,在适当的时间、地点,以适当的方式顺其规律促使其变化。

这种理念要求企业管理要适度。而企业管理实际上是对人和物的管理,特别是对于人的管控,"管得少"才是"管得好"。因此,管理要有重点、抓关键。这便要求管理者要对自己进行角色定位,在职责范围内做自己应该做的事情,不越权、越级管理。要想做到管得少又管得好,关键在于有完整的规章制度体系。此外,管理要有计划,企业管理要建立合理预期。如果政策不确定,使员工、供应商、顾客等各种利益相关者无法建立合理预期,在一定时间内他们行为的短期性和不确定性就会增强,从而降低企业的稳定性,增加企业长期发展面临的风险因素。

2. "道常无为而无不为"——企业文化中的授权

中国道家思想的精髓就是无为而治,《道德经》第三十七章中写道:"道常无为而无不为。侯王若能守之,万物将自化。化而欲作,吾将镇之以无名之朴。镇之以无名之朴,夫将不欲。不欲以静,天下将自正。"[1]作为企业的管理者,应在"大事"上有所为,在"小事"上有所不为,注意不越级管理,防止陷入"事事欲有为,事事不可为"的境地。

调动个体的积极性、自主性、自觉性并使其得到充分发挥,这些都是这种文化作用的体现。要想使企业的资源得到最优整合,必须使企业中每一位员工的能力得到充分发挥。作为领导者,对组织中的细节事物要实行授权管理,对组织的总体发展战略要进行宏观把控。同时,要给予相关职能部门的员工充分的信任,企业的员工要想实现"有为",就要求管理者必须"无为"。

要做到"大事上有所为,小事上有所不为",现代企业领导者可实行"君无为而臣有为"的管理方法。历代治国经验表明,只有遵循"君闲臣忙国必兴,君忙臣闲国必衰"的道理,才能使企业所有的管理者和员工充分发挥他们的主动精神和创新

---

[1] 这是指社会中经济规律永远无所作为,可是它催生了世界,全能般地繁荣了整个人类社会。侯王如果能够值守住这种经济规律,社会中的万事万物都会自己演变造化。社会造化繁荣到一定程度,人们被欲望支配开始自私妄为,甚至侵害他人权益,那我就得用没有定义成法律条文的最基本的社会交往原则来对他们进行镇压。镇压到一定程度,人们意识到高层和群众的决心,也就纷纷不敢再有非分之欲。社会不被欲望支配以后,管理者以平静的方式管理社会,天下将会自动安定。

意识，而不是越俎代庖。管理者要学会分权管理，将所为和所不为相结合，敢于放手，不越位管理，做到事前集权管理，事后分权管理，这样不仅能调动员工的工作积极性，而且能集思广益把事情做得更好，使组织的工作团队得到很好的锻炼并不断地变得熟练。

3."自然无为"——企业文化中的生态伦理

如果企业过度关注经济效益，而忽视了对环境的管理，就会引发生态伦理问题。道家思想的核心是"自然无为"，道家所强调的主要问题和现代企业在环境治理方面的首要问题都以人与自然和谐共生为出发点。老子的无为思想提倡人应该遵守自然的客观规律，并将"自然无为"作为人的最高道德标准，遵从天人合一观。道家所谓的"自然无为"思想是生态伦理的基本原则，其核心内涵就是要求人类要在尊重自然的基础上，有目的地改造自然，以正确的方式对待自然，切实做到对它们平等权利的维护。

纵观历史的发展过程，人类常常将自身放在高于自然的位置，不对自己的行为负责，甚至是过度、盲目地对自然进行改造和索取，造成了环境污染、生态失衡，对自然资源和环境都产生了很大的破坏作用。人们对自然界过多地干预与控制，也会导致大自然报复人类，如土地沙漠化、严重的水土流失、洪涝和干旱等自然灾害。因此，人类必须端正对自然的态度，正确认识人与自然的关系，也必须意识到保护自然、保护生态环境的重要性和迫切性。

2.4 商业伦理与西方哲学思想

2.4.1 古典哲学与商业伦理

18世纪末至19世纪上半叶的古典哲学提出了很多重大问题，涉及伦理学、美学、法学、历史哲学及政治哲学等领域。德国哲学家康德是古典哲学的创始人，追求自由意志。在自由意志的前提下，康德提出"你们愿意人怎样待你，你们也要怎样待人，因为这是律法和先知的道理"的道德金律，强调每个人都应当被视为具有自然人权的个体，而不是实现特定目的的手段和工具（熊洁，2010）。此外，道德金律客观地把握了社会生活中人际关系的价值准绳，即符合市场经济中人们看重权利与义务的平等关系。进一步说，市场经济要求平等地承认和尊重每个人的权利，每个人应该将自己享有权利与为他人尽义务加以统筹兼顾，让他人得到属于自己的权利。而现代商业伦理中融入了古典哲学的道德金律，并成为企业管理的核心部分，进而形成企业的道德伦理共识和企业文化价值观。主要有两个方面：一是制度创新。企业之间在制度规范中开展合理竞争，这是企业不被淘汰的前提。这种互相遵守规则的制度使得企业在进行战略制定时注重长远发展，形成了"有恒产者有恒心"的战略定位。二是考虑人的意义。人的道德经过延伸发展为组织道德，人的伦理经过延伸也可以发展为组织的商业伦理。如果想要构建企业层面的伦理，必须将组织中人的价值考虑在内，且道德金律要想发挥作用也必须通过人的价值来实现。

2.4.2 经济伦理学与商业伦理

经济伦理学是从道德层面对经济活动进行系统理论研究和规范的一门学科，它既是论证经济活动的道德性及价值性的理论体系，又是关于经济行为与行为方式的一系列原则和规范的总称。此外，经济伦理学将伦理道德同经济发展结合在一起，主张经济与道德协调发展。

经济伦理学的核心问题是经济行为主体如何使利益和道德、利己与利他的矛盾得以化解。以色列企业家雅克·科里（Jacques Cory）认为企业中好的领导者应该是既讲利益，又讲道德的，利益与道德是不矛盾的（Cory，2005）。经济伦理学认为，对于经济行为主体的企业家而言，经济理性能力和文化关怀非常重要。如何对待别人，别人就会如何对待你。企业家必须遵循"黄金法则"和"关怀伦理"，同时做到换位思考。现代商业中越来越需要有伦理认知，牢固经济关系的建立，都是重视商业伦理的结果。

本章小结

文化是促进社会可持续发展的动力，它们不仅是伦理建设中不可或缺的力量，也是带动产业发展的源泉。文化总是在不断地变化，人生的世界观中充满文化伦理，就能阻止文化走向衰落，重新奠定富有活力的文化基础，从而实现生命的最高价值。根据历史发展过程中变化程度的大小，文化可以分成深层文化、中间层文化和表层文化。其中，精神要素、语言和符号、规范体系、社会关系和社会组织以及物质产品这五个方面可以帮助我们深入理解文化的内涵。企业文化主要分为精神文化、制度文化和物质文化，具有民族性、继承性、人本性、系统性等特征，主要功能包括融合功能、约束功能、凝聚功能、导向功能等。由于企业所处的社会文化背景不同，中国同美国、日本和一些欧洲国家的企业文化在起源与特征等方面都存在较大的差异。中国的儒家文化对中国企业文化建设既有积极影响，也有消极影响，这导致两者之间存在一定的矛盾性。但是从古代的儒商到现在企业家的成功案例证明了儒家文化与企业文化的统一性。道家思想中的"天人合一"和"道法自然"等思想对企业文化的建设具有积极意义，虽然道家文化也有其矛盾性，但是其积极性值得企业借鉴。

关键术语

文化差异　企业文化　儒家思想　道家思想　西方文化

思考练习

1. 如何正确认识社会文化对企业文化的影响？
2. 商业伦理及企业文化有哪些特征和功能？
3. 儒家文化、道家文化等中国传统文化对企业文化建设有何影响？

应用案例

当合资公司遭遇中式文化冲突

Almond 中国公司总裁刘沛金刚刚从上海赶到重庆，由于飞机晚点，他很担心赶不上这次培训，所幸得以及时赶到。他知道自己的出席很重要，他想让重庆的同事看到自己对这次讨论的主题——"商业道德行为"的重视。

刘沛金入座后，冲着主持培训的人力资源主管点点头。他们俩是老交情，从1999年这家德国公司开始在中国运营时，他们就一同进了公司。刘沛金旁边坐着重庆公司的销售副总裁王志保，后者看上去满脸疑虑。他工作能力出色，在公司运营早期拿下了几笔关键的大订单。然而他认为按照欧洲标准来运营公司困难重重，特别是欧洲公司不允许送礼和提成，而中国公司普遍接受这种行为，Almond公司的竞争对手也采用了同样手段。王志保提出，做生意却不接受这些行为，纯属蛮干。他经常抱怨说："这里是中国，不是欧洲。"

可是送礼就违背了商业伦理，Almond公司总部在慕尼黑，在纽约证券交易所和法兰克福证券交易所上市，公司必须遵守美国政府的《反海外贿赂行为法》，这项法律明令禁止美国上市公司向国外官员行贿。

当人力资源主管讲到Almond公司的道德行为规范以及商业行贿的后果时，刘沛金留意着王志保的反应。刘沛金知道这项规定使得销售难度提升，但公司政策非常明确，他要确保销售团队的每位成员都能理解。

在安全和环保方面，刘沛金的态度也同样强硬。

Almond公司在重庆的工厂按照德国标准建造，头盔、鞋子和防护服等全套安全措施都从欧洲运来，中国经理们说这方面的投资纯属浪费，新公司无法且无必要承担这种"奢侈的开销"。

因此，Almond中国公司负责人希望通过这次培训，使其中国员工能加强商业伦理的意识。

资料来源：Katherine Xin, Wang Haijie.HBR case study: culture clash in the boardroom[EB/OL]. [2020-03-25]. https://hbr.org/2011/09/culture-clash-in-the-boardroom。

思考题：基于中西商业文化差异角度，如何看待回扣、送礼和提成？

第3章
商业伦理的理论基础

先义而后利者荣，先利而后义者辱。荣者常通，辱者常穷。

——《荀子·荣辱》

人在追求自身物质利益的同时要受道德观念的约束，不可伤害他人，而要帮助他人，人既要"利己"也要"利他"，道德与正义对于社会乃至于市场经济的运行至关重要。

——亚当·斯密（Adam Smith，英国经济学家）

本章提要

本章介绍了商业伦理的理论基础。首先，介绍了商业伦理原则的产生、内容和作用；其次，介绍了功利主义、道义义务和人性德性三种不同的商业伦理类型，以及经济伦理、管理伦理两种理论；再次，从伦理的功利观、权力观、公平观和契约观四种主流的道德观，分析了商业伦理的评价体系；最后，介绍了三种商业伦理的决策模型，分析了商业伦理决策的主要影响因素，论述了商业伦理决策的主要步骤。

学习目的

1. 掌握商业伦理的四大原则及其作用
2. 了解商业伦理的主要类型

3. 掌握商业伦理决策中的主要模型
4. 理解商业伦理的评价方法

知识拓展

公司治理伦理

公司治理伦理是公司伦理与公司文化的基本构成，是公司治理行为所遵循的价值准则和道德规范的总称，其核心是通过确立主导的价值判断，解决公司治理过程中所面临的各种道德选择问题。与此同时，公司治理伦理是设计和完善公司治理制度的依据，而公司治理制度是实现公司治理伦理目标的保障。

公司治理伦理的目标是以伦理为导向设计和完善公司治理制度，提升公司的伦理水准，从而保障与协调各利益相关者的利益。公司治理客体即董事会和经理层，是公司经营及决策的主体，其价值观与行为决定了公司本身的伦理水准。公司治理客体较强的伦理意识和能力将促进公司对治理主体（员工等利益相关者）的伦理行为的规范，从而提升公司的伦理水准，完善公司治理制度。以伦理为导向的公司治理制度会减少公司从事非伦理活动的机会，从客观上抑制公司非伦理行为的发生，从而使各利益相关者的利益得到更进一步的保障和协调。

引导案例

三星集团的困境与抉择

2016年8月2日，三星集团在美国纽约发布年度旗舰产品Galaxy Note 7。但是，产品流入市场不久，就陆续有用户反映Note 7在充电时可能发生爆炸。9月2日，三星集团在韩国举行发布会，承认因为电池缺陷有可能存在爆炸的隐患。但是，三星集团一开始就推卸责任，"怀疑是人为原因导致"，三星集团还将电池转到中国厂商ATL生产。直到中国国家市场监督管理总局介入调查之后，2016年10月11日，三星集团才开始在中国召回相关产品并宣布全球停产、停售Note 7手机。

Note 7全球销量306万台，截至2017年1月25日，三星集团已经回收了近300万台。按其国内市场价5 988元/台计算，直接损失约为175亿元人民币，约合26亿美元。"爆炸门"

事件导致三星集团公关成本、其他机型销售所受的牵连损失以及其在股票市场上的损失更加惊人，也直接影响了其在市场上的形象和地位。该事件发生后，全球绝大多数的机场和航空公司禁止携带三星 Note 7 登机。"爆炸门"事件使社会上对于三星手机的担心和恐惧短期内无法彻底消除。2016 年 12 月 20 日，有一架航班的乘客打开了一个名叫"Galaxy Note 7"的 Wi-Fi 热点，直接导致这架航班停飞。可以看到，三星集团的决策失误对企业的发展造成了重大影响。

思考题：三星集团 Galaxy Note 7 "爆炸门"事件的商业伦理困境是什么？

3.1 商业伦理的原则

中国时任总理温家宝先生曾在英国剑桥大学发表演讲时指出："应对金融危机，企业要承担社会责任，企业家身上要流淌着道德的血液。"温总理认为道德是世界上最伟大的，商业行为不能同最高的伦理道德准则产生冲突。商业伦理原则就是商业人员在各种商业实践活动中应当遵循的道德规范和行为准则（王伟清，2010）。本章首先来探讨商业伦理的具体原则。

3.1.1 原则的产生

3.1.1.1 原则源于商业习惯

最早期的社会是以狩猎和采集为生的原始社会，没有任何交易行为。随着定居农业和细化的原始部落内部专业化分工的出现，交易行为也随之产生。早期的交易一般都是在双方互相熟悉的情况下建立起来的，买与卖同步进行，并没有书面契约，这种契约的履行机制隐含在交易者之间，社会习俗与当事人的自律和互律便是其基础。美国经济学家道格拉斯·C. 诺斯（Douglass C. North）把这种交易定义为人格化交易。且这阶段的契约为默契契约，此时的交易仅是最简单的商业活动，社会上并没有形成初步的商业规则（姚旭，2010）。

随着交易变得越来越复杂，以及契约的不完备性和非人格化交易[1]规定履约机制的外化，商业规则就自然而然产生了。交易次数的增多和交易在时间、空间上的扩展，使得专业化商人和专业化市场应运而生。交易规模、参与交易人数的显著增加，以及交易复杂性的增强，导致原有的人格化契约不能满足交易的顺利进行（姚旭，2010）。因此，非人格化契约，即正式契约也由此产生。交易主体需要通过与交易对象签订契约，明确双方之间的权利义务关系以完成交易。在非人格化契约中，对有关交易的各个具体细节、违约行为的处罚方式等都有明确约定，以此来保证契约的顺利履行。

3.1.1.2 原则源于官方制定

除上述为了满足履约需要而在实践中形成大量的商业规则外，出于对公平、秩序以及对某种政策导向的需要，国家也制定了部分强制性规则。但这些规则通常在市场机制中不能自发形成，倘若国家不予以干预，就会造成不公、混乱或者与国家政策导向不一致的局面。而这主要是因为，市场这只"看不见的手"并不是万能的，市场失灵时有发生，所以就需要制定一些规则来对其进行约束。

为了体现效率的价值，法律通常依靠任意性和授权性规则来实现。但法律制定出新规则不能是出于追求自由价值的目的，也不能为了追求效率价值。商业规则虽然无法通过新规则去追求自由和效率价值，但是，当出现原有习惯规则无法保证公平、秩序的情况时，社会仍需要制定新的规则去保证二者的实现。除此之外，还有一种特殊情况，当国家需要特殊政策导向时，也会制定一些在实践中不存在的新规则去实现某些政治目的。

3.1.1.3 原则源于外来借鉴

从其他国家借鉴来的法律分为经济惯例和国家为公平、秩序的需要而制定的规则。国际惯例就是在国际贸易长期发展中形成的习惯。此外，国际惯例中的大多数规则经具体化之后就演变成了国际条约，还有一些是经由国家间协议制定的新规则。各国都认可这些新制定的规则，并将其纳入国际条约与国内法，这也是为了满足在国际商业活动中追求公平和秩序的需要。

综上所述，商业原则的内容有两个基本来源：很大一部分来自在经济生活中发挥实际作用的行为准则和商业惯例；而另一部分主要来自对公平和秩序的需求而制定的法律

---

[1] 非人格化交易是指在第三方执行机制进行的非熟人之间的正式契约化交易。

规则。

3.1.2 原则的内容

3.1.2.1 交换自由原则

交换自由是商业伦理的首要原则，它是指市场上交换双方在没有外力的干预下自愿互利交换商品的原则，不仅反映了买卖双方地位平等、等价交换、资源转移的意愿，而且反映了交换双方谋求共同利益的要求。作为经济伦理的一个重要范畴和原则，交换自由是市场经济发展的产物，也是市场经济的本质，更是其内在要求。

交换自由就是任何人不得干涉他人的选择自由，是商品交换和流通过程中的基础原则，如果没有交换自由，商品的交易就无法正常完成，商业秩序也会出现混乱。所以，商业活动中的强买强卖、商业垄断和价格不公等现象都是与交换自由原则相违背的（王艳红，2010）。

交换自由体现了平等。所谓交换自由，意味着在保证个人自由选择的同时，也保证了他人的自由选择。每个交换参与者在实现自身利益的同时，又尊重他人的利益，则是平等的表现。因此，交换自由同时也产生平等。而平等互利是建立在企业与供应方、消费者间关系的基础之上的。假如双方之间没有自由、自愿的交换活动，就不会有平等互利的关系，这将破坏双方的贸易合作。

3.1.2.2 诚实守信原则

诚实守信是商业伦理的重要原则。"诚"是真实不欺的意思，"信"是讲究信用、遵守诺言的意思，"诚"和"信"的要求是一致的。诚信，自古以来就作为中华民族推崇的一种人格境界，是中华民族重要的道德规范和行为准则，在人际交往和国家管理中具有十分重要的意义。特别是在传统儒家伦理观中，诚信是一个非常重要的内容。儒家经典著作《中庸》里有一句话："诚者，天之道也；思诚者，人之道也。"这就是说，"诚"是天的法则，追求"诚"是做人的原则。战国时期著名思想家、哲学家孟子也说，"善人也，信人也"，即一个人之所以称为善，应该是发自内心的诚实，讲信用（王艳红，2010）。

在诚信的伦理传统引导下，诚实守信也演变成中国古代商人的基本道德准则。晚清著名商人胡雪岩财源亨通的奥秘就在于他"以义取利"和"以德经商"的商贾理念，他讲究"君子爱财,取之有道;战必以义,信而服众;利义统一,仁富合一",从而成为清末富甲一方的商人,进而赢得"红顶商圣"的桂冠(王艳红,2010)。

对于今天的商业伦理而言,诚实守信除了是商业发展的内在要求,还是市场经济条件下社会发展的外部约束。因此,加强商业伦理的诚信建设,有利于克服社会的信用危机(王伟清,2010)。当前中国的各个行业领域都或多或少地存在诚信问题,例如生产领域中的假冒伪劣、以次充好,管理领域中的贪污腐败、欺上瞒下,学术领域的弄虚作假、抄袭剽窃等,这些行为都严重影响了社会的发展。同时,坚持诚实守信原则也是企业长远发展的根本要求。诚信已然成为企业的无形资产,这一无形资产对企业的发展壮大具有重要的意义。从商业实践中其实不难发现,如果一个企业拥有良好的信誉,就更易于创建自己的品牌,提高企业知名度,在激烈的市场竞争中就有可能吸引更多的顾客,占领更大的销售市场,获得长远的效益。

3.1.2.3 义利统一原则

义利统一是商业伦理必要的基本原则。"义",作为伦理道德的总称,在不同的时代,其具体内涵也会存在一定的差异。当今的"大义"是指国家利益、民族利益和人民群众利益,包含了社会效益和环境效益。而"利"在商业中则泛指企业或个人的经济利益。

现代企业为了谋求持续协调的发展,必须寻求义利统一,实现道德与利益的平衡。义利统一包含三个方面的统一:

(1) 社会利益与个人利益统一。要牢记社会利益才是最终目的,并且个人利益不应该凌驾于社会利益之上。企业或个人在追求正当利益的时候,必须要认清个人利益与社会利益的关系。因此,对于个人最低层次的要求最起码是以不能损害国家利益、社会利益为前提;较高层次的要求是个人的求利行为在客观上要有利于国家利益、社会利益;最高层次的要求就是自觉地把个人的求利行为与为国家、社会谋取利益的活动结合起来,把国家、社会的利益作为自己的奋斗目标和行动指南。

(2) 存在性与合理性统一。个人利益有其存在的合理性,且有必要将人们的正当利益追求区别于唯利是图的极端自私的个人主义行为。同时要正确认识个人追求物质利益的自然行为对促进社会历史发展的重要意义。

(3) 短期利益与长期利益统一。当短期利益和长期利益发生冲突时,应该优先考虑长期利益。仅仅是为了谋求个人短期利益最大化,试图采用最小付出去获取最大回报的手段，这势必会导致社会的退步；此外也会滋生多种方式进行不公平竞争，例如不劳而获、非法经营等，这将会扭曲市场经济秩序。而当经济人追求长期利益最大化时，会更加关注自然规律和社会规律，也会将社会利益放在个人利益之前，市场经济行为也就更加规范有序。

3.1.2.4 公平竞争原则

商业伦理的内在道德准则是公平竞争。而竞争是一种经济范畴，是市场经济发展的产物，因此资本竞争的过程是将资本增值的内在本性需要表现为资本的外部流动过程（肖群忠，2004）。商业竞争既是一种激励机制，又是一种淘汰机制。经济领域的竞争主要包括两个方面，一是生产的竞争，二是利润的竞争。对于商业领域而言，其主要竞争的是利润，实际上就是市场的竞争，即同行业竞争者之间的竞争。在同行业竞争中，当企业面临市场中的巨大利益诱惑、人才资源的匮乏、物质资源的短缺和信息资源的不对称等困境时，企业可能会为了自身的短期发展而将伦理道德置之不理，采取一些不正当的竞争行为来谋取自身的利益，其不正当竞争行为主要包括垄断[1]、限制竞争行为[2]及其他不正当竞争三大类（肖群忠，2004）。

在市场竞争中，公平竞争要求经营者遵循自愿、平等、公平、诚实守信的原则，维护竞争的公平与正当，以及反对不合理的竞争行为。现代企业之间除了是竞争的关系，还是相互依存、合作共赢的关系。市场经济作为一种交换经济，要求交易双方都通过交换行为来实现自身利益最大化。因此，互惠互利是市场交易和竞争的基础（王刚，2019）。公平竞争一方面要接受法律法规的约束，另一方面必须经受伦理道德的考验。在这种巨大激励与压力的双重作用下，参与竞争的各方不断进步，最终促进了整个社会文明的进步，使企业真正获得长远的发展（王伟清，2010）。

3.1.3 原则的作用

商业伦理原则的具体作用主要体现在法律法规、经济活动和社会文化三个方面。

---

[1] 垄断 (Monopoly) 或称卖方垄断、独卖、独占，一般指唯一的卖者在一个或多个市场，面对竞争性的消费者。
[2] 限制竞争行为是指经营者单独或联合实施的妨碍或消除市场竞争，排挤竞争对手或损害消费者权益的行为。

3.1.3.1 法律法规方面的作用

由于法律的完备性总是相对的,再完善的法制也会存在某些疏漏及滞后性。因此,开展商业活动除了需要强调运用法律法规来加以约束,还必须辅之以商业伦理规范。目前中国的立法体系还不够完善,尤其是在经济领域、行业方面的立法体系还不健全,出现了无法可依、有法不依、执法不严、违法不究的情况,甚至出现知法犯法、搞行业不正之风等违规现象。正是由于法律体系的不健全,使得某些不法的经营行为往往得不到应有的惩治,从而导致违法现象愈演愈烈。而良好的商业伦理可以使企业在一定程度上发挥自律作用,自觉按照伦理要求开展商业活动,减少违规现象的发生(王伟清,2010)。此外,相关商业伦理原则的规范化,可以给法律法规的制定提供方向,有针对性地在相应薄弱领域完善法规制度,还可以在法律制定尚未涉及的新领域提供建设性思路,使得商业活动更加合乎规范、步入正轨及健康发展。

3.1.3.2 经济活动方面的作用

中国改革开放引起了新旧体制的转换交替,在法律、道德等领域出现了新旧观点之间的碰撞。随着社会主义市场经济体制的确立,在治理体系和治理能力现代化的建设过程中,市场也对商业伦理建设提出了更新、更高的要求。

商业伦理的四条基本原则要与市场经济的必然要求相一致。其一,市场经济具有趋利性,人人都想要赚钱,为此人们在商业活动中就应该平等互利,让彼此都赚钱;其二,市场经济具有竞争性,为此人们就应该培养出公平、公正、公开的竞争理念与想法,坚决抵制那些不正当的竞争行为;其三,市场经济拥有信用性,为此人们就应该在商业活动中树立遵纪守信的道德意识;其四,市场经济交换自由原则是调节商品和服务配置的工具,人们可以通过自由选择购买他们所认为的具有最大效用的商品和服务,从而使资源按照最有价值的方式进行配置。

确立商业伦理原则,将促进企业的成长与发展。在商业活动中严格遵守商业伦理原则的企业,往往具有良好的形象和信誉,其竞争力在同行业中也常处于领先地位,企业因此逐渐发展壮大。随着越来越多的企业都能自觉按照商业伦理原则进行商业活动,市场经济也朝着健康、稳定的发展方向迈出了坚实的一步。

3.1.3.3 社会文化方面的作用

透过商业伦理,可以看到一个社会或城市的道德文明状况、社会风气和公民素质等社会或城市的隐性指标。商业活动就像一个大舞台，各式人物在上面充分展示自己的行为和心态，同时也映射出一个社会的精神风貌。商业伦理贯穿于商品生产的各个环节和消费等领域，它不仅是商业经营者的行为规范，而且是商品生产者甚至是消费者的行为规范。与此同时，商业从业人员自觉遵守商业伦理原则，并自觉按照商业伦理原则处理各种关系，正确行使其权利，努力履行其义务，有利于形成良好的商业伦理风气及良好的社会风尚，有利于社会的稳定与发展。所以，商业伦理原则的确立和完善不仅会促进全社会经济生活的正常运行，而且会给全社会的道德面貌树立起正确的行为导向。

3.2 商业伦理的类型及理论

随着互联网和人工智能技术的发展及商业应用的实现，现代商业社会面临的伦理冲突和矛盾问题更加纷繁复杂。市场和商业的发展既给予人们更多发现和理解自己的机会，也对"以人为中心的发展"带来更多的挑战。因此，以商业伦理来指导商业行为的紧迫性日益凸显。

3.2.1 商业伦理的类型

3.2.1.1 功利主义伦理

功利主义（Utilitarianism）伦理是一种典型的结果论[1]。英国哲学家和经济学家杰里米·边沁（Jeremy Bentham）在 1789 年出版的《道德与立法原理导论》（*An Introduction to the Principles of Morals and Legislation*）一书中提出："自然把人类置于两位主公——快乐和痛苦——的主宰之下。"他主张努力使快乐最大化、痛苦最小化的便是道德理性。边沁极力赞成能使最多人产生最大快乐的行为就是最佳行为，这就是"功效"最大化的伦理思想——功利主义伦理。

长期以来，功利主义伦理观一直被许多人视为商业伦理的基础。但是以功利主义伦理来评价伦理行为并不是说所有人都有权获得自己的那一份快乐，而是应当以整体的

---

[1] 结果论也叫目的论（Teleology）。结果论认为，行为的善恶完全取决于其产生的结果，如果结果是好的，那行为就是善的；反之则是恶的。

快乐作为评价标准。正如英国经济学家亚当·斯密所述，个人利益和社会利益、私欲与道德、利己与利他构成了市场经济的内在矛盾（斯密，1997）。中国古代思想家杨朱也曾表达过类似的想法："拔一毛以利天下而不为，悉天下以奉一身而不取，不为也。"[1] 他认为在某些情况下，所谓"利天下"很容易成为领导者损害公众利益的借口。斯密对"利天下"这种朴素的民主思想抱有深深的怀疑。

功利主义的另一问题在于对幸福和快乐的衡量。最大快乐原则看似公平合理，但很容易被管理者或领导者用来掩盖自我利益或偏见。如英国哲学家穆勒为东印度公司的殖民统治做无罪辩护时，过度美化英国官员而忽视了其劣迹和恶名。

3.2.1.2 道义义务伦理

人们许多时候义无反顾地做某件事并不是出于功利而是出于责任。正如儒家强调伦理应遵循仁、义、礼、智、信的德性，康德也提出了伦理的道义论，认为大善就是善的心愿，善意的行为等同于出于义务的行为，善取决于行为的责任而非结果（戴景平，2007）。

康德认为人类拥有两种不同于动物的能力。第一种能力是人类可以选择实现目标的方法，具有忽略目标或选择更高级动机的自由。第二种能力是人类可以为了责任或义务而放弃欲望或偏好。他认为第二种能力尤为重要。如果做事情只是出于欲望，那么行为动机就是不道德的，只有出于责任或义务而为之，该行为才是道德行为，这就是道德律（Categorical Imperative），也是构成康德道德义务论的重要内容（戴景平，2007）。但康德的道德律具有强烈的唯心主义色彩，德国哲学家黑格尔对其提出了怀疑和批评，认为它摒弃了人的情感、兴趣与爱好而单纯讨论义务，没有认识到冲动、兴趣和爱好中蕴藏的"实践理性"（庄振华，2010）。

黑格尔将义务的规定分为两个阶段——道德阶段和伦理阶段。在道德阶段，义务尚未成为现实，还只是个人的而非社会整体的。只有到伦理阶段，真实的义务才出现。他认为个人的特殊意志和利益也只有在国家中才得以实现。黑格尔把权利和义务作为一个整体对待，一个人负有多少义务，就享有多少权利；他享有多少权利，也就负有多少义

---

[1] 即便拔掉一根毛发可以为天下人谋利，他也不去做；而让普天下来奉养他一人，他也不同意。更深层的含义是：每一个人只要尽力做好自己，既不做有利于天下的事，也不做有害于天下的事，天下就会变得很好。国家不应为了社会整体的利益而损害个人的利益，也不应为了多数人的利益而损害少数人的利益。如果每个人都维护好个人的利益，同时不损害他人的利益，这个社会就会很好。

务。义务和权利的统一正是国家的内在力量所在。个体的义务表现在个人与家庭、个人与社会和个人与国家的关系中,国家是"家庭"和"市民社会"的真实基础,是"伦理"的最高阶段,是伦理观念和自由的现实化。黑格尔认为,在个人与国家的关系中,为国家而牺牲是人的普遍义务(庄振华,2010)。

3.2.1.3 人性德性伦理

人性德性伦理是指从人性角度去思考伦理,也称人性伦理。人性德性伦理认为所有人都具有内在地形成伦理的能力。而行为的善恶是按照对这种能力是推进还是阻碍、与之一致还是相冲突等标准来给予评价。

人性德性伦理强调知识和教育是德行的必要条件,即人类的善需要知识来提升,需要德性来达成。古希腊哲学家苏格拉底提出了古希腊德性伦理学的三个核心问题:其一,德性如何成就人;其二,人类美好生活如何成为可能;其三,德性在善的实现中如何发挥作用。此外,柏拉图的学生——亚里士多德则以系统的方式回答了苏格拉底的问题。他认为,以人的本质属性为基础,通过实践构建最有利于人类生存、发展和完善的一种"合理状态",是人类区别于其他动物的一种内在能力(胡祎赟,2008)。

人性德性伦理的关键在于后天培育和自我塑造,无论是坚信性善论还是秉持性恶论,都需要后天的学习和养成。这一点与中国儒家学说主张的修身养性是一脉相承的。儒家强调后天的习得与修炼,通过后天学习来完善和丰富自身的"德性"有助于"德行"的养成。

3.2.2 商业伦理的理论

3.2.2.1 经济伦理理论

经济伦理理论的兴起和确立是与经济学理论发展相伴相生的。早期经济学的重商主义认为商品交换的经济行为能带来致富增值,体现了经济科学伦理原则。同时,社会经济关系确立了以平等商品交换为主要特征的财富分配关系,进而获得一种除去传统人际关系以外的社会关系和人际关系,并且这种社会关系的基本伦理内涵是平等自愿。

古典经济学的兴起对经济科学伦理的形成具有里程碑的意义。古典经济学发现和确立了市场条件下的自由竞争伦理,并将其应用于包含生产、分配和消费的整个经济领域。也就是说,古典经济学所确立的自由竞争伦理贯穿了整个经济科学发展的历史,并成为经济发展甚至社会进步所遵循的核心经济伦理原则（侯合心，2009）。

凯恩斯的宏观经济理论确立了全新的经济科学伦理，他作为经济科学发展历史上跨时代的思想家，确立了一套与现代社会发展要求相适应的政治经济学伦理、人文伦理和现代经济科学责任伦理（侯合心，2009）。同时，凯恩斯否定自由放任，提出国家需要干预经济的运行。通过对消费不足弊端的分析，凯恩斯认为节俭对个人是种美德，但从社会的角度来看却不一定对整体经济的发展有利。此外，凯恩斯承认资本主义社会失业的存在，主张通过政府干预扩大需求，实现充分就业。

3.2.2.2 管理伦理理论

管理伦理是企业在提供产品或获取利润的全部活动中应该遵循的伦理规范。正如美国管理学家德鲁克所说的"企业是社会的一种器官，企业的目的只有一个有效定义：创造顾客"（德鲁克，2006a）。在德鲁克看来，企业管理层的社会责任对整个社会意义重大（德鲁克，2006b）。

管理伦理是企业及其成员的行为准则，但企业的行为不是单个成员行为的简单综合。企业应当有自己的目标、利益和行为方式。例如，要明确企业需要做什么，企业的道德责任有哪些。明确企业应该遵循的企业行为准则，实际上也对单个成员比如管理者、财务人员、技术人员、生产人员、后勤人员提出了应当遵循的行为准则规范（陈炳富，周祖城，1997）。

管理伦理是关于对他人利益具有影响作用的行为准则。管理伦理并不是为了调节企业及其成员的所有行为，而是去调节那些会对他人利益造成影响的行为。管理伦理同时也是评判企业及其成员善与恶、对与错的规范。管理伦理告诉人们什么是善的经营行为，什么是恶的经营行为。此外，管理伦理还是正确处理企业及其成员与利益相关者关系的规范（陈辉，王红梅，2019）。

3.3 商业伦理的评价

3.3.1 道德观论

3.3.1.1 伦理的功利观

前面提到在 18 世纪末，边沁首先提出了功利主义伦理学说，后经穆勒加以完善，使得功利主义思想真正成为一种系统的、有严格论证的伦理思想体系。功利主义对决策的最终结果紧密关注,并量化这种后果带来的有效性和益处,以此做出伦理判断。在功利主义中,将产生功效或利益大的行为视为善,产生功效或利益小的行为视为恶。因此,功利主义对一个行为是否符合伦理的评价原则是:当且仅当该行动可以最大限度地给所有利益相关者带来最大利益。

功利主义伦理分为行动功利主义和规则功利主义。行动功利主义认为应该具体情况具体分析,建立专门适用于各种情况的"应急"规则;规则功利主义则提倡遵循某些提高功利的规则,即坚持某些能够给最多数的人带来最大好处的规范。长期以来,功利主义一直被许多人视为商业伦理的基础,以功利主义评价伦理行为,并不是说所有人都有权获得自己的利益,而是以整体的利益作为评价标准。亚当·斯密认为功利主义的整体利益是以牺牲个人的快乐为代价的,某些利益相关者的权利可能受到忽视。功利主义的另一个问题在于对幸福或快乐的衡量。最大功效或快乐原则听起来公平合理,但是很容易被管理者用来掩盖自我利益或偏见(斯密,1997)。

3.3.1.2 伦理的权力观

伦理的权力观(Rights View)的要点是,决策的依据是尊重和保护个人基本权利,要把对个人权利的保护看得比完成工作、获得利益还重要。在商业伦理中,对权利与责任的界定是商业社会基本秩序得以保障的基础。权利是一种重要的机制,能够保障个体有权利自由选择是否从事某项经济活动并保护其利益。商业伦理中的基本权利被归纳为生存和安全的权利、隐私权、言论自由权、事实权和私有财产所有权。其中,生存和安全的权利最为重要,其他权利则重要性相同。

3.3.1.3 伦理的公平观

公平一直是人们最关心、最敏感的问题。同样,是否公平分配利益和各种资源对决策是否能在商业活动中取得成功也有重要的影响。公平意味着在商业活动中所有的参与者能够获得平等的对待,要求管理者公平地实施规则,这一原则是建立在伦理权利基础之上的。伦理的公平观(Justice View)主要涉及三个层面:分配公平、惩罚公平和补偿公平。

1. 分配公平

这是最基本的层面,所有成员应该平等地承担社会责任,且平等地分享社会利益。

责任包括工作、纳税、公民义务和社会义务；利益包括收入、财富、教育和休闲。分配方式包括多样，如按需分配、按劳分配、按能力分配、平均分配、按对社会的贡献分配等。虽然目前这些分配方式仍然存在一些争议，但绝大多数人是支持同等的人应同等对待，而不是按照其差别程度对不同的人区别对待（纪良纲，2005）。

2. 惩罚公平

惩罚公平包含对不法行为的惩罚。公平的惩罚必须匹配相应的罪行，惩罚的严厉程度应与罪行的大小成比例（纪良纲，2005）。与此同时，惩罚公平还包括对所有错误行为采取同样的标准，不因其阶级、种族、社会地位而有所不同。

3. 补偿公平

补偿公平的主要内容是指对受到错误或非伦理行为对待的受害者的补偿问题。补偿应该跟受害方的损失保持一致水平，不可少于其损失也不可超出。倘若不能提供完全补偿，最佳解决办法就是犯错者应当补偿在公平估计下测得的损失。补偿公平通常涉及过错行为，指在确实发生过错的情况下进行补偿。

3.3.1.4　伦理的契约观

伦理的契约观主要指综合社会契约理论（Integrative Social Contracts Theory）。它认为，企业是通过与所在社会建立的社会契约而得以合法存在的；企业必须通过发挥自身优势，最大限度地减少不利因素，增加消费者和员工的福利，进而增进社会福利，以换取企业的合法存在和繁荣。这便是企业生存和发展的"伦理基础"。当企业履行契约时，如果是符合伦理的，则应受赞扬；反之，如果是不符合伦理的，则应受谴责和惩罚（李林波，2007）。

综合社会契约理论的构成包括社会最高规范、宏观社会契约与微观社会契约。

1. 社会最高规范

社会最高规范是指超越一切文化差异的、人类共同的道德规范。它既是评价其他规范的基础，也是全人类应当普遍享有的核心人权，即个人自由、人身安全和健康、政治参与权、知情权、财产所有权、生存权、人人有平等的尊严。在商业伦理中，所有商业行为都应受到最高规范的制约。

2. 宏观社会契约

宏观社会契约是指社会制定的一套关于确立和执行微观社会契约的规则，包括四项条款：①给本地经济社团自由的道德空间，以便通过微观社会契约为社团成员确立强制性道德规范；②微观社会契约必须在本地经济社团成员意见一致的基础上制定才是合法的，成员有自由退出的权利；③为使微观社会契约规范对社团成员具有强制性，它必须与最高规范保持一致；④微观社会契约的规范时而具有竞争性，甚至相互排斥。在解决这些规范之间的矛盾时必须采用与前三条原则一致的优先准则。

3. 微观社会契约

微观社会契约是指导特定的经济社团在特定文化背景下的道德行为规范。在微观社会契约的特殊规范要求下，允许不同意规范的社团成员退出社团，并且原则上一般规范不可以违背最高规范。当一个社团的某成员决定在另一社团开展事业时，势必会引发规范间的冲突，对此美国学者托马斯·唐纳森（Thomas Danaldson）和托马斯·W. 邓菲（Thomas W. Dunfee）指出了以下六条优先准则（李林波，2007）：①对于仅在某经济社团内部发生的交易，如果对其他人或社会没有较大的不利影响，则应当依该社团的规范行事；②只要对其他人或社团没有较大的不利影响，解决优先权问题的社团规范就应适用；③制定规范的社团规模越大、越开放，其规范的优先权越大；④维护交易所处的经济环境所必需的规范应当优先于有可能破坏这种环境的规范；⑤当两种规范产生矛盾时，以更普遍的一条规范为准；⑥明确的规范优先于不太明确的、笼统的规范。要注意的是，这些优先准则是作为一个整体来运用的，不应当单独运用。

3.3.2 评价方法

商业伦理评价在商业伦理建设中扮演着重要的角色，不仅有利于商业活动的健康发展，利用伦理观念解决商业发展与传统观念相悖的问题，还可以在社会形成崇尚商业伦理的风气。商业伦理的发展需要依靠伦理评价来实现，有三种基本的商业伦理评价方式：社会舆论、传统习俗和自我评价。

3.3.2.1　社会舆论

所谓社会舆论，是指一定范围内的"多数人"基于一定的需要和利益，通过言语、非言语形式公开表达的态度、要求、意见、情绪，再通过一定的传播途径，进行交流、碰撞、影响、整合而成的具有强烈实践意向的表层集合意识。社会舆论是伦理评价最重要的方式和最有效的手段，是评价的主体。依靠社会舆论的力量，调整商业活动参与者的伦理行为，促进其内心的正念，进而营造遵循商业伦理的氛围。

从人的自身特性来看，人具有社会性。正确的商业伦理观和商业行为并非自发形成的，它是经过后天的培育，在社会舆论导向下逐渐形成的。对于一个企业家而言，营利是企业发展的重要目的，为此他可能会采取不正当的手段以最大化获得利益，但考虑到社会舆论的压力，可能最终放弃采取不正当手段的打算。

社会舆论具有广泛性、持久性和客观性。其中，广泛性体现在三个方面：一是人员多，一个企业做了好事或坏事，将在第一时间受到消费者的直接评价，还会受到利益相关者的间接评价，间接评价的人数往往远远多于直接评价的人数；二是范围广，社会舆论包含社会各方面的人物，这些人的工作、地位、年龄、文化、思想都不尽相同，他们会从不同的角度进行评价；三是内容广，由于评价人数众多，且参与评价者也是参差不齐，有的可能评价商业行为、有的评价决策者的人品、有的评价决策者以往的行为等，从业人员的活动和行为都可能被评价一番。社会舆论作为社会行为，具体表现为：商业活动一旦开展就会受到公众的评价，有些评价的传播速度快、范围广、内容多，使其社会舆论具有持久性的特征。社会舆论具有一定的理性成分，即客观性。个人的意见可能缺乏理性，但集合多人意见而形成的社会舆论则具有更多的理性成分。与个人意见相比，社会舆论更全面、更客观、更公正。

3.3.2.2 传统习俗

传统习俗是指人们自觉或不自觉的行为准则，是人们在社会生活中逐渐形成的行为准则，由历史沿袭而加以巩固，具有稳定的社会风俗和行为习俗，已融入了不同民族的情绪和社会大众的心理。传统习俗是人类社会代代相传的思想和行为规范，是社会道德与法律的辅助和延伸，对社会成员行为产生制约的作用。倘若决策者的某个商业决策违反公认的传统习俗，就会受到社会的冷遇或抵制。同时，传统习俗可以为企业家提供商业活动信息，这种风俗习惯对人们的消费嗜好和方式起着决定性作用。成功的商业活动需要与社会传统习俗相契合，决策者的商业行为也随之受到传统习俗的评价。

3.3.2.3 自我评价

自我评价是以内心信念和职业良心为基础的。内心信念是一种具有内在性、自觉性的伦理评价行为，指人们依照已形成的道德观念对自身行为的正确与否进行主观判断。内心信念通过与个人的世界观、道德观、人生观等相联系，包括个人的正义感、义务感、责任感、尊严感、荣辱心、善恶观等自我意识。它是一个人在长期的实践和生活中，通过反复地观察研究人生、事业和社会等事物及现象之后，在内心深处形成的一种坚定不移的观念、主张或意向（韩云忠，马永庆，2017）。内心信念在指导企业经营者行为的同时，也潜在地诱发他们进行自我道德评价。商业活动参与者的内心信念主要体现在其职业良心，即在商业活动与社会的关系层面上，对自己的职业行为的道德责任感进行自我评价。与此同时，那些具有职业操守的企业家，通常会对自己合乎伦理的商业行为感到欣慰，并继续坚持这种行为；对于自己不符合伦理的行为感到内疚悔恨，并反过来要求自己改过自新。

自我评价在商业伦理评价中发挥了重要作用。伦理原则和舆论、伦理教育和规范，都是个体存在的客观的精神力量或外因。要合理发挥商业伦理的调节作用，激发个人的道德责任感，以伦理原则和规范作为内心原则，在权衡之后进行商业决策，从而做出符合伦理的决定；在进行商业决策时，以内在原则为标准进行审视，坚持合乎伦理要求的意志、信念和情感，避免产生与伦理要求相违背的邪念；在采取商业行为之后，以内在原则做出鉴定判断，总结经验教训，从而惩恶扬善。因此，只要商业活动参与者不断完善自我评价的心理机制，自我评价的自觉性和能力就会不断提升；只要培养正确的内心信念，就一定能够不断提高自己的伦理水平，从而带动整个商业社会伦理的发展（韩云忠，马永庆，2017）。

3.4 商业伦理的决策

3.4.1 主要模型

为了企业在决策时能正确运用伦理理论，正确地做出商业决策，西方学者设计了商业伦理决策模型。虽然学者们遵循的理论基础不同，所提出的决策模型也不相同，但都符合一定的决策原则和步骤，是企业有效做出伦理决策的重要依据。

商业伦理决策模型主要有布兰查德-皮尔伦理检查模型、卡瓦纳伦理决策树模型和莱兹尼克问题式模型。以下对这三种模型做简要阐述。

3.4.1.1 布兰查德-皮尔伦理检查模型

布兰查德-皮尔伦理检查模型（The Blanchard-Peale Ethics-checking Model）是由美国管理学家肯尼斯·布兰查德（Kenneth Blanchard）和诺曼·皮尔（Norman Peale）在

1988年提出的。该模型包括三个伦理检查内容（见图3-1），特点是简单和实用性强，无须掌握比较抽象的伦理原则，便可以大致做出符合伦理的决策，因此被很多企业采用。

企业在使用这一模型时，要验证合法性。根据合理利己主义原则，个人或企业在实现利益时，应以合乎法律规范和良心为前提。然后根据长期利益的行为不大可能是不道德的假设，检查这一决定是否兼顾了长期利益和短期利益。最后，企业决策者对一项决策进行自我感知和检验。在这一阶段，此模型以决策者知道对他人、对社会应有的义务作为前提。因为决策者一旦违背了诸如感恩、公正、诚实、行善、自我完善等原则，决策者就会感到内心不安以及无法面对他人（周林森，2006）。

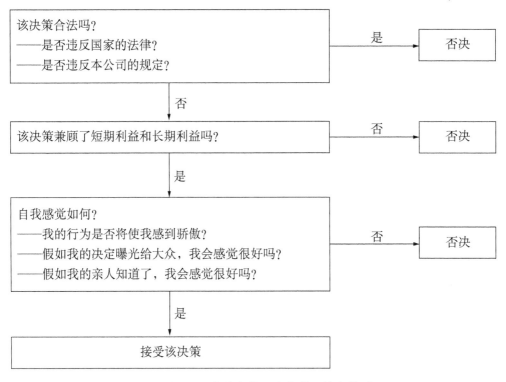

图3-1 布兰查德-皮尔伦理检查模型

资料来源：Blanchard, Peale（1988）。

3.4.1.2 卡瓦纳伦理决策树模型

卡瓦纳伦理决策树模型（The Cavanagh's Ethics Decision-making Model）是1981年由杰拉尔德·F.卡瓦纳（Gerald F. Cavanagh）等人设计的，模型如图3-2所示。这个模型要求决策方案只有依次通过三个层次的检验才被视为符合伦理。除非存在"正当且关键"的理由,才能跳过某个层次。这种"正当且关键"的理由是指:一是标准之间存在冲突碰撞;二是标准内部发生了冲突;三是完全缺乏能力来执行标准(Cavanagh et al., 1981)。

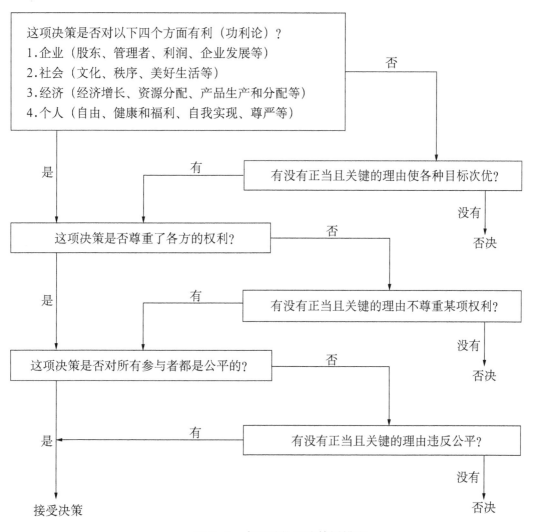

图 3-2 卡瓦纳伦理决策树模型

资料来源:Cavanagh et al.(1981)。

卡瓦纳伦理决策树模型具有两个明显的特征。一是评价决策的伦理接受性。通常从决策后果和对义务与权利的尊重两方面进行综合评价。二是合理使用托马斯·加勒特

(Thomas Garrett)的相称理论[1]考虑特殊情况。由于"正当且关键"的理由存在含糊之处,所以该模型在具体应用上操作性不强,但它提供了一种引导企业做出伦理决策的思路(周林森,2006)。

3.4.1.3 莱兹尼克问题式模型

1983年,美国马奎特大学营销学教授基恩·R.莱兹尼克(Gene R. Laczniak)提出该模型。莱兹尼克认为,卡瓦纳的伦理决策树模型不能很好地进行伦理评价和决策。莱兹尼克据此提出了莱兹尼克问题式模型(The Laczniak's Questionnaire Model)。该模型的框架如下:

(1) 该行为违法吗?
(2) 该行为违反以下任一条普遍性的道义吗?
——诚实的责任
——感恩的责任
——公平的责任
——仁慈的责任
——自我完善的责任
——无伤害的责任
(3) 该行为违背由组织类型而相应产生的特定义务吗?
(4) 该行为的动机是邪恶的吗?
(5) 采取该行为会不会发生某种"大恶"?
(6) 是否故意否定了可能比该行为产生更多的善或更少的恶的另一行为?
(7) 该行为侵犯了消费者不可剥夺的权利了吗?
(8) 该行为是否侵犯了其他组织的权利?
(9) 个人或组织是否已经没有相关的权利了?

根据这一模型,决策者可以通过回答以上9个问题来检测是否达到符合伦理的决策。如果这些回答全部为否定,那么该企业的伦理水平相对较高。可以发现,这个模型试图将卡瓦纳伦理决策树模型具体化,以法律检验为起点,依次进行显要义务检验、特

---

[1] 相称理论(The Proportionality Framework)由加勒特于1966年提出。该理论认为,判断一项行为或一项决定是否道德,应从目的、手段和后果三个方面加以综合考虑。

殊行业责任检验、目的检验、结果检验、过程检验、权利检验、公正检验等。这一模型兼顾了一般性问题和针对特定行业、特定产品所面临的特殊问题，因此，具有较好的操作性（周林森，2006）。

3.4.2 影响因素

在商业活动中，进行伦理决策受到多种因素的影响。其中较为重要的因素有个人特征和组织特征。

3.4.2.1 个人特征

一般来说，决策是由个人和团体做出的，所以在一定程度上可以等价地认为商业伦理事实上是组成商业界的每个人的伦理。因此，个人特征必然会影响到伦理决策。进一步说，个人特征中的价值观和控制点是影响伦理决策的主要因素。

价值观是一种观念，在这种观念的基础上人们按照偏好行事。所以说，价值观是行为的先导，是影响伦理决策的关键。此外，价值观是一个多元化的复杂系统，该系统包含许多成分，且各种成分每个人都或多或少拥有，只是相对强弱不同，主导价值观不同。而控制点是指一个人对生命中事件所施加的影响力程度的意识。一个具有很高内部控制点的人认为生命中的事件是由自己的行动控制的，而具有很高外部控制点的人认为生命中的事件是由命运控制的。内部控制点高的人认为他们自己能够控制发生的事情，更能够承担他们行动的后果。因此，他们更青睐于运用自身的个人价值观和是非观念来指导自己的行动。相比之下，外部控制点高的人对行为后果的责任感较差，因此更容易受组织内其他力量的影响。

3.4.2.2 组织特征

在现代社会，人们都生活在组织中，组织对伦理决策的影响很大。组织就像一个"大染缸"，成员从中习得符合伦理或非伦理的行为。因此，组织需要对其成员的行为，特别是不符合伦理的行为负主要责任。组织成员非伦理行为的发生还与激烈的竞争环境、管理高层只注重结果而不关心过程的行为导向，以及组织缺乏伦理行为强化机制等有着紧密关系。组织成员很可能会在上司的授权下或在同事的影响和压力下产生非伦理行为。同时，行业环境中残酷的竞争机制也会大大增加组织成员从事非伦理行为的可能。对于公司制定的伦理守则而言，公司权威人物的要求往往对组织成员伦理决策行为的影响更大。

3.4.2.3 其他特征

影响商业伦理决策的其他因素包括法律政策、行业环境和文化传统等。如果国家的政策和法律对于违反伦理的行为没有相关的规范，或者虽然有相关的规范但是惩罚力度较轻，那么商业个体很可能会为了获利而从事非伦理的行为；如果行业中有很多企业都在进行恶性的价格竞争和虚假的广告宣传，那么按照伦理进行正常生产和销售的企业在短期内就很难生存和发展，这时就会迫使这些企业采取类似的非伦理举措；如果一个社会对于贿赂行为很宽容，甚至认为不进行贿赂就没办法做生意，那么商业个体就很难摆脱这种传统观念，继而做出一些违反伦理的商业决策。

3.4.3 主要步骤

决策是管理过程的核心问题之一。大体来讲，商业伦理的决策过程可分为六个环节：识别伦理问题、确定利益相关者、明确各方义务、做出正确决策、坚决执行决策和检验论证决策。

3.4.3.1 识别伦理问题

识别伦理问题并不是一件容易的事情，特别是当人们过于在乎和关注自己的目标时，往往会忽视很多不明显的伦理问题，甚至会不自觉地找出一些借口来逃避伦理问题。关于如何识别伦理问题，可以参考以下标准：①需要决策的行动是否涉及对一个或多个人施加严重的伤害？②伤害有可能发生或者很快就要发生，受害者将会受到严重伤害；③受害者是否与你相近；④施加的伤害可能违背你所在群体或者大多数人的伦理标准。

3.4.3.2 确定利益相关者

利益相关者是指那些在组织行为和运行中有利害关系的人。在商业伦理决策情境中，在识别伦理问题之后，就需要鉴别出可能会受决策影响的利益相关者。而在一项具体的决策中，有的利益相关者与决策呈现出直接相关、间接相关、即时相关和未来相关等不同程度的关系。因此，在这一过程中思维要开阔，要深入挖掘那些受到潜在影响的利益相关者。一旦利益相关者被确认完，就需要明确其可能受到的影响。

3.4.3.3 明确各方义务

在尽可能全面地确定了利益相关者以及可能造成的影响之后，就需要明确涉及的义务，并给出原因。除了基本的经济和法律责任，还需要考虑伦理责任，如对社区的责任、慈善责任和环境责任等。

3.4.3.4 做出正确决策

在具体做出决策的过程中，要遵循两个原则。一是重大决策应当尽量采取群体决策方式。这种决策的意义在于考虑和协调各方面的利益更加充分，便于获得各方的理解和支持，从而调动各方的积极性，促使各个方面的利益相关者能够共同成长。二是注重决策的科学化。决策的科学化是指在决策过程中，对科学和市场规律持有尊重的态度，用更科学、理性的态度进行决策。科学化决策要坚持实效原则，以最小的成本取得最大的收益。

3.4.3.5 坚决执行决策

做出正确决策后，就需要坚决执行确定的决策。但是决策往往会受到多种因素的影响而造成执行不到位，甚至会因为经常没有完成预期的计划，而导致许多人缺乏决心和意志力。

3.4.3.6 检验论证决策

对照实际执行情况来检验决策的正确性和有效性很有必要。决策过程中必须实施信息跟踪和汇报机制，将决策的预期目标与实际情况不断地进行对比，若发生偏差则需要及时纠正。同时，要建立反馈机制，通过检验结果进行反馈，为新一轮的决策提供指导性建议，构建一个动态循环的系统。

本章小结

商业伦理原则来源于两个方面，一部分来源于经济生活中已经存在并发生实际作用的行为规范；另一部分主要是基于对公平和秩序的需要而制定的新的法律规则。交换自由、诚实守信、义利统一和公平竞争这四条原则，在商业活动中起到制约和引导的作用。常见的商业伦理类型有功利主义伦理、道义义务伦理和人性德性伦理三种，包括经济伦理和管理伦理两大理论体系。功利观、权力观、公平观和契约观是四种主流的伦理观，构成了对商业伦理的评价体系。面对商业伦理困境，可以通过三种决策模型进行分析。伦理决策关系到企业声誉与组织文化，对企业来说具有十分重要的意义。影响伦理决策的因素有个人特征、组织特征以及其他特征。在伦理决策的具体实施过程中，识别伦理问题显得尤为重要。

关键术语

商业伦理原则　商业伦理评价体系　功利主义　伦理决策模型

思考练习

1. 获得经济效益与践行商业伦理两者之间是矛盾的吗？
2. 通过本章的学习，请归纳总结中西方商业伦理的异同之处，阐述如何借鉴西方商业伦理中的优良思想。
3. 面对伦理困境，运用商业伦理决策方法，是否有助于采取合适的行为方式？

应用案例

"巨人"的覆灭

1991年4月，珠海巨人新技术公司（以下简称"巨人"）在珠海成立，目标是成为中国的IBM。很快，"巨人"编织起了一张当时中国电脑行业最大的连锁销售网络。第二年，"巨人"的汉卡销量一跃而居全国同类产品之首，公司获纯利1 000多万元。1992年，"巨人"赫然成为中国电脑行业的"领头羊"。同时，巨人大厦成为最早在香港市场上出售楼花的内地楼盘之一，且卖得十分火爆，加上在内地的销售，筹集了1.2亿元。

1993年，在楼花销售中大尝甜头的"巨人"发现做电脑实在太辛苦。迅猛成长中的国内市场有太多的暴利行业，最为火爆的是保健品行业。1995年5月18日，"巨人"以集束轰炸的方式，一次性推出电脑、保健品、药品三大系列30个新品的广告，减肥、健脑、强肾、醒目、开胃，几乎涵盖了所有的保健概念。这可能是中国企业史上广告密集度最高的一次产品推广活动。"巨人"的系列产品在最短的时间内出现在全国50万家商场的柜台上。不到半年，"巨人"的子公司从38家发展到了创纪录的228家，人员从200人骤增到2 000人。为"巨人"加工、配套的工厂达到了150家。日后人们才知道，当时很多保健品文案甚至病例等大多为杜撰而成，其研制部经理竟由一位广告公司经理兼任，且其研发团队也不是由专业科研人员组成。

始料不及的是，国内保健品市场渐趋停滞，"巨人"出现了流动性不足，在迫不得已的情况下，只好不断地抽调保健品公司的流动资金填补到巨人大厦的建设中，最终造成了顾此失彼。从1996年10月开始，一些买了巨人大厦楼花的债权人依照合同来向"巨人"要房子，可是他们看到的却是一片刚刚露出地表的工程，而且越来越多的迹象表明，"巨人"可能已经失去了继续建设大厦的能力。消息一传十、十传百，中小债主一拨拨地涌进了"巨人"。

1997年1月12日，数十位债权人和一群闻讯赶来的媒体记者来到"巨人"总部，"巨人"在公众和媒体心目中的形象轰然倒塌。在财务危机被曝光三个月后，"巨人"向媒体提出了一个"巨人重组计划"，可是最终计划失败，一无所成。

资料来源：吴晓波. 大败局 [M]. 杭州：浙江人民出版社，2001。

思考题：你认为压垮"巨人"的"最后一根稻草"是什么？史玉柱对于保健品的推广政策是否有悖商业伦理？"德性"作为"一只无形的手"能不能扶大厦于将倾？

第4章
商业伦理的社会基础

有两样东西，我们愈经常愈持久地加以思索，它们就愈使心灵充满日新月异、有加无已的景仰和敬畏：在我头上的星空和在我心中的道德法则。

——康德（德国哲学家）

人类社会有七宗罪，搞政治而不讲原则，积累财富而不付出劳动，追求享乐而不关心他人，拥有知识而没有品德，经商而不讲道德，研究科学而不讲人性，膜拜神灵而不做奉献。

——莫罕达斯·卡拉姆昌德·甘地

（Mohandas Karamchand Gandhi，印度政治家）

本章提要

本章从公民、政府、非政府组织、企业四个方面介绍了商业伦理的社会基础。首先，阐明了公民社会责任中的道德意识和伦理基础；其次，明确政府社会责任的内涵和社会基础；再次，对非政府组织进行了界定，介绍了非政府组织责任的内涵和具体内容；又次，论述了企业社会责任的内涵、对象和驱动因素；最后，比较了政府、非政府组织和企业社会责任的联系和区别。

学习目的

1. 掌握社会责任的基本概念
2. 理解"三重底线"理论和"三个同心圆"理论
3. 理解政府、企业、公民和非政府组织社会责任的内涵
4. 理解企业履行社会责任的驱动因素

知识拓展

企业社会责任报告

企业社会责任报告（Corporate Social Responsibility Report）是指企业为全面反映管理自身运营对利益相关者和自然环境的影响所进行的系统的信息披露，是企业与利益相关者进行全面沟通交流的重要过程和载体，是对企业所秉持的理念、采取的行动、所达成的业绩和所执行的计划的综合反映。为了综合反映企业对社会所承担的责任，企业社会责任报告通常需要回答以下五个问题：企业社会责任的内容（What）、履行社会责任的动力（Why）、方式（How）、绩效（Performance）和未来计划（Plan）。

企业社会责任报告一般分为广义和狭义两类。广义的企业社会责任报告是指以正式文件形式所反映的企业对社会承担的某些方面责任的所有报告类型，即单项社会责任报告，如环境报告、慈善报告、社会报告、环境健康安全报告及其他综合性报告等；狭义的企业社会责任报告一般指以正式文件形式全面反映企业对社会承担的所有责任的报告，即综合社会责任报告。由于每个企业对企业社会责任报告的理解不同，同时企业对报告所关注的重点也有所不同，企业社会责任报告也因此有着各种不同的名称、类型和特点，如可持续发展报告、企业社会与环境报告等。

引导案例

房屋拆迁与重庆最牛"钉子户"事件

重庆最牛"钉子户"事件始于 2004 年 8 月，重庆市九龙坡区杨家坪鹤兴路片区项目改造发布动迁公告。吴姓一家因觉得评估价太低，放弃了 247 万元的货币补偿，其间经过 10 余次协商未达成一致意见，成了拆迁的"钉子户"。2007 年 1 月至 3 月，九龙坡区房管局和九龙坡区法院先后通过行政裁决和公告等方式要求吴家接受开发商的安置方案,自行搬迁搬离,否则将进行强拆。

经九龙坡区委书记与吴家商谈,在法院组织下,拆迁双方就拆迁协议基本达成了口头协议,开发商也向九龙坡区法院提出了撤诉,后经区法院裁定,终止强拆程序。吴家最终与开发商签订了异地安置协议,但并未涉及补偿金方面事项。2007年4月2日,开发商正式接管吴家祖屋。

虽然重庆最牛"钉子户"事件已经圆满解决,但就此次事件仍有一些争执至今无法"平息":例如《房屋拆迁条例》与《物权法》冲突之争、公共利益之争等。开发商的公示表明是为了"商业、住宅开发",虽然拆迁涉及旧城区改造,但整个工程是否属于公共利益,各方未达成一致。

资料来源:改编自徐海燕. 公共利益与拆迁补偿:从重庆最牛"钉子户"案看《物权法》第42条的解释 [J]. 法学评论,2007(04): 137—143。

思考题:地方政府制定的拆迁政策如何解决伦理与社会冲突?

4.1 公民的社会责任

责任是指职责和任务,是应用伦理学的核心范畴,它具有丰富的伦理内涵,涵盖了价值目标、理想信念、行为规范、情感体验、履行方式、后果问责等。责任作为人类生存发展的普遍规范,具有道德品质的内涵。它既包括社会对个体的要求,即个体的外在责任;又包括个体对自我的要求,即个体的内在责任。个体的外在责任是道德上的他律,个体的内在责任则是道德上的自律。责任本质上是社会关系的范畴,是人之为人的内在规定,它贯穿于人的行为和活动中,是人一生的精神支柱和主导原则(陈思坤,2013)。

4.1.1 基本内涵

公民的社会责任是指公民在社会活动中,应该对其所依赖的社会承担相应的职责或义务。作为现代社会最基本的组成部分,公民是在一定的社会环境中生存与发展,并且随时都要与其他社会成员或团体组织建立不同的联系。因此，公民会对他人、团体、组织、社会乃至国家负有特定的职责或使命。公民社会责任的内容主要涵盖了环境保护、社会道德及公共利益等方面，由政治责任、经济责任、法律责任和道德责任等构成。政治责任主要是指每个公民都具有平等参与社会和政治生活的权利；经济责任主要是指公民要自觉规范其行为，杜绝商业贿赂，自觉监督和抵制各种违背诚信的行为，进而同其他公民一起构建健康和谐的社会生活环境；法律责任是指公民为了保障个人合法权利得以实现，维护国家利益并以法律形式表现的作为或不作为；道德责任是指公民内心对他人、对社会的道德义务以及对其善恶行为应承担后果的认识，它是公民道德的重要组成部分，是维系公民与社会、国家之间和谐关系的重要纽带。

4.1.2　道德意识

公民道德意识是各种心理的总称，其善恶价值受公民道德活动的影响。公民道德的发展分为感性阶段和理性阶段。感性阶段是指公民对他人、组织或社会的道德要求，并由此形成了一种道德责任态度，它关系到团体中成员之间共同活动、行为规范和执行任务的情感态度。在感性阶段，公民已经形成了一定的社会道德责任感，但还没有上升到理性意识。在理性阶段，公民的道德认知趋于成熟，形成了稳定的道德心理，通过道德情感和道德意志引导个体的道德行为。道德责任态度一旦由感性上升到理性自觉，公民就会形成稳定的道德责任意识，他们会将社会道德要求内化为自己的心理需要，并积极参与各种道德行为，从而使其成为自己的道德习惯。

道德责任意识是公民道德意识与社会伦理的中介。首先，公民道德内化为个体道德需要道德责任意识。公民道德是社会共同利益和意志的标准体现，具有普遍性的特点。公民道德只有将个体道德内化为个体道德意识，才能发挥其在社会中的作用。其次，道德责任意识是对民事诉讼后果的高度关注。道德责任有别于其他伦理范畴，其关注善恶行为应承担的后果，即关注行为的真正价值，将道德理想与道德现实结合了起来。最后，道德责任始终是社会现实最直接的反映和指向。道德责任意识能够将公民的个人价值理想与社会道德规范相结合，使公民的道德信念自始至终与其所处的现代社会要求其承担的责任相关联，体现价值的一贯性。增强道德责任意识可以提高公民的道德觉悟和道德境界，培养公民良好的道德行为习惯，有助于提升公民道德水平。

4.1.3 伦理基础

公民社会责任的伦理基础是从伦理道德的角度解释公民履行责任的原因，即道德责任的意义。人为什么要向他人、社会和国家尽责呢？中西方伦理思想史都对此进行了探索和研究。

根据古希腊哲学史家第欧根尼·拉尔修（Diogenēs Laertius）记载，在西方伦理学史上，斯多葛派创始人芝诺（Zeno of Elea）是第一个使用"责任"这个概念的人。从词源上来说，责任是从 kata tinas hekein（希腊语，意思是尽力而为）派生而来，它是一种其自身与自然的安排相一致的行为。芝诺的责任思想强调使个人的行为合乎自然、理性，即遵从宇宙必然性和人的本性（曹孟勤，2012）。由于情欲是非理性的，而且同人的本性相背，因此以理性抑制情欲便是尽责任的主要内容，个人能尽责任就可达到至善。西方义务论[1]伦理学家康德对道德责任的意义有深刻而独到的见解。康德是第一个将"责任"这个概念当成道德核心概念的哲学家。他在《道德形而上学》中提出，一切道德价值都源于责任，合乎责任原则的行为虽然可能不是善的，但违反责任原则的行为肯定都是恶的，所有其他动机在责任面前都站不住脚。责任是必要的，也可以说具有自我强制性或约束性。康德据此总结出三个"命题"：一是只有出于责任的行为才具有道德价值；二是一个出于责任的行为，其道德价值不取决于其实现的意图，而取决于它被规定的准则；三是责任就是由于尊重自然规律而产生的行为必要性。康德主张责任来源的先验理性，认为责任在伦理学中具有至高的地位，强调了责任的绝对性和必然性（康德，2013）。

中国传统儒家思想虽然没有直接研究"责任"，但是儒家思想中的"义"就含有道德责任的意思。"义"指人类在进行社会活动以及处理人际关系中应当遵循的最高原则，也是人们应当追求的最高道德价值。儒家主张"重义轻利"，孔子认为，"君子喻于义，小人喻于利"。以儒家伦理思想为代表的东方伦理素有关注人所担负责任的传统。孔子主张，君子不但自己要坚持以义自律，而且要身体力行地去推广"义"，让普天下的人都能感受到"义"的意义，"君子之仕也，行其义也"。孟子继承了孔子"以义制利、先义后利"的主张，他特别推崇道义的价值，表现出某种超功利主义的倾向，"故士穷不

---

[1] 义务论也叫道义论或非结果论。在西方现代伦理学中，它指人的行为必须遵照某种道德原则或按照某种正当性去行动的道德理论，与目的论、功利主义相对。义务论认为判断人们行为的道德与否，不必行为的结果，而只要看行为是否符合道德规则、动机是否善良、是否出于义务心等。

失义，达不离道。穷不失义，故士得己焉；达不离道，故民不失望焉"。荀子对义利问题的论述较丰富而深刻，如"义立而王""以义制事，则知所利矣"，同时又将"义"与"礼"结合，揭示了其具体内涵，如"贵贵、尊尊、贤贤、老老、长长，义之伦也""夫义者，所以限禁人之为恶与奸者也"。荀子还指出了"义"的重要意义，"义"不仅制约个人行为，提高人的道德水平，而且对于人际关系的和谐、社会风气的安宁祥和也起着非常重要的作用。

至于个体与共同体的关系，以儒家伦理思想为代表的东方伦理一向注重个体对他人、社会的责任。比如，孔子的"当仁不让"，孟子的"舍我其谁"，张载的"为天地立心，为生民立命，为往圣继绝学，为万世开太平"，范仲淹的"先天下之忧而忧，后天下之乐而乐"，顾炎武的"天下兴亡，匹夫有责"等，都深刻表达了中国古代思想家的崇高责任感。

伦理学家们从不同角度解释了人之所以要负责的原因，都肯定了尽责、负责的必要性。马克思主义伦理学对此做出了科学的解释：道德责任是社会的一个客观事实，它的必要性是由社会要求的客观性和必然性决定的。这种必然性来源于客观的社会经济生活中协调人与人、人与社会关系的必要性。人类发展的第一个历史事实就是生产满足人们衣食住行及其他需要的资料，即生产物质生活本身。人的需要与动物的需要有很大不同，在量上，人的需要更加复杂多样；在质上，人的需要不再局限于动物式的本能的需要，它是一种"被意识到了的本能"，而不再仅仅是对自然界的索取。这种需要会促使人们开始积极主动地利用自然，在利用自然的过程中人们又会不断产生新的需要，这将使其社会关系越来越复杂，且随着需要的膨胀变得更加紧张。为了保证人类能合理利用有限的自然资源，保证社会整体及其成员的生存和发展，就要协调各种利益关系，并以规范的形式加以确定。因此，每一个人都要遵循规范，这就是个体应承担的责任。

道德责任的意义不只在于满足社会发展的需要，它对个人还具有超功利性的一面，它既是人自我发展完善的一种方式，也是发展和完善的内容和目的。人类是理性动物，不仅有物质上的需要，还有精神上的需要。人的道德需要是高层次的精神需要，在人的物质需要的长足发展中不断丰富与升华。道德是人的基本要求，通过人的自我立法的形式，象征着人的特殊存在方式。对于个人而言，道德就是要求人承担自己的责任。一个人是否有道德、有无承担自己的责任，标志着其是否真正由生物学意义上的人转化为社会学意义上的人。个体社会化的过程正是一个不停地在承担自身的责任中实现自我的历程。人的尊严是由德性所系，而德性的尊严归根于责任的崇高。德性的力量把责任的

"应该"转变成"现实"的力量，任何外在的规则和制约只有在被内化为个体的道德责任之后，其才能真正得到忠实的履行。所以，道德责任拥有重要的价值。

总之，道德责任不仅是维系社会存在、维持社会秩序、推进社会发展的方法，还是人类生存、发展、完善的方式和目的。道德责任不仅因为人的生活而产生，而且为了人的生活而存在，这就是人承担道德责任的根本原因。道德责任具有集功利性与超功利性价值、工具性与目的性价值于一体的特点，既表现出重要的理论价值，又具有一定的实践意义，构成了公民承担责任的伦理基础（赵文静，2001）。

4.2 政府的社会责任

4.2.1 基本内涵

按照政府承担责任的对象来分类，可以将政府所承担的责任分为对社会整体所承担的责任和作为组织的政府对其组织成员所承担的责任。政府所有的公共管理权力来自社会对其成员管理权的让渡。因此，政府应该对被授予的权力负责，正面回应社会的公共要求和期望，并自觉抵制滥用职权或其他"越权"行为。同时，政府是由大量的成员和机构所组成的。作为一个独立的社会组织，政府在满足自身特殊需求的同时，必须满足该组织内成员的需求，并承担起维护和保障组织成员共同利益的责任。

政府对社会所承担的责任主要包括三个方面：①社会赋予政府公共管理权力；②政府应该以维护社会整体利益、着眼于社会宏观层面的公共需求为主要目标；③政府扮演了社会大管家的角色，其工作内容反映出了社会成员的公共需求，并从社会整体利益的角度对这些需求和期望进行考量，最后通过公共权力采取相关措施。这是社会授予政府公共权力的出发点，同时也构成了政府的社会责任。

4.2.2 社会基础

公众将公共管理权力让渡给政府以期满足社会成员的愿望。因此，政府可以从社会的公众需求中探索政府的社会责任。在人类社会的形成和发展过程中，主要存在以下社会共同需求。

4.2.2.1 人类结成群体以形成社会的根本需求

人类为了生存，建立了一个社会集体并将最根本的利益联系在一起。在任何时期，确保成员的生存都是社会的首要问题。政府从社会中获取权力，就必须承担权力所给予的责任，对社会成员进行监督和管理，以实现权责对等。政府履行社会责任就必须维护社会稳定存在、正常运作以及组成社会的每一个个体的生存和发展。实质上，政府对各种社会责任的承担其实都是对这两项根本社会责任的承担。

4.2.2.2 人类社会发展产生的其他衍生需求

一个社会若想要维持其存在，实现经济发展是政府不可推脱的责任，这些责任也会伴随着人类社会公共需求的变化而发展。在人类社会形成的过程中，一个合理有序的社会环境能够保证社会实现基本的公平，并通过促进经济发展，提高人们的生活品质。由于政府机构拥有公信力及社会管理的合规性，同时具备维持好社会秩序的能力，因而也就义不容辞地承担起构建和维持社会秩序的责任。

作为人类社会权威的核心，政府在以经济发展为主导的社会中扮演着重要的角色，必须在发展方向上通过促进可持续发展来适应生产力发展的要求，并且在战略高度上来引导、规划社会成员的社会行为。政府的独特优势便在这个过程中逐渐凸显出来，并成为扮演这一角色、满足这一需求的最佳人选。随着交往范围的不断扩大，超越了社会的内部范围走向世界时，政府便需要承担起保护该社会在国际交往中利益不受侵犯的责任，以保护其成员及其社会的合理合法权益。最后，随着社会竞争不断加强，由此产生了一批弱势群体，解决这一问题的关键在于政府发挥社会管理权力及政府能力。当其管理权力和能力提升时，不仅能够减轻其他社会组织与社会成员的负担，还能确保经济发展的效率。此外，社会对政府所承担责任的要求也会随着社会的发展以及社会需求的增加而不断提高。

4.2.3 主要分类

政府因回应社会的公共需求而产生了其应承担的社会责任，故而政府的社会责任是与人类社会的公共需求相对应的，大致分为以下六类：其一，社会基本规划和统筹管理责任。主要包括政府在社会生活各个方面所做的战略规划和选择，以及通过各种途径指引社会生活等。其二，社会基础设施建设。这项责任主要是指政府为满足一些社会公共需求而提供的公共物品和公共设施。其二，在国际交往中维护社会利益。例如，政府在国际交流中签署一些有利于本国成员的条约或协定，维护社会和国家的根本利益使其不受他国或其他外部力量的侵害。其四，维护社会秩序，保障社会的稳定。主要包括建立和维持基本社会秩序，除此之外，政府还应该建立一套紧急处理机制以应付突发事件。比如在全球暴发新冠肺炎疫情时，及时启动公共卫生突发事件处置预案，采取各种有效举措，迅速控制病毒的传播，保障人民的生命财产安全。其五，协调社会问题。这项责任主要是指在协调和分配日常生活中社会问题的利益方面，秉持社会契约的精神及公平公正的原则，政府通过行使公众所赋予的权力及影响力对所涉利益进行合理的协调和分配。其六，社会福利保障。政府除保障社会成员在享有公共资源方面尽可能公平公正外，还应该积极建立并维护一套社会体系，用来帮助社会弱势群体，保障其基本的生活权利，并且充分利用一切能调动的社会资源为全社会成员提供能满足其生存基本要求的公共物资或设施。

4.3 非政府组织的社会责任

4.3.1 基本内涵

非政府组织（Non-government Organization，NGO）是指除政府以外的其他社会组织，包括所有的私营企业以及其他非营利组织。在本节中，主要针对非营利性质的非政府组织；它们的业务活动所得收入会尽可能地用于所关注的公共福利事业，因而被称为公益组织。非政府组织是指具有正式的组织形式的非营利的实体组织，从本质上来说，它具有一定的自治性、公益性、志愿性，比如一些民间组织和社会团体等。在中国，非政府组织的范围很广泛，不仅包括一些社会组织、民营非企业单位、基金会，还包括大量的非营利医院、学校和科研机构等事业单位。

非政府组织的社会责任是建立在政府和公民社会责任的基础之上的。它是指非政府组织在为组织内部和外部成员提供公共服务时应当履行的社会性义务，其责任主体是指承担社会公共责任的各种非政府组织；责任客体是指非政府组织在承担社会责任时所服务的对象。非政府组织社会责任的含义可分为组织整体的责任、组织使命所赋予的责任，以及每个组织都应承担的、面向不同利益相关者的责任。非政府组织的社会责任并不仅仅是被动地遵守社会相关的法律法规，更重要的是主动维护和保障社会大众的公共利益。

4.3.2 具体内容

非政府组织社会责任的内容可从其在提供公共物品方面的社会功能加以考虑。当市场与政府失灵时,作为补充的非政府组织,与其他部门合作,以满足利益相关者的期望或要求,其社会责任的具体内容将取决于社会功能和利益相关者的共同决定。

从研究范围上,可从微观层面和宏观层面来分析非政府组织的社会责任。在微观层面,非政府组织社会责任侧重于所提供的公共服务的成本和质量、服务的可得性以及公众对其的信赖;在宏观层面,则侧重于与公共支出决策相关的各项制度与执行控制,包括制定审计制度、外部监督以及对调查程序执行的控制等。从研究角度上,非政府组织社会责任可分为功能性社会责任和战略性社会责任。功能性社会责任主要包括资源的获取与使用、对当前冲突的处理;战略性社会责任则是协调好外部环境中非政府组织与其他组织之间产生的矛盾。

美国学者丽莎·乔丹(Lisa Jordan)将非政府组织的社会责任划分为以下三种类型:组织整体的责任、组织使命的责任,以及针对不同利益相关者的责任(乔丹,图埃尔,2008)。

第一,组织整体的责任。当市场与政府双"失灵"时,非政府组织针对政府无法运作、市场无法调节、企业难以履行的领域作为一种弥补机制履行其社会责任。

第二,组织使命的责任。非政府组织成立之初奉行尊重、责任感、怜悯及同理心、利他主义、人道主义等价值观,体现出组织愿景、使命及战略目标。非政府组织在组织的日常活动中体现出公共价值,推动行业社会责任发展。例如,促进保护贫困人民和儿童的权利,致力于消除饥饿现状以及保护环境、资源等。

第三,针对不同利益相关者的责任。非政府组织针对不同利益相关者所应承担的责任可分为对赞助商的责任、对委托人的责任以及对组织本身的责任。承担不同利益相关者的各项责任关键在于平衡众多利益相关者的利益。

4.3.3 培育方式

经济社会失衡发展将对商业伦理构成挑战,推进非营利政府组织向具有自我造血功能的混合型社会组织转型,有利于培育商业伦理的社会基础。具体措施有:探索市场化的公共服务供给体系,构建非政府组织的竞争性业态;通过引入市场机制,改变政社购买关系,搭建社会组织竞争平台,激发非政府组织自我造血的能力;提升社会自治能力,形成"政府引导、社会共治"的协同治理创新格局。图4-1展示了社会建设引导基金的构建。具体而言,可围绕顶层制度建设、结果评估、资金来源及使用、社会自治和慈善参与五个方面建立公共服务体系,实现非政府组织的社会责任。

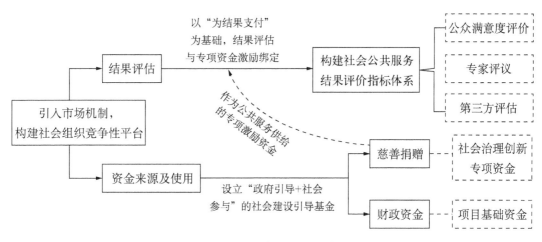

图4-1　社会建设引导基金构建

资料来源:陈怡俊,黄海峰(2020)。

在顶层制度建设方面,须制订总体工作方案,明确工作任务、时间表和路线图,有序推进公共服务供给体系"微改革"。在基层社会公共服务工作层面,明晰层级政府部门的权责清单和联动机制,如:以"区—街道—社区"为工作单元,明确制度建设、资金管理及统筹实施的职能划分。

在结果评估及资金来源与使用方面,探索公共服务供给过程中的"为结果支付"的激励机制,配合"社会建设引导基金"的设立,搭建社会组织竞争性平台,强化社会建设结果的量化评估。评价体系采取"公众满意度评价、专家评议、第三方评估"相结合的方式,同时适当提升公众满意度的比重。将"资金扶持、服务采购、评优评先"与评价体系建立关联,以公众评价为主导,强化社会组织的优胜劣汰。可设立财政资金和慈善捐赠共同参与的社会建设引导基金,充分发挥政府资金的杠杆效应,逐步撬动慈善资金、社会资本与资源共同参与公共建设。探索结果评估与专项资金激励绑定的供给机制,促进社会组织朝着非盈利化和盈利化相结合的方向发展。

在社会自治和慈善参与方面,首先应当搭建社会治理大数据监测平台,旨在实现转化、支持、监督并评估社会服务项目的作用。其次,建立民生项目库,完善信息跟踪发布,向公众披露公共服务项目的实施进程、承接主体等基本情况。借由项目信息的全方位披露,为实现大数据支持下民生与慈善的互通奠定基础,扩大民生建设的社会影响力。最后,探索"公众参与、政府支持、慈善辅助"相结合的"民生+慈善"的联动模式(见图4-2)。

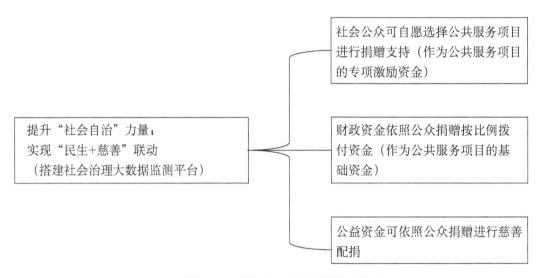

图4-2 "民生+慈善"的联动模式

资料来源:陈怡俊,黄海峰(2020)。

4.4 企业的社会责任

现代企业是以盈利为目标的一种综合性组织。伴随着经济和社会的发展,关于企业和社会公众利益相冲突的事件时有发生,企业的社会责任成为焦点。从长期发展来看,企业基业长青的关键取决于其对商业伦理的重视程度,而商业伦理主要体现在企业社会责任方面。

4.4.1 基本内涵

英国学者欧利文·谢尔顿（Oliver Sheldon）提出，企业经营者应该满足产业内外包含道德内容的各种责任，在管理中应该采用三个标准：①工业的政策、情况和方法应当有助于公共福利增加；②管理应努力达到社会的最高道德标准；③管理应有助于提高伦理标准和社会正义（Sheldon，1924）。霍华德·R.鲍恩（Howard R. Bowen）认为"企业应该自愿地和社会公众的利益和目标靠拢，而不是背离它"（Bowen，1953）。美国学者基思·戴维斯（Keith Davis）为此还提出了责任铁律（Iron Law of Responsibility），认为从长远来看，那些不负责任的行为终将失去权力，企业的社会责任必须与企业的社会权力相匹配，权力越大，责任也就越大（Davis，1960）。

众多学者对企业社会责任的内涵进行了界定。美国学者约瑟夫·W.麦奎尔（Joseph W. McGuire）和前面章节提及的卡罗尔都先后提出企业除了有经济和法律方面的责任，还要承担伦理等责任（McGuire，1963）。德鲁克则认为企业对其所处的社区、社会及国家都有应负的责任（德鲁克，1973）。英国学者约翰·埃尔金顿（John Elkington）则提出企业的社会、经济和环境"三重底线"理论（Elkington，1997）[1]，认为企业要实现可持续发展，不仅要实现盈利的最大化，还要考虑其活动给社会和环境带来的影响，要尽可能最大限度地减少对环境和社会的负面影响。

随后，学者们开始注重企业社会责任的行动方案和指标设计。卡罗尔将企业社会责任进行量化，对企业各种社会责任进行先后排序，并衡量了企业社会责任表现（Carroll，1991）；英国学者维恩·维瑟（Wayne Visser）等于2010年出版了有关企业社会责任的指导手册《企业社会责任手册》（*The A to Z of Corporate Social Responsibility*）。

随着可持续发展理念的兴起，环境保护成为企业社会责任的一项关键内容。本书借鉴利益相关者理论来定义企业社会责任。企业在追求经济利润的同时，也应该积极承担其他利益相关者的责任，如客户责任、员工责任、环境责任、社区责任、慈善责任等，这些责任对象包含了与企业的经营发展紧密联系的所有利益相关者群体。

---

[1] "三重底线"（Triple Bottom Line）是指经济底线、环境底线和社会底线，意即企业必须履行最基本的经济责任、环境责任和社会责任。1997年，英国学者埃尔金顿最早提出了三重底线的概念，他认为就责任领域而言，企业社会责任可以分为经济责任、环境责任和社会责任。经济责任也就是传统的企业责任，主要体现为提高利润、缴纳税额和对股东投资者的分红；环境责任就是环境保护；社会责任就是对于社会其他利益相关方的责任。企业在进行企业社会责任实践时必须履行上述三个领域的责任，这就是企业社会责任相关的"三重底线"理论。

4.4.2 具体对象

随着企业社会责任理论的发展，不同组织和学者对于企业社会责任履行的对象和内容给出了不同的答案。1971年，美国经济发展委员会（Committee for Economic Development，CED）提出企业社会责任的"三个同心圆"理论。内圆责任（Inner Circle Responsibility）代表企业的基本责任，即为社会提供产品、工作机会并促进经济增长的经济职能；中圆责任（Intermediate Circle Responsibility）是指企业在实施经济职能时，对其行为可能影响的社会和环境变化要承担责任，如保护环境、合理对待雇员、回应顾客期望等；外圆责任（Outer Circle Responsibility）则包含企业更大范围地促进社会进步的其他无形责任，如消除社会贫困和防止城市衰败等。"三个同心圆"理论在企业社会责任的发展和演进中占据着重要的地位，所蕴含的原则是企业在发展的同时不仅要关心利润和经济绩效，还要回应和满足社会其他利益相关者的需求，满足社会对企业的多重期望。

1975年，美国学者普拉卡什·S. 塞西（Prakash S. Sethi）根据不同时代背景下社会所产生的不同需求，将企业的社会责任区分成三个等级，即社会义务（Social Obligation）、社会责任（Social Responsibility）和社会响应（Social Responsiveness）（Sethi, 1975）。社会义务是指企业所制定的决策或所采取的行动主要是为了回应法律规范及市场限制；社会责任是指企业的行为规范已经超出了法律所要求的义务，它将企业所处社会中普遍的道德、价值及期望作为自己行为的依据；社会响应是指企业从长远角度来思考，以对社会整体最有益为依据制定决策并作为企业的行为准则，这其中也包括企业所做的各种前瞻性规划和各种预防性规范。

此外，还有学者开始将企业社会责任在企业的不同情境下进行界定。美国学者乔治·A. 斯坦纳（George A. Steiner）根据企业社会责任对内外部环境的影响将其分成内在社会责任和外在社会责任。内在社会责任主要包含如何改善员工的工作环境以及如何合理公正地选择和教育员工；而外在社会责任则包括对一些特殊群体的训练及雇用，以及改善公平支付（Steiner, 1980）。

4.4.3 驱动因素

几十年以来，许多学者围绕"如何促进企业承担社会责任"这一议题开展了深入研究，将企业履行社会责任的驱动因素归纳为经济、道德及制度三个方面，其中公众的监督也逐渐起到促进作用（Schwartz，Carroll，2003）。

4.4.3.1 经济驱动

古典经济学认为人是"经济人"，同样企业也可以当作"经济人"来看待，所有经营活动都是为了获取利润。作为一个营利性组织而非公益性组织，企业如果投入大量资源去履行社会责任，那么最主要驱动因素之一便是经济因素。

1937年，美国学者罗纳德·H.科斯（Ronald H. Coase）提出交易成本理论，可用来解释企业履行社会责任的经济驱动作用。企业对利益相关者履行社会责任，可形成多方共赢的局面。美国学者查尔斯·丰布兰（Charles Fombrun）也提出，企业社会责任有助于企业在利益相关者中积累声望或荣誉资本，量变后可以提高企业经济效益。美国学者伯纳黛特·M.若夫（Bernadette M. Ruf）认为当管理符合多个利益相关者的利益要求时，占主导地位的利益相关者群体和股东就能获得效益（Ruf et al.，2001）。韩国学者崔忠序（Jong-Seo Choi）等则验证了企业社会责任与财务绩效的正向关系（Choi et al.，2010）。

4.4.3.2 道德驱动

很多学者认为，企业履行社会责任的动力不应该只是追求经济利益。比如英国学者克莉丝汀·海明威（Christine Hemingway）及帕特里克·W.麦克莱根（Patrick W. Maclagan）认为企业管理者自身的价值观和伦理道德水平会对企业的社会责任行为有推动作用。荷兰学者约翰·格拉弗兰（Johan Graafland）等发现道德动机比战略动机对企业社会责任行为有着更强的提升作用（Graafland et al.，2006）。美国新墨西哥大学教授珍妮·M.洛格斯登（Jeanne M. Logsdon）和克里斯蒂·尤萨斯（Kristi Yuthas）认为企业最高领导者的道德观念在塑造企业社会绩效的过程中至关重要。

4.4.3.3 制度驱动

作为社会的一部分，企业的任何行为都会受到其所处环境的影响。一方面，法律法规会起到规范企业行为的作用，社区文化也会影响到企业的价值观；另一方面，企业发展战略和经营策略同样也会影响企业的行为。美国学者迈克尔·拉索（Michael Russo）和保罗·福茨（Paul Fouts）认为企业采取环保措施会给企业带来良好声誉并享受政策的优惠。英国学者大卫·威廉姆森（David Williamson）研究表明，企业绩效和政府监管能够引导企业的行为。他们认为"企业积极履行社会责任的部分目的是想和政府建立良好的关系"。以色列学者阿姆农·鲍姆（Amnon Boehm）的研究也发现社区支持会影响到企业的生产经营，企业会为了获得社区的帮助而承担社会责任。美国学者约翰·坎贝尔（John Campbell）发现基本经济环境和企业行为之间的关系受到公共和私人监管、非政府组织及其他独立机构监督的影响（Campbell，2007）。挪威学者谢尔·布雷克（Kjell Brekke）等认为"企业社会责任能提高企业招聘员工的积极性"。

4.4.3.4 监督驱动

伴随着生活水平的提高，消费者更加关注产品的质量和安全，员工更多地考虑企业的福利和待遇，公众也格外关心生态环境。随着一系列有关财务欺诈、危害食品安全等破坏消费者权益的现象曝光，公众会通过自媒体抵制这样的企业，让其面临巨大的社会压力。因此，公司为了获得更好的声誉，会主动披露相关的社会责任信息。

4.5 相互关系

4.5.1 不同组织社会责任的联系

在多元治理的背景下，构成公共服务体系的政府、市场和非政府部门之间存在复杂的关系。一方面，非政府组织的出现是为了弥补"政府失灵"和"市场失灵"。从社会的发展史来看，市场与政府是两种成熟的治理机制。在市场中，经济领域内的利润规则是企业在经营中所遵循的黄金法则。为了实现利润的最大化，追求更多的垄断利润，企业为控制成本而不愿提供公共物品。这种只进不出的做法加剧了社会阶层之间的贫富差距，因此，"市场失灵"现象的出现不可避免。当市场无法自行调节并解决其固有的功能缺陷时，人们便不得不寄希望于政府能够出手干预以解决问题。但是政府的作用也不是绝对的，很多时候，政府也不一定能够解决市场不能调节的问题。政府很可能在公益方面满足了绝大多数人的需求之后却忽视了某些群体的独特需求，从而产生了"政府失灵"的现象，但这种失灵是无法通过自身的改善来弥补的。因此，非政府组织就是作为介于政府与市场之间所产生的一种制度，以便弥补这种双"失灵"。

另一方面，从非政府组织的社会角度来看，非政府组织与政府及企业之间存在价值互补关系。社会中存在的任何组织，如政府、企业及非政府组织，都扮演了不同的社会角色并体现了其存在的社会价值。非政府组织承担着应对多样化价值观的任务，其特有的自治性与政府组织的管制性相互补充，其拥有的志愿性又与企业的营利性相互融合。非政府组织能够在优势互补的基础上，发展出一条跨部门、跨行业、跨领域，甚至是跨地区、跨国界的价值链。当非政府组织与政府、企业、公民、合作单位甚至竞争对手形成价值互补时，这一价值链在技术的支持下就有可能转变成"价值网络"，从而产生价值增值。

4.5.2 不同组织社会责任的区别

虽然非政府组织与政府、企业的社会责任密切相关，但是其自身特有的组织使命及社会责任有着不同之处。德国社会学家哈贝马斯认为，非政府组织主要是由非国家性组织和非营利性组织在自愿的基础上构成的，它与非政府组织进行何种活动无关。德鲁克则认为，非政府组织的行为与企业和政府大有不同，企业向顾客提供满足其需求的产品，政府使其当期政策卓有成效，而非政府组织却是以改造人、点化人为其宗旨（Drucker，1990）。

从体制角度上来说，市场属于网络型，在法制和道德约束下，人们本着自愿和平等的原则在利益导向性的市场中从事经济活动。在政府的活动带有公益性的同时，等级制又使其具有强制性。而网络型体制的非政府组织，从事社会公益活动一般都是非强制的和非盈利的。其原动力取决于特有的伦理道德，它驱使着非政府组织改良甚至重构政府和市场两维社会。

本章小结

本章探讨了商业伦理的社会基础，从各类组织所承担的社会责任出发，梳理了社会责任的内涵、责任基础和具体内容，分别从公民的社会责任、政府的社会责任、非政府组织的社会责任和企业的社会责任四个方面阐述责任的具体内容，并分析了不同组织的社会责任之间的相互关系，从而较为具体地分析了各个组织所赋予商业伦理的作用与意义。

关键术语

企业的社会责任　公民的社会责任　政府的社会责任　非政府组织的社会责任

思考练习

1. 简述政府的社会责任定义。
2. 非政府组织的社会责任包含哪些？
3. 企业的社会责任的定义和内容是什么？

应用案例

医护工作者罢工抗议政府不付钱

2014年12月25日，法国北部邦巴利区首府马可尼一家公立医院的多名医护人员发起一场无限期罢工，旨在要求政府支付风险溢价。与此同时，法国政府已决定将整个北部地区隔离至12月28日，旨在控制埃博拉病毒的传播。

医护罢工发言人称，当地时间12月24日，马可尼该所公立医院的30名护士已停工，原因是政府未支付11月的风险溢价。据悉，这些医护人员宣称将不再治疗已住院的患者，也不再接收新病患，除非政府付钱。这名发言人表示，问题很严重，亟待得到解决。

资料来源：改编自张立夏，土莉兰. 塞拉利昂医护工作者举行罢工 抗议政府不付钱 [EB/OL]. (2014-12-26)[2020-03-08].https://world.huanqiu.com/article/9CaKrnJGeYB。

思考题：医护人员发起罢工是否违背了社会责任？参与罢工的医护人员如何面对南丁格尔宣誓？其行为是否违背基本的职业伦理？

第 5 章
商业伦理与企业发展

> 企业是社会的器官，是社会的一分子，企业只有遵守商业伦理才能实现自己的可持续发展。
>
> ——彼得·F. 德鲁克（Peter F. Drucker，美国管理学家）
>
> 一个"好企业"应该不仅为社会提供好的产品和好的服务，还要尽自己的努力让这个世界更美好。
>
> ——马蔚华（深圳国际公益学院董事局主席）

本章提要

企业是现代经济的支柱，要想在 21 世纪立于不败之地，企业就必须构建制度管理体系和商业伦理规则。回顾近十几年的企业发展过程，众多企业参与了企业社会责任等行动宣言，为推动商业伦理和社会进步起到了里程碑的作用。本章论述了企业发展中商业伦理的重要性。首先，从企业生命周期和企业风险理论出发，探讨了企业内外部风险与商业伦理的关系；其次，分析了商业伦理对企业内外部风险的影响，提出了构建企业社会责任和绿色商业模式的重要性。再次，着重论述了商业伦理对中国企业的影响，探讨了"公平、诚信、仁义""和为贵"和"勤俭节约"传统伦理思想对中国企业发展的促进作用。最后，论述了企业发展中的内外部伦理问题。

学习目的

1. 说明商业活动中常见腐败行为（商业欺诈和商业受贿）的危害
2. 理解企业风险与商业伦理的关系
3. 掌握商业伦理准则
4. 掌握企业保持基业长青的秘诀

知识拓展

企业精神

企业精神（Enterprise Spirit）是指企业基于自身特定的性质、任务、宗旨、时代要求和发展方向，经过精心培养而形成企业成员群体的精神风貌。企业精神是企业文化的核心，在整个企业文化中占支配地位。企业精神以价值观念为基础、以价值目标为动力，对企业经营哲学、管理制度、道德风尚、团体意识和企业形象起着决定性作用。

企业精神与生产经营不可分割。企业精神能动地反映了与企业生产经营密切相关的本质特征，鲜明地显示了企业的经营宗旨和发展方向。企业精神一旦形成群体心理定式，既可以通过明确的意识支配行为，也可以通过潜意识产生行为。企业精神信念化的结果，会大大提高员工主动承担责任和修正个人行为的自觉性，从而主动地关注企业前途，维护企业声誉，为企业贡献自己的全部力量。

引导案例

瑞幸咖啡[1]财务造假被提起集体诉讼

2020年4月7日，美股周二开盘前，瑞幸咖啡宣布停牌，等待更多消息披露。此前，瑞幸咖啡在4月2日发公告自曝财务造假22亿元后，公司股价开盘暴跌逾80%，触发熔断机制暂停交易，随后在40分钟内触发了6次熔断，市值瞬间蒸发300亿元，投资者损失惨重。

---

[1] 瑞幸咖啡全称为瑞幸咖啡（中国）有限公司，它成立于2018年3月28日，总部位于福建省厦门市。瑞幸咖啡从事零售新鲜饮料和预制食品和饮料，于2019年5月17日在美国纳斯达克正式上市。

2020 年 4 月 5 日，瑞幸咖啡发布声明称，涉事高管及员工已被停职调查。公司董事会已委托由独立董事组成的特别委员会及其委任的第三方独立机构，进行全面彻底的调查。公司将在第一时间向公众披露调查的一切问题。对于涉事人员，公司将保留采取法律手段的权利，不会包庇和姑息。

但瑞幸咖啡的声明显然没有获得投资者的谅解。4 月 6 日收盘，瑞幸咖啡股价再度下跌 18.4%，每股仅余 4.39 美元，市值仅余 11.05 亿美元，相比 3 月份高峰期的 110 多亿美元市值已经跌去近九成。

美国的 GPM、Gross、Faruqi 等多家律所宣布，已就证券欺诈行为对瑞幸咖啡公司和特定管理人员提起集体诉讼。

瑞幸咖啡财务造假事件对中国企业形象的影响是破坏性的，对中国创业企业的负面影响是深远的。为此，中国证监会发布公告称，中国证监会高度关注瑞幸咖啡财务造假事件，对该公司财务造假行为表示强烈谴责。不管在何地上市，上市公司都应当严格遵守相关市场的法律和规则，真实、准确、完整地履行信息披露义务。中国证监会将按照国际证券监管合作的有关安排，依法对相关情况进行核查，坚决打击证券欺诈行为，切实保护投资者权益。

资料来源：吴敏 . 瑞幸咖啡 22 亿财务造假被提起集体诉讼 投保的董责险赔不赔?[EB/OL].(2020-04-08) [2020-06-25]. https://www.chinatimes.net.cn/article/95885. html。

思考题：从瑞幸咖啡财务造假事件中，思考坚守商业伦理对企业的可持续发展有何意义。

5.1 理论概述

企业的目标是什么？许多商学院坚持利润最大化就是企业追求的最终目标，但事实是否如此？世界经济论坛主席克劳斯·施瓦布（Klaus Schwab）在美国《外交》杂志上发表了《全球企业公民：与政府和公民社会共同努力》一文，强烈呼吁企业界参与改善全球状况。日本企业家松下幸之助甚至认为"企业是社会之公器"。世界经济论坛报告《自然与商业之未来》明确指出，在经济转型的过程中，企业是解决方案的重要力量（WEF, AlphaBeta, 2020）。企业必须承担维护生态平衡、保护自然环境、提供绿色产品的绿色责任,"企业责任、企业公民、利益相关者"的概念均成为企业绿色责任的内容(姜晶花,2013)。目前,中国乃至全球的前瞻性公司已经将绿色商业模式纳入其业务战略,并采取了新的方法来减少其对自然的影响和依赖性。绿色商业模式充分考虑利益相关者、社会进步和企业发展的需要,通过减少能耗、碳足迹、水资源浪费、化工废物等提升环境效益并创造可持续性。以伊利集团[1]为代表的中国企业,作为联合国《生物多样性公约》(Convention on Biological Diversity)[2]的签约企业,将生物多样性纳入企业绿色发展战略,建立了绿色产业链,树立了商业伦理观,充分履行了企业社会责任。

毫无疑问,企业的核心目标应该是通过服务、发明创造和遵守伦理原则来增进人类的总体福祉,积极塑造人类社会的未来格局。长期以来,学者们孜孜不倦地探究企业迅速衰败或基业长青的奥秘、企业发展在社会进步中扮演的角色、经济发展与人们幸福感的内在关联。研究结果都不约而同地表明,企业发展乃社会进步的主体力量。如果要保障社会、经济、生态的三重效益的平衡,则要实现商业与社会发展的共存与共荣,形成"一损俱损、一荣俱荣"的格局。本章将依据企业生命周期理论,从企业风险的角度分析影响企业生死存亡的商业伦理关键要素。

5.1.1 企业生命周期的理论

企业生命周期(Enterprise Life Cycle)是企业发展与成长的动态轨迹,包括诞生、成长、成熟、衰退这四个阶段。其理论的萌芽建立在达尔文的进化论基础之上。1890年,英国经济学家阿尔弗雷德·马歇尔(Alfred Marshall)提出了经济学进化说,将企业类比

---

[1] 伊利集团全称为内蒙古伊利实业集团股份有限公司,创始于1993年,是中国规模最大、产品线最全的乳制品企业,总部位于内蒙古自治区。伊利集团坚持"绿色生产、绿色消费、绿色发展"三位一体的发展理念,凭借绿色产业链发展模式连续三届荣获"国际碳金奖",成为联合国和专业性国际组织评定下的"以低碳理念履行社会价值的最佳表现者"。2017年,伊利集团在可持续发展领域开创了新的三个"第一":行业内第一个加入联合国全球契约(UNGC)的中国企业,第一个共享健康可持续发展体系,行业内第一个将联合国可持续发展目标(SDGs)落地的企业。

[2] 《生物多样性公约》是一项保护地球生物资源的国际性公约,于1992年6月1日在由联合国环境规划署发起的政府间谈判委员会第七次会议上通过,并于1992年6月5日由签约国在巴西里约热内卢举行的联合国环境与发展会议上签署。该公约于1993年12月29日正式生效,常设秘书处设在加拿大的蒙特利尔。

于"树木原理"[1]中的树木,有生有死,同时也解释了为什么有些企业能够成长壮大,有些企业却由于存在更加年轻且有活力的新生企业的竞争,终归要走向死亡的现实(马歇尔,2012)。企业进化论强调企业外部环境及所拥有的资源禀赋对企业发展的影响。

现代管理学意义上的企业生命周期理论起源于20世纪50年代。美国学者马森·海尔瑞(Mason Haire)最早提出"企业生命周期"的概念。随后,学者们进一步对企业的诞生、成长、成熟到衰退进行深入研究,通过建模分析了每个阶段的特征、可能出现的危机及其应对措施。美国管理学领域代表性人物伊查克·爱迪思(Ichak Adizes)在1988年出版的经典著作《企业生命周期》(*Corporate Lifecycles*)标志着企业生命周期理论趋于成熟。他将企业生命周期分为孕育期、婴儿期、学步期、青春期、盛年期、稳定期、贵族期、官僚初期、官僚期及死亡期共十个阶段。其中,在企业死亡期前的官僚期,企业存在只关心自身利益的现象。这种现象偏离了商业伦理的宗旨,最终导致一些企业因为身败名裂而走向死亡。

此外,中国学者也提出了企业生命周期中的蜕变期,强调其对企业发展中超越死亡危机而获得重生的重要意义(陈佳贵,黄速建,1998),也有学者对企业生命周期各个阶段的指标进行了丰富和拓展(李业,2000)。肖海林(2003)认为企业的结局未必是注定死亡,如果措施得当,仍可以焕发生机。

5.1.2 企业风险理论的渊源

"富贵险中求"已成为商业圈内的流行语。企业在翻天覆地改变世界的同时,也时刻警惕着商业发展和环境变化带来的难以预测的风险。早期的风险主要针对航海贸易中的自然风险,而学者们对风险的研究有两条主线。

第一条主线主要论述风险与保险的关系。1901年,美国学者艾伦·H.魏利特(Allan H. Willett)在其撰写的博士论文《风险与保险的经济理论》中首次将风险和保险联系起来。1964年,美国学者小阿瑟·威廉姆斯(Arthur Williams, Jr.)和理查德·M.汉斯(Richard M. Heins)在《风险管理与保险》一书中进一步分析了客观风险之外的主观风险。

---

[1] 马歇尔在其名著《经济学原理》(*Economic Principles*)中提出了著名的"树木原理",揭示了企业同树木一样具有某种共同生死特征的深刻寓意:一部分小企业终会成长为大企业,而大企业也终会走向衰落而被小企业取代,因为人类社会和自然界都要臣服于自然法则。

第二条主线主要论述风险与企业发展的关系。企业风险管理的重点从自然风险过渡到企业内部风险。20世纪初，企业风险管理的萌芽产生于美国钢铁企业内部的安全事故。1916年，法国矿学工程师和管理学者亨利·法约尔（Henri Fayol）在其著作《工业管理与一般管理》（Administration Industrielle et Générale）中将风险管理引入企业管理，并提出了14项管理原则，其中就包含与商业伦理相关的公平原则（钟开斌，2007）。20世纪50年代，美国钢铁工人因为待遇问题而发起罢工，导致企业损失巨大。从此，美国开始关注自然风险之外的企业内部管理风险对企业经营的影响。

20世纪60年代开始，美国学者开始重视企业风险管理的具体措施。1963年，美国学者罗伯特·梅尔（Robert Mehr）和鲍勃·赫奇斯（Bob Hedges）出版了《企业风险管理》（Risk Management in the Business Enterprise）。此外，企业风险管理领域的权威杂志《风险管理》（Risk Management）应运而生。1983年，美国风险与保险管理协会讨论并颁布了《101条风险管理准则》，这标志着风险管理更趋于系统化和规范化。

在美国兴起的企业经营风险管理很快扩展到了世界各地。1986年，欧洲11个国家共同成立了"欧洲风险研究会"（European Risk Research Association）。同年，风险管理国际学术研讨会（The International Symposium on Risk Management）在新加坡举办，标志着风险研究成为国际交流的重点之一。

5.1.3 企业风险与商业伦理

随着科技的不断发展，学者们对企业风险的认识过程经历了从原始自然风险、企业内部管理风险到企业外部风险的阶段。随着人们对环境、公共健康和安全的关注以及对技术进步的反思，企业风险范围逐渐扩大到政治、社会及环境等领域（钟开斌，2007）。这也标志着企业风险与商业伦理的联系日益紧密。因为企业不仅需要关注自身的利润问题，还需要关注广泛的社会公平、环境保护、技术设计等伦理问题。特别是美国"9·11"事件、中美"贸易战"和"全球新冠肺炎疫情"之后，人们更加关注全球性问题对企业发展的影响。

企业面临的风险既来源于企业内部，如企业领导层决策、人才、资金、设备等；也有可能来自企业外部，如市场竞争、政治不稳定性、技术革新、资源短缺、环境污染等。经验表明，商业伦理可以有效地降低企业面临的内部及外部风险。众多学者通过对上市企业的研究，揭示了企业绩效与其对企业社会责任的履行之间呈正相关的关系，认为遵循商业伦理对企业的发展具有促进作用（Mishra，Suar，2010）。

商业伦理在个人道德方面也有所体现，企业可以通过加强对企业经营者的道德约束，杜绝商业欺诈和商业受贿，从而降低企业的内外部风险。道德低下的企业领导者可能给企业带来严重的信誉和经济损失。2018年11月，日本日产CEO卡洛斯·戈恩（Carlos Ghosn）因为逃税和违规使用公款而被捕，导致日产汽车公司损失惨重。相反，道德高尚的企业领导者对企业员工具有明显的激励作用，能贯彻企业的核心价值观和提升企业的整体竞争力。商业伦理通过强调员工权益，可加强企业员工的忠诚度。此外，企业通过强调可持续性和对社会的慈善关怀，易于获得当地政府和居民的接纳，从而建立起良好的信誉。

毫无疑问，商业伦理有助于企业降低其外部风险；在企业决策时，商业伦理的欠缺在很大程度上将损害企业的长远利益（上海国家会计学院，2010）；企业通过强调社会公平和公正，能有效降低其面临的社会风险。例如，跨国公司去发展中国家开展业务，如果只关注企业利润，而不关注企业能否改善当地居民的生活状况，就有可能给企业带来社会风险。在环境风险方面也是如此，如果企业不能正确处理污染排放物，就会给环境造成严重污染，损害居民身心健康，引起当地居民的控诉，最终削弱企业在当地发展的合法性。如今，越来越多的中国企业走出国门，到世界各地发现商机、开拓市场。特别是随着"一带一路"倡议的实施，越来越多的国家接受并欢迎中国企业到当地去经营，为中国企业走出国门提供了越来越多的机会和越来越好的外部环境。但是，"走出去"的企业一定要遵守其所在国家或地区的法律法规和相关政策，更要增强企业的国际商业伦理意识，努力降低企业在境外的环境风险和社会风险，成为融入当地社会发展的积极力量，从而增强企业的生存能力。

5.2　商业伦理对企业发展的影响

存活久的企业都是盈利大的企业吗？盈利大的企业就一定具有持久的生命力吗？从1965年到2015年对美国标准普尔500的企业研究表明，两个问题的答案都是否定的。这些强大的企业平均寿命都不超过40年。而对比1955年和2017年的财富500强企业排名，早期60家企业仍然在后续的500强榜单上，占比为12%。换言之，1955年财富500

强企业中的 88% 不是破产消失了，就是被其他企业兼并了，或者由于经营业绩惨淡而跌出榜单（Morelli，Perry，2017）。本节将具体阐述商业伦理如何协助企业降低企业内外部的各类风险，从而提升企业的发展水平。企业内外部风险的具体内容及其与商业伦理的关系见图 5-1。

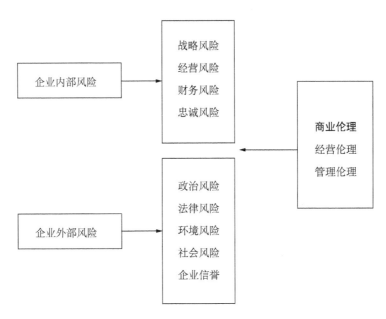

图 5-1　企业风险和商业伦理的关系

5.2.1　企业内部风险

5.2.1.1　商业伦理与战略风险

企业战略是企业管理的核心部分，是集前瞻性、全面性及长远性为一体，并指明企业未来发展方向的整体策略。迈克尔·波特（Michael Porter）在其文章《企业社会责任与竞争优势的关系》中表明，企业社会责任对企业而言并非是成本和约束，而是孕育创新的机会以及竞争优势的源泉（Porter，Kramer，2006）。商业伦理让企业可以看到企业利益之外的社会利益。具备商业伦理的企业领导者，能够为社会创造价值，面对社会的变化对企业做出相应的调整，并不断突破原有的产品和服务，提升企业的创新水平。

5.2.1.2 商业伦理与经营风险

企业经营风险是指企业在经营过程中所面临的原材料供应、产品生产以及销售等方面的困难和问题。在资源日益稀缺的情况下，具有商业伦理的企业需要考虑原材料的可持续供应问题，而不是竭泽而渔，使得企业原材料越来越稀缺，进而导致生产成本的上升、企业经营风险的提高。在产品的生产过程中，商业伦理强调对产品质量的严格控制。2013年欧盟出现轰动一时的"马肉风波"[1]，涉事企业负责人被判处三年有期徒刑。一般而言，商业伦理与企业经营也被称为伦理经营，伦理经营可以让企业赢得利益相关者的信任，从而提升企业的竞争力。

5.2.1.3 商业伦理与财务风险

随着现代商业的发展，财务风险成为企业面临的高风险之一，财务造假问题是导致企业灭亡的导火线。本文开篇提到的瑞幸咖啡就是因为财务造假，从而遭到集体诉讼。而商业伦理可以通过提高企业财务人员的素养，降低企业的财务风险。在中国，财务造假问题仍然较为严重。从中国知网的检索结果来看，截止到2020年3月20日，以财务造假为主题词的相关文献超过2 340条，而媒体报道的财务造假案例更是不胜枚举。特别是上市公司的财务造假，严重扰乱了投资者的信心。因此，我们不仅要依靠法律来约束企业的行为，还需要依靠商业伦理来避免类似财务造假的现象发生。

5.2.1.4 商业伦理与忠诚风险

企业内部员工对企业的忠诚度是企业得以实现长远发展的基石。先进的商业伦理观念使得管理者能正确对待公司员工，尊重员工感受，并关爱员工，而不仅仅是将员工作为公司机器上的零部件。正确的商业伦理观念可以很好地引导公司员工和管理层团结一心，为公司的业绩而努力。同时，正确的商业伦理观念也会让公司重视员工的感受，让员工获得归属感和认同感。与此相反，扭曲的商业伦理观念虽然有可能提升企业的短期效益，但是会损害员工的长期利益，甚至同时损害社会和消费者的利益，导致公司不能长久发展。

---

[1] 2013年1月，瑞典、英国和法国部分牛肉制品中发现了马肉，德国也宣布发现疑似此类"挂牛头卖马肉"的情况。此外，爱尔兰、荷兰、罗马尼亚等多个欧洲国家卷入丑闻，引发消费者反感。

5.2.2 企业外部风险

5.2.2.1 商业伦理与政治风险

政治风险可以分为宏观方面的风险，例如战争、恐怖袭击、军事政变等；以及微观方面的政治风险，即政府对特定产业的监管以及政府的寻租行为。商业伦理强调企业应该遵循善治的原则，促进当地的经济和社会发展，从而降低企业在当地受到的政治冲击。如果企业只是昧着良心挣钱获利，为此不惜损坏当地人的权益，那么其在政治风波中受到冲击的可能性将大大增加。正如电影《血钻》所揭示的，因为对钻石巨额利润的趋之若鹜导致塞拉利昂内战的爆发。需要特别强调的是，企业应重视微观方面的政治风险，杜绝与政府之间的贿赂关系，以避免给企业带来巨大的负面影响。

5.2.2.2 商业伦理与法律风险

商业伦理要求企业以高于法律的要求来约束自己的行为，从而降低企业面临的法律风险。商业伦理与法律的关系将在本书第 11 章进行详细阐述。从时间维度来看，不少国家的法律呈现出从不太完善到越来越完善的发展轨迹，对企业的要求呈现出从低到高的趋势。如果企业可以从商业伦理的角度，以高于既定法律的要求和标准来规范企业的行为，那么可以大大增强企业适应法律制度的能力。例如，中国的环境污染标准逐年提高，不少中小企业因为达不到新的环保标准而受到惩罚直至倒闭。如果这些企业能够及早从商业伦理角度出发，不断减少企业的污染物排放，改造企业环保设备，提升企业环保技术水平，那么也许就不会因为新的环保法律法规而受到惩罚或者面临倒闭的窘境。

5.2.2.3 商业伦理与环境风险

环境风险是全球可持续发展的重要话题，不仅关系着企业的命运，而且关系着人类每个成员的命运。环境风险涉及跨国家、跨区域的全球性公共产品问题。一方面大家对环境危机的认识越来越深入；另一方面，全球环境问题越来越严峻，企业面临的环境风险也日益提升。商业伦理强调企业应该关注自身的经营活动对自然环境产生的影响。许多企业的原材料直接或间接依赖于自然资源，如果企业不考虑原材料获得的可持续性，那么企业就如离水之鱼，其发展难以持久。人类终将面临化石资源枯竭的一大，如果企业不考虑新能源的开发与利用，那么企业长远的发展将终结于资源瓶颈。在企业排放污染物方面，如果企业不考虑自身排放的污染物对周边环境和人类的影响，长此以往，终将造成巨大的生态灾难进而危及人类的生存与安全。"前车之覆，后车之鉴"，1956年日本氮素公司违规排放工业污水，导致熊本县居民得"水俣怪病"而被民众诉诸法庭。毫无疑问，这些未将环保因素纳入经营战略的企业都将无法获得业界领导地位和持续的赢利（埃斯蒂，温斯顿，2009）。

5.2.2.4　商业伦理与社会风险

社会风险会导致社会的不稳定和社会秩序的混乱。商业伦理与社会风险之间的联系主要体现为：如果社会不稳定，那么依存于社会的企业的寿命必将受到影响。随着技术的发展和国际化战略的实施，不少企业建立了独立于当地社会之外的小王国，忽视了与周边社会的联系。特别是一些建立在发展中国家的跨国公司的分公司，其员工可能大部分来自母公司国家，往往会忽视与当地居民的互动。特别是在国际商务背景下，常见的商业伦理问题涉及雇佣惯例、人权、环境法规、腐败以及跨国公司的道德义务。商业伦理强调企业与当地社区的良好互动，将企业看成是促进当地社会进步和发展的一份重要力量，是"援助之手"而不是"攫取之手"。世界资源研究所（World Resource Institute）和绿色和平组织将金光集团（Sinar Mas Group）作为负面案例进行通报，指控其破坏了印度尼西亚的热带雨林及当地居民的生存环境和经济收入来源。该集团遭到当地居民的强烈抵制，尽管其否认相关的指控，但是随后却发表声明全力支持印度尼西亚的可持续发展，并且愿意遵守当地政府的环保政策，并在推广可持续发展教育和通过做慈善来践行商业伦理方面做了大量工作，一定程度上消除了之前带来的负面影响。

5.2.2.5　商业伦理与企业信誉

在信息技术发达的今天，企业信誉已经成为影响企业发展的重要因素。随着企业的社会影响日益增强，公众对企业领导者的道德要求正如对公众领袖的要求一样也越来越高。如果企业领导者不遵从社会公认的道德伦理，那么企业被社会公众抛弃的可能性会大大增加。这些企业领导者的所作所为可能达不到受法律制裁的程度，或者还没有受到法律制裁，但是社会公众对其的道德审判已经先于法律，导致企业信誉严重受损。

5.3 商业伦理对中国企业的影响

在中国市场经济发展过程中，有的企业凭借着打"擦边球"的方式，投机钻营，在急功近利地追求财富的竞赛中，不讲信用、互相欺骗，有的甚至成为诱惑官员腐败的催化剂。因此，要高度重视中国传统文化的伦理精髓，倡导公平、诚信、仁义的价值观、"和为贵"的思想、勤俭节约的观念等中华民族传统美德。

5.3.1 诚信仁义的基本观念

遵循公平、诚信和仁义的原则是企业生存的前提，它们直接影响着一个企业的前途和命运。所有权和管理权的分离、股东和经理层之间的委托-代理关系是现代企业运作的重大进步。企业股东、董事会和监事会三者之间互相制衡的关系成为企业平稳运作与发展的关键。面对企业员工、债权人、消费者和其他利益相关者的诉求，企业高层也要予以重视。在企业发展中，商业伦理发挥着重要作用。股东和经理层之间要遵循诚信原则，经理层和员工之间要遵照公平原则，企业和消费者之间要遵守仁义原则，这样的价值观将有助于企业实现多赢。

当企业出现治理困难时，可能出现大股东利用控股优势对小股东进行利益侵害。在当代企业中，股东对企业运作的话语权是按照控股比例来划分的。按比例占用资本的初衷是为企业发展创造一个公平的环境。控股股东能够直接影响企业决策，控制企业经营活动。因此，督促股东遵守公平诚信原则，对于避免内幕交易、企业虚假账目等违反商业伦理的情形发生至关重要。

5.3.2 和为贵的做人原则

"和为贵"是中国伦理思想中的重要内涵。《论语·学而》记载："礼之用，和为贵。先王之道，斯为美。""和"字对中国商人而言，是生财的诀窍（汪一雄，2013）。在现代市场体系中，和气待人，和气处事，不仅有助于构建融洽的员工关系，更有利于协调股东、董事会、监事会三者之间的关系，还能有效地促进企业的发展。

在企业外部治理的过程中，在处理企业和利益相关者之间的关系时，"和为贵"也显得尤为重要。"和"字的使用是一门技巧，合理地使用能够促进企业发展，而别有用心的"和气"则是滋生腐败现象的温床，如果监管者不敢触碰不守伦理规则的领导，那么玩忽职守的现象将会时有发生。因此，应对中国传统商业伦理中"和为贵"的伦理思想进行扬弃，并在扬弃中为"和"注入新的时代特征。

5.3.3 勤俭节约的做事方法

"历览前贤国与家，成由勤俭破由奢"，勤俭才能兴国兴家，企业发展也不例外（汪一雄，2013）。许多成功的企业家除了忘我地工作，还以节俭的生活态度积累财富；但也有企业家把节俭抛诸脑后，骄奢淫逸、挥金如土、生活糜烂。前者基业长青，后者富不过三代。因此，企业的管理者和经营者只有坚守内心的伦理操守，杜绝铺张浪费，特别是减少资源的浪费，从而有效降低企业发展的成本，促进企业完善绿色财务制度，充分发挥每一笔资金的效用，才能有助于企业经营收益的最大化，最终让股东、客户等相关利益者在企业经营中获取更多的利益。因此，现代伦理型企业通过"变绿"，增强企业的核心竞争力，从而获得经济效益、社会效益、环境效益三者共赢，体现了商业伦理的重要价值（奥萨多，2012）。

综上所述，对于中国企业而言，在从近代走向现代的过程中，企业文化传统也在与时俱进地变化着：在继承并发扬了义利并举、义以生利的价值观念上，坚守群体至上、克己奉公的工作作风，注重以人为本、以和为贵的人际关系，通过取长补短、兼收并蓄的理性管理，逐渐形成了以"华商文化"为特色的中国式管理的新范式（陈春花等，2018）。其中"苏州固锝"[1]和"德胜洋楼"[2]就是中国传统文化伦理成就的幸福企业典范。

5.4 企业商业伦理问题的分类

企业面临的商业伦理问题分为两大类：一是企业外部商业伦理问题即经营伦理问

---

[1] "苏州固锝"是苏州固锝电子股份有限公司的简称。详细介绍见本章的应用案例。
[2] "德胜洋楼"全称为德胜（苏州）洋楼有限公司，成立于 1997 年，是美国联邦德胜公司（Federal Tecsun, Inc.）在中国苏州工业园区设立的全资子公司。农村务工人员不仅被改造成为合格的产业工人，而且被培养成文质彬彬的绅士。德胜洋楼的企业价值观认为，处于社会底层的农村务工人员同样能够有尊严地工作，奉行"管理的本质乃教育"的理念，通过制度强化和文化熏陶，努力培养员工成为"诚实、勤劳、有爱心、不走捷径"的精神贵族（杨壮，王海杰，2012）。

题；二是企业内部伦理问题即管理伦理问题。

5.4.1 外部商业伦理问题

企业经营既要遵守法律法规，又要符合道德规范。企业的社会责任就是向社会和消费者提供质量上乘的产品和服务，在市场竞争中树立良好的信誉。然而，一些企业在竞争中放弃社会责任，降低产品和服务的质量，或者使用廉价的生产材料以获得额外利润，这些商业行为违背了商业伦理的经营原则。其主要原因体现在诚信缺失和不正当竞争两个方面。

5.4.1.1 诚信立本

中国有一句古话叫作"民无信不立"，"信"是指信用、信誉、信念。诚信原则是企业经营之魂，企业要把诚信经营作为自己发展的"座右铭"。在市场竞争背景下，一些企业受利益驱使守不住道德底线。有企业通过诈骗活动骗取消费者的钱财，有投资公司打着高利率的幌子收取投资者的资金然后跑路，假冒伪劣产品充斥市场，商业合作违约等现象依然存在。

华为在企业诚信立本方面堪称榜样。华为掌舵人任正非坚信诚信在企业经营中的重要性，从公司高层到一线生产部门，公司内部始终贯彻诚信经营的商业理念；诚信也成为华为员工行动的第一准则。正是企业遵循商业伦理，遵守道德规范，才造就了华为产品价格低廉、质量和服务备受好评的竞争优势。

5.4.1.2 公平竞争

企业经营伦理扭曲的另一个表现则是企业之间的不正当竞争。伴随着市场经济的发展，中国绝大多数商品已经形成买方市场[1]。企业竞争是市场机制作用的自发表现，通过企业之间的正当竞争可以有效地配置市场资源。中国企业在"走出去"的过程中，遭遇了各种困难和障碍。面对中国凭借强有力的创新能力所获得的优势，某些国家以国家安全为由，屡次对中国企业进行制裁和打压。前有中兴公司被"卡脖子"后濒临破产，后有华为公司遭受全方位打击。美国以华为生产的通信设备具有安全风险为由，限制

---

[1] 买方市场是指在商品供过于求的条件下，买方掌握着市场交易主动权的一种市场形态。

其发展。但是，在全球使用华为设备和服务的170多个国家中，没有任何一个国家记录其有安全漏洞。面对机遇与挑战并存的国际贸易环境，中国在抗议这些不公平的规则、进行"长臂管辖"的同时，也应该清醒地意识到，强大的创新能力才是争夺话语权的武器。

企业之间的不正当竞争给社会和消费者造成了巨大损害，会在一定程度上影响消费者，降低社会对行业产品的信任度。因此，企业间的不正当竞争行为有百害而无一利。企业之间只有遵循公平、公正、公开的竞争原则，抛弃不正当竞争，才能实现市场经济的良好运行。

5.4.2　内部商业伦理问题

企业内部商业伦理问题即管理伦理问题，集中表现在企业提供给员工的待遇、企业管理层和员工的关系两个方面，解决企业内部商业伦理问题将关系到企业的发展和行业的进步。

5.4.2.1　公平分配

自中华人民共和国成立以来，一直实行以按劳分配为主、多种分配方式并存的分配制度。在市场经济发展迅速的今天，原有的分配原则已经不再符合时代的要求。华为采用奖惩分明的制度，通过一系列措施考核和审查员工一季度的表现以此确定员工的收入。华为的价值评价和价值分配体系给了员工一份很安心的保障。企业通过激励制度来提高员工的工作积极性，重视营造企业文化氛围，将员工的人生追求和公司的目标相结合。正是树立了正确的商业伦理思想，员工分配制度和奖惩制度才体现出规则的公平性，从而有效地保证了企业的高效率运行（彭美华，巢来春，2001）。

5.4.2.2　对管理层的监督

对管理层的监督主要是为防范公司管理者滥用公司职权、克扣员工报酬等问题的发生。一些企业的高层人员利用自己的职权之便大肆收敛财物、给熟人走后门或是克扣下属奖金；然而，华为的高层却很少出现这些滥用职权的问题。华为秉持先进的商业伦理观念、价值评价与价值分配体系，为华为员工遵守公司规定打下了坚实的基础，同时也对公司高管起到了约束作用，杜绝了高管给熟人走后门这种现象的发生。企业建立公平、透明、高效的员工分配制度，健全对管理层的监督体系，将有助于提升企业的核心竞争力。

本章小结

当今，商业伦理已成为提升企业核心竞争力和推动企业发展的重要因素，在激烈的市场竞争中，商业伦理和企业经营风险已日益引起社会各界的关注。从企业创造价值的角度来看，判断一个企业成功与否不再只是以利润为衡量标准，更重要的是要考察企业在社会发展中所起到的作用。诚信更是一项重要的无形资产，企业只有建立良好的诚信文化，才有可能实现企业的可持续发展；同时，商业伦理文化的建设也尤为关键。只有建设好商业伦理文化，企业才能获得核心竞争力，才能不断发展壮大。用一句话总结企业发展的秘诀，即"小赢靠术，中赢取道，大赢借势"。所谓"小赢靠术"，是指依靠"竞争态势"的生存之术。产业的盈利能力并非取决于产品的外观或其技术含量的高低，而是取决于产业结构，因此应选择一个好的行业。判断一个企业是否具有生存之术，在于分析其是否具备核心专长。要想在当今激烈的竞争态势中立于不败之地，企业首先要洞悉全球化的战略伦理思想；其次提升运营管理效率、产品服务品质、整体价值链水平及企业风险抗衡能力，这样才能在国内外市场上与国际领先企业在产业链上展开竞争与合作。所谓"中赢在道"，是指选择其"基业长青"的制胜之道。企业要善于布局今天（核心业务）、定位明天（增长业务）和培养后天（种子业务）的三层业务链，通过"三品"（品德、品质、品牌）增强企业的影响力，建立"财散人聚"的利益分配机制，奉行"德行天下"的社会责任制度，构建"勤为本、德为先、和为贵"的企业文化，此乃企业永续发展、基业长青的制胜之道。所谓"大赢借势"，是指借助"商业向善"的转型大势，企业秉持可持续发展的理念，关注同社会、用户、员工和环境的关系，不仅践行可持续的生产与消费，把做"好事"纳入盈利策略，为社会的绿色转型贡献积极的影响力；而且将商业赢利转变为一种向善的力量，最终实现向幸福企业的转型。毫无疑问，只有将商业伦理作为企业文化的核心内容融入企业的使命、愿景、价值观，把企业自身的核心价值、核心能力、核心资源与企业发展前景紧密相连，形成一个生态化的价值共享平台，让平台上的所有伙伴最终获益，企业才能实现长远发展的目标。

关键术语

企业风险　内部商业伦理问题　外部商业伦理问题

思考练习

1. 造成商业贿赂的原因有哪些?

2. 商业伦理对企业发展具有哪些重要影响?加强中国企业运营风险管理的现实意义有哪些?

3. 企业如何打破"一切照旧"的商业模式,将破坏自然的产业转变为自然受益的产业?企业如何配合政府参与联合国《生物多样性公约》的进程,制定雄心勃勃的自然政策?

应用案例

苏州固锝:幸福企业的典范

苏州固锝电子股份有限公司,简称苏州固锝,于 1990 年 11 月 12 日成立,是中国最大的二极管生产企业。其产品销往全球 50 多个国家和地区,在全球同类电子元器件市场中占据 8%~9% 的份额,这对一个校办工厂起家的企业来说,不可谓不成功。苏州固锝蓬勃发展的不竭源泉是什么?是什么助力这家民间小厂攀登上市的山巅?原因在于苏州固锝拥有优于同行的秘密武器——优秀的企业伦理。

2010 年,苏州固锝董事长吴念博提出要建设"幸福企业",把企业当作"家"来爱护和经营,把所有的员工当作"家人"。吴念博认为,企业应当为社会和谐以及员工幸福而存在。"幸福企业"主要有四个特点:

(1)以班组为单位打造"家文化"。为了突破传统机械、冰冷的制造企业氛围,苏州固锝着重建设"幸福班组制"。班组是企业开展各项工作的落脚点,一个班组的七八个成员刚好构成一个"小家",工作时齐心协力,休闲时围坐一桌,正好是其乐融融的"一家子"。为了促进班组成员之间的相互关心,也为了激励领班去关怀本组员工,苏州固锝每月评选"幸福班组"和"幸福领班"。

(2)人文关怀与人文教育并重。苏州固锝建立了一系列的人文关怀制度,如"幸福午餐"、"温暖你我他"活动、新员工座谈会、员工离职欢送会等。在加强人文关怀的同时,苏州固锝还重视人文教育,将人文教育的重点放在教会员工懂得爱和感恩,通过传统文化和圣贤教育让员工明了人生意义，减少攀比心理，让幸福洋溢在每一个苏州固锝人的脸上。

（3）将"家文化"融入管理体系。通过"家文化"的企业关怀，充分发挥员工的主人翁意识，让员工发自内心地去关爱"家庭"，构建畅通的企业情怀脉络。员工像爱自己的家一样爱企业，以主人翁的心态投身于"我爱我设备""绿色运营"和"金点子献策"等活动，使得"消除浪费，持续改善"的理念落实到工厂的每个角落。

（4）把幸福辐射全社会。苏州固锝通过组织改造，实现由传统经济型企业向幸福的社会企业组织的转型，鼓励员工在承担企业内部义务的同时，积极走入社区，开展诸多公益慈善活动。苏州固锝通过"志工体系"这一项独有的管理创新，不但减少了管理成本，而且为企业培养了一支潜在的人才梯队。

资料来源：改编自王海杰. 苏州固锝：幸福企业的先行者 [J]. 商业评论，2012(12)：72—89。

思考题： 苏州固锝的成功与其幸福企业的战略理念密不可分，由此谈谈企业伦理对企业发展的重要性。

第6章
商业伦理与科技发展

> 科学是一种强有力的工具,怎样用它,究竟是给人带来幸福还是带来灾难,全取决于人自己,而不取决于工具。
>
> ——阿尔伯特·爱因斯坦(Albert Einstein,美国科学家)

> 我不担心人工智能让计算机像人一样思考,我更担心的是人们像计算机一样思考,没有价值观,没有同情心,没有对结果的敬畏之心。
>
> ——蒂姆·唐纳德·库克(Timothy Donald Cook,美国苹果公司总裁)

本章提要

人类社会的进步总是以自然和生命科学领域中杰出的科技发展为基础,其中很大程度上涉及科技发展中的商业伦理问题。本章首先概述了科技伦理的现实意义,介绍了科技伦理反思和伦理规范;其次,介绍了科技伦理的基本概念,阐述了科技伦理的主要特性、道德约束和政府责任;再次,介绍了商业伦理引导和规范科技进步的社会实践过程;最后,提出商业伦理的文化重建,特别是从知识产权保护和大数据时代下的个人隐私保护两个角度,强调重构商业伦理文化的重要性。

学习目的

1. 理解科技发展与商业伦理的关系
2. 了解前沿科技发展带来的负面影响
3. 掌握如何运用商业伦理来引领和约束科技发展
4. 了解科技伦理评估的方法和步骤

知识拓展

科技伦理

科技伦理是指科技发展过程中人与社会、人与自然和人与人之间关系的思想与行为准则，它规定了科技工作者及其共同体应恪守的价值观念、社会责任和行为规范。简单地说，科技伦理不仅蕴含一般的伦理价值，而且包括科学技术的真实价值，它从观念和道德层面规范人们从事科技发展活动的行为准则，其核心问题是使科技发展活动不损害人类的生存条件（环境）和生命健康，保障人类的切身利益，促进人类社会的可持续发展。科技伦理涵盖生命伦理、基因伦理、生态伦理、新材料伦理、信息伦理和军事伦理等，规定了科技工作者应当承担的社会责任。

引导案例

科技发展助力疫情阻击战

2020年年初，新冠肺炎疫情在武汉暴发后蔓延全国。但是，总建筑面积3.39万平方米的火神山新型冠状病毒感染肺炎专科医院（以下简称火神山医院），从1月24日开始动工到2月2日挂牌，仅仅十天就拔地而起，到底是什么力量创造了这一建筑史上的奇迹？毫无疑问，此乃中国的科技力量和伦理力量。

在这场抗击新冠肺炎疫情的战斗中，企业各展所长，从生物医药、信息技术到制造业领域，发挥科研实力、技术实力和生产实力，全力以赴支援武汉和湖北抗击疫情。在很短的时间里，近百家企业成功研发新冠病毒检测试剂盒，不但能满足国内需求，还出口支援国际抗疫。火神山医院建设项目确定后，三大通信运营商便在火神山医院开通了5G通信网络。此外，工信部还成立了疫情防控大数据专家组，通过大数据分析，支撑疫情形势判断,"福尔摩斯式"地对流动人员进行疫情监测及精准施策。信息技术在病毒研究、疫情防控、信息传播等方面发挥着重要的作用。多家环保企业的医疗废物应急处置队伍克服低温天气等不利因素"逆行"驰援,仅用四天的时间就实现了处置设施的启用。更有企业无偿援助设备,采用移动设备和危险废物焚烧设施协同处置等应急技术,最终实现了医疗废物"日产日清"。

除了用科技支持病情发展监控及患者无接触服务等,此外,科技对教育的影响开始显现出来。当不断接收到延期复工、延期上学的通知,在人们担忧教育问题如何解决的时候,得益于在线教育技术的不断发展,多家教育机构开始为受到疫情影响的学生提供免费网络课程,学生在家只要用手机就可以学习各个学科的内容。

思考题:如何从伦理角度看待科技进步助力人类社会发展?

6.1 科技发展的伦理思考

人类历史上先后发生过五次科技革命,包括两次科学革命和三次技术革命。每一次科技进步都极大地推动了社会生产力的发展,引发了人类生产与生活方式的深刻变革。美国学者杰弗里·萨克斯(Jeffrey Sachs)在《全球化时代:地理、技术与体制》(*The Ages of Globalization: Geography, Technology, and Institutions*)一书中回顾了全球技术和制度变革的浪潮,从早期现代人类在地球上的定居开始,到远距离的移民,他认为有必要对全球科技发展进行反思。毫无疑问,科技发展推动了社会的进步和人类的幸福,但科技发展的轨迹却是不同利益群体博弈的结果;随着社会日益重视科技发展中的负面影响,人们逐渐认识到科技和伦理有着密不可分的关系,科学家的伦理观念直接影响着科学技术活动的动机和目的,同时也影响了科学技术活动的内容和方式。科学家在进行科学研究的同时,要为研究的后果承担责任,要把科学研究、技术进步与社会责任联系起来。

6.1.1 现实意义

在科技高速发展的时代,5G 网络、大数据、基因技术、3D 打印、人工智能、纳米技术等新兴技术的发展成为现代社会发展的催化剂和推进器，特别是在科技发展和全球化市场的连接下，新兴技术将对世界社会经济产生重大影响。

首先，提升了社会生产力。科技发展提高了自动化水平，在节省了大量人力、物力的同时，也具备了低污染、低消耗、低能耗的优势，不仅降低了生产的成本，提高了产品的质量，而且极大地提高了劳动生产率。

其次，提高了物质文化和精神文化层次。科技发展为人们的生活提供了诸多便利，从智能手机到智能家居，从网购到无人超市等一个个科技创新的产物，成为生活中一道道亮丽的风景线，高科技产品已逐渐应用到人们生活的方方面面。智能先进的科技产品和多彩亮丽的科技特效极大地丰富了人们的文化生活。

再次，加深了对新世界的认识。科技发展是人类进一步认知自然规律，打开新世界大门的一把金钥匙。人类借助现代化技术，能够更好地从宏观和微观上认知自然界，更加深入地了解并应用自然界的客观规律，以此造福于人类。

又次，促进了管理的变革及创新。以机器人在工业界应用为代表的现代化无人工厂，引发了以高科技为代表的现代科学革命，推动了科学与经济管理的变革。以移动端代替货币支付的科技创新，也推动了社会界及金融界管理的改革。

最后，延长了人类的寿命。新型药物的研制及人类基因工程的进步，为很多不治之症提供了治愈的可能，传统的养生结合现代科技方法形成了新型养生，进一步延续了人类的寿命。

科技发展已渗透到人类社会的方方面面，与经济社会发展息息相关，更成为经济活动的重要组成部分和推动力。其中，人工智能在塑造新型智能化基础设施、促进传统基础设施数字化改造升级、推动数字经济发展等方面发挥着重要作用，但是科技发展所带来的合规性管理、隐私保护等问题依然严峻。因此，科技发展只有受到商业伦理的约束，才能更好地为人类社会服务。

6.1.2 伦理反思

众所周知，20世纪出现的原子弹、工业化学品、计算机和基因工程所产生的后果无一不表明，科学技术是把双刃剑。有效应对科技发展可能带来的风险，不仅是科学家、技术专家和工程师们的使命，还需要包括政治家、伦理学者以及社会各界的参与。

美国生物学家巴里·康芒纳（Barry Commoner）认为，新技术在工业上取得的胜利，却是生态上的失败。每次新技术的推行都激化了经济利益与生态环境之间的矛盾，这种矛盾的根源不在于技术的实现，而在于技术的目标。目前，核能、克隆、转基因、人工智能等尖端技术均有长足的进步，但也带来了无法预知的风险。"负责任的技术"应该在科技发展中更加被强调，科技工作者必须从伦理角度考虑科技应用对人和自然的影响。现代科技伦理强调企业在技术创新中需要将伦理融入技术开发的原动力，并且在技术开发的过程中要反思"能做什么，不能做什么，以及应做什么"，从而推动企业和人类的可持续发展。

近年来，随着大数据、互联网、云计算、人工智能等新一代信息技术的兴起，机器人及人工智能成为机器伦理和科技伦理的热门话题。例如，对"杀人机器人"研发的禁止，基因编辑婴儿诞生引起的伦理和法律讨论，以及人们对人脸识别技术可能存在的社会风险和道德风险的担忧等。1942年，科幻小说作家艾萨克·阿西莫夫（Isaac Asimov）在他的短篇小说《环舞》（*Run Around*）中将三项道德法则融入机器人：①机器人不可以伤害人类，或看到一个人将受到伤害而不作为；②机器人必须服从人类的命令，除非这些命令与第一项法则矛盾；③在不违反第一、第二项法则的前提下，机器人必须保护自己。

因此，科技发展必须以人类社会的稳定与福祉为前提，这是一项国际共识。人类需从伦理角度对以下领域作进一步思考：

1. 基因工程的争议

"基因组医学"的诞生标志着迎来了生命科学和临床医学的新时代，并且为临床医学带来了一场新革命。在这场21世纪的医学革命中，突破性的进展就是以染色体形态结构和基因的DNA序列作为诊断依据；不再单纯对症用药，而是进行基因型处方施治。这将使疾病的诊断可以提前至症状前、产前甚至胚胎植入前；可以应用基因药物甚至基因治疗疾病；症状的预防或性状的改善可以利用基因水平的操作实现。因此，基因技术可谓为人类带来了福音。但是，这是一把"双刃剑"：一方面，从人的生物属性来说，遗传学技术的发展可以从本质上了解、明确以及改造人类的性状或疾病，使人类的生命更加绚丽多彩；另一方面，从人的人文属性来说，遗传学技术的发展使临床医学成为医学伦理问题的多发领域。争论的焦点在于基因诊断会导致"基因歧视"，在市场上推广基因技术涉及商业伦理问题。

2. 人工智能的困惑

随着人工智能的发展，许多现有的科技公司，如谷歌（Google）、脸书（Facebook）

和微软（Microsoft）等巨头都已创建了相关研究实验室。2004年1月，第一届机器人伦理学国际研讨会（First International Symposium on Roboethics in 2004）提出了"机器人伦理学"（Roboethics）的术语。众所周知，计算机信息处理方面的技术应用已经深入到各个领域，人类思维将可能被完全破解，终有一天人类的思维隐私将不复存在，人脑中所有的想法、意识、理想、信念等都将成为智能机中可以查阅的信息，这将极大地冲击人类的伦理秩序。因此，深入研究人工智能的同时，也要考虑它将给人类带来的伦理问题。

3. 转基因技术的困境

转基因技术的应用及发展影响着食品、医疗及社会的发展。因为它对生命及生态问题的干预更广泛，所以人类对转基因的安全性也就更为关注，从而引发了伦理的思考。其一，转基因食品的安全性。人们主要担心转基因技术应用到食品可能造成对人体健康的威胁，迄今为止还没有具有说服力的研究报告表明转基因食品不具有毒性。其二，转基因物种会污染生态环境。因此，只有深入分析和探讨并重新审视转基因技术的发展，才能为解决这些科技伦理问题打下基础。

4. 核能技术的争议

1986年的切尔诺贝利核事故和2011年的日本福岛核事故让人类清楚地意识到核能技术和核电项目可能带来难以预计的生态危机，甚至对自然生态环境造成永久且无法恢复的破坏。核电项目是关系到人类命运的重大伦理抉择，应该从生态伦理及技术伦理角度进行慎重考量。如德国宣布将在2022年前关闭所有核电站，成为世界首个彻底放弃核电的发达国家；而法国和英国等欧洲核电大国仍表示将坚持既定方针。从这些事例可以看出，科技发展不断为经济活动发现问题、分析问题、解决问题，同时在其自身的动机、实施和应用等各个阶段也涉及伦理问题。

第一，发现问题，产生一个科技发展的动机。这个动机的好坏决定了后续经济活动的伦理导向。有些企业忽略技术开发的初心，以效率和效用为标准的技术理性超越以秩序和规范为标准的价值理性，是这一阶段的主要问题。企业应该正视市场经济的本质特征，以公平和信用为前提，以正确的价值判断引导科技发展方向。

第二，分析问题，在科技发展活动中，寻找可能的解决办法；既要在开发过程中遵循科技伦理，又要在应用过程中遵循商业伦理。

第三，解决问题，即应用科技发展的成果。涉及的技术转移、产品供销和衍生技术再开发等活动，都应该纳入商业伦理的范围。科技巨头谷歌的商业价值观从最初的"不作恶"到后来的"做正确的事"，执行极其严格的内容与广告审核标准，放弃了大量不符合标准的客户与收入。2019年4月，谷歌与美国国防部合作将AI（人工智能）技术应用于军事研究，导致近4 000名员工联名抗议及十几名员工集体辞职。同年10月，谷歌宣布不再参与美国国防部百亿美元云计算合同的竞标，理由是"首先我们无法保证它是否符合我们的AI原则"。

总之，在利益诉求和坚守道德的抉择中，只有坚守商业伦理原则，企业才能更好地兼顾当前利益与长远利益、经济利益与社会利益。

6.1.3 伦理规范

科学技术的发展只有借助于伦理道德的正确引导，才能朝着有利于人类的方向健康发展。在社会生产活动中，限制甚至取消有害工业技术正是社会进步的需要。最典型的例子是吸烟对人体有害早就为医学研究所证实，烟草公司明知这一事实，但出于自身经济利益的考虑，仍然违背伦理道德，制造、销售香烟，造成不良后果。曾有美国烟民控告几个大烟草公司之后获得几十亿美元的赔偿，这是法律的胜利，也是科技伦理的胜利。

事实上，商业伦理与科技发展形影相随，严守科研诚信和科技伦理有助于推动相关学科领域的健康发展。在科技发展领域，有学者探讨如何引入伦理评估机制。目前，较为常用的评估框架有：其一，伯纳德·朗尼根（Bernard Lonergan）的评估"四步法"，即经验、理解、判断和决策（Lonergan，1992）；其二，理查德·M.福克斯（Richard M. Fox）和约瑟夫·P.迪马克（Joseph P. DeMarco）的评估"六部曲"，包括：①建构一组问题，②收集资料，③探寻不同意见，④评估各种意见，⑤做出决定，⑥采取行动（Fox，DeMarco，2000）。

科技发展是对未知的探索，是推动社会发展的生产力。正是因为科技发展蕴含着巨大能量，没有伦理约束的科技将会变得十分危险。鉴于科技发展过程中引发的一系列伦理道德问题，所造成的较为深远的负面影响，必须全面把握科技发展与商业开发中的伦理道德尺度，保持审慎态度并提升风险控制能力，应对新兴技术可能带来的伦理挑战。

6.2 科技伦理的基本概念

6.2.1 基本内涵

科技伦理属于伦理学研究的一个应用分支，它不仅蕴含一般的伦理价值，而且包括科学技术的真实价值，它是从观念和道德层面规范人们从事科技发展活动的行为准则。不少人把科学技术比喻为"潘多拉魔盒"（Pandora's Box）[1]，其中诸多科技发展的产物，例如炸药、原子能、化工技术等，它的潜在成果既有可能造福人类，也有可能摧毁人类的生存与社会秩序。科技伦理的水平直接反映了科技发展的成熟度。科技伦理治理涉及知识产权保护、科技社会责任和科研行为规范等一系列重大现实问题。

6.2.2 主要特性

科技本是一把双刃剑，科技发展应当重视趋利避害。远古时期，雷电引发山火，导致山林烧毁，破坏了人类生存环境。但是，当人类把山火带回家，用来加工食物，则发挥了技术的有利性。科技伦理主要针对科技发展活动而提出趋利避害的要求。现阶段，人工智能、基因编辑等科技发展促进了人类能力的进步和延伸，这是科技为人类发展所带来的"利"；同时，智能机器的行动自主性对人类社会的潜在威胁、生物识别技术所涉及的侵犯个人隐私等问题，这是科技发展潜在的"弊"，也是科技伦理关注的重点。科技伦理提出的目的是吸引人们关注科技发展过程中的伦理规范问题，希望在社会上形成共识，以制约科学技术的负面效应，从而实现科学技术与伦理价值体系的完美匹配。其实，科技与伦理具有相互影响、相互促进、相互协调的关系，科技伦理是对科技活动的道德引导，是调节科技工作者、科技共同体与社会诸种关系的道德原则，科技伦理的发展方向对整个社会伦理道德的建立和完善具有极为重要的意义。对于科研人员而言，不能忽视科技运用所涉及的商业伦理问题，必须正确地利用科技成果为人类造福，维护人类的健康和生命，最大限度地避免由于科技成果的使用不当而给社会带来的负面影响。

---

[1] 潘多拉魔盒是希腊神话中的一件物品，是宙斯给潘多拉的一个密封的盒子，里面装满了祸害、灾难和瘟疫等。

6.2.3 道德约束

人类在享受科技发展所带来的生活便利的同时，还应重视科技伦理的道德关切。德国诺贝尔化学奖获得者弗里茨·哈伯（Fritz Haber）进行的毒气实验也为后来大规模的毒气战争创造了条件[1]。可见，虽然科技发展本身并无对错，但是缺乏伦理约束的科技则是非常危险的。第二次世界大战之后，科学界已达成共识，国际科学协会联合理事会在1949年通过了《科学家宪章》，对科学家的义务和责任作了明确规定，明确要求科学家对其研究后果承担责任，以最大限度地发挥作为科学家的影响力，用最有益于人类的方法促进科学的发展，防止对科学的错误利用。

科学的客观性并不意味着科研创新完全是中性的。科研活动是具有价值偏好且受到价值约束的活动。具体表现为科研人员的动机、利益、偏好、价值观、特定的精神气质、行为规范等因素会对科研过程及成果产生不同的影响。科研人员作为科技发展的主体，其伦理观念不仅直接影响着科技发展的动机和目的，同时影响着科技发展活动的内容和方式。换言之，科学知识反映着人类的价值观，科技方法、科技活动、科技成果及其运用体现了科研工作者的伦理道德。

譬如，面对科技伦理中涉及生命伦理的克隆技术等问题时，科学家的社会责任至少应包含两个方面：一是科研人员应对其科学研究本身的行为负责，即在研究中一旦意识到其结果会对人类构成威胁或伤害，应当自觉约束乃至终止研究；二是科研人员应对其社会行为负责，即把已经认识或预见到的、由研究带来的各种可能后果，负责任地告知公众。

总之，科研活动的价值取向受制于科研人员的道德约束，科技伦理的实践更多地依赖于科研人员的自我道德修养。在科技发展的进程中，我们应当重视道德约束和科研人员的社会责任，要求科研人员在创新过程中要有强烈的责任感、科学精神、道德操守，要受到科技伦理的规范和约束。

6.2.4 政府责任

政府在约束、规范科技创新行为的社会后果中发挥着至关重要的作用。对于科技不

---

[1] 弗里茨·哈伯于1909年成为第一个从空气中制造出氨的科学家，使人类从此摆脱了依靠天然氮肥的被动局面，加速了世界农业的发展，因此被授予诺贝尔化学奖。在第一次世界大战期间，他负责研制氯气、芥子气等毒气，并将其使用于战争之中，造成近百万人伤亡，受到了美国、英国、法国、中国等国科学家们的谴责。

端行为的防范，政府应从宏观层面加强约束，建立明确的惩罚制度，从国家层面成立具有法律职能的权威部门，组建跨部门的伦理委员会，对科研人员强化教育培训，确认其个人和专业的道德责任，倡导将社会责任意识贯彻到实际的科学研究中。

一方面，各国政府必须加快研究出台相关制度规范，逐渐完善法律法规，对科研活动的进展和科技成果的转化进行引导和约束，并采取必要措施加强科技发展中的道德伦理约束。具体而言，政府有关部门应当为科技伦理建设提供宏观指导，同时还应当为科技伦理建设提供细节操作，从而在审查科技发展方面有法可依、有据可循，遵从统一且明确的伦理道德标准。

另一方面，科学研究机构应当建立伦理委员会，负责对研究计划进行伦理审查和监督；政府部门和科研管理机构可参照已有的法律或条例，制定针对科学研究的伦理监督和管理办法，让科技发展接受科技界和社会的监督，以促进、引导和保障科学研究沿着健康规范的道路不断前进。

6.3 科技发展的伦理实践

6.3.1 主要政策

从社会公共利益的角度出发，科技伦理建设是平衡科技发展和伦理道德冲突的协调机制；从科学技术发展的角度出发，科技伦理建设是规范科学实验程序，端正科研工作态度的行为准则；从科学体系建设的角度出发，制定科技伦理政策与科技成果激励形成内外呼应，是科学体系的重要一环。应该从以下四个方面来重点考虑：

第一，加快建立体系化的法律法规制度，使得科技伦理工作具有严密的标准和规范。

第二，建立体系内外的监督机制，确保科技伦理工作的开展受到行政、司法和社会舆论的广泛监督。

第三，建立科学严谨的审查制度，确保对科研工作进行事前审批、事中监督和事后跟踪的监管，实现对科研工作者伦理问题的终身追责，通过体制机制的建设在源头上杜绝违背科技伦理的行为。

第四，科技界必须增强伦理意识，加强自律。加强培养科研人员崇尚科学精神、遵循科研伦理、严守学术规范的良好习惯，为建设创新型国家提供德才兼备的人才队伍。

6.3.2 体系建设

一方面，加强科研伦理和学风建设，倡导科学精神，惩戒学术不端；另一方面，加强科学伦理审查和监管，进而提高科技伦理水平。如何杜绝科技发展过程中忽视社会利益、违背伦理道德的现象？这不仅需要科技界增强伦理意识，加强自律，还需要相关部门加强伦理审查，细化监管措施。中国正逐步健全科技伦理审查和风险评估制度，并制定了更为严格的法律法规。例如，广东省人民政府印发的《关于进一步促进科技创新的若干政策措施》第十一条提出，支持开展科研伦理和道德研究，不断完善相关规章制度。其中涵盖多条不可逾越的"红线"，如生命科学、医学、人工智能等前沿领域以及对社会、环境具有潜在威胁的科研活动，应当在立项前实行科研伦理承诺制，对不签订科研伦理承诺书的项目不予立项。涉及人的生物医学科研和从事实验动物生产、使用的单位，应当按国家相关规定设立伦理委员会等。2019年6月17日，国家新一代人工智能治理专业委员会发布《新一代人工智能治理原则——发展负责任的人工智能》，明确提出和谐友好、公平公正、包容共享、尊重隐私、安全可控、共担责任、开放协作、敏捷治理等八项原则，确保人工智能安全可控可靠，推动经济、社会、生态的可持续发展。

6.3.3 社会实践

中国企业在科技发展活动中，应当注重商业伦理和科技伦理，通过加强企业社会责任来展现伦理力量。例如，腾讯借助人工智能技术帮助成千上万失踪人口的家庭获得了团聚；通过人工智能手语翻译技术，为听障人群搭建起一个无障碍沟通的平台。一位鞋厂企业家看过电影《宝贝回家》后，对电影中拐卖孩子的非伦理行为痛恨不已，就突发奇想，在自己的鞋厂设计制作科技智能定位鞋，采用全球定位系统（GPS）定位，以孩子的实际位置为中心设置安全围栏，当孩子走出安全围栏时，监护者会收到手机短信和应用程序报警的双重提醒。这种智能定位鞋不仅成为孩子的安全保姆和健康管家，而且对智障人士和老人均有良好的保护作用。

案例6-1 脑机接口带来的伦理思考

2019年7月21日，埃隆·马斯克（Elon Musk）和Neuralink公司团队发布了其最新的脑机接口方案。脑机接口未来有许多应用方向，而其中十分有争议性的方向是知识移植。

知识移植是指通过科技手段，人们可以将知识直接灌输到人的大脑中。通过这种方式，刚出生的婴儿就可以达到相当于普通人到博士才有的知识水平。这些被改造后的婴儿在未来的一生中，可以对人类未知的领域展开探索，并继续通过这种手段将获取的新知识传承下去。

毫无疑问，知识移植技术一旦实现，其结果将是革命性的。一方面，人类可以告别低效的知识传播手段，在高效地获取知识的同时，腾出更多的时间探索未知的领域。这将会引发技术爆炸，带来的是人类知识领域上的全方位突破，甚至提升整个人类文明的高度；另一方面，一旦知识移植真正地走进现实，其带来的伦理问题也是不可忽视的——是否会出现"只有富人才可以享用'知识传输'，穷人只能接受普通教育"的情况？如果是这样，则穷人即使奋斗一生，也只能达到富人刚出生时的知识水平。穷人将不仅仅在物质资源上匮乏，更会演变成在物质、精神上全面贫穷。贫富分化的进程将大大加速。那么，最终结局会是穷人彻底沦为富人的生产工具，永远无法翻身？

资料来源：改编自王凌霞，温晓君. 马斯克 Neuralink 团队发布新的脑机接口技术 [J]. 中国计算机报，2019（46）：42。

案例 6-2 腾讯科技平台促进公民伦理觉醒

腾讯的移动互联网化、社交化科技平台也激发了公民的伦理自觉。腾讯联合数百家公益组织、知名企业、顶级创意传播机构及众多明星名人，通过设立"99公益日"开展公益创新活动。2015年9月9日是中国首个互联网公益日，活动主题为"一起爱"，旨在用移动互联网化、社交化等创新手段，发动全国数亿热爱公益的网民通过小额现金捐赠、步数捐赠、声音捐赠等行为，以轻量、便捷、快乐的方式参与公益。腾讯公益致力于成为"人人可公益的创联者"，成为公益组织和广大爱心网友、企业之间的"连接器"，用互联网核心能力推动公益行业的长远发展。

资料来源：改编自腾讯公益联合多方发起"99公益日" 打造中国首个全民公益里程碑 [EB/OL]. (2018-09-06)[2020-04-04]. https://news.qq.com/a/20150908/011203.htm。

6.4 商业伦理的文化重建

6.4.1 重建商业伦理的文化基础

长期以来，人们受经济利益至上的思想观念所主导，几乎将全部的精力倾注于获取经济利益，而遗忘了文化对提高人类生存智慧的重要性，以至于一些商人为了获得暴利而铤而走险，无视经济规则、法律制约及道德标准，造成官员因受贿而堕落、商人因欺诈而沉沦的恶劣现象。由于企业缺乏商业伦理的文化基础，对他人的科技成果肆意滥用和剽窃，进一步对商业环境造成了严重破坏。尤其在大数据时代，数据已经渗透到每一个行业和领域，人们对于海量数据的挖掘和运用，出现了"隐私交换便捷"的现象，造成诚信缺失的乱象。因此，生产制造商和消费者应该积极参与商业伦理的文化建设，形成"以文兴商、以商载道"的社会风气，通过健全社会的监管体系，遏制互联网企业侵犯用户隐私、利用大数据优势欺骗消费者的行为。总之，规范科技发展的商业行为，离不开商业伦理的文化土壤。

6.4.2 重视知识产权的保护作用

（1）营造知识产权保护的社会环境。营造尊重知识产权保护的社会环境，有利于营造稳定、公开、透明的营商环境。一方面，知识产权促进经济的持续健康发展。商业伦理规范将促进完善公平竞争的市场秩序，优化营商环境；另一方面，知识产权助力企业保持竞争优势。企业间的竞争更多地体现在技术和知识产权的较量上。只有确保知识产权创造、运用、保护、管理、服务的各个实施环节的有序，才能营造稳定、公平、透明及可预期的营商环境。

（2）明确知识产权保护的政府职责。加强对企业重要创新成果和资产的充分保护，对这些技术秘密的保护，将直接关系到企业对创新研发和核心技术转化等方面的信心。这就要求政府在顶层制度设计的层面融入商业伦理的规则，明确各方职责，完善知识产权体系，鼓励企业积极运用专利保护其合法权益，利用正规和专业的平台发布创新内容，降低抄袭的风险，最大限度地保护自身专利不受侵权。

（3）增强知识产权保护的管理能力。2008年6月5日，国务院颁布《国家知识产权战略纲要》。从管理能力来看，中国知识产权创造水平持续提升、知识产权保护力度不断加大、知识产权运用效益日益凸显，中国作为知识产权大国的地位也逐步确立。

从知识产权服务来看，中国正推动构建"平台、机构、资本、产业"四位一体的知识产权运营服务体系，并大力培育高价值核心专利，提升产业核心竞争力，知识产权交易也日趋活跃。

总之，在知识产权管理能力方面，中国的专利商标审查能力大幅提升，创新主体和市场主体的知识产权管理能力持续增强，并着力推动知识产权与商业伦理的融合。

(4) 完善知识产权保护的资源配置。知识产权保护是促进科技创新的前提。目前，仿冒和侵权的盛行与知识产权维权不举这些问题使得科技发展陷入尴尬困境。如果没有对知识产权的基本尊重、没有让侵权行为付出高昂代价的维权机制，那么整个社会将会失去创新的动力、整个市场将难以形成诚信的商业伦理体系。因此，需要进一步完善知识产权保护的资源配置。首先，优化资源配置是科技发展的前提条件，应结合信贷政策、投资政策和税收优惠政策，为科技发展提供充足的资金支持；其次，重视资源空间错配所诱发的企业寻租等"非市场化行为"，加大对寻租行为的打击力度，限制违规企业的融资；最后，加大对知识侵权行为的惩处力度，规范专利保护制度，激励企业开展技术创新。

6.4.3 规范科技商业的应用推广

当前，由于公民隐私泄露所造成的推销骚扰、金融诈骗等问题，已经超越市场范畴，成为普遍的社会问题。大数据技术并无原罪，由其所衍生出的"杀熟"现象归根结底是互联网企业缺乏社会责任、商业道德败坏的体现，是技术进步在商业领域应用环节中的失范现象。

(1) 互联网主体的商业责任。大数据时代下，互联网企业的社会影响力越来越大，其承担的社会责任也应该与所拥有的影响力相匹配。互联网企业在获取、使用用户数据时，应遵循商业伦理原则，尊重用户权益，保护公民隐私，明确向用户告知个人数据的使用情况，为用户筑起一道减少网络安全事故的"防火墙"。对于互联网企业而言，尊重用户个人隐私并非一种表象的"约束"。在利益诉求和坚守道德之间，企业应着眼长远，以商业伦理原则来规范自身行为，如此才能共筑良性循环的营商环境。

(2) 政府主体的监管责任。在保护用户隐私的问题上，不能单靠互联网企业的行业自律，政府的监管规范职能也不容忽视。其一，政府应尽快完善法律规范，为大数据的安全保护以及使用界限建立明确的法律依据，加大对违法收集隐私信息及泄露隐私信息事件的处罚力度。其二，整合工信部、公安部、国家市场监督管理总局等部委的监管资源，以监管合力开展定期和不定期的专项整治活动，形成全面的制约机制。

本章小结

科技发展是人类发展及社会进步的重要推动力，科技伦理风险是全人类共同面临的问题，加强科技伦理治理已成为国际社会的共识。本章主要论述了涉及科技发展与应用的商业伦理问题。科技型企业作为引领未来的战略性科学技术的重要研发力量，应加强商业伦理研究，规范行为准则，对科技发展保持足够的敬畏，积极主动地承担社会责任。人类有必要把眼光放得更长远一些，只有未雨绸缪，才能创造美好的未来。

关键术语

科技伦理　伦理规范　体系建设　伦理实践

思考练习

1. 简述科技伦理的含义及核心。
2. 概述科技伦理和科技发展之间的辩证关系。
3. 如何使科技发展更好地体现其商业伦理？

应用案例

基因编辑婴儿在中国诞生

2018年11月26日，南方科技大学副教授贺建奎宣布一对名为露露和娜娜的基因编辑婴儿于11月在中国健康诞生，由于这对双胞胎的一个基因（CCR5）经过修改，她们出生后即能天然抵抗艾滋病病毒（HIV）。"基因编辑婴儿"事件一经公布，引起学界和社会的广泛关注,特别引发了法律和伦理方面的争议。

11月27日,科技部副部长徐南平表示,本次"基因编辑婴儿"如果确认已出生,属于被明令禁止的,将按照中国有关法律和条例进行处理;中国科学技术协会生命科学学会联合体发表声明,坚决反对有违科学精神和伦理道德的所谓科学研究与生物技术应用。11月29日,国家卫生健康委员会、科学技术部、中国科学技术协会等三部门负责人接受新华社记者采访表示:此次事件性质极其恶劣,已要求有关单位暂停相关人员的科研活动,对违法违规行为坚决予以查处。

2019年1月21日,从广东省"基因编辑婴儿事件"调查组获悉,现已初步查明,该事件系南方科技大学副教授贺建奎为追逐个人名利,自筹资金,蓄意逃避监管,私自组织有关人员,实施国家明令禁止的以生殖为目的的人类胚胎基因编辑活动。事件的背后不乏商业利益的驱使,广东省某医疗机构张仁礼、深圳市某医疗机构覃金洲为共谋。徐南平在接受记者采访时表示,开展以生殖为目的的人类胚胎基因编辑临床操作在中国是明令禁止的,此次媒体报道的"基因编辑婴儿事件",公然违反国家相关法规条例,公然突破学术界伦理底线,令人震惊,不可接受。

12月30日,"基因编辑婴儿"案在深圳市南山区人民法院一审公开宣判。贺建奎、张仁礼、覃金洲等3名被告人因共同非法实施以生殖为目的的人类胚胎基因编辑和生殖医疗活动,构成非法行医罪,分别被依法追究刑事责任。

中国对伦理审查委员会建设的要求和规范已经越来越严格,制度化建设也越来越完善。但不容忽视的是有些伦理审查委员会的能力建设不足,甚至根本不了解相关的规范和国内国际的伦理准则。贺建奎的研究行为本身是违规的,根据他本人之前的经历,作为科研人员他对相关法规和伦理准则的要求是清楚的,可见科研人员的自律是很重要的。此外,提升伦理审查委员会的能力建设也是迫在眉睫的事情,尤其对于高科技,对人类社会有重大风险的研究和应用,应该有更严格的公共政策加以管理,有约束力更强的法律进行规范。

资料来源:作者根据相关资料整理。

思考题: "基因编辑婴儿"事件体现了科技伦理与商业伦理的哪些关系?随着生命科学技术产业化的深入,应该如何防范科学技术快速发展可能产生的风险?

第7章
商业伦理与金融发展

现代经济学关于增长的理论、关于发展的理论，已经在很大程度上注入了价值判断的因素，因为一个"好"的增长与一个"坏"的增长，其对人类的后果是截然不同的。

——王曙光（中国金融学者）

最重要的是人品。金融投机需要冒很大的风险，而不道德的人不愿承担风险。这样的人不适宜从事高风险的投机事业。任何从事冒险业务却不能面对后果的人，都不是好手。在团队里，投资作风可以完全不同，但人品一定要可靠。

——乔治·索罗斯（George Soros，美国投资家）

本章提要

脱离伦理和价值判断的金融发展存在巨大的风险前兆，金融从业者对伦理和价值判断问题的回答，决定着金融体系的质量和金融机构的生死存亡。当今社会金融机构中存在的腐败现象无所不在，健康的投资理念和金融文化对于金融体系的稳健运行十分重要。本章介绍了金融发展中的商业伦理问题。首先，阐述金融伦理的基本概念、核心关系和决策框架；其次，就监管体制中金融伦理的缺失、监管体制的模式以及监管机构的措施进行了分析；最后，从更好遵循商业伦理理念的角度提出了发展绿色金融的重要意义。

学习目的

1. 了解金融市场的商业伦理现状
2. 了解现代金融监管体制的建立、分类、特点、目标以及发展趋势
3. 掌握金融伦理问题的决策框架
4. 通过案例学习违反金融伦理对现代金融机构的危害,加深对金融伦理的认识

知识拓展

金融伦理

狭义的金融伦理是指作为主体提供各种金融服务的金融机构及其从业人员和金融市场所应遵循的行为规范与道德准则,或者说是金融服务的供给方所体现出来的善恶行为与准则。广义的金融伦理是指金融活动参与各方在金融交易中应遵循的道德准则和行为规范。金融活动所涉及的利益相关者有金融机构、从业人员、社区、政府等,而他们在金融交易或金融活动中所涉及的伦理关系、伦理意识、伦理准则和伦理活动的总和就是广义的金融伦理,是调节和规范金融活动中利益相关者的行为规范和道德准则。

引导案例

金融监管改革案例——《多德-弗兰克法案》的诞生

《多德-弗兰克法案》全称为《多德-弗兰克华尔街改革和消费者保护法》(Dodd-Frank Wall Street Reform and Consumer Protection Act),它的颁布被认为是20世纪30年代以来美国改革力度最大、影响最深远的金融监管改革。该法案旨在通过改善金融体系问责制和透明度,有效控制系统性风险,促进美国金融稳定,解决"大而不能倒"(Too Big To Fail)问题,保护纳税人和消费者利益,防止金融危机再次发生。

2008年美国次贷危机爆发后,美国经济和金融受到重创,失业率居高不下。与此同时,美国政府一系列拯救濒临破产金融机构的行为,引起了社会各界和民众的不满,他们指责金融机构的贪婪和金融监管的缺失,强烈呼吁金融改革。《多德-弗兰克法案》的核心内容是:①扩大监管机构权力,破解金融机构"大而不能倒"的困局,允许分拆陷入困

境的所谓"大而不能倒"的金融机构，禁止使用纳税人资金救市，限制金融高管的薪酬；②设立新的消费者金融保护局，赋予其超越监管机构的权力，全面保护消费者的合法权益；③采纳所谓的"沃尔克规则"（Volcker Rule），即限制大金融机构的投机性交易，尤其是加强对金融衍生品的监管，以防范金融风险。

资料来源：作者根据相关资料整理。

思考题：美国金融监管政策对中国有哪些启示？

7.1 商业伦理与金融伦理

商业活动和金融发展的目的是实现人的价值和权利、促进社会的繁荣和发展。在社会发展过程中，商业伦理对金融伦理的影响主要表现在三个方面：一是社会风俗。风俗习惯是金融发展过程中基于对善恶标准的理解，要求利益相关者的行为必须符合社会公认的善恶标准。二是社会舆论。各种社会传媒对金融活动主体的行为进行评价，无论是赞誉还是谴责，都会因为社会导向而影响金融活动主体的价值取向，以唤起其伦理自觉。三是社会榜样。在社会上推介金融机构产品的优秀金融从业人员，将具有道德示范功能，具有强大的引导功能。因此，金融发展应该从全社会的根本利益出发，在公众、客户、雇主、雇员以及其他参与者之间，做到诚信、尊重，注重商业伦理，以促进全球资本市场的诚信建设。

7.1.1 金融伦理的基本概念

美国学者约翰·R. 博特赖特（John R. Boatright）在著作《金融伦理学》（*Ethics in Finance*）中，论述了金融交易中利益相关者间的利益冲突与伦理冲突问题，使学术界开始关注金融伦理问题。

7.1.1.1 金融伦理学的内涵

金融伦理学是以金融体系中各参与者的利益关系和利益冲突为研究对象，寻找一个能最大限度地解决金融体系中人类利益冲突的伦理准则框架的交叉学科。

金融伦理学存在的依据是金融领域存在各种利益关系和利益冲突，它研究的是在金融体系利益冲突下的人类社会行为（王曙光，2011）。中国学者谷桂华在《金融伦理：一个亟待研究的领域》一文中提到，金融伦理学研究的宗旨就是避免因价值或目标分化带来的利益冲突和伦理冲突以维持金融秩序。金融伦理学的本质在于使人们明确金融领域的善恶价值取向及行为规范。

7.1.1.2　金融伦理学的结构

考虑到中国研究金融活动是从宏观层面的金融制度、中观层面的金融市场到微观层面的金融机构（组织）和金融个体展开的，学者丁瑞莲等认为中国的金融伦理结构，应建立以金融制度伦理为基础、金融市场伦理和金融组织伦理为核心、金融个体道德为目标、国际金融伦理为延伸的金融伦理的基本结构（丁瑞莲，贺琳，2013）。

金融制度伦理是按照程序和伦理道德准则来约束和规范金融制度的设计、运行和金融活动中的利益关系的准则。金融制度伦理给在金融市场中进行金融交易的金融机构和个体的权利和义务提供正当性参考，即金融活动需要遵循一定的制度和理念进行价值判断和行为选择。金融制度不是一成不变的，其中的各种利益关系的界定会随着制度环境的变化而变化，用以解决各个利益相关者包括交易、监督等涉及道德规范的问题，维护金融制度的持续正义。

金融市场伦理是协调和规范金融市场交易中利益关系的道德原则。金融交易是一种零和博弈，金融市场存在的意义是为了让金融交易的收益和风险在不同投资者和不同地区间分配，所以如何制定公平的伦理原则来更好地协调各个利益相关者的关系成为金融市场伦理的核心内容。

金融组织伦理是规范金融市场主体组织治理的道德原则。金融市场的主体组织包括金融机构、上市公司、律师事务所和会计师事务所等中介机构，连接着股东、债权债务人、经营管理者等利益相关者。金融组织伦理包括金融市场中各参与方的社会责任、以伦理为导向的领导和决策等方面。

金融个体道德是协调个体投融资者和金融从业人员的道德规范。对个体投融资者而言，其参与的投融资活动本身是否合法和正当受到道德的约束，包括交易活动的诚信以及对金融市场的社会责任感；对金融从业人员来说，个体道德指从业者面对重大利益冲突时的伦理选择、对长效道德自律机制的认知和形成的职业道德。

国际金融伦理指协调国际金融活动的道德规范。各国的金融体系和活动随着全球化发展逐渐融为一体，全球金融发展不平衡以及法律制度不统一使国际金融领域面临不同于国家内部的金融伦理问题。

7.1.1.3　金融伦理学的准则

金融市场中的各参与者符合"经济人"假说，参与者进行各种金融交易除了实现自身利益最大化，还要承担社会责任，在个人利益和集体利益发生冲突要做出某种价值判断和行为选择时，应该遵守伦理准则，维护金融市场的持续正义。伦理准则中最重要的是公平准则和信用准则（卿定文，2009）。

金融体系中存在各式各样的交易活动，公平作为金融伦理学首要的伦理准则，要求金融活动中的各参与方及其交易对手都得到应得的利益。有学者研究指出，只有当市场被人们认为是公平的时候，人们才会积极投入到资本市场中去，因而作为效率这个目的的一种手段，公平性具有一种伦理价值（博特赖特，2002）。

市场经济本质上是契约经济，契约各方都应遵守信用准则，信用准则是以诚信为内核的制度，是金融活动的基础。在金融体系中，契约执行的有效性取决于交易各方的诚信度。金融市场尤其是债券市场是在场外交易的，很多交易取决于交易双方的口头允诺，因此在很大程度上依赖于交易对手的诚信。

7.1.1.4　伦理投资产品开发

在金融投资中，投资者们面对武器制造业、环境污染项目和危害生命健康的产业，商业利益、金融效率和道德良心的三者权衡最终取决于伦理的决策。因此，社会上涌现出伦理投资（Ethical Investment）的概念，它在一些领域又被称为社会投资（Social Investment）或社会责任投资（Socially Responsible Investment），它是运用伦理或社会标准来选择和管理由公司的股份（股票）而构成的投资证券组合，这种伦理投资产品具有明显的道德色彩，反映投资者个人的价值取向，强调投资的社会影响。相关投资者的基本动机在于增进社会效益，而不再单纯地考虑高回报，更多考虑的是社会责任。总之，伦理投资对公司、金融市场和社会发展有着显著效应，其公司行为也将形成市场激励，凡是取信于客户的社会责任行为将有助于提升公司的竞争力（卿定文，2009）。

7.1.2 金融伦理的核心关系

金融伦理学中的核心关系是指有金融往来的人（或法人）的相互关系，它分为三类：委托与代理、权利与义务、自律与他律。

7.1.2.1 委托与代理

委托代理关系存在于企业契约中，而契约是保证在利益冲突和信息不对称的环境下，由委托人或代理人设计的激励代理人的相关方式，以解决双方的利益冲突。

经济学中的委托代理关系和法律中的委托代理关系的定义是不同的。经济学中，涉及非对称信息交易时，拥有信息交易优势的一方称为代理人，没有信息交易优势的一方称为委托人。在法律上，A 授权 B 代表 A 从事某活动时，委托代理关系就此产生，A 是委托人，B 是代理人。

根据张维迎（1996）关于委托代理理论的分析，可得出委托代理关系存在以下五种风险：

第一，隐藏行动道德风险。委托人只能观测到结果，不能直接观测到代理人的行动和自然状态，因此委托人要设计一个激励合同使代理人从自身利益出发选择对委托人最有利的行动。例如，保险公司不清楚投保人的防盗措施、吸烟饮酒习惯；商业银行的存款人不能直接观察银行如何进行项目投资（高文等，2017）。

第二，隐藏信息道德风险。例如，基金销售人员知道购买基金的顾客的特征，但基金经理不知道，所以基金经理的合同是向销售人员提供激励以使其针对不同顾客选择不同的销售策略（叶晨辉，2011）。

第三，逆向选择风险。委托代理双方签订委托代理合同时，越是资质差的代理人越有积极性、也越有可能签订合同。例如，越是财务状况严峻的企业越有动力去商业银行借款；越是资金紧缺的公司越是希望通过上市来获取资金（王锦虹，2015）。

第四，信号传递风险。代理人通过某种信息向委托人显示自己的资质，委托人观测到信号后与代理人签订合同。例如，投资者并不知道基金经理的类型、基金公司投资项目的风险，因此基金经理选择以年回报作为信号，投资者根据年回报选择基金经理。

第五，信息甄别风险。委托人提供多个合同供代理人选择，代理人根据自己的情况选择合同后按其行事。例如，保险公司不知道投保人的健康、财产风险，针对不同投保人制定不同的保险合同。关于委托代理不同风险的应用举例如表 7-1 所示。

表 7-1 委托代理不同风险的应用举例

风险	委托人	代理人
隐藏行动道德风险	投保人	保险公司
	存款人	商业银行
隐藏信息道德风险	基金经理	基金销售人员
逆向选择风险	商业银行	企业
	投资者	上市公司
信号传递风险	投资者	基金经理
信息甄别风险	保险公司	投保人

7.1.2.2 权利与义务

权利是受权力保障的利益、索取与要求。义务是应该做的事，它与责任同属一个范畴，区别在于义务更强调应该，责任更强调必须（哈特，1996）。

权利和义务是对等的，既没有无权利的义务，也没有无义务的权利。在市场经济中，当事人一旦缔结合约，就确立了权利和义务的关系，且遵循权利义务对等的原则。例如，在金融体系中，投资人将资金运作的权利交给上市公司，上市公司由此承担为投资者带来资本回报、赋予投资者相应控制权的义务。

7.1.2.3 自律与他律

自律是一种自我约束，当事人通过自我反省、自我控制做出符合权利与义务约定的行为，其基础是自我反省，结果是自我节制。这种行为在契约关系中成本最低、最节省社会资源（麦克尼尔，1994）。

他律是运用外在的强制性力量（政治权力约束、法律约束、市场约束、道德伦理约束）来约束人们的行为，是人们之间的权利义务关系得以维系和实现的必要保障（并不是唯一保障）（刘立明，2015）。

7.1.3 金融伦理问题的决策框架

7.1.3.1 决策框架

在金融组织中的个人很难独立地做出伦理问题决策，因为他们会受到诸如企业文化、规章制度等因素的影响。因此在研究金融行业中出现的伦理问题时,首先应该构建金融机构伦理问题的决策框架。

伦理问题的决策框架包含对伦理问题的认知、个人因素(如认知道德的发展)和企业文化,结合三种因素的分析之后便可对商业伦理进行评估进而得出结论。图7-1展示了个人对商业伦理评估的框架。

图7-1 个人对商业伦理评估的框架

1. 对伦理问题的认知

伦理决策的第一步就是明确对伦理问题的认知,而认知的第一步是树立对伦理问题的意识。伦理意识(Ethical Awareness)是指感知某一情境或决策是否含有伦理问题的能力。如果员工能够率先确认某一情境含有伦理问题,那么公司就可以及时调整决策,以避免严重的后果。

除了伦理意识,伦理问题强度也会影响员工和机构对伦理问题的认知。伦理问题强度(Ethical Issue Intensity)可定义为,在个人、工作群体或组织看来,某伦理问题的相关程度或重要程度(费雷尔等,2016)。金融组织内监管层和公司董事层能在很大程度上影响组织对伦理问题强度的认知。例如,对监管者和政府官员而言,内幕交易是高强度的伦理问题,这常让他们与像对冲基金这样的金融企业产生分歧。关于对冲基金公司的一项调查显示,35%的受访者感受到了违反规则的压力。

对伦理问题的认知还会受到管理者的奖惩手段、企业政策、企业价值观的影响,即管理者可以通过正面或负面激励影响员工对伦理问题重要性的认知。

2. 个人因素

个人对于伦理问题的认知能力可由其对潜在伦理问题的洞察力表现出来,从而有助于降低从事有悖伦理行为的意图。影响伦理认知、判断、意图和行为的个人因素包括性别、教育、年龄和心理控制源。

对性别和伦理决策之间的关联已有广泛研究。研究表明,在很多情况下,男性和女性之间没有多少区别;而在某些情况中,女性比男性更合乎伦理。所谓更合乎伦理,是指女性对伦理情境更为敏感，更加不能容忍有悖伦理行为的发生（淦未宇等，2015）。

教育也是伦理决策过程中的一个重要因素。个人受到的教育越多，就越能进行伦理决策（李硕，2013）。而所受教育的学科类型对伦理几乎没有影响，不管所学的是企业管理还是人文学科，人们在伦理决策时基本一致。

年龄是企业伦理中又一个被研究的个人因素。伦理与年龄的关系表现为，越是年长的员工经验越丰富，拥有更多的知识去处理行业特有的复杂伦理问题；而年轻管理人员远比年长者容易受组织文化的影响。

心理控制源（Locus of Control）是指一个人认为是由自己还是由外界来控制成败的心理认知，这种认知因人而异。那些相信外部控制（External Control）的人认为自己应随波逐流，属于外控型；那些相信内部控制（Internal Control）的人认为能通过努力和技能掌握生活中的事件，属于内控型，他们相信自己有能力改变环境心理控制源和伦理决策之间的关系。研究认为，内控型与伦理正相关，外控型与伦理负相关。

3. 企业文化

企业文化（Corporate Culture）可定义为一系列价值观、规范、图腾以及组织成员解决问题的共同方式。金融企业伦理抉择绝大部分是联合决定的，有的是通过工作群体和决策委员会，有的是通过与项目合作方的讨论结果。因此，在工作环境中，组织价值观通常比个人价值观对决策更有影响力。

随着时间的推移，利益相关者逐渐把企业或组织看成是一个生命有机体，具有自己的思维和意志。组织确定企业文化是否合乎伦理、是否真实可靠的一种方式是回归其使命宣言或宗旨目标。这些宗旨和目标通常由不同利益相关者制定，如投资者、员工、顾客及供应商等。将企业活动与其使命宣言、宗旨目标进行比较，有助于企业了解其是否恪守自身的价值观。

企业或组织文化中的一个重要元素是企业伦理文化（Ethical Culture）。伦理文化反映了所做决策的正直程度，它是很多因素的函数，包括企业政策、高级管理层在伦理事件上的领导行为、同事的影响等。沟通在建立有效伦理文化方面非常重要，有效的沟通和良好的组织伦理氛围形成之间存在正相关关系。金融机构内部激烈的竞争环境使得部门内部较容易出现亚健康文化，借助于有效的沟通和合理的机制设定对于改善机构的伦理文化就显得尤为重要。员工越能感受到组织健康伦理文化的影响，就越不会做出有悖伦理的决策（李洁，2013）。

7.1.3.2 规范价值观

伦理决策框架讨论了组织中的伦理决策如何产生，然而，如何进行伦理决策和决定用什么方法来指导伦理决策是不同的。企业伦理学的规范性方法考察了组织决策者应当如何处理伦理问题，而企业伦理学的描述性方法讨论的是组织决策者如何进行伦理决策。企业伦理的规范性方法给出了一个伦理决策的理想标准，关注适用于企业的一般伦理价值观，能够帮助组织建立强有力的规范性结构，从而支持伦理决策的有效进行。

规范性方法围绕企业和行业的行为标准展开，这些规范性的法则和标准以个人价值观和组织的集体价值观为基础（费雷尔等，2016）。个人价值观和组织集体价值观共同构成企业的一套规范价值观，为企业的决策实践提供持久的信念。

7.2 商业伦理与监管体制

7.2.1 商业伦理的缺失

资金融通活动中不良道德行为引发的金融资产损失巨大，比如存贷款回扣、恶意贷款、伪造凭证、挪用客户钱款、非法场外交易、伪装上市等导致金融活动参与者利益受损。金融道德风险和金融机构的信用问题，一直是各国监管部门关注的焦点。不管是金融市场主导的美国，还是金融机构主导的中国，政府对于金融机构的监管始终是不遗余力。然而，尽管在政府部门的重重监管之下，美国2007年金融危机的爆发和中国2015年的"股灾"仍然集中暴露了金融机构普遍存在的失信经营问题，反映出金融机构在一定程度上存在的商业伦理缺失。股市暴涨暴跌让普通投资者血本无归，极大打击了普通投资者的信心，严重地破坏了金融体系的稳定。

7.2.1.1 金融机构与投资者之间的信息不对称

在社会分工逐渐精细化的大背景下，普通投资者直接参与金融活动的比例越来越小，取而代之的是将资金交给专业能力更强的金融机构进行管理。由于普通投资者无法很好地掌握金融机构的实时动向和专业信息，普通投资者和金融机构之间便产生了明显的信息不对称问题。具体表现为金融欺诈和道德风险两个方面。

金融欺诈是指由于投资者缺少相关的专业信息，金融机构能够利用虚假信息欺骗投资者，诱使投资者做出错误的投资决策从而使自己获利的行为。金融欺诈的具体形式又可分为两种：第一种是误导建议，指金融机构在提供咨询业务时不能保持中立，利用自己的专业地位让投资者以高价接手风险过高的证券，通过老鼠仓交易或内幕交易进行获利；第二种是虚假做账，指金融机构帮助企业进行业绩粉饰以有利于企业的再融资或者吸引投资，使投资者在不明真相的情况下介入风险过高的投资。美国安然公司的财务丑闻便是如此，相似的例子在中国的股票市场中也长期存在。总之，金融欺诈是金融机构通过向投资者提供虚假信息来谋利的行为，而这种行为严重损害了投资者的利益。

道德风险是指金融机构在投资者不知情的情况下，违背投资者意愿，利用投资者委托管理的资金进行风险过高的投资活动。由于金融机构的信息定期披露，投资者无法及时掌握金融机构的行为，此种行为发生频率较高。这种行为不仅危害到投资者的切身利益，而且会严重影响金融体系的稳定性。

7.2.1.2 宽松的金融监管环境

自 20 世纪 90 年代以来，随着金融创新的不断推进，世界各国开始了金融自由化的进程。中国政府为了发展本国金融市场与世界接轨，也逐步取消了对各类金融机构的限制；宽松的金融监管环境在促进金融体制发展的同时也让金融机构的失信经营成本更低。由于同时充当普通投资者的交易代理人和交易对手方，金融机构极易设计对自己有利的金融产品以占据优势的交易地位，或向客户提供虚假信息来帮助自己谋利。

综上所述，当下金融机构商业伦理普遍缺失的原因可以归结为两个方面：一方面，金融机构的信息优势地位容易让金融机构通过牺牲普通投资者利益的方式为自己谋利，开展违背商业伦理的金融活动；另一方面，宽松的金融监管环境让金融机构违背商业伦理的成本降低，加剧了金融机构商业伦理缺失现象的发生频率和严重程度。

7.2.2 监管体制的模式

目前，金融监管[1]体制主要分为四种模式：以金融机构为基础的机构型监管、以金

---

[1] 金融监管是指政府通过特定的机构，如中央银行、证券交易委员会等对金融交易行为主体进行某种限制或提出相关的规定。其本质上是一种具有特定内涵和特征的政府规制行为。金融监管可以分成金融监督与金融管理。金融监督指金融主管当局对金融机构实施的全面性、经常性的检查和督促，并以此促进金融机构依法稳健地经营和发展。金融管理指金融主管当局依法对金融机构及其经营活动实施的领导、组织、协调和控制等一系列的活动。

融功能为基础的功能型监管、以金融监管目标为基础的目标型监管，以及在目标型监管基础之上的"双峰式"监管。

7.2.2.1 机构型金融监管体制

机构型金融监管体制也称分业监管，是按照金融机构的类型来划分监管领域，并建立监管主体的金融活动。斯蒂文·M.沃曼（Steven M. Wallman）设计了四个金融监管机构：防范系统性风险的机构、负责保障弱小的金融业务参与者的机构、保护整个金融市场的效率和完整性的机构，以及应对单一金融企业破产并负责监控金融行业个人行为的机构。采用这类监管体制的典型国家有德国。

德国是全能银行的起源地。经过长期的发展，德国目前已经建立了世界上最发达的混业经营体系。尽管运用混业经营模式，德国金融监管行业还是采取了分业监管的模式：德意志联邦银行和联邦银行监管局根据《联邦银行法》对银行业执行监管职能；保险业、证券业则由保险监督委员会和证券委员会分别监督。德国并不存在全能银行参与证券、保险等领域的法律障碍，同时其金融子行业的融合程度远远低于英国、美国等国家，因而形成了混业经营、分业监管的德国模式（杜莉，高振勇，2007）。

7.2.2.2 功能型金融监管体制

罗伯特·C.莫顿（Robert C.Merton）提出了功能监管理论。这一理论指出，同样的金融产品无论是由哪种类型的金融公司提供，都必须接受同质监管。功能型监管是以金融业务划分监管领域，即由同一监管机构对一个给定的金融活动进行监督，而不再考虑该活动由谁从事（Bodie，Merton，1995）。英国是采用这类监管体制的典型。

英国的金融业采取统一功能型监管和行业自律相结合的监管模式。其金融监管体系形成于1694年至1979年，标志是1694年第一家私营股份公司英格兰银行的成立。英格兰银行重点发展银行券业务，在政府支持下逐步担负起中央银行的各种功能，如再贴现、最后贷款人、支票结算等。1946年，英格兰银行实行"国有化"，并开始对其他银行进行监管。在1973年到1975年间，在英国爆发的大规模"二级银行危机"，直接推动了英国政府对存款货币机构监管的进一步加强，如1979年新的《银行法》对银行名称的使用做了严格限定（刘宇，2009）。

历史上，英国的金融监管体制素以法制宽松而行业自律极强著称，监管力量集中在英格兰银行。随着环境的变化，英国政府不断制定一系列法规以加强金融监管，并将金融监管权从英格兰银行分离，交由新成立的金融监管局（Financial Service Authority, FSA）。金融监管局是权力很大的二级立法及执行机构，实行董事会制。董事由财政部任命，董事会由主席和5名部门总经理兼董事组成。金融监管局的主要职能包括制定执法细则、规范银行和保险公司等金融机构行为、决定处罚和处置。该制度一方面保证了英国金融业在国家的宏观管理和监管下更稳定地发展，另一方面也使得金融决策自由度更高，金融企业的活力更强。然而，统一功能型监管也导致金融监管权力过于集中，使得权力滥用和金融垄断现象频频发生。

7.2.2.3 目标型金融监管体制

英国教授查尔斯·古德哈特（Charles Goodhart）提出了目标监管理论。该理论的主要思想是，监管体制的建立应当体现监管目标的有效性和效率性原则。因此，最有效的办法是建立一套基于监管目标的监管体系。此体制的典型代表为美国。

20世纪30年代的"大萧条"后，美国金融业逐步形成分业经营和分业监管的体制，银行、证券、保险等金融机构受到不同机构的监管；即使在行业内，也会按照不同的监管机构采取功能监管模式和机构监管模式进行交叉监管。随着金融混业经营的发展，美国的金融监管体制呈现出不完全集中监管的改革趋势。1999年《金融服务现代化法案》（Financial Services Modernization Act of 1999）的颁布确立了"'伞式'监管＋功能监管"的体制模式，并提出了向目标监管模式改革的规划。

2008年3月，美国财政部公布了金融监管改革蓝图，其主要内容包括一些短期和中期的改革建议，并提出了长期概念化的最优监管框架，短期和中期的改革措施是向长期最优监管框架的过渡。

长期最优监管框架是朝着以目标为导向的监管方式（Objectives-based Regulatory Approach）转变，设立三个不同的监管机构：

（1）负责市场稳定的监管机构（Market Stability Regulator）。美国财政部建议由美联储担任该职，并有责任和权利获得和披露信息，在监管法规的制定方面与其他监管机构合作，为了整体金融市场的稳定而采取必要的纠正措施和行动。

（2）负责与政府担保有关的安全稳健的审慎金融监管机构（Prudential Financial Regulator）。新的审慎金融监管机构可以承担目前联邦审慎监管主体的职责，并负责金融控股公司的监管业务。

（3）负责商业行为的监管机构（Business Conduct Regulator）。商业行为监管机构应当为金融公司进入金融服务领域，出售其产品和服务等方面，提供和制定适当的标准。这样的监管方法可以在增强监管的同时，更好地跟上市场的发展步伐，鼓励创新和企业家精神。

以目标为导向的监管方式对现行以行业为基础的监管体系进行了重新梳理和归类，实现了三个监管机构在监管目标和监管框架的紧密联系，对相同的金融产品和风险采取统一的监管标准，提高了监管的有效性。

美国的现有监管机制在历史上支持了美国金融业的繁荣，但整体上美国并没有顺应全球协调、统一监管标准的潮流和行动而采取根本措施改变其金融监管架构。随着全球化的推进、金融机构综合经营的发展和金融产品创新的层出不穷，以及交叉出售的不断涌现和风险的快速传递，监管制度日益暴露出一些问题，如监管标准不一致、规则描述冗杂和监管对市场反应滞后、缺少一个具有足够法律授权的金融市场风险监管机构、风险不能完全覆盖等问题（刘宇，2009）。

7.2.2.4 "双峰式"金融监管体制

英国经济学家迈克尔·W.泰勒（Michael W.Taylor）在目标监管理论的基础上提出了"双峰"概念，认为应建立单一的市场行为监管机构和单一的审慎监管机构，以控制所有金融机构的各种风险，确保金融体系的安全。

"双峰"是指金融监管体制内的两大机构，其监管工作也由这两大机构开展。一类机构是针对金融部门，通过金融监管，确保金融部门的稳定。另一类是以消费者为中心，运用行为监管保障消费者利益，规范金融业务的经营行为。总之，"双峰式"监管降低了多重监管机构之间相互协调的成本与难度；同时，在审慎监管和业务监管两方面，避免了监管真空或交叉及重复监管（卢钊，孙萌，2012）。

7.2.3 监管体制的发展

7.2.3.1 金融银行业

银行是现代金融业的主体，是国民经济运转的枢纽。银行业的健康发展关乎全体社会公众一生的储蓄，一旦发生道德风险，不仅会造成公众储蓄的损失，还可能引发连锁反应，导致经济危机和社会动荡。金融机构不良贷款率是评价金融机构信贷资产安全状况的重要指标之一。银行为了追求发展速度，用增加成本的办法吸收大客户存款，又用降低收费的办法对大客户争相放款，这种恶性竞争导致不良资产的形成。不良资产规模的攀升让银行业的道德风险急剧增加，商业银行滞后的补救措施无法弥补潜在风险酿成的损失，甚至导致"挤兑"现象出现。

为避免金融银行业危机，在微观上，商业银行要提高风险管理部门的独立性和权威性，实施多样化的风险控制方法和全方位的压力测试，推进风险管理的细化和整体化，建立独立的评审体系和稽核体系，设立资产监控部门等。在宏观上，监管机构要把握银行业金融创新和风险控制的平衡点，加强金融监管体系和商业伦理规则的落实，高度重视银行业从业人员道德伦理和职业操守的培育。

7.2.3.2 金融证券业

证券业具有资金融通、资本定价、资本配置、宏观调控及分散风险功能，在整个金融市场体系中处于非常重要的地位。证券市场的高速发展为中国经济的持续发展发挥了重要的作用，同时也隐藏着极大的不稳定性和高度的风险性。证券公司作为信息优势者，为追求自身利益最大化而做出的弄虚作假和信息披露不实等行为，会滋生证券公司的道德风险，破坏市场经济的公平竞争原则，给投资者造成巨大的利益损失，影响社会公众对证券公司的信心，造成社会资源的非合理配置和巨大的经济损失。

证券业的伦理问题产生的原因包括内幕交易、客户欺诈和价格操纵。证券业内幕交易是证券市场中具有信息优势的内幕人员与其他投资者所进行的交易。行为人为达到获利或避损的目的，利用其特殊地位获取内幕信息而进行证券交易，违反了证券市场"公开、公平、公正"的原则，侵犯了投资公众的平等知情权和财产权益，会给整个证券市场乃至经济体系带来严重的负面影响。客户欺诈是指证券公司作为提供承销、经纪、投资咨询等服务的中介机构，利用其受雇地位或提供服务的便利，损害委托人、被管理人或被代理人的利益而进行证券交易，或以虚假陈述诱导顾客委托其代为买卖证券，并以此获取经济利益或避免损失的行为。操纵价格是指证券公司为了获取利益或者减少损失，利用其资金、信息优势或者滥用职权操纵市场，影响证券市场价格，制造证券市场的假象，诱导投资者在不了解事实真相的情况下做出证券投资决定，扰乱市场秩序的行为。

因此，为保证金融证券业的健康发展，一方面要加强从业人员的职业道德规范，增强从业人员的思想素质和业务素质，从根本上减少道德风险事故发生的可能；另一方面，加大对违规行为的处罚力度。加大监管力度，提高违规成本，对相关法律及时做出调整，促使证券公司营造健康的从业环境。

7.2.3.3 保险业

保险业是指将通过契约形式集中起来的资金，开展用以补偿被保险人的经济利益业务的行业。中国保险业的公司管理、行业规定和政府监管均存在不成熟的地方。部分企业过于追求短期的利益，出现了一些不合规、不诚信的现象，造成了严重的负面影响。目前，中国保险公司与顾客关系中的伦理问题主要表现在以下两个方面：一是未能履行最大诚信原则。用晦涩的专业性语言来设计条款，暗藏陷阱，在出险或索赔时逃避责任。二是保险代理销售机制导致的管理问题。中国保险业的销售主要依靠代理人制度，代理人可为代理机构也可为个人。在这种制度下，企业和代理人之间雇佣关系的随意性很大，企业拒绝承担很多雇主应该承担的对雇员的责任。同时，代理人为了最大化自身收益，在非有效监管的情况下，容易进行欺诈活动。

为此，监管机构应当引导保险公司加强企业自身风险管理，建立定期检查或抽查制度，明确现场检查的内容和方法，特别是对保险资金来源、用途和投资等进行现场检查。此外，监管机构应当加强对保险业涉足的社会热点或重大事件的监管，加强风险排查。

7.2.3.4 互联网金融

中国"互联网金融"可以分为两大类：第一类是"金融＋互联网"，即持牌金融机构利用互联网信息科技等，升级改造传统的支付结算、存款、贷款、理财等金融业务及其运作模式；第二类是"互联网＋金融"，即互联网企业或平台借助互联网信息科技开展金融业务，如互联网支付、网络借贷、股权众筹。互联网金融行业的商业伦理存在以下三个问题：

第一，产业发展环境不合理，社会信用严重缺乏。互联网金融的核心区域是社会诚信体制，但这一体制在当下的中国并不完善。

第二，相比传统的金融行业来说，互联网金融具有更高的风险，在风险管控水平和认知水平上，明显存在缺陷。

第三，互联网金融的创新速度远远超出了监管方式的承受力度，导致当前的互联网金融行业并不能统一规范管理。

互联网金融是不断发展的新兴行业，为解决发展中的问题，监管机构应实时研究互联网金融的动态和发展，发现和识别其中的问题和风险，做好风险防范和预警机制；同时应保证信息和数据的真实可靠性，利用先进的互联网技术对互联网上的交易过程以及资金的流向做到实时监管，实现监管的完整性。

总之，针对银行业、证券业、保险业和互联网金融业中的问题，相关机构应结合商业伦理的基本准则，进一步完善防范风险控制的制度建设，建立起有效的约束机制。

7.3 商业伦理与绿色金融

通过金融手段遏制环境污染、激励环境友好的发展模式将有助于中国商业伦理的重塑，促进社会经济的可持续发展。本节将从发展背景、基本概念、主要措施三方面论述绿色金融与商业伦理的关联。

7.3.1 发展背景

环境问题在给金融机构带来风险的同时，也为金融行业的发展带来了机遇。近年来，中国主要城市审时度势制定绿色金融发展战略，建立了比较完整的绿色金融政策框架和市场体系，不仅符合商业伦理规范，而且也促进了金融发展的重大转变，提升了企业社会影响力，展现了中国在绿色金融领域的重要影响力。

7.3.1.1 环境治理与绿色金融

金融资本往往偏好投资风险高、回报高且周期短的项目，不在乎项目对生态环境的危害；但对具有良好环境效益、财务回报周期长的项目往往投资不足，导致绿色投资缺口。绿色金融本质上是金融机构克服这种市场失灵，充分考虑环境要素而填补投资缺口的环境治理方式。金融机构应将环境要素纳入运营决策，调整资本供给结构，降低绿色投资的融资难度，减少棕色、黑色经济活动的资金供给，缓解生态环境的日益恶化，促进人类社会的健康发展。

7.3.1.2 经济发展与绿色金融

经济发展的目的是提升人民的生活质量，注重长远发展需求。从可持续发展的理念来看，生态环境既是一国财富的象征，也是经济发展的基础，以破坏环境为代价换取经济数量的提升不利于经济的稳定运行。绿色金融通过影响资本的供给结构进而影响产业结构，引导产业朝环境友好方向发展。具体而言，绿色金融能够通过两种途径影响产业升级。一是污染产业迁移。随着绿色金融的深入发展，资本市场上清洁产业相较于污染性产业将获得发展优势，挤占污染产业的发展空间，降低产业结构中污染产业的比重，最终实现绿色经济的发展。二是产业技术升级。绿色金融的资本控制能够帮助相关企业降低技术升级门槛，采纳环境友好型技术，从而在根本上解决环境保护与经济发展之间的矛盾。

7.3.1.3 金融机构的可持续发展

金融机构自身的发展受到环境要素的影响，在其运作过程中需要统筹风险和收益。随着环境负外部性的显现，环境风险逐步为金融企业所重视。联合国环境规划署可持续金融倡议（United Nations Environment Programme Finance Initiative，UNEP FI）从五个方面诠释了金融机构重视环境风险的理由。其一，环境表现不佳的金融投资客户盈利能力降低，最终危及债务安全，增加保险理赔的可能性；其二，与环境有关的事件正在对金融行业产生巨大的影响；其三，金融机构有绿色发展的优化空间，诸如电能消耗、办公纸张的节俭，能够增加利润或减少开支；其四，建立环境风险管理程序，评估环境问题相关的风险，能够减少甚至避免环境问题造成的损失；其五，企业、雇员和公众要求金融机构充分考虑环境影响，甚至质疑金融机构投资原因和环境风险。

总之，环境问题在给金融机构带来风险的同时，也为金融行业带来了机遇。金融机构能否审时度势地在制定绿色发展战略中注重商业伦理，是其趋利避害、把握发展契机的关键。

7.3.2 基本概念

绿色金融（Green Finance），又称环境金融（Environmental Finance）或可持续金融（Sustainable Finance）。它是环境经济的一部分，也是支持环境改善、应对气候变化和资源高效利用的经济活动，同时还是对环保、节能、清洁能源、绿色交通、绿色建筑等领域的项目投融资、项目运营、风险管理等所提供的一种金融服务。

绿色金融有以下三层含义：一是绿色金融的目的是支持有环境效益的项目，而环境效益包括支持环境改善、应对气候变化和资源高效利用；二是给出了绿色项目的主要类别,这对未来各种绿色金融产品(包括绿色信贷、绿色债券、绿色基金、绿色股票指数等)的界定和分类有重要的指导意义;三是明确了绿色金融包括支持绿色项目投融资、项目运营和风险管理的金融服务,绿色金融不仅可以促进环境保护及治理,而且能引导资源从高污染、高能耗产业流向理念、技术先进的产业。但关于绿色金融,不同的国际组织机构也有不同的定义(见表7-2)。

金融机构作为使资金或金融资源正确流向经济高质量可持续或环保导向产业链的重要主体,其在商业伦理的大生态环境中不仅扮演重要的角色,而且需要履行企业社会责任。伴随着国际社会对环境与社会问题关注的提高,作为国际金融机构公认的环境和社会风险行为基准——赤道原则,日益受到国内外金融机构的关注。中国作为一个发展中的大国,为了协调好发展与环境保护的关系,需要逐渐引导国内金融机构接受赤道原则,让金融机构承担起环境责任(冯岳,2019)。

表7-2 绿色金融的定义

机构名称	定义
国际开发性金融俱乐部	针对可持续发展的项目、倡议、环保产品的金融投资,包括气候投资,也包含对其他环境友好型的项目和技术的投资
英国绿色金融专题听证会	为发展低碳能源、提高能效、适应气候变化,以及保护环境和自然资源领域的投资,其中特别强调了金融体系对减缓气候变化的作用
德国发展研究所	将环境影响和增强环境可持续性考虑在内的投资或贷款;绿色金融的关键在于以环境筛选和风险评估作为投资和贷款的决策基础
G20绿色金融综合报告	能产生环境效益以支持可持续发展的投融资活动,环境效益包括减少空气、水和土壤污染,降低温室气体排放,提高资源使用效率,减缓和适应气候变化并体现其协同效应等
中国人民银行	支持环境改善、应对气候变化和资源节约高效利用的经济活动,即对环保、节能、清洁能源、绿色交通、绿色建筑等领域的项目投融资、项目运营、风险管理等所提供的金融服务

资料来源:作者根据相关资料整理。

此外,绿色金融与商业伦理的关系一直是学术界关注的焦点。理清两者的关系对政府发挥职能、金融市场配置资源以及企业参与环境治理都会起到积极作用。一方面,绿色金融以保护环境和履行企业社会责任为前提,企业一旦获得围绕经济可持续发展、保护生态环境所需的技术创新资金，就可改变高污染、高排放、高消耗的生产方式，实现低排放、低污染以及生产清洁能源的产业转型，充分践行商业伦理的基本原则；另一方面，绿色金融作为商业伦理的内在发展动力，是企业永续发展的源动力，将进一步引导企业绿色转型，促进企业经营模式的创新。

7.3.3 主要措施

近几年，国际绿色金融发展迅速，主要原因在于采取了以下三方面的措施：

(1) 政府政策引导。政府支持和引导绿色金融产品创新和发展。美国政府在1980年制定了《环境应对、赔偿和责任综合法》，规定银行等各类金融机构在审批项目贷款时必须进行项目环境影响评估，向投资者提供环境影响风险报告，并根据环境影响评估结果决定是否给予贷款。2006年，日本政策投资银行在原有环境经营评价系统中增加二氧化碳排放量的评分项，达到相应标准的企业可以获得优惠贷款利率。欧盟坚持污染者付费原则，在2004年颁布了《欧盟环境责任指令》，不断通过税收政策优惠和政府信用担保促进绿色环保项目的发展。

(2) 创新传统商业银行业务。1988年在德国法兰克福成立了世界上第一家经营环保类信贷业务的生态银行，标志着绿色金融首次在全球开展业务。此后，全球商业银行开始将绿色金融的理念渗透到其经营和管理中。比如英国巴克莱银行推出了绿色呼吸卡，在用户购买绿色产品和服务时给予持卡人相应的折扣优惠和较低的贷款利率；澳大利亚银行向低排量的汽车贷款业务给予利率优惠；荷兰银行建立了环境因素分析资料数据库，评估了每个行业环境风险的大小，并以此作为评价选择贷款客户和提供风险评估的重要依据。

(3) 中国绿色金融发展成为亮点，在重点城市的发展态势良好。

第一，政府加大政策支持力度。近年来，中国以推进和落实生态文明建设和可持续发展战略为目标，制定了一系列针对绿色金融领域的标准和操作细则，完善了绿色金融发展的顶层设计，构建了绿色金融体系，有效地促进了绿色金融市场发展。2015年4月，《中共中央国务院关于加快推进生态文明建设的意见》首次提出推广绿色信贷、排污权抵押等融资方式，开展环境污染责任保险的试点工作。2015年4月，中国人民银行研究局与UNEP FI联合成立中国金融学会绿色金融专业委员会，有力推动了各类金融机构参与绿色金融的实践；并联合发布了建立中国绿色金融系统的报告。同年9月，中共中央、国务院印发《生态文明体制改革总体方案》，从绿色信贷、绿色债券、绿色基金、上市公司信息披露、环境强制责任保险、环境影响评估、国际合作等方面提出了建立绿色金融体系的具体方案。

2016年8月，财政部、发展和改革委、环保部（现生态环境部）等七部委联合发布了《关于构建绿色金融体系的指导意见》，对中国建设绿色金融体系做出总体部署。在中国政府的推动和主导下，2016年9月G20绿色金融研究小组发布《2017年G20绿色金融综合报告》。2017年6月，国务院决定在浙江、江西、广东、贵州和新疆五省（区）建设绿色金融改革创新试验区，标志着地方绿色金融体系建设进入深化实践阶段。与此同时，中国人民银行等五部委联合发布了《金融业标准化体系建设发展规划（2016—2020年）》，重点部署了绿色信用评级标准、环境信息披露标准、绿色金融产品标准等任务，并研究金融信息和统计数据共享标准，推动中国绿色金融标准化进程。

第二，金融机构积极响应。在中国政府大力支持绿色金融之前，兴业银行、中国平安集团等金融机构就开始积极开展绿色金融实践。表7-3展示了中国代表性金融机构的绿色金融实践。

表7-3 中国金融机构的绿色金融认知与实践

金融机构	对绿色金融的认知和实践
兴业银行	2008年，兴业银行加入"赤道原则"，将支持绿色和可持续发展作为银行履行社会责任的重要内容，并在这一过程中积极寻求绿色发展转向，以实现兼顾经济和环境的商业实践模式
中国平安集团	2010年，中国平安集团启动主题为"绿色承诺 平安中国"的低碳活动，从运营、业务和公益等方面全面地开展绿色活动，倡导环保理念，实现低碳运营，推进绿色金融，促进可持续发展
华夏基金	2017年，华夏基金加入联合国责任投资原则组织（UN PRI），承诺在环境保护、社会责任和公司治理等方面持续投入、积极践行，推动基金业的环境、社会和公司治理的ESG责任投资理念
人保集团	2017年，人保集团负责人在中国绿色金融峰会上提出将"绿色金融"纳入绿色治理体系，以金融和保险资金为支撑，延伸保险产业链，推动绿色产业资本发展升级
九江银行	2017年8月，九江银行设立绿色金融事业部，结合国家级新区——赣江新区的发展契机，以建设绿色金融带动经济发展为目标，支持污染防治、低碳经济、清洁能源、污染处理的项目建设

(续表)

金融机构	对绿色金融的认知和实践
上海证券交易所	2018年4月,上海证券交易所发布《上海证券交易所服务绿色发展推进绿色金融愿景与行动计划(2018—2020)》,推动股票市场支持绿色发展,积极发展绿色债券,大力推进绿色投资、绿色金融国际合作和加强绿色金融研究与宣传
中国邮政集团	2018年5月,中国邮政集团召开绿色邮政行动发布会,力图塑造绿色邮政品牌形象,稳步推进绿色金融,助力可持续发展
深圳证券交易所	2018年10月,深圳证券交易所总经理参加在日内瓦举办的世界投资论坛时表示:在金融活动中加强对生态环境的保护,可以有效地引导资源流向绿色领域,对于促进可持续发展具有重要作用

显而易见,在2016年《关于构建绿色金融体系的指导意见》发布以后,在政策性银行和四大行的示范下,中国绿色金融发展良好。随着绿色金融政策的加力提效、绿色金融体系的完善,可以预见中国绿色金融在规模和质量上有进一步跃升的空间。

综上所述,欧美国家的绿色金融发展是国际组织和金融机构主动产生的驱动力。由于中国大部分企业对生态环境的重视较之欧美国家稍显不足,导致绿色金融项目仍然聚焦在能源、交通等基础设施层面,制造业企业难以从中获利。随着企业社会责任和商业伦理理念的增强,政府和民众对生态环境的日益重视,中国绿色金融将逐步崛起。

本章小结

在金融发展的过程中,不仅需要逐步完善金融工具的种类,适应经济发展的多样化,还应该逐步完善在金融决策过程中的监管手段和监管规则,逐步解决经济和金融发展过程中商业伦理缺失的问题。无论是完善现代金融监管体系还是建立个人伦理的决策体系框架,都是有效解决该问题的手段。提高个人对伦理问题的认知也是帮助改善这一局面的有效措施。除此之外,企业在发展的过程中更应该注重自身企业文化对员工和决策者个人伦理道德的影响,只有建立健康积极的企业文化,才能够帮助员工树立正确的伦理观念,及时改正越界的商业行为,最终扭转商业伦理道德缺失的局面。

关键术语

金融市场监管 金融伦理问题决策 绿色金融

思考练习

1. 金融机构商业伦理缺失的原因包括哪些?
2. 简述金融伦理学的具体内涵。
3. 发展绿色金融的意义是什么?

应用案例

巴林银行倒闭

尼克·李森（Nick Lesson）号称国际金融界的"天才交易员"，曾任巴林银行驻新加坡巴林期货公司总经理、首席交易员，以稳健、大胆著称，在日经225指数期货合约市场上，他被誉为"不可战胜的李森"。

1994年下半年，李森认为，日本经济已开始走出衰退，股市将会大涨。于是，他大量买进日经225指数期货合约和看涨期权。1995年1月16日，日本发生关西大地震，股市暴跌，李森所持多头头寸遭受重创，导致巴林银行亏损2.1亿英镑。李森为掩盖损失设置虚假账户，同时继续大量补仓日经225指数期货合约和利率期货合约，直至头寸总量高达十多万手。此时，日经225指数跌至18 500点以下，以"杠杆效应"放大了几十倍的期货合约当日经225指数每跌一点时，李森的头寸就要损失200多万美元。

1995年2月24日，日经225指数再次加速暴跌，李森所在的巴林期货公司的头寸损失超过10亿英镑，接近整个巴林银行集团的资本和储备总和。融资已无渠道，亏损无法挽回，巴林银行陷入危机最终倒闭，而李森畏罪潜逃。

资料来源：余维彬，王云海. 巴林银行倒闭 谁是罪魁祸首？[J]. 银行家，2004（01）：106—107。

思考题：巴林银行是否存在金融中介机构的道德风险行为？如果存在，具体表现在哪些方面？

第8章
商业伦理与生态发展

> 在地球生态环境中，人类不应当傲慢地认为，自己是万物的中心，这是一种生态的"人类沙文主义"。
>
> ——奥尔多·利奥波德（Aldo Leopold，美国生态学家）

> 最大限度地自我实现是生态智慧的终极性规范，即普遍的共生或自我实现，人类应该"让共生现象最大化"，从这种意义上来说，生态伦理学的内容及原则已成为人类可持续发展的哲理性道德规范。
>
> ——阿恩·奈斯（Arne Naess，挪威生态学家）

本章提要

本章探讨生态发展与商业伦理之间的关系。首先，着重介绍了生态发展的思想体系，阐述了基本内涵、基本原则和思想演进；其次，围绕企业责任观、企业利润观、利益冲突论、人类中心论、消费导向论，从伦理角度对工业文明进行反思；最后，从伦理角度对生态文明进行反思，着重分析了食品安全、中医药学与商业伦理的紧密关系。本章强调重塑商业伦理价值观的重要性，指出只有顺应生态文明发展的历史潮流，才能实现社会经济的可持续发展。

学习目的

1. 认识环境社会系统分析视角下的商业伦理
2. 掌握生态发展的基本原则
3. 理解商业伦理对生态发展的重要意义
4. 明确生态文明的内涵与意义

知识拓展

生态文明

生态文明是继农业文明、工业文明之后人类文明发展的新阶段,是人类遵循人、社会、自然和谐发展这一客观规律进行实践所取得的物质和精神成果的总和,是以人与自身、人与人、人与自然和谐共生、全面发展、良性循环、持续繁荣为基本宗旨的社会形态。它贯穿于经济建设、政治建设、文化建设、社会建设的全过程,反映了社会文明的进步状态。生态文明包括生态发展中的生态伦理、生态责任和生态平衡。在探讨人与人、人与生态环境之间的关系时,应该将人放在生态系统中考察,而不应该将人视为生态系统的对立面。在生态文明的发展进程中,人类的活动既涉及人与自然的关系,又影响人与人的关系,从而造成了复杂的价值观念和伦理问题。人类作为自然界系统中的一个子系统,与自然生态系统进行物质、能量和信息交换;因此,人类应该对生态发展的所有关联都给予伦理关怀,这种关怀本质上也是对人类自身的伦理关怀。

引导案例

环保不能屈服于经济利益

世界 500 强企业、德国舍弗勒集团(Schaeffler)[1]大中华区 CEO 张艺林致函上海市经信委等部门,称其供应商上海界龙金属拉丝有限公司(以下简称上海界龙)因环保问题被断电停产,使得集团面临供货缺口,理论上将造成中国 300 多万辆汽车的减产,相当于

---

[1] 作为德国的家族企业,其名称来自其创始人乔治·舍弗勒(Georg Schaeffler)博士的姓氏。舍弗勒集团是全球范围内生产滚动轴承和直线运动产品的领导企业,也是汽车制造业中极富声誉的供应商之一。

3 000 亿元的产值损失。该公司希望政府对其供应商上海界龙的环保事宜网开一面，宽限 3 个月，以免因滚针断供而造成更大损失。对此，时任生态环境部环评司司长崔书红指出，一些违法排污企业甚至根本不进行环保投入。

一方面是舍弗勒集团以巨资损失为由的"诚恳求援"，另一方面是环保部门对排污企业的怒斥。两方态度不同的谜团，只能从舍弗勒集团现在的困境来解开，这到底是怎么回事呢？

中央环保督察组在上海督察期间发现，上海界龙的酸洗磷化工艺不仅没有环评审批手续，而且已被政府列为"淘汰关闭类"项目。因此，上海市有关部门曾在 2016 年 12 月以及 2017 年 3 月，两次要求企业停止生产。2017 年 9 月 4 日，上海市川沙新镇再次书面要求上海界龙立即停止生产，如不予配合，将采取"断水、断电"措施。后来，上海界龙因不配合被断电停产，引起了这一场纠纷。

面对环保违规问题，企业需要改变之前的沉默应付，拒绝侥幸心理，不应陷入"环保会影响经济发展"的坏逻辑，而应将环保和经济利益置于同等重要的地位，正确认识两者共荣共生的关系，并主动寻求两者的协作与共赢，这才是企业未来的光明大道。

资料来源：王彬. 舍弗勒事件，环保不能屈服于经济利益 [N]. 钱江晚报，2017-09-29.

思考题：基于环境社会系统分析的视角，商业伦理的内涵和外延如何得到拓展？基于生态文明的视角，如何看待环保与经济发展的协调发展？

8.1 生态发展的思想体系

8.1.1 基本内涵

生态作为地球生物圈中生物的生存状态以及生物之间、生物与环境之间的相互关系，涉及人、自然和社会；生态发展则是从生态的角度来评估人类的发展，也即人类的发展和进步需要兼顾生态环境的权益，而不能仅仅追求经济发展利益。商业伦理作为人类在经济活动中应秉持的基本伦理观念和职业操守，在生态发展视角下被赋予了更为丰富的内涵；其内容从关注人与人之间的伦理关系，扩展到了人与生态之间的伦理关系。

20 世纪以来，以工业革命和科技革命推动的经济增长，由于缺乏伦理的约束加速了对地球资源的毁损。世界自然基金会（WWF）在《地球生命力报告2012》（Living Planet Report 2012）中指出，到2030年，即便有两个地球也不能满足我们的需求；如果按照美国人的方式生活，那么人类需要4个地球才能达到对自然资源的需求（WWF et al., 2012），何况由水、空气、土地构成的地球生命三大要素，都遭受了不同程度的污染。一些企业在生产过程中，忽略对自然生态环境所造成的影响，将空气和水当作免费产品，将环境视作无限商品，而消费者对产品的使用和人类对产品的废弃也加剧了对地球的污染。这种由企业和消费者造成的污染引发了一系列商业伦理的问题。在生态发展的理念下，人们重新审视生态的相关价值，创造了生态经济、生态伦理、生态责任等新的理念，对商业也提出了更高的生态责任要求。随着科技发展水平的提高和生态发展意识的增强，人们经历了从物质化到减物质化的阶段，减物质化将成为生态发展的大趋势，其中绿色经济[1]将成为商业经济的新特征。

8.1.1.1 生态经济

生态经济是指在经济发展中，要考量生态的承载力，通过循环和高效地利用资源，最大限度地减少对生态系统的破坏，进而达到一种"生态平衡"的状态。"生态平衡"这一概念最早由美国人口学家威廉·福格特（William Vogt）提出。他认为，生态平衡是指生态系统内部和外部通过交换物质、能量和信息形成的稳定结构（福格特，1981）。之后，一些中外学者进一步丰富了生态平衡的内涵。如：生态平衡是指生态系统中的生物和环境各部分之间通过能量、物质和信息的交换达到高度适应、协调统一的状态（金以圣，1988）；生态平衡是生态系统内各部分在结构和功能方面处于相互协调的动态平衡；生态平衡是生态系统内能量和物质的输出和输入达到平衡的状态。事实上，全球生态失衡已经出现，如过度地使用化石能源所导致的气候变暖问题、生物多样性减少以及沙漠化等。

---

[1] 绿色经济（Green Economy）是以市场为导向、以传统产业经济为基础、以经济与环境的和谐为目的而发展起来的一种新的经济形式，是产业经济为适应人类环保与健康需要而产生并表现出来的一种发展状态。在经济活动中，用尽可能少的资源消耗和环境代价，取得最大的经济产出和最少的废弃物排放；通过对自然资源的循环利用，实现经济效益、环境效益和社会效益相统一。2008年10月22日，联合国环境规划总署发起了推动世界各国向绿色经济模式转变的倡议。

8.1.1.2 生态伦理

生态伦理即人类协调自身及其周围的动物、环境和大自然等生态环境关系的一系列道德规范，在人类进行与自然生态有关的活动时，应该遵循形成的伦理关系及准则；类似的观点早在古代农业社会就被提及。例如，中国的儒、道、佛三家均提倡"天人合一"的思想。道家的庄子曾说："有人，天也；有天，亦天也"；儒家认为"天地万物为一体"；佛家"万法唯识"的认识揭示了人与自然的关系。但是，在进入工业化社会之后，人类却高举科技进步的大旗，秉持"自我中心"和"人定胜天"的理念，站在了自然界的对立面，肆意掠夺自然资源，破坏生态环境。

在中国学术界，关于人类与自然关系的看法主要分为两派。以廖晓义、汪永晨等著名环保人士为代表的"敬畏自然"学派，主张敬畏自然；廖晓义作为北京地球村环境文化中心的创办人坚信敬畏自然是对客观规律的尊重，只有这样人才能与自然互惠共生（廖晓义，2005）；汪永晨极力反对"以人为本"的思想，表示人类应对大自然心存敬畏（汪永晨，2005）。以何祚庥等为代表的"改造自然"学派，声称"人类无须敬畏大自然"，认为海啸、"非典"等事例表示存在"人天对抗"的关系，认为只有"有所作为"或"大有作为"才能够保障人类的根本利益（何祚庥，2005）。

从生态发展的视角来审视今天的争执，其实人与物、文化与自然、文明与野蛮这种二元论已经不知不觉地渗入人类的潜意识，成为人们思考判断的逻辑和日常生活行为的依据。人类从原始部落以采集与狩猎为特征的顺应自然阶段，进入到农耕时代以耕耘与驯养为特征的利用自然阶段，再到工业科技时代以征服与改造为特征的占有自然阶段，其间经历了相对漫长的时间。之后，有部分人更是鼓吹要将人类自身置于自然之外，甚至之上，成为自然的主人，主宰自然的命运。

直到20世纪60年代之后，一些有识之士才幡然醒悟，人类只是自然的一部分。这种生态觉醒从美国生物学家蕾切尔·卡逊（Rachel Carson）的《寂静的春天》（*Silent Spring*）、保罗·艾里克（Paul Ehrlich）的《人口爆炸》（*The Population Bomb*）、加勒特·哈丁（Garrett Hardin）的《公地悲剧》（*The Tragedy of the Commons*）和《生活在救生艇上》（*Living on a Lifeboat*）、丹尼拉·H. 米都斯（Donella H. Meadows）和丹尼斯·L. 米都斯（Dennis L. Meadows）撰写的《增长的极限》（*Limits to Growth*）以及联合国在斯德哥尔摩召开的人类环境会议上通过的《人类环境宣言》（*Declaration of the United Nations Conference on the Environment*）得以窥见。这些文本揭示了人类正在逐步丧失商业伦理、贪婪地追求财富增长、贫富差距日益扩大等尖锐的社会问题，呼吁人们认真思考人类社会的发展问题，唤起了人们对生态伦理的关注，推动了现代环保主义的发展，开启了人类怀着共同的伦理情怀来保护生态环境的时代。

8.1.1.3 生态责任

生态责任主要指人类依赖自然界提供的物质和能量，在一定范围内承担起改变其所处环境日益恶化状况的责任。企业既是资源消耗的主力军，也是环境污染的责任者。秉持商业伦理的企业，在注重企业自身可持续发展的同时，也要兼顾环境与社会可持续发展的义务，这就是生态责任（宋宝莉等，2006）。

生态责任也称为环境责任，从企业层面而言，生态责任便是企业在经济活动中考虑自身行为对自然环境的影响，并且以负责任的伦理态度将企业对环境的负外部性降至最低的水平，而转型为资源节约型和环境友好型生态企业。企业的生态责任是企业社会责任的有机组成部分，通常包括企业对自然的生态责任、对市场的生态责任和对公众的生态责任三个方面（叶陈刚等，2013）。

（1）企业对自然的生态责任。企业对自然的生态责任是指企业为实现可持续发展而对自然环境承担的社会责任。企业不应仅仅向自然界索取并消费环境资源，还应在企业自身获得发展之后，通过一定的方式将部分资源返还给自然环境，否则环境社会系统的可持续发展将无法实现。因此，企业不能只拥有消费环境资源的权利而忽视自身对自然环境的义务，而应该自觉地增加对环境保护的投入。

（2）企业对市场的生态责任。企业对市场的生态责任是指企业为实现可持续发展而对产品市场承担的社会责任。企业向市场提供的各种产品不仅应具有特定的功能性价值，而且应具有一定的生态性价值。企业不仅应在生产过程中严格遵守各种环境保护的法律法规，努力实现清洁生产和循环经济，推动产品生产过程的生态化，而且应通过创新产品设计和产品回收体系等多种渠道积极培育和引导市场对环境友好型产品的需要，为市场提供各种绿色、有机的健康产品和生态服务。

（3）企业对公众的生态责任。企业对公众的生态责任是指企业为实现可持续发展而对社会公众承担的社会责任。企业生态责任的最终目的在于维护社会公众的生态福祉。企业在合法的生产经营活动中，不仅要通过污染治理、排污交易、生态补偿等多种措施促进当代人之间的机会均等和公平正义，还要通过减少可耗竭资源的使用和促进可再生资源的开发等措施来维护当代人和后代人之间的"代际公正"，不能以牺牲后代人的利益来满足当代人的利益。

8.1.2 基本原则

《联合国气候变化框架公约》秘书处前执行秘书长克里斯蒂安娜·菲格雷斯（Christiana Figueres）在《我们选择的未来：应对气候危机》（*The Future We Choose: Surviving the Climate Crisis*）一书中描述了人类未来30年活动影响地球的两种情景。第一种情景，人类按照目前创造世界的活动继续发展、漠视危机、消极应对，将会导致21世纪中叶生物多样性遭到极大破坏、全球环境恶化不可逆转，造成21世纪末全球气温上升超过3℃、人类遭受巨大痛苦；第二种情景，人类从必须创造的未来世界的视角出发、努力减排，将会保证21世纪中叶全球气温上升小于1.5℃，实现人类与自然共存共荣的美好期许。虽然全球变暖不可逆转，但是我们还有机会改变，美好未来不仅可能，而且可见（Figueres，Rivett-Carnac，2020）。那么，为了实现第二种情景，人类必须在经济活动中注重商业伦理。商业伦理与生态发展相互关联，首先表现为商业活动对自然生态的影响，经济增长既要满足社会发展的需求，又要适应生态发展的要求。商业伦理对企业的经济行为有道义性约束力，特别是在全球资源日益枯竭的今天，人类应该有节制地开发和利用自然资源。因此，人类社会必须依据实现第二种情景的要求制定生态发展的基本原则。

8.1.2.1 正义原则

正义原则是指个人或社会集团的行为要符合生物多样性的原则，符合保护环境的目标，各个国家、民族和地区都应共同承担维护生态发展的责任，要求当代人公平、高效、有节制地开发和利用自然资源，体现"人类命运共同体"的共同利益。正义原则涉及三个方面的内容：一是尊重自然，尊重与自然之间建立的相互依存关系；二是反对污染和战争；三是保障每个人平等的环境权益。

8.1.2.2 代际公正原则

美国学者约翰·罗尔斯（John Rawls）第一次系统地阐释了代际公正理论，他将公正的外延扩展到了当代人对后代人的义务问题（罗尔斯，1988）。代际公正原则也称代际平等（Intergenerational Equality）原则，其中"平等"指的是人人平等，"代际平等"则是指两代人之间权利的平等。具体来说是当代人和后代人所享有的基本权利应该是一样的，当代人不应该在享有基本权利的同时损害后代人的利益和追求平等权利的机会。同样，下一代人也应该珍惜上一代留下的有形和无形的财产，做到不滥用、不毁坏，留下良好的生态环境。这是每一代人所负有的义务。

8.1.2.3 尊重自然的原则

在对自然的认识上，人类作为自然界的重要组成部分，汲取着自然界的养料，应该充分认识到自然资源的有限性，并且有节制地、高效地利用自然资源，做到真正地尊重自然。"地球宪章"（Earth Charter）这一国际机构，将地球视为母亲，致力于保护地球的运动。它主张建设一个公正、可持续与和平的21世纪国际社会，号召实现整个人类大家庭和子孙后代康乐安宁的美好生活。

8.1.3 思想演进

生态发展经历了两个重要的阶段。第一个阶段是以工业现代化为标志，由农业社会向工业社会、农业经济向工业经济的转型，伴随着巨大的环境破坏和严重的生态退化；第二个阶段是以生态现代化为标志，由工业社会向知识社会、工业经济向知识经济的转型，特点是知识化、信息化、绿色化，也伴随着国家间和区域间贫富差距的日益扩大。中国学者王治河等在《第二次启蒙》一书中认为，实现从工业文明向生态文明的转变，有必要反思以个人主义为特征的"第一次启蒙"，并在此基础上开展"第二次启蒙"，通过共同体利益的生态经济，找回生命中久违的归属感和幸福感，实现城市与乡村共荣、工业与农业共存的生态文明（王治河，樊美筠，2011）。

生态文明思想在生态发展中随着生态现代化转型应运而生，它涉及人与自然、人与人之间的关系，是文明生存的本质。在生态发展过程中，生态文明作为超越工业文明的新型文明形态，其文化、思想都呈现出和而不同的多元化特征；其内容不是某种性别、种族或物种去统治另一方，而是人类乃自然界的一部分。换言之，生态文明就是让人类意识到他们是生态发展系统的一部分，并找到一种与生态的其余部分共生的生活方式，同时停止对生态的破坏。中国古老智慧"天人合一"虽好，但在工业现代化的洪流中难以抗衡逐利的潮流。实质上，超越过去文明与自然的二元论，将人类自身作为自然的一部分，把文明建立于同自然的亲和而不是对抗的基础之上，这才是生态文明的本质。

8.1.3.1 生态文明产生的背景

1978年，德国学者伊林·费切尔（Iring Fetscher）在《论人类的生存环境》（*Conditions for the Survival of Humanity: On the Dialectics of Progress*）一文中提出了"生态文明"概念。他认为，人们向往生态文明是一种迫切的需要，只有人与非人的自然界之间处于和平共生状态之中，人类生活才可以进步，因此必须限制和摒弃那种无限的直线式的技术进步主义（Fetscher, 1978）。但是，费切尔并没有对生态文明做进一步定义，只是简单地将生态文明视为工业文明之后的一种文明形态。1996年，美国学者罗伊·莫里森（Roy Morrison）在《生态民主》（*Ecological Democracy*）一书中也提及生态文明的概念，并将生态民主作为实现生态文明的唯一方式（莫里森，2016）。

1987年，中国学者叶谦吉教授针对水土流失、土地沙漠化、稀有动物濒临灭绝以及水污染、空气污染、土地污染、食品污染等日益严重的问题，在全国生态农业研讨会上，首次提出了"生态文明建设"的倡议。2007年的中共十七大，面对国际政治环境和国内生态环境的双重约束，国家首次把"建设生态文明"写入党的报告，生态文明不仅成为中国的国家意志和国家战略，而且也成为中国参与全球治理的重要组成部分（周国梅，唐志鹏，2008）。中国生态伦理学家余谋昌认为全球已呈现出以生态文明代替工业文明的发展趋势，这将是世界文明史的根本性变革，也标志着人类正在进行从征服自然迈向与自然融为一体的过渡。目前，中国在生态发展的进程中，将生态文明作为新时代的发展战略，无疑具有重大的现实意义和深远的历史意义。

8.1.3.2 生态文明的理论与实践

生态文明的思想渊源是中国古代文明中人与自然关系的生态文化。生态文明包含着"天人合一"的思想，它注重人和自然的和谐统一。从人类文明历程来看，生态文明是继农业文明、工业文明之后更高级的文明形式。农业文明倡导通过对大自然的改造来获取人们赖以生存的物质，被称作"黄色文明"；工业文明强调征服自然，通过高消耗、高排放、高污染生产大规模的物质，以满足人们的高消费需求，被称作棕色经济（Brown Economy）[1]或"黑色文明"。这两种文明将人类凌驾于自然之上，都认为大自然应该服务于人类，而自然界的资源是取之不尽、用之不竭的。由工业文明发展而来的生态文明

---

[1] 棕色经济又称为黑色经济（Black Economy），它指经济增长仅仅依靠石化资源，如煤炭、石油和天然气等，为此大量二氧化碳和烟尘被排放到大气中，对环境的污染较大。

认识到了环境问题的严重性,它强调人与自然是一个整体,不可分割,摈弃了人类中心主义观点。

中国面临如何优化战略的选择,是继续走完工业文明的全过程再向生态文明过渡,还是取工业文明所长而避其所短,直接瞄准生态文明目标? 2007年,中国第一次明确地提出了"建设生态文明"的目标。2012年,"生态文明"作为国家重点发展战略,以"五位一体"[1]开展了总体布局,2015年,中共中央、国务院印发了《生态文明体制改革总体方案》,确立了生态文明的内涵、原则及措施;各级地方政府也积极探索生态文明的实现路径,从生态文明村、生态文明示范县、生态文明示范市到生态文明示范省,形成多样化的发展势头。2018年,"生态文明"被写入《中华人民共和国宪法》,这是中国生态发展的重要里程碑。在生态文明战略定位下,中国不断探索生态文明理论并付诸实践。生态文明已成为党的执政理念。

8.1.3.3 生态文明的普世意义

建设生态文明,不是要人类消极地向自然回归,而是要人类积极地遵循生态伦理、与自然更加和谐。人类既不能简单地"主宰"或"统治"自然,也不能在自然面前消极地无所作为。建设生态文明的终极目标——实现人类自身的利益,它体现出两个重要的意义。

(1) 命运共同体论。中国生态文明不仅根植于优秀的传统性文化,而且也借鉴了先进的现代化思想。人类不仅唯有一个地球,共处一个世界,而且作为自然的一部分,与自然是休戚与共、相互依存的。中国提出的构建人类命运共同体论,旨在追求本国利益时兼顾他国关切,在谋求本国发展中促进各国共同发展,它既是全球治理方案与世界秩序规范,又是人类社会的共同伦理和国际合作的共同准则(李丹,李凌羽,2020)。

(2) 社会共生体论。工业文明主导下的世界各国争夺资源、将彼此的关系视为竞争关系,而忽略了人类共同生活在同一星球这一基本事实。生态文明有助于让人类重新认识到社会共生性,空气、水、土壤、病毒、气候变暖均不分国界,人类共同享受生态系统所提供的资源与空间,同时也共同承受危害与苦难。任何社会组织皆是由内共生至

---

[1] "五位一体"指经济建设、政治建设、文化建设、社会建设、生态文明建设共同推进。这一总布局标志着中国社会主义现代化建设进入新的历史阶段。

外共生再由外共生而强化内共生关系的主体构成（钱宏，2012）。2020年新冠肺炎疫情在全球的暴发，说明病毒已经超过了国界，人类作为社会共同体，需要共同面临这一挑战。在生态文明理念的指导下，世界各国应该更加团结起来，共同致力于攻克传染病、应对气候变化、保护生物多样性等人类共同的事业，只有摒弃所谓的一国"优先论"，不再以贸易战、军备竞赛、石油战来耗费全球极其有限的资源，奉行人类相互尊重、共同发展的基本伦理，才能真正避免人类可持续生存的危机。

8.2 工业文明的伦理反思

在工业文明阶段，人类冲破了宗教的束缚，借助科技进步，释放出"开发自然""改造自然"直至"征服自然"的力量。工业化为人们生活带来了便利，极大地丰富了人类的物质生活，但是这一光荣历程已经载入史册。工业化留下的水污染、空气污染、土地污染、食品污染以及全球普遍存在的贫富差距、资源短缺、生态环境恶化等问题，使得人类对原有的经济发展方式产生了怀疑。此外，美国奉行的"美国优先"的利益优先政策以及单方面退出一系列国际协议，很大程度上破坏了全球的商业规则，对全球商业伦理的维护带来了困难。

因为对商业伦理的忽视，一些经济活动的开展对生态环境和营商环境造成了巨大破坏；这进一步加剧了资源枯竭、环境污染、气候变暖、沙漠化等全球性的生态危机和经济危机。因此，人类社会有必要对工业文明进行认真反思，对其中具有一定代表性的思想加以研究，例如企业责任观、企业利润观、利益冲突论、人类中心论、消费导向论等。

8.2.1 企业责任观

要厘清商业在人与自然关系中的作用，不得不谈到如今处于经济学主导地位的自由主义理论。从开山鼻祖亚当·斯密代表的古典自由主义和市场经济，到美国诺贝尔经济学奖获得者米尔顿·弗里德曼（Milton Friedman）代表的新自由主义，自由经济理论有了长足的发展。自由经济理论认为，只要发挥个人的积极性，整个社会的福利水平也会在这一过程中得到提升。应用到商业领域和企业家层面，"利润最大化就是企业唯一的责任",这意味着只要企业的管理者好好经营自己的公司和业务,提高企业的利润水平,就等同于提升整个社会的福利水平(Friedman,1970)。因此,自由经济学家们并不主张政府要求企业承担社会责任,也反对所有针对商业行为的干预。但是,事实告诉人们,企业在追逐自我利益的过程中,并不一定会带来社会福利的增加,反而可能带来生态破坏和经济危机,导致整个社会福利水平的下降。那么,企业到底该不该负责?又该对谁负责?在20世纪30年代历史上发生的著名的"哈佛论战"[1]之后,越来越多的人意识到企业应该具有对社会负责的商业伦理(Berle,Means,1933;Dodd,1932)。

美国学者基思·戴维斯(Keith Davis)提出,企业的社会责任与其权力是息息相关的,对社会负责的企业其社会权力会增强;企业除负有经济责任外,还有那些不能用利润衡量其价值的社会责任(Davis,1960),这些观点引导人们更加关注企业社会责任。随着生态危机的出现及环保运动的兴起,生态环境保护渐渐进入企业社会责任的范围。众多国家纷纷成立环境保护部门,加强了环境立法与监督;政府和公众对企业在环境责任方面提出了更高的要求。

8.2.2 企业利润论

新自由主义经济的倡导者弗里德曼认为,企业有且只有一种责任,那就是用其可得的资源去增加其利润,企业社会责任就是增加利润(Friedman,1982)。针对弗里德曼的言论,美国管理学大师彼得·德鲁克(Peter Drucker)却认为企业不仅有经济责任,也有对社会的责任;企业不仅需要做好自己的事,而且需要做善事。当然,德鲁克也提出社会责任是有边界的,它不应该超出企业可以承担的范围,否则会影响企业正常的经济活动。把企业做好是企业做善事的前提和基础(Karake et al.,1999)。另一位倡导企业社会责任的美国学者约瑟夫·M.麦克格尔(Joseph M. McGuire)也认为,企业不应只关注利润的增长,也需要关心政治、社会福利和教育、员工幸福感等社会问题,企业必须扮

---

[1] 早在20世纪30年代,美国哥伦比亚大学法学院阿道夫·奥古斯塔斯·贝勒(Adolf Augustus Berle Jr.)教授与哈佛大学法学院埃德温·梅里克·多德(Edwin Merrick Dodd)教授的争论引发了著名的"哈佛论战"。贝勒认为,企业管理者是只受股东委托、唯股东利益是从的股东权益受托人。多德立即表示强烈反对,在他看来,企业是既有盈利功能,又具有社会服务职能的经济机构,企业管理者不仅受托于股东,而且受托于更广泛的社会,包括对雇员、消费者和广大公众均负有社会责任。最后,贝勒宣布认输,并成为一个忠实的、坚定的"企业社会责任"者。

演一个行为公正的社会角色（McGuire，1963）。

近半个世纪，一些学者开始认真反思商业伦理和经济增长的本质。首先，罗马俱乐部提出有限增长理论，对人类未来发展持悲观的预测，这种理论产生了极大影响，促进了人类对高速度的经济增长进行反思（梅多斯等，2013）。另外，英国生态经济学家蒂姆·杰克逊（Tim Jackson）指明地球资源的有限性以及全球环境承载能力的有限性，注定了通过消费来刺激经济增长的模式是难以延续的；他呼吁人们重新审视什么是繁荣，什么是幸福，主张通过将国民幸福与经济增长和GDP的等号剥离开，实现没有增长的繁荣（Jackson，2009）。如果企业不能够持续获得资源和能源，那么其企业活动也将停止。中国乃至世界各国都对"唯GDP论"展开了批评，甚至不少国家推出了国民幸福指数取代GDP指数，对其国内自然资产进行评估，弱化经济增长在决定国家综合实力及国民生活水平等方面的作用。商业的经济活动要实现可持续发展，不能仅仅关注利润增长，还需要关注提供原材料和能源的生态系统是否能维持企业的可持续发展。

8.2.3 利益冲突论

随着商业伦理和企业社会责任的发展，不少企业纷纷将环境保护和生态纳入企业发展战略。但是传统的经济学认为，企业将资金、人力和物力投入环保，将外化的环境成本内化为企业的生产成本，必然减少企业在创新等其他方面的投入，可能导致企业的整体利润水平因对环保的投入而降低。现实生活中，也有部分企业抱怨严格的环境保护法规和环保标准，影响了企业的正常运营和盈利水平。这种将商业伦理和企业发展视为利益冲突的观点，势必削弱企业履行生态责任、社会责任的动力和创新能力。

20世纪80年代，德国提出的生态现代化理论[1]及美国提出的波特假说[2]颠覆了利益冲突论的假设。生态现代化的核心思想就是生态发展和经济增长可以互相促进。德国和日本等国家率先推行循环经济的实践表明，企业遵循环境责任、社会责任等商业伦理的

---

[1] 生态现代化（Ecological Modernization）由德国学者约瑟夫·胡伯（Joseph Huber）在20世纪80年代提出。该理论主张发挥生态优势推进现代化，实现经济发展和环境保护的双赢。

[2] 波特假说（Porter Hypothesis）认为，适当的环境管制将刺激技术革新和促使企业进行更多的创新活动，而这些创新将提高企业的生产率，从而抵消由环境保护带来的成本并且提升企业在市场上的盈利能力，提高产品质量，这样有可能使国内企业在国际市场上获得竞争优势，甚至提高产业生产率。在此之前，人们认为环境管制是企业费用增加的主要因素，对提升生产率和竞争力将产生消极影响，波特假说的主张与此形成鲜明对比。

原则，并没有使得两国竞争力减弱，相反，推动企业率先进行环保技术的研发和环保标准的制定，使得企业在商业竞争中获得先发优势（黄海峰等，2007）。例如，日本的汽车行业制定了严格的节能和环保标准，并没有削弱日本汽车企业的国际竞争力，反而使日本汽车企业在国际社会立于不败之地。环境友好型产品和技术已成为这些国家新的经济增长点，商业伦理和生态发展形成了互利互赢的共生关系。

波特认为严格的环境规制可以提高国家的整体工业水平。波特等甚至认为环境污染只是企业未能充分地利用资源，而环境规制能使企业发现市场的缺失（Porter, Van der Linde, 1995）。如果企业先行投入资金进行环保技术研发，将在越来越严格的环保规制下获得先发优势。严格的环境规制将促使企业进行资金重组，淘汰老化落后的技术和机械设备，从而提高生产效率和增加利润（Xepapadeas et al., 1999）。

也有学者进一步指出，将商业活动与可持续发展相对立，是因为这些企业完全忽略了商业中的时间因素，这种短视行为，仅仅看到环保投入的短期成本，而没有从企业战略着手，洞察到企业获得可持续发展的先发优势（Bansal，2014）。有许多国际社会实例可以说明，比如金光集团，因为没有关注生态保护而遭受重大损失，这表明商业活动和生态发展之间存在一损俱损的关系。

8.2.4 人类中心论[1]

人类中心主义的观念也具有历史发展的连续性和间断性，人类主观地将自己置于中心地位，盲目乐观地认为科技发展可以解决任何生态问题。英国牛津布鲁斯大学教授戴维·佩珀（David Pepper）对此明确了几点：①人类总是将自己置于中心位置，认为自然只是为其提供服务；②人类只注重自身的价值，对自然则只注重其工具价值；③人类与自然是"主客"分离的关系，人类是地球的主人，而自然始终处于客体地位（张季平，李笑春，2010）。

基于这样的理念，很多商人或者商业活动仅仅将自然作为提供资源以满足人类需求的对象，而没有关注到自然的生态、审美和道德等方面的价值。商业是为了满足人的需求而存在的，目的是为人提供商品和服务，商业领域的技术中心主义和人类中心主义在

---

[1] 人类中心论也称为人类中心主义。它是以人类为事物中心的学说，把人类的利益作为价值原点和道德评价的依据，强调只有人类才是价值判断的主体。

很长一段时间被认为是理所当然的。例如，在商业伦理中探讨企业社会责任的时候，最先关注人的权益，也就是员工或消费者的权益，其次才是自然的权益；围绕人与自然关系，人的权益可以通过人发出声音，但是自然本身难以为自身利益发声，自然的权益必须通过其他人才能够传达给企业，这使得自然在人类利益面前处于劣势地位。

毫无疑问，人类中心主义的极端化，使人类逐渐走向了自然的对立面，导致自然对人类的报复。消除这种报复的途径，就是将商业伦理注入人们的意识，将生态文明作为唤起人们对自然的"道德良知"与"生态良知"，让人们认识到人与自然的关系是息息相通、相互作用、互利共生、和谐共存的有机统一。人有责任、有义务尊重自然界中其他物种存在的权利。享用自然并非人类的特权，而是一切物种共有的权利。人要在维护生态平衡的基础上合理开发自然，规范人类对自然的行为，把人的生产方式、消费方式限制在生态系统所能承受的范围内。

目前，比较值得提倡的是介于人类中心主义和生态中心主义之间的中庸论。在商业活动中，需要彻底改变无偿使用自然资源的状况，让自然资源价值通过市场机制得以估值。英国学者哈丁提出的"公地悲剧"概念[1]，揭示了人们对自然资源的无偿使用，从而忽略了自然在整个生态系统中的价值和持续性，从而导致自然的价值没有充分体现（Hardin，2009）。从商业的角度出发，自然的价值需要通过自然的利益代表来体现，因为消费者和生产者均根据自己的利益来向自然索取，而忽视了生态系统的可延续性。另外，为体现商业伦理中的代际公正，保证下一代人类的权益，企业应从商业伦理和生态发展的角度出发，不再局限于消费者的眼前利益，而应以环保型技术和环境友好型产品替代对环境有害的技术和产品；用科技发展提高资源的利用效率以实现对资源需求的减物质化，用科学的方法消除人类工业化对自然环境的污染和破坏。

8.2.5 消费导向论

商业发展的目的在于满足人类的需求，但为了迎合少部分人贪得无厌的物质需求，势必造成自然环境的恶化。事实上，生态危机与个人主义及消费主义具有直接的关联，

---

[1] "公地悲剧"（Tragedy of the Commons）又称公共地悲剧，它是一种涉及个人利益与公共利益对资源分配有所冲突的社会陷阱。由于每一个个体都试图扩大自身可使用的资源，最终就会因资源有限而引发冲突，损害所有人的利益。

商业伦理中的生态责任不仅针对企业经营者，也针对消费者。消费作为有效促进经济增长的手段，必须采取减物质化的绿色消费和绿色生产方式，以减少"生态足迹"[1]，降低对生态环境所造成的负面影响（刘顺，2017）。

全球化使得生产者更易于获得世界各地的资源。大部分的消费者集中在发达国家，资源提供者则集中于欠发达国家，发达国家的生态足迹远远多于其他国家和地区，消耗了更多的自然资源。欧美现有的高消费方式，需要借由数个地球的资源才能维持。因此，随着对经营活动中商业伦理的重视，出现了"绿色消费""绿色供应链""绿色生产"等概念，其崭新的商业模式将销售产品转变为销售服务，消费者通过拥有产品的使用权，将大大提高产品的使用效用而减少其生产数量。互联网时代涌现出许多共享经济的经营模式，最突出的方式就是优步（Uber）、爱彼迎（Airbnb）和滴滴打车等提倡共享消费品的使用权，从而有效地减少资源的浪费。

8.3　生态文明的伦理反思

中国在工业化进程中，承接了全球工业化转移甚至污染产业的转移，这使得中国成为世界能源消费大国、世界碳排放大国，造成资源短缺、环境污染等一系列问题。只有改变粗放型物质化的经济增长方式，实施绿色转型，推进生态文明建设，贯彻"创新、协调、绿色、开放、共享"五大发展理念，才能重塑现代商业伦理，这不仅有利于继承优秀的中国传统商业伦理文化，也有利于吸纳全球的可持续发展思想，从而为中华民族的伟大复兴创造有利条件（黄海峰，2016）。

（1）继承优秀的传统商业伦理文化。在几千年的漫长历史中，中华民族重诺守信、重义轻利、互惠共赢的商业道德，促进了中国工商业的发展。在生态文明建设进程中，重塑中国的商业伦理，不仅有利于继承中国传统的商业伦理精髓，发扬中国优秀的传统文化，也有利于消除不道德的市场行为，促进工商业的健康发展。

（2）吸纳现代的可持续发展思想。随着生态文明阶段的到来，商业伦理的内涵不

---

[1]　生态足迹（Ecological Footprint）就是能够持续地提供资源或消纳废物的、具有生物生产力的地域空间，其含义就是要维持一个人、地区、国家的生存所需要的或者能够容纳人类所排放的废物、具有生物生产力的地域面积。为承载一定生活质量的人口，所需的可供人类使用的可再生资源或者能够消纳废物的生态系统，被称为"适当的承载力"。

仅超越了人与人之间关系的范畴，也超越了民族与文化的界限。吸纳可持续发展的思想，有利于中国企业在新时代焕发出更强大的生命力。就生态发展而言，就是要逐步消除经济与科技的价值霸权、文化殖民主义与文化相对主义，开展"生态对话"，这是传统与现代、中国与西方之间系统、完整、平等、有机的生命对话，是在对本民族文化和价值观自觉认同与对异质文明承认与尊重基础之上的交流、融通和合作，是以生态的发展观取代以利益为中心的发展观，是借鉴吸收西方文化的有益成果、积极参与世界文化交流并弘扬本国民族文化的"生态自觉"，是生态伦理视野下的价值观的深层变革（牛庆燕，2017）。

在生态发展过程中，支撑人类社会不断进步的重要因素是食品与健康，因此，下面将着重论述食品安全和中医药学管理中的伦理。

8.3.1 食品安全管理的伦理

中国有句俗话：民以食为天，食品安全关系到人类的生命健康和社会的可持续发展，不仅关涉人类生命的存在，也关涉人类生活的质量，涉及生命权和发展权等相关的伦理考量。如果仅从商业伦理角度而言，人类作为一个集群，需要通过生产与加工食品满足其生存需求，食品的生产由专门的经济组织来经营，在面对利益最大化的诱惑时，组织中产供销各个阶段经营者的商业良心不断面临着考验。食品安全承载着人类对商业伦理价值的期盼，重视商业伦理与食品安全的内在关联，是对人类社会生存的自我保护。

8.3.1.1 食品安全与公共健康

食品安全涉及的商业伦理越来越成为一个迫在眉睫的问题。随着科学技术的迅猛发展，市场经济的主导和消费社会的形成，食品安全将成为食品的生产、流通、监管和消费的重要价值诉求，它关系到人类的生存与发展、生命的权利与价值、社会的秩序与和谐、人类的现在与未来、代际关系的公平与正义等一系列重大的伦理问题（唐凯麟，2012）。早在19世纪，英国食品行业就发生了各种不道德的做法，例如将木炭粉加入咖啡，以假乱真，增加浓度，用红铅涂抹奶酪以增加色彩。美国作家厄普顿·辛克莱（Upton Sinclair）甚至亲自到屠宰厂"潜伏"了七周，以《屠场》（*The Jungle*）这一纪实小说记录下来一切可怕的事实，其中描述了"食品加工车间里垃圾遍地，污水横流，腐烂了的猪肉被搓上苏打粉去除酸臭味；毒死的老鼠被一同铲进香肠搅拌机；洗过手的水被配制成调料；工人们在肉上走来走去，随地吐痰，播下成亿的肺结核细菌……"，这直接引发了美国公众对食品安全和卫生的强烈反应，成功推动了《1906年纯净食品和药品法》的通过。一百多年后的今天，仍有食品制造商或零售商对食品的成分虚假申报或隐瞒事实，或通过广告误导消费者。长期以来，这些食品行业中不道德的行为给消费者带来了诸多的潜在风险和难以估量的健康伤害。

改革开放以来，中国在保证温饱的基础上基本实现了小康生活，人们从过去的老观念"吃饱"转变为新观念"吃好"，这种观念的转变使得人们更加关注食品安全问题。然而，中国曾出现的极其严重的食品安全问题，如"毒奶粉""瘦肉精""毒火腿""地沟油"等事件造成了恶劣的社会影响，企业商业伦理的丧失以及法律监管不到位等诸多问题使得人们对食品安全的信任大打折扣。此外，食品安全问题也危害着经济的健康发展。食品加工业是中国的重要支柱产业，而食品安全问题的持续发酵，会降低人们对食品加工企业的信任度，进一步将食品加工企业推入困境，从而对经济社会的发展产生不利的影响。总之，在食品安全领域，从事食品生产、流通的企业，除负有经济责任、法律责任之外，更肩负着食品安全的伦理责任。政府有关部门也必须按照《中华人民共和国食品安全法》制定食品安全标准，在食品生产、流通的各个环节发挥监督管理作用，以维护人民的生命安全与健康。

8.3.1.2 食品安全与商业伦理

食品安全与商业伦理密切相关，它涉及企业社会责任、生态伦理观念、经济伦理范畴等相关概念。

第一，从企业社会责任角度来看，食品生产企业为消费者提供高质量、卫生且符合安全标准的产品就是社会责任，这些应该成为企业管理和经营理念的核心内容，而企业应该成为商业伦理的载体。

第二，从生态伦理观念来看，在食品的生产过程中，商业伦理主要体现在对待转基因食品的生产和技术的态度，是否符合生态伦理的观念。有一些科学家质疑运用转基因技术手段改造生物体，认为这一技术可能会打乱自然界经过漫长时间进化形成的秩序，破坏生态平衡。由于不能准确预测转基因生物体及其代谢产物的表现形态和潜在危害，一些国家明文规定必须对转基因产品在上架前进行明确标识，即从农田到餐桌中的各环节进行标识，以保证转基因产品的可追溯性。在转基因技术的应用中，需要遵循的生态伦理要求包括：一是保护人类与保护环境相结合；二是维护生态平衡，保护生物多样性；三是生态效益要求；四是可持续发展要求。

第三，从经济伦理范畴来看，通过分析食品安全问题的经济制度、经济政策、经济决策、经济行为的伦理合理性，人类可以寻求伦理学与经济学的结合点，对食品安全问题进行溯源和求解，从而实现对食品企业的持续发展和社会的稳定发展的约束。

8.3.1.3 食品安全与食品伦理

食品伦理学是新兴的学科之一，它与商业伦理相互关联。食品伦理的研究有助于加强商家商业伦理意识、提升食品安全水平。相对于商业伦理，食品伦理具有独特的性质和道德判断标准（Mepham，2000）。

第一，食品伦理的独特性质。具体包括：①食物对人类的生存至关重要；②粮食生产是一个与生态发展密切相关的过程，食品产业的发展离不开自然生态资源的支撑与开发；③可持续粮食供给需要稳定的生态环境；④食品产量取决于农业生产力，而农业生产力大部分依赖于植物所获取的太阳能。

从商业伦理角度来看，食品产业需要面对三个关键问题：如何建立高效、合理和公平的粮食供应链，以解决食品匮乏地区的危机？如何提升全球食品安全的水平，从而减少直至消除食品生产过程中生产者的短视行为及监管者的职责缺失？现代农业及生物技术的发展给人类提出了新的伦理挑战，企业如何规避其隐患而开发出更多健康的食品种类？

第二，食品伦理的道德判断。表8-1列示了食品伦理的道德判断矩阵。

表8-1 食品伦理道德判断矩阵

	幸福	自主	正义
食用生物	生物的幸福感	活动自由	尊重生物的习性与生理
食品生产者	足够的收入和良好的生产条件	自主选择经营类型和生产流程	合法的公平交易
食品消费者	可以轻易地获取安全的食品	消费的自主选择权	合法的支付与交易
生态体系	生态体系的保护	生物多样性的延续	人类对生物的敬畏与尊重

资料来源：Mepham（2000）。

食品伦理主要涉及四个利益群体（食用生物、食品生产者、食品消费者、生态体系）和三个维度（幸福、自主、正义），将以上食品伦理的道德判断矩阵作为一个分析框架，可阐明涉及的相关伦理问题。

对于食用生物而言，受到尊重的程度反映了食品伦理的幸福维度。幸福体现在养殖、种植食用生物的过程中，不虐待生物是种幸福，比如美国"肯德基虐鸡"、法国"鹅肝酱"等事件，就被认为是对食用生物幸福的侵犯。从伦理学角度来说，放养永远比圈养更好。人类不仅要看到食用生物作为食材的经济价值，也要看到其作为生命的内在价值。人类应该尊重食用生物的生物习性和生理需求。

对于食品生产者而言，其幸福应该体现在享有足够的收入和良好的工作条件方面。食品生产者的正义体现在食品生产者应该遵从法律和市场秩序进行食品交易。

对于食品消费者而言，其幸福是指可以便利地获得安全的食品。食品消费者的正义主要是指消费者合理合法地支付货币来购买食品，不使用假币，不囤货居奇，不扰乱食品的市场秩序。

对于生态体系而言，其食品伦理主要体现在生物多样性的延续。如果为了生产某一种食物而对生态发展体系造成了不可逆转的破坏，就违背了食品伦理。生态体系中的正义体现于人类对生物的敬畏和尊重，尤其在农业生产和食品制造中，人类更应对自然和生物持有敬畏之心，例如，抵制野味就是尊重生物。

综上所述，食品伦理直接关系到人类的文明与健康。近年来，"疯牛病"、"非典"事件、甲型H1N1流感、"猪瘟"和新冠肺炎疫情等连续暴发；科学家表明这与野生动物存在一定关联。随着人类活动范围的不断扩大，一些在自然界长期存在的病原体突破物种屏障传播给人和家畜造成新发传染病的概率大大增加；对野生动物的非法猎杀和售卖为危险病原微生物进入人类社会大开方便之门。生产者和消费者忽视商业伦理，对野生动物的捕猎和烹食多次酿成病毒或疫情蔓延的恶劣后果，严重威胁了人类健康。在过去很长一段时间，亚洲一些国家都有食用野生动物的习惯，同时，大量商家罔顾商业伦理，频繁贩卖种类多样的野生动物；此外，地方市场管理部门监督乏力；因此，海鲜市场的"野味"交易活跃。为此，中国政府怀着对人类健康安全的高度责任感，积极开展涉野生动物犯罪专项整治行动，坚决取缔野生动物市场，严厉打击非法贩卖，禁止食用野生动物。

8.3.1.4 食品安全与伦理原则

通过建立健全有效的食品安全监管体系，对"从农田到餐桌"的食品供应链进行全过程监管，生态有机农业将有效解决环境污染和食品问题。同时，对农民进行生态种植的教育，将摆脱农业种植对于化肥、农药的依赖，有效解决日益严重的土壤污染、水污染问题。为发展生态乡村经济，应遵循以下伦理原则：

（1）生命价值原则。对待食品的态度就应该像对待另一种形式的生命一样。最重要的价值是生命价值，生命价值是所有其他价值的前提（Zwart，2000）。食物本身没有伦理的属性，消费食品的人和参与食品生产与流通的商家要从生命价值原则去思考；在思考产品的安全性时，不仅考虑自己，也要顾及他人，谨记"己所不欲，勿施于人"。人类食品价值体现在人的生命价值的维持和延续中，在食品的产供销各个商业环节中，生命价值原则应该是最重要的伦理原则。基于这个原则，世界上的各动物保护团体不断争取动物的基本权益，呼吁人类以慈悲的情怀尊重动物的生命，从饮食中除去暴力，恢复人类温和善良的本性。

（2）无害原则。生命伦理学的无害原则要求人类担负起不伤害他人的义务；商家在从事食品产供销的活动中，不能抱有伤害他人或引起本可以避免的伤害的心理动机。该原则具有普适性和有效性。《中华人民共和国食品安全法》第十章附则第一百五十条规定："食品安全，指食品无毒、无害，符合应当有的营养要求，对人体健康不造成任何急性、亚急性或者慢性危害。"这实际上就是法律层面的无害性原则。无害原则不仅要求食品企业遵守法规与商业伦理，在生产、运输和储存过程中百分百地遵守质量和安全标准，而且要求政府监管机构科学制定食品安全标准并严格监管，给予食品安全强有力的保证。

（3）健康原则。作为一项具有积极意义的原则，它强调的是食品提高人类生活质量的积极价值。人类生活绝对价值的增加体现在：健康食物可以延长人的寿命，增强人体的免疫力和精神活力，从而提升人的幸福力。哈佛大学医学院教授沃尔特·威利特（Walter Willett）致力于营养学和流行病学的研究，他批评像可口可乐这样的企业，不注重商业伦理，每年花费数十亿美元推销缺乏健康原则的产品。

健康原则要求食品企业从原料选取、食品配方、生产工艺、生产过程，到食品包装、贮藏和运输过程，始终将增进消费者的身体健康作为商业伦理的最高目标，具体有以下几点：其一，对于原料选取，应选择营养价值较高的食品原料；其二，对于食品配方，不能为了提升食品的口感，而增加有害添加剂，导致食品的营养价值降低；其三，对于食品包装，应该标注配料的成分及含量，防止对某些消费者造成潜在伤害，为特殊消费者的合理膳食搭配提供参考；其四，政府监管部门应该科学地制定食品安全法律法规、食品安全标准体系及食品市场准入制度，推广健康的食品文化。目前，全球有识之士发起了将素食与茶作为"和平饮食"的号召，建议人类改变饮食结构，选用植物性饮食以更加遵循食品伦理与保持健康。

（4）公正原则。美国学者约瑟夫·弗莱彻（Joseph Fletcher）曾说："没有公正，便没有道德；没有公正论，便没有伦理学。"公正是指平等、合理地对待具有生命的个体，它是一群人的目的与利益的协调员，它不仅可以保护个人利益，也可以保护社会利益和整体利益。在食品安全中，公正原则要求每个个体都能公平地得到匹配其需求的食品。但是，在市场经济的背景下，总有不法商贩通过诸如哄抬物价等方式挑战这一原则，导致社会非公平程度加剧。面对此种情况，政府这只有形之手就有责任采取一系列措施维持公平，例如管控必选消费品中基本食品的价格，必要的时候实行限价政策或配额政策，保障每一位公民对基本食品的需求得到满足；同时在税收等再分配政策的制定上，向贫困阶层倾斜，将更多的社会资源分配给贫困阶层；在遇到自然灾害和流行病毒传播等极端情况时，应当放下一切经济利益筹粮赈灾，使受灾的底层人民免遭饥饿之苦。从国际视角来看，发达国家对不发达国家负有援助的义务，不仅包括基本食品等物资的直接援助，还包括经济、技术、设备等相关援助，这些援助都可以在全球范围内减少饥饿人口，维持社会公正原则，这才是对人类生命价值的尊重。

此外，公正原则还体现于对待具有食用风险的转基因食品等问题的态度上。部分开发商虽然强调转基因食品是应对不断膨胀的食品需求的解决方案，但是始终无法证明转基因食品对人类完全没有食用风险。当风险来临时，相比上层的强势群体，底层弱势群体因缺乏应对措施或降低风险的手段只会承担更多的风险。总之，政府和企业在对待这方面问题时，需要承担必要的伦理责任。

8.3.2 中医药学管理的伦理

中医药学是中华民族在几千年生态发展、生产探索、生活实践的过程中，通过与疾病做斗争而逐步形成并不断丰富完善的医学体系。中医药学具有独特的卫生资源、原创的科技资源、巨大的经济资源、优秀的文化资源和重要的生态资源，它不仅具有内在的伦理性、独特的创造性，而且其治病的理念和独特的疗效为中华民族繁衍昌盛做出了重要贡献；拥有医学实践的丰硕方药成果，对世界文明进步产生了积极影响，中医药学是人类社会医疗和保健体系建设中不可或缺的重要宝库。中医药学不是单纯的健康医学，而是具有丰富文化内涵，包括哲学、艺术、宗教、伦理等在内的一种综合性学问。随着人类疾病谱的不断变化，中医药学在防治急危病、常见病、多发病方面的独特优势已经凸显；中医药学在建设完善的医疗保障体系中的突出作用已成共识。2019年5月25日，第72届世界卫生大会通过了《国际疾病分类第十一次修订本（ICD-11）》（International Statistical Classification of Diseases and Related Health Problems），首次将中医药纳入分类。这标志着中医药在融入国际医疗卫生体系方面实现了突破性进展。随着中医药学发展上升为国家战略，中医药学事业将在21世纪的生态文明建设中发挥重要作用；端正产供销以及医疗过程中的商业伦理行为，不仅关系到全中国人民的身心健康，也关系到人类社会的稳定与可持续发展。

8.3.2.1 中医药学与生态文明

中医药学在生态文明建设中有三个层次的功能，即医学功能、国学功能与一般文化功能。推进生态文明建设的历史重任，必须深入研究支撑中华文化的国学。中医药学作为中华文化宝库的自然国学，将有助于更好地建设生态文明，增强商业伦理的意识。

中医药学经历了几千年的发展，作为古代文明的瑰宝，与人们的生命健康息息相关。在不断实践的过程中，逐步形成了完整的医学理论，积累了丰富的临床经验。中医治疗越来越得到国际认可，中医药学传承的文化价值受到高度重视。

回顾近半个世纪以来的生态发展，大自然遭到工业化的极大破坏，人类生存环境日益恶化，生命健康遭受严重威胁。中国慢性病发病人数在3亿左右，其中65岁以下人群慢性病占50%，慢性病已成为危害健康的头号杀手（武留信等，2018）。关于如何维系人类社会的生存，中华先贤在中医宝典《黄帝内经》中提出了"天人合一"，其超前的生态意识、崇高的博爱境界，成为当今破解世纪困境、遵循伦理道德、实现生态文明的重要思想（傅景华，2010）。

1. 指导发展中医药学的思想学说

中医药学是以中国传统文化中天人合一、天人感应、整体关联、动态平衡、顺应自然、中和为用、阴阳消长、五行生克等理念为内核，从整体生命观出发构建起的一整套有关摄生、持生、达生、养生、强生、尊生、贵生等治未病的理论和方法，以及用针灸、按摩、推拿、经方等治已病的理论和方法。

中国哲学强调整体关联与动态平衡，中医药学理论体系正是建立在整体观的基础之上。中医药学认为人体是一个完整的、相互联系的整体，用这样一种整体的辩证方式来看待生命体，应该说是中医药学的基本点。代表中国传统文化的"儒、道、佛"三派都强调"中"。其中，儒家讲"致中和"，如《中庸》的"致中和，天地位焉，万物育焉"；道家讲"守中"，如《道德经》的"多言数穷，不如守中"；佛教讲"空中"，如佛教经典《中论》的"因缘所生法，我说即是空，亦为是假名，亦是中道义"。所谓天下有道，道法自然，顺其自然，这里所讲的"自然"即"中"，这也就是"中"的智慧。

毫无疑问，理论的核心是顺其自然。如《黄帝内经·灵枢·本神》中所言："故智者之养生也，必顺四时而适寒暑，和喜怒而安居处，节阴阳而调刚柔。如是，则僻邪不至，长生久视。"中医药学强调天人相应、顺时养生，根据阴阳五行、虚实寒热等理论，使人体的五脏六腑与情志保持中正平和。中医药学治病遵循"天人合一"之道，通过药物配伍调节机体"阴阳平衡"，故"天人合一"与"阴阳平衡"是中医治病的原则。

2. 中医药学与生态文明相互关联

中医药学发展史作为中华民族文明史的组成部分，经历了独立发展、中西融合、循证统一三个阶段。当代生态文明发展为中医药学的复兴提供了历史机遇。中医药学理论与生态文明有着天然的契合之处，在保留"天人合一""道法自然""立象尽意"这些基本理念的同时，也体现出科学理性、标准规范、准确传播等时代特质。通过打造中医现代化健康发展体系，将极大地丰富生态文明的内涵，促进生态发展。

中医药学作为自然国学的一部分，成为中华传统科学的代表，有责任向生态文明时代彰显其合理性、合法性与创造性，进一步挖掘其独特的传统学术价值，揭示其现代科学价值以及促进生态文明建设的积极意义。世界著名的牛津大学率先成立了中医药研究中心。中心主任马玉玲首席研究员的攻关课题，针对中医药多种成分多靶点的药物，用抗心律失常药药理研究的首选研究方法对传统抗心律失常中药复方进行了细胞电生理作用机理的研究，研究结果具有100%的可重复性，为复方抗心律失常及其他的研究提供了重要的研究范式。总之，进一步挖掘和发扬中医药在理论和实践的真知灼见，不仅对于维护人类健康十分重要，而且也是生态文明发展的重要方向。

8.3.2.2 中医药学与商业伦理

众所周知，对于有着千年历史传承的中医药产业，其能够流传发展至今，就是因为有像同仁堂一样的企业，百年来始终遵循良好的商业伦理。中医药产业的伦理特性归结为以下四个方面：其一，普惠性。取材于大自然的中医药大都廉价易得，甚至部分诊疗方法并不需要成本，中医药治疗方法具有一定程度的普惠性。其中针灸疗法在欠发达地区的普及推广造福了民众安康。其二，前瞻性。这主要体现在中医药的"治未病"功能。中医药学前瞻性预防诊疗，可使大部分疾病得到预防，避免更大程度的疾病损伤，从而大大减少后期诊疗的成本。其三，人文性。中医药学对老年病患的治疗更具人文关怀。中医药学的最大特点之一是讲究辨证施治和个体化诊疗及预防，因时、因地、因人诊疗，针对特定疾病不会出现"千人一方"。治疗过程更体现呵护，对老年患者身体损害较小。尤其是中医药疗法健身功法对增强免疫力、安抚患者情绪等都有较为显著的功效。其四，持续性。中医药学讲究"天人合一"，中医药可减少使用人工合成化学药品对身体和环境的危害。因为西药在制作过程中，会造成大量废水、废气的排放等，而中医药产业可以保证在生命周期内遵循绿色环保理念。中医药疗法中的针灸、理疗等物理疗法在诊疗过程中不会造成任何环境污染，已成为最为绿色环保的诊疗手段之一。

1. 中医药医德与商业伦理

中华医德思想是中国几千年传统中医文明的思想精髓之一。自中医药诊疗开创以来，一代又一代医之大德不断完善，形成了中华医者伦理道德的规范。晋代名医杨泉在《物理论·论医》中直言："夫医者，非仁爱之士不可托也；非聪明理达不可任也；非廉洁淳良不可信也"，强调了为医者的基本伦理素质，对医者提出了具体的内在要求，分别从心、智、品三方面提出了十分精到见解。所谓心，就是心理、心态、心思、心念；而言智，就是智慧、智能、智商、智力；谈及品，就是品质、品格、品行、品德。这三方面的伦理素质要求，蕴藏着丰富的内涵（徐建云，2018）。

从商业伦理的角度来看，医者悬壶济世、行医救人是高尚的道德。医者以良好医德服务于大众后获取一定报酬，也是商业伦理的表现。行医作为一种特殊的职业，"医者仁心"需省内之"仁"与修外之"精"相结合。只有这样，商业主体与客体之间才能形成信任，才能更好地进行诊治。中医药学历经千年仍熠熠生辉，其魅力不仅来源于"天人合一"的哲学思想，也体现在中医世家的医德，其使中医独特的诊疗艺术传承至今。良医作为具有高尚品格之人，不会以医谋利，也不会以医谋色，更不会谋财害命。廉洁淳良的伦理品德，是良医们铭刻在心的永恒誓言，也是永远坚守的节操。2020年全球遭受新冠肺炎疫情侵扰之际，韩国医护人员集体辞职，而中国的白衣天使前赴后继地逆行奔赴前线，冒着生命危险，发扬"救死扶伤"的精神，彰显出现代良医崇高的伦理风范。

纵观古今中医各家，大凡有所建树者，无一不是德艺双馨之医家。中国唐朝孙思邈在《大医精诚》中论述了有关医德的两个问题。第一是精，即要求医者要有精湛的医术，认为医道是"至精至微之事"，习医之人必须"博极医源，精勤不倦"；第二是诚，即要求医者要有高尚的品德修养，以"见彼苦恼，若己有之"感同身受的心，策发"大慈恻隐之心"，进而发愿立誓"普救含灵之苦"，且不得"自逞俊快，邀射名誉""恃己所长，经略财物"。可见，作为一名医者，对病人应怀有深切同情心，不应有太多的功利之心，应竭尽全力救治（孙思邈，1998）。中医药伦理的千年古训为"凡为医之道，必先正己，然后正物……"[1]，即医学之道，必须树立良好的道德伦理，方能治病救人。只有"正己"，才能"正物"，也才能"愈疾"。"正己"是施展医术的前提和保证，医者只有对病人抱有深厚的感情，才能视人犹己、更好地尊重病人，这样才能建立和谐互信的医患关系，也才能构建一个具备商业伦理的医疗体系。

2. 诊疗模式与商业伦理

传统医学思想倡导清廉为医、清白做人的职业观，具有普世的伦理价值。中医药因价廉物美，疗效显著，为大众所认可。过去成本定价是医疗定价的基本模式，这一模式在资本极端化逐利的今天难以维系医院的收益。某些新产品的出现并非为了诊疗效力，仅仅是为了增加盈利，因为高科技就意味着高成本和高价格。医疗成本攀升、医疗效果不显已经是全球公认的秘密（马晓彤，2018）。为了维持生存，医师乱用药、用贵药、多开药，不顾病患症结而延期治疗的情况屡屡发生。这种唯利是图，丧失医疗公正、公平准则的现象，严重违背了"医德"伦理观。因此，继承中医药事业和弘扬传统医学廉洁思想乃当务之急。坚持"不分贵贱，一视同仁""谨行慎独，守正不阿""温雅端庄，作风正派"的医学从业规范，有利于树立正确的义利观，"治疗"现代医患矛盾，破解医患尖锐对立的难题。实际上，《黄帝内经》就明确提出"天覆地载，万物悉备，莫贵于人"；唐代名医孙思邈所著《千金方》也提出"人命至重，有贵千金，一方济之，德逾于此"。这些都是中医药治病救人的伦理观。东晋时期名医葛洪所著的《肘后备急

---

[1] 此句出自南宋时期的《小儿卫生总微论方·医工论》，作者不详。原文云："凡为医之道，必先正己，然后正物。正己者，谓能明理以尽术也；正物者，谓能用药以对病也。如此，然后事必济而功必着矣。若不能正己，则岂能正物？不能正物，则岂能愈疾？"

方》[1]，就特别关注贫困人口，针对低薪阶层的老百姓，挑选出一些常见的廉价药物，一改过去救急药方晦涩难懂、药物难寻、价钱昂贵的弊病，也彰显出中医药诊疗模式以服务于社会大众、善为趋归的普世情怀。20世纪60年代，屠呦呦教授正是从《肘后备急方》等中医药古典文献中获取了有关青蒿治疗疟疾的古代经验，开创了疟疾治疗新方法，让全球数亿人受益。屠呦呦教授也因此荣获诺贝尔生理学或医学奖，成为中国首获诺贝尔奖的女科学家。2020年年初，全球暴发了危及人类生命的新冠肺炎疫情，中国在防治中坚持中西医结合，充分发挥中医药治疗模式在新冠肺炎治疗中的作用，广泛开展中医药预防保健，规范开展中西医结合治疗，促进患者康复。

3. 中医药产业与战略定位

中国基于战略层面考虑，应该从国家、产业及医者三个层面打造全新的绿色中医药产业。

第一，依据"健康中国"的战略定位，大力发展惠民中医药产业，构建中国中医健康医学保障系统。根据《"健康中国2030"规划纲要》[2]《中国防治慢性病中长期规划（2017—2025年）》等文件，应通过继承中医药学的传统方法，发扬中医药学的文明特性，遵循商业伦理的基本原则，发挥中医药学低成本治疗的传统优势，以最经济的方式服务于社会大众，打造最适合人类和中国人的健康保障系统。具体来看：国家层面，全面健全中医药治疗的跨区域全民保险体系，保证公民能充分获得中医药健康治疗的机会，以普惠方式造福于民；行业内部层面，严格防范从药品产供销的环节中获取超额利润的现象，杜绝不顾人民健康的非商业伦理行为；社区层面，开展新型中医药服务模式，形成中医药服务家庭化，设立社区健康服务中心，将健康事务生活化，以降低急性病、危重病的发生率；医者个体层面，医者作为济世之人，应以德为先，以治为本，为此须加强医者的伦理道德培训。

第二，以发展中医药产业为重心，融合科技发展，凝聚中西医精华，造福人民。众所周知，西医药学是工业文明时代的医学，中医药学是农耕文明时代的医学，生态文明时代的现代医学应该是两者的融合。但是过去提倡的中西医结合，其实大部分是运用西医药疗法来诠释与改造中医药，其结果不仅未能带来超越中西医的新知，反而让中医药

---

[1] 《肘后备急方》是历史悠久的急症诊治的一部方书，实用价值很高，书中对于诸多疾病的认识可以说是开创了中国传染病学和临床急症学的先河，因此一直受到后世医家的推崇。

[2] 《"健康中国2030"规划纲要》提出"普及健康生活、优化健康服务、完善健康保障、建设健康环境、发展健康产业、健全支撑与保障、强化组织实施"七个方面的战略任务。

不断碎片化。由于中西医认知模式完全不同，现阶段应该突出发展中医药产业，借助人工智能、大数据、物联网和5G等技术的广泛应用，推动中医药和西医药的相互补充、协调发展，促进中医药产业的高质量发展，形成中医药传承与创新发展，发挥中医药在疾病预防和治疗中的独特优势。

第三，健全中医药绿色产业链、绿色供应链，提升中医药国际竞争力。在新冠肺炎疫情之后，中国应该进行系统的中医药学产业再规划。其一，中医药疗效依靠高质量中药，应该建立健全研发实验中心、生产基地，而传统重要药材来自动物药、矿物药、植物药，应禁止将濒危物种或野生动物作为药材，需要加大科研力量，研发替代药材，破解中医药发展与资源利用之间的矛盾。其二，建立具有与国际标准配套的中医药质量标准和监督体系，提升中医药产业的国际竞争力。其三，建立健全中医药绿色产业链、绿色供应链，兼顾社会利益和经济利益。

毫无疑问，中医药学作为中国公共事业的重要组成部分，已越来越获得世界各国的承认。中医药产业已成为中国增长最快的产业之一，拥有巨大的发展潜力。随着全球健康观念的变化和医学模式的转变，中医药学优势逐渐凸显，中医药国际化也有后劲。中医药产业必须遵守商业伦理规则，顺应生态文明发展，为造福中国和全人类健康贡献力量。

本章小结

本章通过对工业文明和生态文明的伦理反思，论述了商业伦理与生态发展的内在关系；重点分析了关系到人类生存的食品安全和中医药学两个领域，强调生态文明建设中商业伦理的重要性，在继承传统商业伦理精髓的基础上，实现中国社会经济的可持续发展。

关键术语

环境社会系统　企业生态责任　食品伦理　生命价值原则

思考练习

1. 环境社会系统分析视角下的商业伦理有何不同？
2. 如何正确对待中国古代的商业伦理观念？
3. 简述工业文明的伦理反思。

应用案例

中国的百年企业——同仁堂

同仁堂之所以能生存300多年，是因为其始终坚持"诚信"的企业文化。同仁堂做药的标准和品质是"炮制虽繁必不敢省人工，品味虽贵必不敢减物力"。300多年来，同仁堂一直把这个标准落实在每副药剂里。就是本着这样的原则，同仁堂在广大的消费者心目中已经树立了良好的品牌形象，社会各界对同仁堂品牌的最高评价就是"吃同仁堂的药放心"。

1. 诚实守信原则：企业经营之灵魂

同仁堂的经营理念是"诚信为本，药德为魂"。践行以患者为中心的"以义取利，义利共生"理念，形成了"德、诚、信"的企业文化。同仁堂坚持"同修仁德，济世养生"的企业精神，"以利为上，义利共生"的经营哲学，"下真料，行真功，讲真情"的岗位信条，"热心、耐心、恒心、公心"的服务精神，不断提升同仁堂的产品与服务质量、信誉和品牌影响力。

同仁堂从最初为皇室供奉御药，到中华人民共和国成立之后的稳步经营，不管在哪个时代，都一直从原材料开始就严格把关，严守用药标准。同仁堂质量文化的核心是"安全有效方剂，地道洁净药材，依法科学工艺，对症合理用药"。同仁堂历代传人都十分注重树立同仁堂的良好形象。通过"平安药免费赠予朝廷会考者""冬办粥厂夏施暑药""办消防水会"等活动，提高了企业的知名度和美誉度。代顾客煎药是同仁堂的老规矩，这一举动深受客户的喜爱，加之热情为患者答疑解惑，赢得了客户的信任。

2. 诚实守信文化：企业立业之根本

同仁堂的员工始终保持正直客观的诚信品格。作为同仁堂文化的传承者，员工用"忠诚、奉献、热情"去感染、打动顾客，为客户提供高标准、高质量的服务。每一位员工都践行"用同仁堂的文化吸引人，用同仁堂的干劲鼓舞人，用规范化的标准要求人，用优良的经营成果回报人"的企业精神。

同仁堂员工对待顾客一律平等，且积极地为社会献爱心，增强社会责任感；对自己从事的事业、所在的企业持一种笃信虔敬的态度。他们将上百种药材摆得井井有条，对每一种药草的位置都熟记于心。纸包正面的"同仁堂"三个字永远居中朝上，四面棱角分明，没有缝隙，没有瑕疵，如同一件艺术品。

3. 义利统一：实现企业道德与利益的最佳结合

"义"在同仁堂的生产经营中具有很重要的地位。"以义为上，义利共生"，核心是坚持"以义取利、合义取利、不取无义之利"。当义与利冲突时，同仁堂坚持先义后利，义利并举。同仁堂一直以来都很讲究信义，传承重信厚义的优良传统，诚信对待每一位顾客和合作伙伴，时刻坚持义利统一和可持续发展，协调道德与利益的关系。

同仁堂坚持利己不损人、谋利不损义及谋义不损利的原则；坚持为己必先为人、谋利必先谋义的原则；坚持不为谋利而谋义的原则，即使服务项目没有可观的利润，只要顾客需要，他们就会提供。对那些不赚钱的社会服务项目（如代客煎药、药品邮购等），同仁堂也一直在坚持。就是这一系列的活动和服务性项目为同仁堂赢得了顾客的信任，获得了很高的声誉。

资料来源：改编自陈海波.同仁堂：三百年 三个词 [N]. 光明日报，2015-04-08（03）。

思考题：从商业伦理的角度谈一谈，同仁堂成功的秘诀是什么？

第9章
商业伦理与创新能力

> 科学是一种强有力的工具，怎样用它，究竟是给人带来幸福还是带来灾难，全取决于人自己，而不取决于工具。
>
> ——爱因斯坦（Albert Einstein，美国科学家）

> 各种科学发现往往具有一个共同点，那就是勤奋和创新精神。
>
> ——钱三强（中国科学家）

本章提要

创新是对未知的探索，是人类文明走向明天的方式。随着人类社会的发展，创新更加深刻地参与到大众的社会生活中；尽管蕴含着巨大能量，但是缺乏商业伦理约束的创新难以预测其结果。社会创新能力往往取决于创新参与者的勇气、胸怀境界以及社会的创新系统；同时，只有创新者在科技、制度、管理、经济和文化等创新过程中遵守伦理道德，社会才能可持续发展。本章分析了商业伦理与创新能力的互动关系。首先，介绍了创新伦理的概念，研究了创新能力中构建商业伦理的机制；其次，分析了社会管理制度创新与商业伦理的内在联系；再次，论述了经济政策创新能力的重要性，指出伦理思想对制定经济政策的重要作用；最后，阐述了商业伦理与绿色创新能力的实践。

学习目的

1. 了解创新能力应在什么框架、范畴内发挥作用
2. 掌握"负责任的研究与创新"对实施创新驱动战略的重要意义
3. 理解社会管理创新能力的内涵
4. 明确创新能力的概念

知识拓展

负责任的研究与创新

创新与社会之间的关系紧密相连、利弊兼具。在研究创新能力对社会发展的影响时，应当以辩证的、全面的视角理解两者间的动态关系。第一，创新能力能够改变社会发展进程、促进社会进步；第二，社会发展也为创新能力提供需求与实施环境的保障；第三，当今社会各界对创新活动的风险和不确定性及其可能引发的社会伦理问题愈发担忧，伦理界、科学界、社会媒体、国家政府开始重视预防各类创新活动可能导致的"恶"的社会成果。在这样的背景下，"负责任的研究与创新"（Responsible Research and Innovation，RRI）理论应运而生。"负责任的研究与创新"指的是，在创新活动中，社会各主体之间通过分工协同，将更多要素纳入责任系统，在追求创新成果的同时保证可持续发展与社会公正；同时，它强调对创新活动进行治理以更好地造福社会，管理者和决策者须构建鼓励负责任的研究与创新的治理框架，创新活动必须回应社会需要和诉求。

引导案例

垃圾分类管理制度创新

中国政府高度重视垃圾分类工作。2019年6月5日，国务院常务会议通过《中华人民共和国固体废物污染环境防治法（修订草案）》，明确推行生活垃圾分类制度。随后，住房和城乡建设部公布全国将推行垃圾分类的46个重点城市名单。其中，北京、上海、杭州等9个城市出台生活垃圾管理条例，明确将垃圾分类纳入法治框架，北京是首个立法城市，上海是第一个"吃螃蟹"的城市。

自2019年7月1日起，《上海市生活垃圾管理条例》正式实施，上海开始强制推行垃

圾分类，被公众称为垃圾分类"史上最严"。12月6日，"垃圾分类"入选"2019年中国媒体十大流行语"，催生出不少"社交梗"：街坊打招呼张口就问"你什么垃圾"，人们的聊天内容从车子房子变成了"垃圾怎么扔"。透过朋友圈里刷屏的幽默段子不难发现，人们并没有因其麻烦而烦躁、因其严格而抱怨，相反，对其的认同率和行动力大大超出预想。

实行垃圾分类，关系到广大人民群众的生活环境，关系到资源的节约使用，也是社会文明水平的重要体现。21世纪以来，垃圾浓度的增长量已经是20世纪垃圾浓度增长量的总和。中国每年产生垃圾30亿吨，约有2万平方米耕地被迫用于堆放垃圾，约有2/3的城市陷入垃圾围城的困境。垃圾造成的环境问题已经迫在眉睫，这个问题将每个人的命运都串联起来，迫使我们形成一个以保护环境为共同责任的人类命运共同体。中国垃圾分类工作由点到面、逐步启动、成效初显，体现了政府及公共部门对于环境问题的处理能力和责任担当，更体现了民众参与和行动的力量。由此可见，环保意识、可持续发展的理念愈加深入人心，"金山银山不如绿水青山"，人们正在逐渐学习如何与自然和谐共处，将商业伦理更好地运用于社会管理制度的创新实践中。

资料来源：改编自辛闻. 2019年中国十大伦理事件[EB/OL]. (2020-01-21)[2020-03-23]. http://news.cpd.com.cn/n18151/202001/t20200121_878049.html。

思考题：通过中国垃圾分类的社会实践，如何更好地理解商业伦理与制度创新的内在联系？

9.1 创新伦理机制研究

创新能力是经济社会可持续发展的动力，没有创新就没有经济社会的发展成就。它包含四个要素：①信息开放；②广泛思考；③大胆想象；④敢于尝试。创新就是将知识或能力成功转换为直接的或间接的市场价值的过程，具体分为技术创新、合作创新、市场创新、组织创新和管理创新等不同形式。创新能力是各种实践活动领域中不断提供具有经济价值、社会价值、生态价值的新思想、新理论、新方法和新发明的能力，它主要由系统性思维能力、创造性思维能力和实践能力所构成，具体表现在学习能力、分析能力、综合能力、想象能力、批判能力、实践能力、组织协调能力等各个方面。面对当今社会发展的急剧变化，对创新伦理的探讨将有助于解决在创新发展中因伦理失序造成的社会经济问题。

9.1.1 创新伦理的内涵

人类的创造活动应该在遵循社会习俗、法律规范的基础上获得伦理道德的支持。创新伦理是指创新者在创新过程中处理与外界关系时的伦理道德，是创新能力能够持续发展的关键。

创新伦理是普通伦理的应用，是创新这一特殊行为领域的道德要求，也可以是伦理学的分支学科。因此，创新伦理既有与商业伦理相通、一致的一面，又有相异、特殊的一面。

9.1.1.1 创新伦理的对象和本质

首先，创新伦理涉及的是与创新活动有关的人与人之间的道德关系。从根本上说，人在某种活动中的伦理问题是否属于创新伦理的范围，取决于这种活动是否为创新活动，其伦理问题是否伴随创新成果而产生。

此外，创新伦理把创新者与创新对象的关系作为研究对象。如果某种方式的创新可能在短期内不会损害任何人的利益，然而却可能在未来对整体人类造成不可逆转的伤害，那么这种创新是不可取的。创新伦理就是基于创新者与创新对象的关系总结出道德原则和道德规范，对人的创新活动加以约束或弥补，使之与社会的长远利益相适应。

总之，由于创造活动的特殊性，创新者与创新对象的关系，短期内直接表现为对物的态度和作用方式；长期就涉及个人、集体、国家、社会等人类利益关系的表现。创新伦理研究的对象是创新活动中发生的道德现象，它的本质是通过非强制性的道德规范调节创新所涉及的个人、集团、社会整体乃至人类整体之间的利益关系。

9.1.1.2 创新伦理的特征

第一，创新伦理具有一元性。创新伦理旨在约束与规范创造活动，提高创新效率，减小或消除创新行为带来的副作用；其着眼于人类发展的共识，不因特定国家或地区而变化，不以具体的价值主体为转移。

第二，创新伦理具有间接性。大多数创新行为所体现的伦理问题，是在创新者通过创造物及对对象的改变这种中介作用而与人们发生关系时产生的。没有创造物、没有创新活动对对象的改变，也就没有创新者与他人的关系；没有创新能力对人类发展的影响,人们也就无从评价创新者的创新行为。

第三,创新伦理具有自律性。创新者由于对自己要进行的物化活动及预创物的作用有一定认识,可以预先进行自我评价。这就要求创新者具有自觉的道德意识,严格地进行自我约束。

9.1.1.3 创新伦理的必要性和迫切性

创新所内含的利益关系错综复杂,必须要有相应的伦理对其进行规范。创新能力能给使用者带来使用价值,让创造者获取经济价值。然而,一些创新成果是以对使用者或非使用者的伤害为代价的,还有一些创新成果可能对人类发展带来伤害,如环境污染、资源滥用等,造成环境危机和生态危机。创新能力以其巨大的力量,多方面地、深刻地改变着自然及人类的生存与发展模式;但同时必须应用相应的伦理对其进行约束,"不闻不问"势必造成严重的后果。

9.1.2 创新伦理方法

9.1.2.1 "负责任的研究与创新"的理论提出

从20世纪80年代中期至今,"负责任的研究与创新"中对责任的定位随着历史发展的变迁而不断改变,其中,创新活动本身的客观目标(如对自然规律的发现)固然重要,但是社会导向的关键地位也日渐凸显。在"负责任的研究与创新"理论中,对创新活动的研究致力于应对全球性挑战,有效解决社会环境问题,如气候变化、人口增长、能源短缺等,有力地促进了经济社会的飞速发展。同时,"负责任的研究与创新"中的责任概念还将创新活动所带来的负面影响纳入考量,如环境污染、技术事故、信任危机、对常识的冲击等。

"负责任的研究与创新"理论不仅考虑到技术的可能性与经济效益,而且从伦理、社会、法律、环境等多方面预测、评估、反思、协调科技创新活动,进一步完善创新伦理的建设。这意味着所有社会参与者,包括创新者、政策制定者、社会组织等在整个创新过程中必须始终保持密切合作,以更好地满足社会期望。可见,在这一理论中,创新伦理不单单是创新者的个人责任,它还突破了学科界限,需要不同学科领域的专家学者以及政府、媒体和公众共同参与创新伦理问题的防范与治理。

毫无疑问,"负责任的研究与创新"已经成为继"可持续发展"之后欧盟国家提出的又一崭新的全球性发展理念。20世纪90年代早期以来，欧盟便开始探索科技进步与社会、法律与伦理问题的结合，这种"技术—社会"的综合体充分彰显了"负责任的研究与创新"思想，同时也成为2020年欧盟发展远景规划相关科技创新政策的重要理念。目前，美国、英国、德国、法国、荷兰与中国等国家都开展了"负责任的研究与创新"的实践活动，为实现创新由数量到质量的飞跃、提升创新品质和社会效益奠定了基础。

9.1.2.2 "负责任的研究与创新"的理论模型

"负责任的研究与创新"最具代表性的理论框架是英国学者理查德·欧文（Richard Owen）提出的"四维度"模型，即"预测—反思—协商—反馈"模型。其中，预测维度指的是对与科学实验或工程项目本身直接相关的潜在影响与风险进行预测，使风险能够被认知、管理和控制在可接受范围内；反思维度指的是为使项目顺利进行，需要考虑到符合相关规定，确保实验的合法性；协商维度指的是在与不同的利益相关者进行对话的过程中，了解对自然影响的不确定性；反馈维度指的是通过一种回顾机制来对项目进行评估和反思，这要求研究者不能把视野局限于项目本身，还应考虑到项目对社会和伦理道德的影响。

"负责任的研究与创新"具有如下特点：吸纳更广泛的社会参与；使得创新成果访问渠道多样化；注重创新能力涉及的社会伦理道德问题。将"四维度"模型运用于现实的创新活动中可知，在开展创新活动时，应当注重面向有关人群普及和传播信息；同时需要更加注重考虑和评测研究与创新对社会、环境与伦理造成的负面影响，引入更多利益相关者的参与和协商；还需要确保创新无害，追求创新人性化，使创新成果切实同国家需要、公众要求和市场需求相结合。

9.1.2.3 "负责任的研究与创新"的协调机制

在开展科研创新活动的过程中，怎样才能真正做到"负责任"的研究和创新呢？欧盟提出的"负责任的研究与创新"是创新能力的主要方法，其中一些新的价值判断和利益协调机制发挥着重要作用。在上述模型中，协商机制是实现"负责任的研究和创新"的重要环节。

20世纪90年代，荷兰鹿特丹港口扩建工程导致大量栖息于港口的鸟类死亡甚至绝迹，由此引发了来自非政府组织的强烈抗议，扩建工程也一度停滞。之后，相关部门提出以协商对话的方式与抗议组织和其他利益相关者进行沟通并举办圆桌会议，最终达成了关于监测和评估鹿特丹港口扩建工程的框架协议,给予了鹿特丹港在工程挖掘、环境保护、生物种群保护、公共工程等方面的许可。鹿特丹港在港口扩建工程中通过互联网不断听取各方意见,这一方法被荷兰技术哲学家杰罗恩·范·德·赫温(Jeroen van den Hoven)称之为"开放的创新"(尹霖,2020)。

"负责任的研究与创新"将创新视角扩大到伦理道德、公众利益、制度建设等领域,关注创新整体过程中的利益相关者。由此,当考虑人类创新行为所带来的伦理困境时,协商对话是调和多方主体分歧甚至冲突的价值观,是获得双赢或多赢的可行途径,也是当前公民参与创新活动的民主形式之一。在这一过程中,决策者、管理者、创新者与公众以平等协商对话的方式,采用多角度、多维度、多学科的方法观察事实、审视议题、达成共识,使得协商结果更加符合国家和公众的利益。

9.1.3 创新伦理机制

9.1.3.1 "负责任"的创新伦理机制的指标体系

为了协调决策者、管理者、创新者与公众共同开展负责任的创新活动,发挥创新能力的积极效应,需要制定可度量的创新能力机制,以帮助政府对创新能力采取适宜的管理行为。当前,欧盟委员会(European Commission)开始制定"负责任的研究与创新"指标,也即RRI指标,作为实现"负责任的研究与创新"的具体测量手段,主要从六个方面对创新能力进行了操作化定义。

在欧盟委员会的RRI体系下,"监测负责任的研究与创新的演变和效益项目"(Monitoring the evolution and benefits of Responsible Research and Innovation,MoRRI)制定了一套涵盖六个领域的RRI衡量指标。这六个领域分别是:性别平等(Gender Equality,GE)、科学素养和科学教育(Science Literacy and Science Education,SLSE)、公众参与(Public Engagement,PE)、伦理(Ethics,E)、公开获取(Open Access,OA)、治理(Governance,GOV)。目前,MoRRI项目已经展开了覆盖所有欧盟成员国的实证研究。

目前,RRI指标体系的主流研究框架涉及六大关键领域。而在不同国家中,由于地理位置、政治结构、公民文化和劳动力市场各不相同,RRI的六大维度会受到不同的关注,进而形成各国不同的RRI模式,而这些RRI模式是否能够在现实活动中实现促进"负责任的研究与创新"实践这一目标,为政策制定提供有价值的信息,仍旧是一个亟待确认的问题。

9.1.3.2 "负责任"的创新伦理机制的实践意义

2012年，中国共产党在第十八次全国代表大会上部署了创新驱动发展战略；2015年，《中共中央国务院关于深化体制机制改革加快实施创新驱动发展战略的若干意见》发布；2016年，为加快实施国家创新驱动发展战略，中共中央、国务院印发了《国家创新驱动发展战略纲要》（以下简称《纲要》）。《纲要》提出，创新驱动就是创新成为引领发展的第一动力，科技创新与制度创新、管理创新、商业模式创新、业态创新和文化创新相结合，推动发展方式向依靠持续的知识积累、技术进步和劳动力素质提升转变，促进经济向形态更高级、分工更精细、结构更合理的阶段演进。

随着中国创新型国家建设进程的逐步深入以及创新驱动发展战略的稳步实施，"负责任的研究与创新"成为中国深化创新战略实施进程的先进理念。"负责任"指的是对社会发展、人类命运共同体和国家公众利益负责，是创新伦理机制的最终目标。为了构建"负责任"的创新机制，创新活动应当以"创新—社会—人"的和谐统一为目标，优化创新活动中各方的利益关系，让创新活动成为能够容纳各个利益相关主体的科学过程。

为此，中国"负责任"的创新伦理机制建设不仅需要政府的科学规划与管理，而且需要社会各界的支持和参与，加强创新活动的开放程度和普及程度，让每个社会主体有意识地承担相应的责任。具体来看：一是政府可出台相关指导性政策，从决策层面鼓励各类创新活动吸纳社会参与；二是在科技创新领域，针对普通公众开展科学知识的普及与传播，在提升国民科学素质的同时让科学真正流行起来；三是培养创新者的分享与传播意识，让他们有意识地承担起引领社会公众参与创新活动的社会责任；四是完善政策法规，以法律框架约束创新能力在人类经济活动中的运用。

9.2 社会管理创新能力

9.2.1 伦理问题

创新具有矛盾性，它在促进人类空间延伸的同时，也为未来不可预见的危险敞开了大门。19世纪末20世纪初，为了提高劳动生产率，美国工程师弗雷德里克·W. 泰罗（Frederick W. Taylor）创造了一套测定时间和研究动作的工作方法——泰罗制（泰勒制）。这一方法的基本内容和原则是：科学分析人在劳动中的机械动作，研究出既经济又具有高生产效率的"标准操作方法"，严格地挑选和训练工人，按照劳动特点提出对工人的要求，制定生产规程及劳动定额；实行差别工资制，依据不同标准使用不同工资率，达到标准者给予奖励，未达到标准者进行处罚；实行职能式管理，建立职能工长制，按科学管理原理指挥生产，实行"倒补原则"，将权力尽可能分散到下层管理人员，管理人员和工人分工合作（何盛明，1990）。由于其科学的管理体系，泰罗制很快在美国以及西欧国家流行起来。

在泰罗之后，科学管理理论得到不断补充和完善，但是泰罗制的局限性也逐渐显现出来。泰罗制的前提是把作为管理对象的"人"看作"经济人"，利益驱动是企业提高生产效率的主要法宝。以泰罗制为代表的科学管理创新研究的重点是管理的科学性、严密性和纪律性，很少去考虑人的因素，由此造成了工人同管理层的对立；而"经济人"假设也一直被人际关系行为学派视为批判的反面典型。早在1911年，工会就开始有组织地对泰罗制开展了全面的反抗；工会认为，泰罗制是现代的奴隶制度，是资本家用来剥削工人的新方法，影响了工人的健康和工资，增加了工人的工作强度。由于工会的罢工，美国国会众议院组成了特别调查委员会进行调查。

由此可见，管理制度的创新不仅需要从管理的科学性出发，提升企业的生产效率，还应当将商业伦理、人伦关怀纳入管理机制，在管理制度中更多地考虑员工的主体性地位，从员工的根本利益出发，使得员工获得主动、积极工作的内生动力。

奥地利经济学家约瑟夫·A. 熊彼特（Joseph A. Schumpeter）敏锐地看到这一问题，他在1912年从经济学的视角，提出了"管理创新"（Management Innovation）的概念。管理创新是指组织形成创造性思想并将其转换为有用的产品、服务或作业方法的过程。它在特定的时空条件下，通过计划、组织、指挥、协调、控制、反馈等手段，对系统所拥有的生物、非生物、资本、信息、能量等资源要素进行再优化配置，实现人们新诉求的生物流、非生物流、资本流、信息流、能量流的目标。管理创新最常见于企业管理的创新活动中，为了更有效地实现组织目标的活动，企业把新的管理要素（如新的管理方法、手段、模式等）或要素组合引入企业管理系统。

9.2.2 基本内涵

随着信息技术的发展以及经济全球化的进程，管理创新不断进步，实现了宏观管理层面上的创新突破，也即管理制度创新。

1. 社会管理创新是必然趋势

近年来，随着中国社会市场化、现代化、城镇化的发展，中国高度重视研究创新社会管理问题，紧紧围绕全面建成小康社会的总目标，积极推进社会管理理念、体制、机制和方法创新，建设中国特色社会主义社会管理体系。2004年党的十六届四中全会提出"加强社会建设和管理，推进社会管理体制创新"；2007年党的十七大报告提出要"建立健全党委领导、政府负责、社会协同、公众参与的社会管理格局"。从此，社会管理被纳入更完备的体系性框架，社会管理制度的创新也成为2009年年底全国政法工作电视电话会议所强调的"社会矛盾化解、社会管理创新、公正廉洁执法"三项重点工作之一。

2. 社会管理创新的伦理向度

中国改革开放40余年的实践表明，一切改革与创新的首要前提条件都是理念、观念和思维方式的转变，稳健的改革步伐需要先进文化的引领，改革创新的各项事业也需要先进文化提供正确的方向引导、精神支持和智慧保障。

中国在创新社会管理制度上应当警惕出现"伪道德效应"现象，例如，以经济的快速发展掩盖社会矛盾，以社会管理制度化、程序化的刚性模式替代社会管理安抚人心、化解矛盾的柔性功能，将会导致社会管理片面追求硬件设施的发展，而忽视管理过程中人性化的调解矛盾、安抚人心的能力提升。

中国的社会管理制度创新必须与中华民族的伦理价值相印证，才能获得中国人伦理心的认同，才能成为中国人的生活方式。社会管理现代化不仅仅是孤立、抽象的管理体制、方式、手段的改革和创新，更是社会管理价值取向现代性、民族性的转换和民族生活方式的转变。

社会管理作为国家这一管理者的基本活动，其内涵的伦理观念既渗透着执政党的政治伦理，又贯穿着政府及其各部门的行政伦理，甚至也涉及党和国家机关、政府机关的工作人员的职业伦理以及企业经营活动中的商业伦理。

无论是政治伦理、行政伦理、职业伦理还是商业伦理，它们共同的伦理评判都是善与恶，也即，社会管理创新最为基本的伦理评价标准是"善治"。而评价社会管理制度是否是"善治"必须将其置于特定的时代和社会环境下。

当前，中国对社会管理制度是否符合"善治"标准的判定应当以政府对社会主义和谐社会提出的六大内涵作为基本尺度，即民主法治、公平正义、诚信友爱、充满活力、安定有序、人与自然和谐相处。构建社会主义和谐社会的目标是社会管理创新的目标，换言之，"善治"伦理是当代社会管理创新的伦理要求，是中国社会管理制度创新的道德内核及伦理价值（周博文，杜山泽，2012）。

9.2.3 中国实践

"善治"伦理观念既区别于中国传统的伦理纲常观念，又区别于西方资产阶级的伦理观念，它汲取了中国传统和西方伦理观念中的有益成分，独具新时代中国社会主义的特色。需要运用伦理观念来指导和推动社会管理创新，建立起一种以尊重与保障人权，即以"善治"为核心的新型公共伦理关系（周博文，杜山泽，2012）。

公共危机对中国管理制度的创新提出了新的目标，带来了全新的机遇和挑战。2020年中国应对新冠肺炎疫情而凸显的非接触服务，就是在"尊重生命安全"的伦理规范下的一种创新的管理模式。在传统服务模式中，需要服务者与被服务者以接触的方式才能完成服务过程，但科技的进步使得服务以非接触的方式进行成为可能。越来越多的服务类型能够打破物理空间的限制，允许服务者以服务工具为媒介或隔离材料为媒介来提供服务。针对主要的经济流动要素，非接触式服务可以分为：信息产品非接触式服务、货币金融非接触式服务、与人体相关的非接触式服务等。

非接触式服务是为了便利人类生活，但也易引发潜在的伦理问题。如互联网，作为信息产品非接触式服务的典型，摆脱了原来物理空间的限制，突破了传统的人与人近距离信息和纸质媒介传递方式，通过网络进行远程信息传递。但是，在信息传递速度和距离大大提升的同时，信息来源的真实性及信息传播的问责机制备受质疑，这也是伦理道德在信息产品非接触式服务中关注的重点。

再如，货币金融非接触式服务的主要内容是金融信息。基于互联网的移动支付系统以及央行发行的数字货币将突破传统的近距离金属货币和纸币的传递方式，彻底摆脱物理空间的限制，实现非接触式服务这一概念。这一方面提高了金融服务的效率，另一方面也增加了金融监管的风险；不仅需要监管部门提升相应的监管能力，而且要求金融从业人员提升其职业道德和商业伦理规范。由于金融领域专业人员的行为直接影响着金融系统的稳定性，从业人员商业伦理的素养将成为货币金融非接触式服务领域不容忽视的一环。

技术进步带来的非接触式管理创新是人类美好生活的必然追求，然而，管理制度创新能够摆脱物理空间、物质媒介的束缚，却无法逾越商业伦理、道德准则的规制。管理创新必须同时兼顾服务效率的提升和商业伦理的坚守，只有受到伦理规范制约的管理制度创新，才能真正满足人类经济社会的可持续发展。

9.3 经济政策创新能力

9.3.1 伦理问题

政策创新是一个敏感的话题，特别是经济政策创新关系到公众的根本利益，涉及经济伦理的方方面面。

9.3.1.1 经济政策创新的含义

经济政策创新，主要指具体经济政策应该朝着最有利于发展生产力的方向和人民根本利益的方向变化。经济政策创新既要朝着科学化、最优化、更合理化方向调整，又要将经济发展带来的道德伦理判断纳入政策制定和实施的重要考量（王维平，2003）。经济政策创新应当遵从商业伦理准则，避免出现地方保护主义、无序竞争、恶性竞争、环境破坏、管理混乱等社会问题；应当避免偏离经济政策创新伦理道德的关键要素，而沦为主观主义、本位主义、实用主义的产物。

9.3.1.2 经济政策创新的伦理

随着城镇化建设步伐的加快，一系列土地利用问题暴露出来。因此，推进全国特色小镇的纵深发展对土地政策创新提出了全新要求。

国家层面为支持特色小镇建设制定了创新政策：一是规范推进城乡建设用地增减挂钩；二是建立城镇低效用地再开发；三是因地制宜推进低丘缓坡地开发；四是完善集体建设用地经营权和宅基地使用流转机制。尽管上述政策发挥了积极作用，但也存在伦理内核重视不足的问题。基于商业伦理的原则，优化特色小镇土地利用的对策建议应包含如下两个方面：

一方面，坚持土地规划引导和底盘管控作用。应当重视生态保护红线、永久基本农田保护红线、小镇开发边界线、建设用地规模控制线和小镇建设用地扩展边界线的设定，这是落实可持续经济发展的重要条件，也是经济政策创新中重要的伦理考量要素。

另一方面，坚持土地资源节约集约利用。只有将节地、节能等理念贯穿特色小镇建设的全过程，才能合理界定人口、资源、环境承载力；只有加强土地资源的节约集约利用，才能实现生态保护与小镇发展互促共融。经济政策创新应当将经济效率和商业伦理置于同等重要的位置，在政策创新过程中，应当通过市场规则、市场价格、市场竞争，增强资源节约及高效利用的内在动力，抑制资源的不合理占用和消费等趋势（强海洋等，2017）。

9.3.2 中国实践

在中国经济由高速增长转向高质量发展的阶段，如何缩小地区间、城乡间、阶层间差距，实现社会的公平与正义，体现了经济政策创新的伦理价值。在中国政府、企业和社会大众的创新推动下，在坚持市场导向的政策引导下，中国将成为全球的创新者（豪尔，泽德维茨，2017）。

9.3.2.1 全面解决贫困问题的经济政策创新

在全世界消除一切形式的贫困是联合国《2030年可持续发展议程》的首要目标，中国将落实这一目标与国家脱贫攻坚事业紧密结合，充分发挥制度优势，贯彻精准扶贫、精准脱贫基本方略，创新扶贫工作机制和模式，加大扶贫攻坚力度，确保中国现行标准下农村贫困人口实现脱贫，贫困县全部摘帽，解决区域性整体贫困。

1. 以生态伦理观推进精准扶贫

四川省通江县地处秦巴山连片扶贫开发核心区域，是"老、山、边、穷"于一体的国家扶贫开发工作重点县。在脱贫攻坚新形势下，通江县探索中国生态智力扶贫的新方法，通过"生态伦理"开展了扶贫政策的创新实践。

通江县积极响应国家所倡导的绿色经济、生态文明和扶贫致富的理念，针对精准扶贫中面临的新问题和新挑战，让良好生态环境成为人民生活质量的增长点，构建具有区域特征的生态脱贫攻坚机制。在产业转型的发展模式上，通江县泥溪镇以"三生共赢"（生态、生活、生产相结合）发展模式构建生态经济，提出了"农业+旅游+生态发展"模式；协助通江县制定生态发展战略，从单纯强调"引资"发展为"引智"，转变群众思想，引导群众接受绿色文化理念，开展有利于保护生态环境的产业，将绿色发展作为通江县发展的核心竞争力，培育脱贫攻坚的核心竞争力。

人们在生产、生活中遵循生态、绿色、环保的基本行为准则，达到人与自然的和谐相处；这正是生态伦理观的内涵所在，是经济发展中商业伦理的体现，也是绿色发展理念和发展思想的实质。坚持以生态伦理观推进精准扶贫，走绿色环保的生态扶贫之路，必将促进当地精准扶贫、精准脱贫工作，加快农村脱贫致富步伐。精准扶贫生产发展的生态伦理指引了构建绿色扶贫生产新格局的发展路径，有助于实现贫困地区由"自然索取式"生产方式转向环保"生态共生式"生产方式，以无污染、低消耗、集约型生态生产方式取代传统的高污染、高消耗、粗放型工业生产方式。

2. "公平分配"的伦理内核

中国政府提出了公平分配的扶贫工作思路,其内容包含以下几点:一是建立公正分配联合机制。要给贫困村、户制定资产折股量化实施细则,明确贫困人口参与收益分配的比重和方式;针对连片集中的贫困户,应因势利导,建立带动贫困户增收脱贫的连片利益联结机制,让贫困户共享产业发展成果。二是大力扶持各地区农民专业合作社发展,鼓励合作社将有意愿的贫困户吸纳为社员,实现资产的共同创造、共同受益。三是建立公平分配共享机制。共同富裕是社会主义的本质规定和奋斗目标,"共同"反映了社会成员对财富的合理共同占有方式。其一,在精准扶贫工作中,要强调共富是根本,先富帮后富、先富带后富,实施一对一帮扶,实现从"涓滴效应"到"靶向性"瞄准目标人群的帮扶动态调整。其二,做到公正扶贫,使财富均衡惠及需要脱贫的所有地域和各个群体。其三,建立公正分配的识别措施。建立扶贫跟踪筛选机制与完善兜底措施,做到"扶真贫、真扶贫",精确筛选出已脱贫对象、识别出新的扶贫对象,使扶贫资金得以精准公平地落实到每个扶贫对象。其四,优化各类扶贫资源配置的精准长效机制,加快贫困地区信用公平体系、担保公正体系、风险补偿公正机制的建设,切实管理好、分配好扶贫贷款及扶贫基金(唐海燕,2017)。

9.3.2.2 促进区域经济协调发展的经济政策创新

从社会经济的可持续发展来看,经济政策创新应当始终坚持公平正义的商业伦理价值观,推动缩小区域经济差距政策的实施,才能加快欠发达地区的经济发展,实现区域经济协调发展的目标。同时,政府也应该从地区资源配置的实际出发,实现优化资源配置的经济政策创新。2020 年 6 月 1 日,中共中央、国务院印发《海南自由贸易港建设总体方案》,实行了零关税等一系列经济政策,这将吸引全球资本流入,助力海南的发展。

9.4 绿色创新能力实践

2015 年联合国提出了 17 项可持续发展目标,在全球催生出一系列绿色创新。绿色创新是通过社会、政府以及企业的全新协作,产生新的产品、服务和模式以满足市场需求,运用商业手段实现社会经济与环境方面的双赢(黄海峰等,2016)。在绿色创新能力的实践中,只有坚守生态伦理的道德准绳,才能实现社会的可持续发展。

9.4.1 绿色创新的含义

绿色创新政策遵循生态伦理的原则,其含义包括:其一,以自然资源和生态环境的保护为基础,实现可持续发展的目标;其二,提高社会的福利水平,建立经济、环境和社会的综合管理模式;其三,提高社会资源的效率,凝聚适应社会调整、经济改革和生产力发展的力量。

9.4.2 绿色创新的挑战

面对中国工业化呈现出"高投入、高消耗、高污染、低产出、低质量、低效益"的问题,中国政府不断推进绿色转型。绿色创新摒弃单纯依赖资源投入、出口需求、投资拉动的经济发展模式,杜绝盲目追求GDP的做法,通过资源节约、治污减排,将环境友好型和资源节约型的"两型社会"建设变成全社会的自觉行动,树立绿色、低碳和循环发展的理念,实现数量驱动型经济体向质量驱动型经济体的转变。

当前,中国的绿色创新政策仍面临两个巨大挑战:其一,需要不断完善绿色经济创新体系来支撑绿色转型;其二,中央计划部门和地方政府在面对不同区域经济、环境目标和工作方法时,需要细化并落实绿色总体战略。因此,只有切实改变"先污染、后治理"的急功近利的发展观,着重推动制度、管理、技术和监管的绿色创新,才能应对不断出现的挑战(叶林顺,邓玉瑜,2004)。

9.4.3 绿色创新的实践

辨别绿色创新的真伪,有一个根本原则,就是像美国生态伦理学家奥尔多·利奥波德(Aldo Leopold)在《沙乡年鉴》[1]中指出的"像山那样思考",想一想自然生态系统本来的样子、应该的样子,问一问如果这样做,"山"会有什么感受;所造成的

---

[1] 《沙乡年鉴》(A Sand County Almanac),又译为《沙郡岁月》。该书首次倡导"土地伦理"观念:"土地伦理是要把人类在共同体中以征服者面目出现的角色,变成这个共同体中平等的一员和公民。它暗含着对每个成员的尊敬,也包括对这个共同体本身的尊敬。"这本书是在20世纪40年代末出现的自然人文经典,其提出的"土地伦理"观念,揭示了生态保育观念,对当时社会体制也提出了充满哲思的警语;其对自然的观察和沉思堪称西方环保主义的圣经。

自然改变有没有办法补救，所阻断的自然循环有没有可能代偿。这与国家领导人习近平提出的"两山论"[1]不谋而合，主旨就是不要向地球索取更多，这是开展绿色创新实践应该遵循的基本原则。围绕这一宗旨，国际上涌现了100项大自然启发的绿色创新，激发了受创新启迪而富有竞争力的商业模式（鲍利，2012）。在不久的将来，任何未将环保因素纳入经营战略的企业都将无法获得业界领导地位和持续的赢利。

1. 绿色供应链管理的提出

支撑环保驱动型创新的四大基本要素是环保优势意识、环保绩效追踪、重新设计以及企业环保文化（埃斯蒂，温斯顿，2009）。其中，绿色供应链管理是环保政策中的一项重大创新；从20世纪70年代开始，供应链管理创新研究开始考虑环境因素。1996年，密歇根州立大学专家提出"绿色供应链"[2]概念。他们认为绿色供应链是环境意识、资源能源的有效利用和供应链各个环节的交叉融合，其目的是最大化资源利用效率、最优化系统效益，以及最小化负面环境影响。从长远来看，企业只有实施绿色供应链管理，才能促进资源的合理、高效配置，达到经济效益和环境效益的双赢，实现可持续发展的目标。

2. 绿色供应链管理的伦理价值

绿色供应链管理将客户视为合作伙伴，要求从前端提取生产原材料的公司，到终端回收废弃产品的公司，充分承担利益相关者伦理责任，使供应链遵循产品生命周期，在产品的加工到消亡过程中，构建可持续发展和符合商业伦理的责任性供给与需求的闭环体系。绿色供应链管理的理论基础是可持续发展理论和循环经济理论，力求最大限度地降低污染物排放，提高资源利用率、经济效益和运行质量，体现了商业伦理在人类经济活动中的价值。

在很大程度上，以市场为导向的传统供应链忽视了伦理关怀，它以企业内部效益为

---

[1] 2005年8月15日，时任浙江省委书记习近平在安吉县余村调研时，首次提出了"绿水青山就是金山银山"的重要理念。2013年9月7日，国家领导人习近平在哈萨克斯坦访问回答大学生提问时，进一步强调："我们既要绿水青山，也要金山银山。"之后，习近平在多个场合提到"绿水青山就是金山银山"，即"两山论"的理念。

[2] 绿色供应链管理（Green Supply Chain Management）的概念最早由美国密歇根州立大学的制造研究协会在1996年进行的一项"环境负责制造"的研究中首次提出，又称环境意识供应链（Environmentally Conscious Supply Chain,ECSC）或环境供应链(Environmentally Supply Chain,ESC)。它是一种在整个供应链中综合考虑环境影响和资源效率的现代管理模式；它以绿色制造理论和供应链管理技术为基础，涉及供应商、生产商、销售商和用户，其目的是使产品在从物料获取、加工、包装、仓储、运输、使用到报废处理的整个过程中，对环境的影响（负面影响）最小，资源利用效率最高。

标准，强调消费和需求的主导作用，虽然它也涉及原材料、能源的节约，但只是考虑企业的成本和企业内部环境的改善，并没有充分考虑所选择的方案对周围环境和人员产生的影响，也没有考虑到如何处理废弃物。由于缺乏商业伦理的规范，传统供应链管理将不可避免地影响企业和社会的可持续发展。

绿色供应链管理作为重要的环保创新政策，表现出对环境和生态价值的重视。绿色供应链管理创新将"绿色"或"环境意识"融入整条供应链，如绿色采购、绿色生产和绿色营销等环节，要求在各节点都要综合考虑资源利用和环境影响。

综上所述，随着绿色发展理念被纳入国家战略规划，供应链的绿色化愈发受到关注。绿色供应链是融合经济价值和商业伦理的创新活动，有助于实现企业发展与环境效益相统一、企业发展与员工利益相统一、企业发展与顾客满意度相统一的企业可持续发展目标。

本章小结

创新能力需要伦理道德为其提供约束、规制，在遵从伦理规范的过程中，更好地服务人类社会。商业伦理在社会管理创新、经济政策创新及绿色创新中的应用，是实现创新能力与经济社会发展和谐统一的客观要求，它能够有效调和人类在管理、经济活动中与生态环境、人文价值的关系，促进公平正义的社会管理制度的创新，推动可持续的人类经济发展，构建兼顾绿色生态环境建设以及提高资源循环利用效率的经济政策。

关键术语

创新伦理机制　社会管理创新　经济政策创新　绿色创新能力

思考练习

1. 中国在创新能力的商业伦理建设上有哪些不足？应该采取哪些措施？
2. 概述商业伦理与创新能力的辩证关系。
3. "负责任的研究与创新"理念指的是什么？它的理论内核及实际应用体现在哪些方面？

应用案例

"巴斯夫"[1]的可持续发展与绿色供应链创新

"巴斯夫"成立于 1865 年,迄今已有 150 多年的历史。作为全球领先的化工公司,"巴斯夫"的产品涵盖化学品、塑料、特性产品、功能性解决方案、农业解决方案以及原油和天然气,在全球拥有约 112 000 名员工,遍布 80 多个国家和地区。2015 年,"巴斯夫"销售额达 705 亿欧元,利润近 40 亿欧元。

"巴斯夫"首席执行官库尔特·博凯慈(Kurt Bock)博士认为,注重可持续发展是保持企业长期竞争优势的重要因素。一个可持续发展的企业意味着将经济成功、环境保护和社会责任综合考虑,从而为我们下一代的生活做出贡献。因此,无论是企业的宗旨,还是其核心战略都是围绕"可持续发展"展开的。"巴斯夫"的宗旨为"我们创造化学,为了更加可持续发展的明天"。而"巴斯夫"的四大战略包含:凝聚集团整体力量增加价值,追求创新帮助客户更加成功,引领可持续发展解决方案和建立最佳团队。

在可持续发展领域,"巴斯夫"不遗余力地成立了可持续发展委员会,成为世界上较早在企业内部成立可持续发展委员会的公司。除了自身的可持续发展团队建设,为保障其生产做到真正的安全与可持续,"巴斯夫"在选择供应商时也有一套严格的高标准。公司执行欧盟的相关化学品法规,包括 REACH 法规[2],并对供应商进行审核。这种审核不仅基于经济标准的考量,还评估供应商在职业健康与安全、环境保护、劳工与社会标准、人权和负责任的公司领导力的表现。

在供应链管理中,"巴斯夫"不仅重视采购和输出,还将管理延伸到运输和仓储环节。根据"巴斯夫"全球采购规定,所有采购的危险化学品将由"巴斯夫"指定的物流供应商到生产企业提货,而"巴斯夫"所销售的危险化学品也将由"巴斯夫"的物流供应商直接送到客户手中。"巴斯夫"制定了"首次送货特别要求",对于首次与公司进行危险化学品贸易往来的客户,在送货前,"巴斯夫"物流部门、产品监管和客户服务人员将共同拜访该客户,帮助客户建立合理的货物分送体系。

---

[1] "巴斯夫"全称为巴斯夫股份公司,德文全名为 Badische Anilin-und-Soda-Fabrik,是一家德国化工企业,也是世界最大的化工厂之一。

[2] REACH 法规即"化学品注册、评估、许可和限制"(Registration, Evaluation, Authorization and Restriction of Chemicals),是欧盟对进入其市场的所有化学品进行预防性管理的法规,于 2007 年 6 月 1 日正式实施。

无论是上游的供应商还是下游的产品客户,"巴斯夫"始终将其视为与自己休戚相关的个体,并利用自己的优势所在,延伸管理范围,帮助链条上的合作伙伴。"巴斯夫"的可持续发展路径并不仅仅限于节能减排,还以一种经营方式,贯穿于研发、生产、物流、员工管理及社区关怀等公司的几乎所有方面。综上,"巴斯夫"将可持续发展作为其核心战略和核心价值观,是其能够基业长青的根本原因之一,也是其在不同的市场和不同时期都能最终占据领导地位的原因之一。

资料来源:佚名.巴斯夫:供应链上的"点金术"[N].中国石油报,2012-10-18,(4)。

思考题: "巴斯夫"成功实施绿色供应链管理的经验对中国绿色创新实践有哪些启示?

第 10 章
商业伦理与领导能力

> 修养决定格局，格局决定人生。道德修养不仅是一种品质，更是一种力量。有了善，就有了别人的尊重；有了博爱，就有了大家的牵挂；有了宽容，就有了别人的认可，自然会收获美好的人生。
>
> ——释星云（中国佛学界大师）

> 领导者不能被困难吓倒，而应当成为长期主义的坚持者，并适时进行彻底的自我探索，开始一个"重启"与"突破"的过程。
>
> ——杰瑞·科隆纳（Jerry Colonna，美国领导力专家）

本章提要

本章着重研究商业伦理与领导能力的内在关系。随着商业丑闻的不断曝光，学者们对领导者在伦理道德方面所起的作用进行了深入探讨，提出了伦理型领导力或道德型领导力（Ethical Leadership）这一学术概念。本章着重从伦理型领导力的目标与意义、概念与理论、作用与方法、核心与内涵、古代文明智慧与现代文明智慧等方面展开了论述。其中，通过正面案例对商业伦理及如何构建领导力进行思考，针对企业社会责任、关注利益相关者需求等，进一步说明伦理型领导力的重要性。

学习目的

1. 了解建设伦理型领导力的重要意义
2. 明确伦理型领导力的四个能力
3. 提升对伦理型领导力的认知
4. 掌握伦理型领导力的"二观"

知识拓展

伦理型领导力

伦理型领导是指具有某些伦理特质的领导者,在组织中设置伦理规范和愿景,通过双向沟通和示范使其内化于员工,进而影响员工的伦理行为和组织决策,以有效达成组织的目标。伦理型领导力作为柔性领导方式的代表,其工作风格和方式不仅能够增强团队积极性、形成高质量的伦理文化,还能提高所在单位的美誉度和信誉度。其重点研究领导者的道德体现和伦理规范,提升领导者在协调各种社会关系和组织关系中的领导能力,培养领导者有关忠诚、爱民、尚公、正直、廉洁和勤奋方面的美德,从而进一步实现领导过程的伦理价值及领导者的道德完善,明确正确的道德原则和实现途径。

引导案例

冠生园(集团)有限公司(以下简称"冠生园")创立于1915年,自成立初始,就以蜜饯、糖果及糕点的生产和销售作为其主要业务。经过近百年的风风雨雨,冠生园早已成为中国老字号品牌的代表。冠生园良好的运营管理能力让该品牌获得了市场的认可与良好的口碑。目前,全国有十几家在这一品牌的影响下独立运营的食品企业。前身为南京分店的南京冠生园就是其中之一。然而,月饼馅料回炉的丑闻却让南京冠生园陷于风口浪尖之中。2001年中秋前夕,央视在《新闻30分》栏目中曝光了他们在制作月饼的过程中将往年的发霉馅料回炉重新利用。一时间舆论哗然,企业管理层的不当处理方式更是让企业雪上加霜。在危机发生后,企业没有积极做出补救、承担责任,而是公开指责报道失实、推诿塞责。事件发生仅仅不到一年,南京冠生园就不得不以经营不善、资不抵债为由向南京市中级人民法院申请破产保护。当年,各地冠以相同品牌的企业更是深受其累。根据相关数据统计,仅 2001 年一年,全国各地冠生园企业就减产达到 50% 以上。其中,上海冠生园由于没能在第一时间与南京冠生园划清界限,损失最为严重,冠生园品牌在此后相当一段时间内都无法走出该事件的阴影。南京冠生园事件还对整个月饼行业造成了沉重的打击,全国月饼市场销售量较往年相比下降了 40% 之多。南京冠生园甚至还对中国传统文化产生了负面影响。据中国社会调查事务所进行的一次问卷调查显示,近六成人的月饼购买意愿受到一定的影响,而这次调查也表明月饼在中国人心目中的地位已经发生了变化,近 5% 的人不再认为月饼是中秋节不可分割的一部分。

资料来源:改编自王泗通,孙良顺."老字号"品牌的危机管理与重塑:以南京新冠生园为例 [J]. 湖南社会科学,2017(5):75—81。

思考题: 从商业伦理角度来看,"冠生园"领导行为的不当之处有哪些?

10.1 目标与意义

哈佛大学商学院教授约翰·P. 科特(John P. Kotter)面对全球出现得越来越多的商业丑闻,认为大多数商业领袖没能有好的表现。他认为,企业的成功主要依赖于领导者的能力(科特,1998)。其实,人生会经历"游乐场、学场、职场、道场"等不同的成长阶段,领导潜力的挖掘涉及每个人的成长过程。在社会组织细胞的家庭中,领导者就是父母,也面临以身作则如何引导教育孩子等问题。温馨的家庭本应该成为工作之余的"避风港",但是如果处理不好家庭矛盾,势必会把家庭变成"逼疯港"。在单位中,如果领导者之间工作关系处理不好,那么昔日战友可能变成今日宿敌,"职场"也将成为没有硝烟的"战场"。正如英国散文家约瑟夫·艾迪生(Joseph Addison)所说,如果你要获得成功,就应当以恒心为良友,以经验为顾问,以小心为兄弟,以希望为守护者(史密斯,弗利,2018)。因此,明确人生目标和意义乃提升伦理型领导力的重要前提。

10.1.1 主要目标

领导者决定组织的最终表现,他们制定标准,建立并维系一个沟通网络;培育关系,激励下属,通过制定战略性愿景,付诸实施,对组织产生长期的影响。提升伦理型领导力基于两个目标：其一，如何更好地成为对国家有贡献、对社会有影响、对工作有责任的领导者；其二，如何不断通过修炼领导力，挖掘出巨大的领导潜力，为社会做出贡献。这两个目标中，前者涉及世界观，后者关系到执行力。

对于世界观而言，伦理型领导力需要具有"二观"：其一，充分理解"追求卓越、富享人生、造福人类"的人生发展观；其二，透彻领悟"性命、生命和使命"的人生价值观。

对于执行力而言，伦理型领导力需要具备"内涵"。拥有领导身份并不意味着一定具有领导力，领导者只有掌握商业伦理要素，才能更好地发挥团队的作用。通常，有道德的个人并不足以成为一个伦理型领导者，伦理型领导力作为特殊技能并不是先天就有的，而是需要将伦理和价值观结合起来的自身修炼，只有拥有执行力，才能引领社会的可持续发展。

10.1.2 重要意义

第一，进一步理解伦理型领导力的重要性。新加坡政治家李光耀曾认为：西方民主制度可以有效问责，但是无法保证选出优秀的政府或领导人（熊玠，2015）。中国在1978年到2018年期间进行了一场前所未有的伟大变革，用几十年的时间走完了发达国家百年的工业化历程。韩国学者李昌虎研究了中国式领导能力，将该领导力划分为服务领导能力、原则领导能力、公平和正义领导能力、集体领导能力、环境领导力、道德领导力、蓝图领导力、肯定性信念领导力等（谷士欣，2017）。

第二，进一步提升伦理型领导力的工作能力。有效的工作能力包括运营能力、凝聚能力、发展能力，要做到分清自我领导、团队领导和组织领导的各项要素，加强团队合作、社会责任和商业伦理的培养，形成正确、有效、敏锐的管理思维，明确"责、权、利"，学会协调个人、组织与社会三者的关系。

第三，进一步展现伦理型领导者的工作方式。对于提升领导力有三种不同的工作方式。其一，重"术"，即以"领导力模式"为要点，强调领导力的工作方法与技巧；其二，择"道"，即以"领导力战略"为重点，通过德性教育，强调领导者个人素质的提升；其三，取"势"，即以"德行天下"和"造福社会"的胸怀，树立为人民服务的宗旨，重视领导者的社会责任和职业伦理，形成共融合作、共生发展、共赢大势的工作风格。

起始于西方的工业化与城市化已经显现出许多弊端，人类社会面临着自然资源的紧缺、环境生态的危机及商业伦理的缺失。面对这一问题，2015年联合国发布的17个可持续发展目标和全球达成的《巴黎协定》(The Paris Agreement)，作为人类可持续发展的重要共识具有示范性。同时，中国率先提出了生态文明建设战略，"创新、协调、绿色、开放、共享"五大发展理念也作为东方领导的智慧，成为探索生态环境治理与社会可持续发展的系统管理思想。总之，在中国经济转型和绿色发展的重要阶段，国家急需一大批伦理型领导者，承担建设社会主义市场经济制度的重任。

10.2 概念与理论

10.2.1 基本概念

10.2.1.1 领导与管理

领导就是指引和影响个体、群体或组织来实现所期望目标的各种活动过程。从领导的词语本义而言，领导就是"带领引导"。"领"是"带领"，"导"是"引导"。美国前国务卿亨利·阿尔弗雷德·基辛格（Henry Alfred Kissinger）博士认为，所谓领导，就是带领他的下属，从现在的地方，去到还没有去过的地方，这段话揭示了领导的真正作用。

通常，人们习惯把"领导"和"管理"当作同义语来用，而实际上，"领导"和"管理"是两个不同的概念。美国现代管理学之父德鲁克认为，如果说领导与管理有区别的话，那也如同左手与右手或鼻子和嘴巴的区别一样，在理论上将它们割裂开来加以区别是没有意义的（德鲁克，2017）。科特却认为二者的区别在于管理者试图控制事物，甚至控制人，但领导者却努力解放人与提升能量（Kotter，1988）。

10.2.1.2 领导者和领导方式

1. 领导者

领导者是指担任某种领导职务、扮演某种领导角色并实现领导过程的个人或群体；是在正式的社会组织中经合法途径被任用而担任一定领导职务、履行特定领导职能、掌握一定权力、肩负某种领导责任的个人和集体。领导者如同指挥家，在整个演奏过程中的职责在于驾驭好团队、使成员有序发挥各自能力，其价值在于对方向和价值观的引领、对目标和战略的规划、对组织和任务的安排、对资源和环境的保障等。

现代领导者在组织中担负起引导和服务两个方面的职责。引导职责是指领导者有责任指导各项活动的开展和协调。当今领导者角色正在出现如下四种重大转变：其一，从明确工作到建立职责的转变；其二，从决策到促进决策的转变；其三，从分配资源到消除障碍的转变；其四，从直接管理到提升人际协作的转变。

领导者作为一个组织的"头儿"，其工作就是确定方向、制定战略、激励和鼓舞员工，并带领全体组织成员创造更大的绩效。中国企业家柳传志曾将领导者的职责概括为搭班子、定战略和带队伍。

搭班子的主要内容有确定领军人物、配置领导集体、调整组织架构以建立起意志统一的领导核心。对于定战略而言，企业领导者要有大局观念，要学会长远考虑，在形成发展目标以后要学会将其分解成具体的战术步骤和实施策略，并在发展过程中不断调整。定战略的步骤包括：①确定领军人物、搭好班子、调整组织架构；②确定公司远景；③确定中远期发展战略目标；④制定发展战略的总体路线；⑤确定当年的战略目标，并分解成具体战略步骤后操作实施；⑥考核激励；⑦检查调整，达到目标（孙宇，2011）。

对于带队伍而言，需要明确三大问题：①如何充分调动员工的积极性，让你的"士兵"爱"打仗"？②如何提升员工能力，让你的"士兵"会"打仗"？③如何使组织有序、协调，"打"最高效率的"仗"？

为解决以上提出的三大问题，带队伍的领导者需要明确五项内容：①建立合适的组织架构、落实岗位责任制；②制定严格的规章制度；③采用充分调动积极性及发挥创造力的激励方式，这是带队伍中最为关键的工作；④加强企业文化建设，增强公司凝聚力；⑤加强内部培训，培养骨干队伍和领军人物。

2. 领导方式

德国心理学家库尔特·勒温（Kurt Lewin）通过实验研究不同的工作方式对下属群体行为的影响，把领导者的领导方式分为三种，即独裁型领导（Authoritarian Leadership）、民主型领导（Democratic Leadership）和放任型领导（Laissez-faire Leadership）（Lewin et al.，1939）。

（1）独裁型领导指群体的一切活动完全由领导者个人决定，群体中的所有成员只能依令行事，不容许有任何异议。特点是：发号施令，要求他人依从；为人教条且独断；主要依靠行政命令、纪律约束、训斥和惩罚，偶尔也有奖励。

（2）民主型领导指群体的一切活动，由领导者和群体成员共同讨论而决定。在讨论过程中，领导者以群体成员之一的身份参与，鼓励大家发表意见，力求达到集思广益的目的。

（3）放任型领导指领导者对工作事先无布置，事后无检查，权力完全给予个人，完全由群体成员凭其所好各行其是。特点是：极少运用权力，给下属高度的独立性；依靠下属确定他们的目标,以及实现目标的方法。

10.2.1.3 领导力和伦理型领导力

1. 领导力

领导力不仅仅局限于领导者和下属的关系问题,领导者必须努力消除或减少大型组织中非人性化的方面(威克斯等,2015)。领导力是领导者如何激励他人自愿地在组织中做出卓越成就的能力,它是领导活动的灵魂。它不仅影响一个团体的工作,而且有时会影响社会历史的进程。在领导系统中,领导力是一个具有根本性和战略性的范畴。

所谓企业领导力,是指企业领导者或领导集体所拥有的决策力、整合力、组织力、管理力、指挥力和协调力等的综合。拥有领导力的企业领导者,可以率领企业全体员工实现企业发展的战略目标。企业领导力既是企业整体素质不可分割的重要组成部分,也是决定企业核心竞争力的重要因素,还是企业文化软实力的一个主要成分。

2. 伦理型领导力

伦理型领导力并不具有法律意义上的强制性,但具有道德意义上的自我约束性。领导者的具体任务有:用道德塑造行为,表达并实践组织的目标和价值观,获得利益相关者的支持,开展关于道德、价值观和价值创造的对话,创建反对机制,找到最优秀的人并培养他们,拥有想象力,敢于做棘手的决定(威克斯等,2015)。从企业层面来看,伦理型领导力不仅要能为企业带来收益,还要包含高尚的人格素质,能够更好地保护利益相关者的利益。这不仅要求领导者为企业赢取利润,还要求领导者在管理公司时,建立一套好的价值观与企业文化,兼顾好不同的利益群体,这才是企业的制胜之道。

伦理型领导力具有以下四个能力:

(1)获得追随者的能力。伦理型领导力会通过榜样的力量获得下属长久的追随。其实,每个人都具有一定的伦理意识,伦理型领导力则具有示范性和引导性,会使下属对领导者更加信服,也更容易使员工以领导者作为榜样。领导者获得追随者的能力,主要表现在三个方面:一是领导者长远的眼光。其远见卓识将引导追随者们的方向、发展的愿景及使命,能使团队形成战斗力。二是身先士卒的精神。领导者在团队中充当的不仅是带头人,还是指导团队的导师。领导者应该教给下属的是伦理准则、行动原则。三是强大的精神力量。精神力量源于领导者的自身素质,只有具备良好伦理道德品质的领导者才能使其下属心悦诚服。

(2)激发潜能并凝聚人心的能力。伦理型领导力注重公众利益,乐意承担更多的社会责任。赢得社会赞誉才能更好地凝聚人心和激发团队的潜能。伦理型领导能凝聚各种力量形成合力，即领导者与追随者相互作用而迸发出的一种思想与行动的合力，最终内化为团队的整体实力。

（3）实现可持续发展的能力。伦理型领导力要求在制定战略时更多地考虑社会的可持续发展，注重企业的经济、社会和环境效益，通过多方合作来实现双赢或多赢。在社会主义市场经济发展的过程中，领导者所具有的商业素质，在一定程度上取决于社会和谐发展的程度。市场经济不仅是法治经济，也是道德经济，只有这样，市场经济才会有次序、有活力、有安全保障。

（4）识别风险与机遇的能力。凡是有利益的地方就必然存在着风险。拥有伦理型领导力的领导者具有创造性思维，既能看到事物的现状，也能预见事物的发展趋势；从他人趋之若鹜的地方看到风险，从他人避之唯恐不及的地方看到机遇，这种具有承受风险和不确定性的能力，使其团队具有竞争力优势。

缺乏伦理型领导力时，领导者及其企业往往会出现以下问题：

（1）商业贿赂。贿赂使受贿人与其所在组织之间产生利益冲突。最常见的贿赂有：通过桌下交易操纵别人，违背公共或法律的职责来达到增加销售、进入新市场、改变或规避公共政策规则的企图。

（2）胁迫。指用暴力或威胁控制他人，强迫他人做违背其意愿的事，一方受另一方压力的制约去做其本意不会做的事，勒索是一种特殊形式的胁迫。

（3）欺骗。通过误导来操纵他人，如对研究数据或会计数据进行歪曲或做假、做误导性广告以期蒙混过关。

（4）偷窃。在未经所有者同意的情况下取得其财物或知识产权。

10.2.2 主要理论

本章基于这样的假设，领导力是可以教授和提升的。因此，学习领导概念和技能最有效的方式，就是理解其主要理论。

10.2.2.1 领导伦理观

（1）美国学者罗纳德·A.海费茨（Ronald A. Heifeiz）的领导伦理观。

海费茨基于他对许多世界级领导者的观察和分析，系统地提出了独特的领导伦理理论。海费茨（2016）认为领导者的影响不仅包括使用理性和呼吁价值，也包括正式的权威；强调领导者必须运用权力来动员人们面对棘手的问题，领导者要用信任给追随者营造环境，让其获得安全感。领导者的职责在于帮助追随者奋斗，使其适应环境变化并促进个人成长。

（2）美国学者詹姆斯·麦格雷戈·伯恩斯（James MacGregor Burns）的领导伦理观。

伯恩斯（2016）的变革型领导理论强调了追随者的需要、价值观和伦理观，主张领导者应让追随者承担高水平的道德责任，领导者有道德上的维度，领导者的主要角色或功能就是增强道德意识，他认为"领导者和追随者互相影响，以提升到更高的道德和动机水平上"。领导者是通过理想和道德价值（诸如自由、正义、平等、和平和人道主义），而不是通过感情（如恐惧、贪婪、嫉妒或憎恨）来唤起追随者的意识。变革型领导的目标不仅在于个别追随者的道德升华，也在于集体努力实现的社会改革，更多地考虑集体的利益，包括组织、社团乃至国家。

（3）美国学者罗伯特·K.格林夫（Robert K. Greenleaf）的领导伦理观。

格林利夫（2008）提出了"服务式领导"的概念，也有的称之为"仆人式领导"。仆人式领导思想带有强烈的无私的道德色彩，强调领导者要想下属之所想，关怀下属，实质就是要求树立服务理念。格林利夫认为，服务于追随者是领导者的主要责任和道德领导的本质，服务包括培育、保护和授权下属；一个服务式领导者必须注意追随者的需要，帮助他们变得更健康、更聪明和更愿意接受他们的责任。格林利夫认为，一个人成为领导者的过程首先就是当仆人的过程，服务式领导者必须站在好的和正确的立场上，在任何时候都应当反对社会的不正义和不平等，尊重和欣赏社会的弱势群体和边缘成员。

以上三种领导伦理理论共同强调领导者要密切关注下属的要求，提醒领导者领导力与道德密切相关，这三种观点对于思考和实践领导道德都起到了指导作用。

10.2.2.2 道德水准论

近年来商业丑闻迭出，一些学者意识到，即便是法律和制度较为健全的西方国家，也不能仅靠制度约束从业人员的行为，因为总会有人在利益的驱使下做出违背制度的事。因而，领导者的行为就可以成为制度之外影响从业人员行为至关重要的一点。通常情况下，员工会以领导者的举动作为自身行动的标杆，在面临道德与利益相冲突时，往往会按照领导者的思路执行，将领导者的行为作为自己的行动准则。美国学者理查德·P. 尼尔森（Richard P. Nielsen）根据领导者的具体行为模式，把领导者的道德水准分为以下四种：

第一，艾希曼式的经理[1]。具有艾希曼式道德水准的企业领导者，他们对自身行为的道德性质毫不关心，只注重客观事实和完成任务的技术效果，而全然不关注其行为的伦理性质（阿伦特，2003）。

第二，理查三世式的经理[2]。这种企业领导者懂得善恶之分，但为了谋取个人私利，仍然有意识地从事不道德行为，其遵循的道德是"蓄谋的邪恶"模式。

第三，浮士德式的经理[3]。这种企业领导者为了获取自认为具有较高价值的东西或实现更高的目标而不惜采用卑劣的手段。他们为了完成任务，可不顾忌手段的道德性规范，因而往往会造成不道德的消极后果（歌德，2019）。

第四，组织公民式的经理。这是尼尔森针对前三种有问题的道德类型而提出的一种理想的道德类型。这种领导者具有以下特点：他不是毫不思索地服从所有的指令，他的行为也不纯粹出于利益考虑。他拥有一种道德判断力，并通过独立思考将这种道德判断运用于具体的行为情景，以及通过质疑将其运用于决策过程。他表现出极大的勇气，敢于同组织中的不道德要求作抗争。同时，尼尔森还认识到，对这种领导者要给予相应的、组织上的外界支撑，从制度化权利方面给予其保护，否则就有可能演变为对于个人的苛求（尼尔森，2005）。

10.2.2.3 成功要素法

在成功的要素中，领导者不仅要有智商（Intelligence Quotient，IQ）还必须有情商（Emotional Quotient，EQ），同样不能缺少逆商（Adversity Quotient，AQ）以及其他的商

---

[1] 艾希曼全名阿道夫·艾希曼，于第二次世界大战期间任纳粹警察犹太处处长，专门从事灭绝犹太人工作。根据战后纽伦堡国际军事法庭材料，在艾希曼的主持下，纳粹法西斯屠杀了500万至600万犹太人。作为奥斯威辛集中营的主要负责人，艾希曼对死于该集中营的20万犹太人负有不可推卸的责任。曾参与审判的著名哲学家汉娜·阿伦特（Hannah Arendt）在《耶路撒冷的艾希曼：伦理的现代困境》（*Eichmann in Jerusalem: Dilemma of Modern Ethics*）中，借"艾希曼"的例子提出了一个概念："没有心灵的恶"，指这种人只知道履行职责而不问其道德后果，其唯一追求就是从技术上确保任务的完成，而从不思考这种做法合法与否。

[2] 理查三世是威廉·莎士比亚（William Shakespeare）戏剧中的一个对不道德行为明知故犯的暴君，他从心灵到躯体都丑陋无比，为了登上不属于自己的帝位，满足自己的野心，他总是不择手段，在任何罪恶面前毫不踌躇。因而，在他通往王位的路上，布满了他兄弟、侄儿及大臣的尸体，洒满了无辜者的鲜血。

[3] 浮士德是德国剧作家歌德诗剧《浮士德》中的一个人物，他为了自己的追求可以向魔鬼出卖自己的灵魂。

值。成功决定于数个方面，简单以公式表示为：

$$成功 = 20\% 智商 + 20\% 情商 + 20\% 逆商 + 其他商值$$

其他商值包括德商、道商、心商、胆商、财商、艺商、灵商等。

（1）智商就是智力商数。智力通常叫智慧，也叫智能，是人们认识客观事物并运用知识解决实际问题的能力。智力包括多个方面，如观察力、记忆力、想象力、分析判断能力、思维能力、应变能力等。智力的高低通常用智力商数来表示。

（2）情商包括五个方面的内容：其一，认识自身的情绪。因为只有认识自己，才能成为自己生活的主宰。其二，妥善管理自己的情绪，即能调控自己。其三，自我激励，使自己走出生命中的低潮，重新出发。其四，认知他人的情绪。这是与他人正常交往，实现顺利沟通的基础。其五，人际关系的管理，即领导和管理能力。

（3）逆商就是抵抗挫折的能力。它是指人们面对逆境时的反应方式，即面对挫折、摆脱困境和超越困难的能力。对逆境的反应与身心健康直接相关，逆商高的人在面对困难时往往表现出非凡的勇气和毅力。拥有健康的生活方式和树立坚定的信仰将极大地提升逆商，通过潜心默念也能极大地克服日常的焦虑与压力。

10.2.2.4　领导理念学

一方面，诚实守信、公平正直的道德操守是领导者成功的基础；另一方面，领导理念中的服务理念、信任理念、担当理念、平等理念、关爱理念和求实理念是领导者成功的前提。只有坚持"三品"（品德、品质和品牌）原则，才能真正树立起领导者的威望。

（1）对于服务理念而言，包含服务型和仆人型两种形式。服务型领导体现了领导力思维方式上的重大变革，强调领导者对组织及员工的深层次的道德责任；仆人型领导否认领导者的特殊地位和干预权力，认可组织中其他人的利益，为受其领导的人提供成长和发展的机会。

（2）对于信任理念而言，没有信任，就不会有对话，不会有理解，不会有合作。由相互信任发展起来的社会凝聚力降低了交易成本，推动了创业活动，并促进了经济的竞争性。

（3）在担当理念方面，领导者承担了决策、组织、领导、控制、协调等方面的职责，对企业及其员工、社会大众、国家等都负有重要的责任。领导者的职责有诸多方面，其中有一种职责是对公司价值观进行积极维护，在组织中确保企业愿景和价值观的贯彻也是领导者的责任。

(4) 在平等理念方面，要充分尊重员工的发言权。企业领导者应该有一种基本的伦理品性，给予员工在与其密切相关的问题上足够的发言权。

(5) 对于关爱理念而言，领导者需要关注他人的情感。领导者应以最好的状态工作，关爱员工，关心他们的福利，从而使员工发挥主人翁精神，成为像领导者一样的"领导者"。关爱他人的情感可以充分调动员工的工作主动性；有利于员工积极创造需求，不断创造新价值，开拓新市场；有利于员工团结协作。

(6) 对于求实理念而言，领导者应具有实事求是的精神，根据客观规律处理各种矛盾和问题，坚持一切从实际出发。求实精神与诚信操守是一脉相承的关系。

10.3 作用与方法

伦理型领导力的作用与方法可从其影响作用、形成作用、用人方法、施权方法、执行方法五个方面加以说明。

10.3.1 影响作用

(1) 对团队成员的影响作用。

伦理型领导者通过有力的组织承诺，提升下属的工作满意度，降低员工的离职倾向；善于促使下属发挥主观能动性，激发员工工作激情，从而提升员工的组织认同度。

(2) 对企业绩效的影响作用。

伦理型领导者在与下属有效沟通的过程中，可以通过营造良好的企业文化、建立健全组织制度、制定完善工作流程、实施优化资源配置等一系列方法，有效地提高组织效率和工作效率，切实提升企业绩效，从而为企业带来持续的良性发展。

(3) 对社会大众的影响作用。

伦理型领导者会同时考虑各方利益，愿意将员工、组织和社会利益置于个人利益之上；通过开展伦理文化的建设和发展，强调社会责任实践的重要性，培养团队强烈的社会责任感，推进与各利益相关者的合作，进而体现企业社会责任。

10.3.2 形成作用

伦理型领导力既是企业整体素质不可分割的重要组成部分，也是决定企业核心竞争力的重要因素。现代社会经济环境错综复杂，担任领导工作的要求越来越高，领导者必须具备较高的综合素质，其中包含道德素质、知识素质、心理素质和生理素质。法国军事家、政治家拿破仑·波拿巴（Napoléon Bonaparte）曾说过一句经典的名言："一头狮子率领一群绵羊的队伍，可以打败一只绵羊带领一群狮子的队伍。"这句话道出了领导者素质对团队命运的决定性作用。伦理型领导者应该注重自身商业伦理道德的培养，关心企业的社会价值和社会回报，全力将企业打造成"最受尊敬的企业"，而不仅仅是"最赚钱的企业"。

总之，伦理型领导者应对自己有严格的要求。首先，认识、理解自己的工作和角色，深知合格领导者的价值和职能。清末民初经史学家陈澹然在《寤言二·迁都建藩议》中写道："不谋万世者，不足谋一时；不谋全局者，不足谋一域。"企业的发展过程就是做梦、圆梦与价值实现的过程；伦理型领导者在梦的开始就应明确最终的价值和目标，做一个卓越的追梦人。此外，准确掌握发展大势，制定明确清晰的发展战略。通过有选择性地对各级人员进行相关培训，明确企业未来的目标，培养员工的凝聚力和认同度。

10.3.3 用人方法

伦理型领导者学会用人是现代领导工作的一项重要职能，能否真正有效地、正确地选人用人，是领导活动成败的关键。

用人之术主要应把握八个方面：其一，在选拔过程中要坚持德才兼备、以德为先、宁缺毋滥的原则；其二，在选拔过程中要坚持选拔环境的塑造和优化，重视人才价值，增强对优秀人才的激励度；其三，在选拔过程中可以通过考试、推荐等多种方式发现人才，发现人才后要大力培养人才；其四，在选拔过程中要鼓励符合条件的人才展开有限度的良性竞争，创造一个良好的竞争氛围和环境；其五，在选拔过程中要注意人才结构，保证人力资源的可持续性；其六，在选拔过程中要注意发挥人才的优势，不要过分挑剔和埋怨下属，给人才成长的机会；其七，在选拔过程中要注意恩威并施，不能一味地施恩，也不能一味地施威，应把握平衡度，培养人才的忠诚心和敬畏心；其八，在选拔过程中要公平、公正、公开，建立科学的考核和赏罚标准。

10.3.4　施权方法

伦理型领导者应该学会善用权力与贯彻指令。领导权力既是权利也是责任，为了最大限度地发挥权力的正向效力，降低其潜在危害，必须善用领导权力。其一，领导者要树立正确的权力观，明确自身权力来自上级授权，来自大家认同，要对发展负责。其二，领导者行使领导权力的过程要符合规章制度，自觉接受权力监督，同时要把权力和自身人格魅力紧密结合起来。其三，领导者在行使权力的过程中务必要掌握授权艺术，这样能够减轻自身的工作强度，抓大放小，提高工作效率。

10.3.5　执行方法

领导力决定执行力，执行力是领导力的延续，执行方法包括：其一，从源头上发力以优化决策，遵循伦理价值观以科学决策，降低执行风险；其二，建立健全组织结构，根据目标设立组织机构，合理配备人员编制，明确职责分工，落实执行责任；其三，根据计划合理分配时间、财务、设施和人力等资源，遵守劳动法规和社会伦理，公平、公正地对待合作伙伴；其四，制定标准化的程序，优化流程设计，不得有任何违反法律和法规的行为，不得损害社会和环境效益。

10.4　核心与内涵

在当今中国经济转型的关键时期，伦理型领导力将决定一个行业或地区的战略定位。只有遵循联合国倡导的人类社会可持续发展理念，把握国家所倡导的生态文明建设，深刻理解其核心内容和管理内涵，才能充分感受伦理型领导力的魅力。

10.4.1　核心内容

伦理型领导力的核心内容就是领导者要透彻了解当今社会发展大势，增强对经济社会发展的观察力、学习力、研究力和理解力。推动社会从"逐利"经济向"幸福"经济转型，从"排他"经济向"包容"经济转型，注重社会责任和商业伦理。领导者的"三严三实"包括：严以修身、严以用权、严以律己、谋事要实、创业要实、做人要实。这是领导者的修身之本、为政之道、成事之要。核心内容包括两个方面：

（1）对于聚集人才的管理方式而言，俗话讲"帅者善用兵，为官者善用人"，聚拢更多人才，挖掘潜在人才，留住核心人才，这是增强所在组织的向心力和凝聚力的关键。其中有五大法宝：

法宝一：凭借个人魅力，以榜样提升影响力。领导者非天生也，调动一个团队的最大潜能，取决于领导魅力；其中，领导者以身作则最为重要。

法宝二：练就明察秋毫的技能，以勤廉塑造领导力。决不能认为权力万能而不修德政，否则人才会像敬鬼神一样敬而远之，选拔良将需要营造有核心价值观的企业或单位文化。例如，单位与人才之间的感恩文化、承诺文化、信用文化一旦建立，人才的忠诚度将会提升。

法宝三：善于情感投入，以真情展现聚集力。以情寓情和以情感人的领导艺术尤为重要，领导的真情可赢得人才的工作激情。如以当年刘备"三顾茅庐"的求贤若渴姿态，方可求得卧龙出山。孔曰成仁，孟曰取义，忠孝仁义，信勇谦恭。领导者可通过弘扬传统美德，以及制定现代的利益分配机制，实现财散人聚，留住人才。贤能人士都期望遇见伯乐而大展身手，所谓的"雄才引来贤才"和"庸才爱用奴才"就是这个道理。

法宝四：练就慧眼识才的技能，以宽容稳定团队力。领导者要善于发现人才的特点、优点和缺点，不仅要有伯乐相马的慧眼，还要有千金买马的智慧，更重要的是要有包容失败的心胸和委以重任的信任，给予人才成长的空间，方有人才引进、成长、扎根的"从容"。

法宝五：提倡尊重人才，以平等促进发展力。具有领导艺术的领导者，能让人才留下，尊重人才的精神生活，能以尊重、关心、理解赢得人心，从各方面最大限度地调动人才的积极性。

（2）对于伦理型领导者的工作方法而言，伦理型领导力取决于后天的学习与修炼，具体有八个方面。

第一，通达的明辨是非能力。领导者不必"事必躬亲"，但必须了解所领导机构内部的运行机制、组织机构、人事职责，只有这样才能明辨是非，才不会做出错误的判断。

第二，缜密的科学决策能力。领导者不应在头脑冲动、情绪激动时进行决策，而应在严密的论证之后再做决定。

第三，扎实的人际交往能力。作为领导者，必须具备妥善处理人际关系的能力，坚持原则，以理服人，在复杂的社会关系中做到驾驭自如。

第四，仁慈的包容和宽容心态。领导者要有同理心，常常置自己于被领导者的位置，感受和体验下属的心理，以包容和宽容的心态对待非原则的问题，只有包容与宽容才能从容。

第五，优秀的个人品德。古人常说"以德服人"，领导者要靠良好的德行树立榜样。

第六，先进的公利主义思想。只有以"公利心"作为衡量管理行为的标准，才能权衡各方利益，得到更多人的拥护和支持。

第七，卓越的说服能力。领导者往往要总揽大局，考虑长远利益，并与内外部多方利益集团或合作机构充分进行交流。

第八，高超的领导艺术。领导者不应依靠冷酷手段和绝对命令，而应通过人性化的领导方式，以善意化解各种矛盾。犹如"大禹治水"重在疏通而不是堵截，顺势引导、以理服人，将事倍功半。高超的领导艺术会使命令变得更加顺达民意，耐心规劝和说服将起到"化敌为友"之功效，如同当年诸葛亮以"七擒孟获"来争取人心，化解民族矛盾而彰显出领导者的博大胸怀，这已成为千年美谈。

10.4.2 管理内涵

在团队组织建设中，一要明确团队的成员与定位，明确其组织结构、组织定位、组织功能，这样才能驾驭整体的团队；二要建立领导者的权威与信任，通过组织力而产生影响力。一方面，伦理型领导力要求领导者具备"厚德载物"和"德行天下"的思想内涵，学会海纳百川，以德服人，心存善念，立身正直，做事严谨；另一方面，领导者应该掌握高超的领导艺术，使其团队合作凝聚成一股合力。领导力就是合力，是领导者与追随者的能力形成的聚集效应，是克服阻力后所产生的合力。用公式表达如下：

$$合力 = 领导者的能力 + 追随者的能力 - 阻力$$

在合力中，领导者的能力所占的比例越小，整个团队将越成功；相反，所占的比例越大，团队整体效益越差。

在管理内涵中，领导力是通过"真善美"艺术性和创造性地展现出的。其中，"真"

指把握事物发展规律，在具体工作中符合伦理、道德和习俗，遵循法律法规；"善"指有符合商业伦理和体现社会责任的善念；"美"则指领导过程中使团队倍感愉悦与舒畅。高超的领导艺术具体涉及八个方面：①用人的艺术；②决策的艺术；③处事的艺术；④协调的艺术；⑤运时的艺术；⑥理财的艺术；⑦说话的艺术；⑧激励的艺术。在这些艺术中，伦理型领导者尤其要掌握"运时的艺术"。时间作为一种无形的稀缺资源，不能无视它，更不能浪费它。

第一，伦理型领导者要强化"时间意识"。如果将人一生有效的工作时间估计为一万天，那么一个领导者的有效在任时间就是 10～15 年。一旦错过有效时间，无论能力再强，最终也是心有余而力不足。

第二，伦理型领导者要学会"管理时间"。具体包括两个方面：一是要善于把握好自己的时间。当领导者在面对一件事时，应先问一问自己"这事值不值得做？"然后再问一问自己"是不是现在必须做？"最后还要问一问自己"是不是必须自己做？"只有这样，才能比较主动地驾驭好自己的时间。当然，伦理型领导者也不能随便浪费下属、同事和上级领导的时间，力戒"会瘾"，开会也应只开短会，千万不要让无关人员来"陪会"。为此，可以运用一些方法杜绝浪费时间，如在会议之前，制定会议程序，将会议讨论的要点在会前布置下去；提前征求意见，同时约定每个议题讨论的时间，不要无休止地延长讨论，"议而不决、决而不行"尤其不妥。

第三，伦理型领导者要具备"惜时习惯"。成功领导者区别于非成功领导者的一个不同之处就是惜时的习惯。能站着说的东西就不要坐着说，能站着说完的东西就不要进会议室去说，能写个便条的东西就不要写成文件，如此才能形成好的惜时习惯。

总之，深刻理解伦理型领导力的核心内容和管理内涵，从而探索出"精通管理之术、掌握统御之道、洞悉取胜之势"的领导力修炼之路，对于当今中国内部的经济转型和外部的国际合作与竞争尤为重要。

10.5 古代文明智慧

中华传统文化中，关于领导艺术有许多重要论述。《三国演义》将领导力智慧归纳为"为天地立心，谓之责任；为生民立命，谓之公益；为往圣继绝学，为万世开太平，谓之传承；上下同心同德，谓之亲和；内外群策群力，谓之协调；始终坚持原则，随时调整战术,谓之变通"。此外,"舍得"一词就蕴藏着古代先哲有关伦理型领导力的智慧见解。"舍得"一词最早出自《易经》,舍与得就如水与火、天与地、阴与阳一样,是既对立又统一的矛盾概念,相生相克,相辅相成,存于心间,囊括了万物运行的所有机理。万事万物只有在"舍得"之中,才能达至和谐,达到统一。这是一种人生智慧和态度,是对已得和可得的事务进行决断的情怀和智慧,蕴含着丰富的人生智慧。在历史的长河中,有四个重要格言是对"舍得"哲理的深刻阐释。

第一,"天道酬勤",出自《周易》中的卦辞。其意是上天会按照每个人付出的勤奋,给予相应的酬劳。多一分耕耘,多一分收获,只要你付出了足够的努力,将来也一定会得到相应的收获。例如,在没钱的时候,把勤"舍弃"出去,财富就来了。

第二,"财散人聚"源于《旧唐书》。其意为,与其将财富聚集在个人手里,不如将财富分散给合作者,这样就会聚集团队。即当有财富时,"舍得"分享利益,团队就建立了。硅谷股份和期权的商业合作模式就是明证。

第三,"厚德载物"源于《周易·坤》中的"地势坤,君子以厚德载物",其意是,君子的品德应如大地般厚实可以承载万物。依古人所见,25种德行包括有口德、掌德、面德、信任德、方便德、礼节德、谦让德、理解德、尊重德、帮助德、诚信德、实惠德、虚心德、欣赏德、感恩德、援助德、激情德、形象德、爱心德、笑脸德、宽容德、合作德、善良德、倾听德、宽恕德。引申为一个人满载如此厚重的德行,率众前行,"舍得"分享爱,事业就能成功。

第四,"德行天下"是指做任何事,都要有"德善"情怀,立身行事,不急功近利,在通变中寻找出路,在前行中练达智慧人生。引申为事业成功,"舍得"发扬德善,幸福喜悦随之而来。

10.5.1 老子的"层次"学说

老子在《道德经》中讲道:"太上,不知有之;其次,亲而誉之;其次,畏之;其次,侮之。信不足焉,有不信焉。悠兮,其贵言。功成事遂,百姓皆谓我自然。"换言之,老子认为,最好的领导者(或统治者),人们并不知道他的存在;其次的领导者,人们亲近他并且称赞他;再次的领导者,人们畏惧他;更次的领导者,人们轻蔑他。对于领导者而言,老子认为最佳的领导艺术在于少发号施令,几千年前的古人,居然有这样的境界,真是让人由衷敬佩!老子将领导者划分为四个层次:

(1) 最卓越的领导者：无为而治，低调，深居简出，下属似乎感觉不到他的存在，但一切却能有序运作，即下属在没有领导的时候，仍能正常地工作。

(2) 次一级的领导者：以身作则，带头表率，亲自处理相关事宜，鞠躬尽瘁，任劳任怨，以道德教化下属，以恩典施与下属，下属往往对其感恩戴德、赞不绝口。

(3) 第三级的领导者：强调按规则办事，通过行政权力等手段控制和约束人们的行为，组织成员人人心惊、个个胆战，组织关系十分紧张。

(4) 最低级的领导者：往往不讲诚信，却善于耍弄权术、欺上瞒下、互相陷害、彼此内耗，导致组织内部纠纷不断，乌烟瘴气。

10.5.2 孔子的"六艺"学说

领导力培训最早源于中国周朝的贵族教育体系，后经"至圣先师"孔子发展形成"六艺"教育。公元前1046年的周王朝，周王官学要求学生掌握的六种基本才能，即礼、乐、射、御、书、数。《周礼·保氏》有云："养国子以道，乃教之六艺：一曰五礼，二曰六乐，三曰五射，四曰五御，五曰六书，六曰九数。"后来，孔子开办私学，就用这六种教学科目来教授弟子们，培养"弟子三千，精通六艺者七十有二"。后来演变为中国古代儒家要求学生掌握的六种基本才能，成为古代政府选拔人才，培养伦理型领导者的标准。

(1) 礼。即礼节（今指德育），包括道德修养、法制观念、自我管理、礼仪文化等。礼者，不学"礼"无以立。礼的内容非常广泛，大至国家的典章制度，小至个人的行为规范。"礼"包含了国家法律、社会道德、集体（企业）规章制度，这也是一个优秀领导者必须掌握的知识。

(2) 乐。即音乐、诗歌、舞蹈等艺术修养。有"礼"则必有庆贺燕飨之"乐"，有庆贺燕飨之乐则必有五音宫商角徵羽伴奏。礼乐为孔子一生所追求。孔子对学生讲礼，一方面在于修身养性；另一方面在于维护和调节人类社会秩序。孔子对学生进行乐的教学，不仅仅把乐当作悦耳舒心的工具，更把它作为感化教育学生的良方。其实，乐的教化作用是从个人到社会的，音乐恰到好处的应用，会让领导沟通变得事半功倍。

(3) 射。它既是一种体育活动，又是一种修身养性、培养君子风度的方法。要求学习者不仅在思想上要有明确的志向和目标，在形式上也要合乎礼节仪式的要求。学习者既要掌握严格的军事技能，又要养成良好的军体道德。如今西点军校培养出众多的杰出领导者，也从侧面印证了中国古人在领导力培养体系上的智慧。

(4) 御。即驾驭之术，包括领导力、自信心、自律性及策划、创新、执行、社交等能力和团队合作。驾驭之术不仅仅是一种斗勇，更是一种斗智，包含对某一问题在运筹学、领导学方面的综合最优化。领导者不是以己之力而成事，而是把人才招揽到自己的手里，通过驭人而成事。得人才者得天下。得人要法，就是求贤纳众，育才任能。

(5) 书。即书法，指文化底蕴、知识涵养。"书"指书画艺术，但把书画算作一种技艺就错了，中国的书画不仅仅是一种高雅技艺，更是一种修身养性的工具和法宝。一个杰出的领导者，一定是一个有良好涵养、懂得修身养性的人。

(6) 数。古代的数与术相联系，亦称数术。数术之学包含的内容十分广泛，涉及天文、历数、五行、占卜、地理、测量、几何、算法等自然科学知识及技术。良好的运算统筹能力，将给一个领导者在成功之路带来加速与助力。

在当今经济全球化的时代，竞争日益激烈，商场如战场，强者生存、弱者淘汰，企业想获得长久发展，最迫切需要的不是经营型或管理型的企业家，而是敢于面对新环境挑战、统筹全局、运用谋略、追求未来新利益的具有伦理型领导力的商战统帅。

10.5.3　孙子的"五德"学说

孙子说："将者，智、信、仁、勇、严也"，这是孙子所提出的作为优秀的将帅所必备的五种品德，即智谋才能、赏罚有信、仁爱士卒、果断勇敢、军纪严明。

(1) 智即正确的管理理念和管理方法，良好的专业技术和个人素质。从字面上看，"智"即"知"。由此可见，"智"字不仅包含了学习之意，还包含了创造力、想象力和学以致用的能力，这是知识经济发展和现代科学技术的要求，也是市场经济发展和激烈市场竞争的要求。

(2) 信即信守约定、诚信待人、自信对己之意。一则代表诚信，就是对承诺要一言九鼎，所谓"言而有信""言必行，行必果"，这样才能得到上司、同级及员工的信赖，只有诚信的领导者才能培育诚信的企业，也才能获得忠诚的顾客；二则代表威信，威信的树立表面上来源于领导者手中的权力，实则来源于领导者因诚信所获得的下属的拥戴和认同。

(3) 仁即实施民主管理；培育下属，使下属的能力得到提升；关心下属，为下属排忧解难；和而不同，群而不党；处理事情能从大局出发。以仁待人，在自己管辖的部门内施行"仁政"，工作上对下属言传身教，生活上给予下属真诚的关心和帮助。领导者只有宽宏大度，才能最大限度地发挥人才的效能，在实现企业战略目标中获得"人和"之利。

(4) 勇即勇武，勇于承担责任。正如姜子牙在《六韬·龙韬·奇兵》中所述："将不勇，则三军不锐"，一个管理者如果没有迎难而上、乘风破浪、历险前行的"勇"，则无法带领团队有所作为。

(5) 严即纪律严明。领导者要做到律己严、法令严、赏罚严，严于律己，宽以待人，建立激励和制约机制，贯彻法令。

10.5.4 诸葛亮的"十力"学说

诸葛亮的《诫子书》凝聚了1 800多年前古人对伦理型领导力的认识智慧，有学者以全书86个字提炼出"十力"要诀：

(1) 宁静的力量。即宁静才能够修养身心，静思反省。学习的首要条件就是有宁静的环境。

(2) 节俭的力量。即节俭培养其德行。审慎理财，量入为出，不要成为物质的奴隶。

(3) 计划的力量。即行成于思，业精于勤。要计划人生，明确目标，细心计划将来。

(4) 学习的力量。即宁静的环境对学习大有帮助，当然配合专注的平静心境，就更加事半功倍。

(5) 增值的力量。即要增值先要立志，努力学习，增加才干，决心和毅力非常重要。

(6) 速度的力量。即凡事拖延就不能够快速地掌握要点。

(7) 性格的力量。即陶冶性情，生命中要做出种种平衡，要"励精"，也要"冶性"。

(8) 时间的力量。即时光飞逝，意志力又会随着时间消磨，"少壮不努力，老大徒伤悲"，应善用每分每秒。

(9) 想象的力量。即要懂得居安思危，想象力比知识更有力量。

(10) 精简的力量。即精简地表达思想。

10.6 现代文明智慧

领导力取决于领导者的精神状态，它受到文化内涵、心灵境界的影响。心态决定神态、姿态。只有端正心态，有意识地锻炼控制力、启迪领导力、体验领导力，从而才能真正地享受领导力，进而达到为社会大众服务的谦虚、谨慎、忘我的精神境界。

10.6.1 良好的心态

在端正心态、激发领导意念的自我训练中，需要有三个前提：一是渴望改变，"赢在学习而胜在改变"就是这个道理。二是正向意念，定期扪心自问几个问题，例如：哪些价值是我真正认为值得去追求的？我最深的偏见是什么？我是否言行一致？我是否身体力行？要时常反省，确保领导者保持正向意念（史密斯，弗利，2018）；三是聚集能量。具有伦理型领导力的领导者善于展现出凝聚团队的影响力，感染团队、聚集能量。伦理型领导力所呈现的心态，取决于领导者的人生状态、文化内涵和心灵境界。

（1）对于鲜活生命而言，人生状态分别呈现出生命的三级论、三命论和三态论。

第一，生命的三级论。美国心理学家亚伯拉罕·H. 马斯洛（Abraham H.Maslow）的需求层次理论（Hierarchy of Needs）作为行为科学的理论之一，将人类需求分为生理需求、安全需求、社交需求、尊重需求和自我实现需求（Maslow, 1943）。生命的三级论为：第一级，生理上的需求，如饱、暖、物、欲；第二级，情感上的需求，如诗歌辞赋、琴棋书画、游走天下；第三级，自我实现等归属感的需求，如付出、奉献，让他人因为你的存在而快乐。

第二，生命的三命论。"三命"即性命、生命和使命，并不是所有人都有三命的。平庸的人只有一条性命；优秀的人有"二命"，即性命和生命；只有卓越的人才拥有"三命"。德鲁克（2007）在《管理的实践》（*The Practice of Management*）中曾以"三个石匠的比喻"说明事业的不同境界：一个过路人问三个正在凿石头的石匠在做什么。第一个回答说"我在挣钱过日子"；第二个说"我在做最好的凿石工作"；第三个石匠抬起头来，眼中闪烁着光芒说"我在建造一座大教堂"。由此可见，第一个石匠处在养家糊口的"性命"阶段；第二个石匠处在创造价值的"生命"阶段；第三个石匠处在理想事业的"使命"阶段，代表着生命的最高境界。当一个团队由具有"使命"感的人组成时，将立于不败之地。伦理型领导力就体现了性命、生命和使命的"三命合一"。

第三，生命的三态论。"三态"即心态、神态和姿态。伦理型领导力始终提倡以良好的心态、优雅的神态、积极的姿态聚集能量，投身于事业。

（2）在社会的合作关系中，文化内涵影响着处事行为，其中信用文化、道义文化、承诺文化尤为重要。

第一，信用文化。它指与信用相关的道德风俗、意识形态、价值观等非正式社会约束。信用文化不同于法律、条例等正式约束，在大多数情况下并无明确的条文及强制力量的约束，而是通过舆论、集体价值取向、道德评判等方式来规范信用活动。"诚以立命，信可安邦"，"诚信"是中国的传统美德，诚信文化源远流长，它伴随中国人民走过沧海桑田，最终沉淀为中华文化的传统精髓。作为文化建设的重要组成部分，信用文化建设通过规范人们的价值观念，引导人们的信用行为，对法律制度进行补充。领导者应该善于调动一切力量参与信用文化建设，在全社会形成正向的社会意识，使社会的各主体相互配合，通过沟通营造良好的信用文化环境。此外，创建诚信文化教育基地，通过诚信文化教育，让失信被执行人主动履行义务，增强诚信意识，进而辐射整个社会，弘扬社会主义核心价值观，助推社会信用体系建设。

第二，道义文化。它是精神的重建和国民责任意识的源泉。道义是指"道德义理""道德和正义"等，它分为个人道义、国家道义、国际道义三个层面。对于个人道义而言，领导者应有"吾日三省吾身"的反思能力，不断磨砺以形成自我完善人格的领导力；对于国家道义而言，中国传统文化强调"大一统"的秩序观、以结盟为核心的国家安全观、以富国强兵为追求的国家权力观、以民心为导向的国家道义观及"和而不同"的理想观（余丽，2010）。对于国际道义而言，道义意味着良好的信誉，能带来他国的信任和国际支持。例如，美国经常随意退出一些国际组织或撕毁国际协议，包括《跨太平洋伙伴关系协定》（Trans-Pacific Partnership Agreement）、《巴黎协定》（The Paris Agreement）、《伊朗核问题协议》（The Iranian Nuclear Deal）、联合国教科文组织（United Nations Educational, Scientific and Cultural）、联合国人权理事会（United Nations Human Rights Council）甚至世界卫生组织（World Health Organization）等。美国前任总统唐纳德·特朗普（Donald Trump）还撕毁了与日本的贸易协定，主张重新与欧洲及中国谈判，这种伤害他国利益、仅满足自身利益的行为，遭到越来越多国家的反对。相反，中国坚持在和平共处五项原则基础上发展同各国的友好合作，从一个"一穷二白"的弱国，变成一个受到国际社会普遍尊重、日益走近世界舞台中央的强国，并提出了中国伦理观的人类命运共同体思想，显示出推动人类和平与发展的国际道义观。构建人类命运共同体，其核心内涵是要和平不要战争、要发展不要贫穷、要合作不要对抗、要共赢不要单赢。

第三，承诺文化。它指取信于人的文化，即言出必行。与信用文化相比，它更强调个人或机构间的非正式自我约束。孔子在《论语·为政》中说道："言而无信，不知其可也。""信"有两层含义：一是受人信任，二是对人有信用。"一诺千金，诚信做人"是自律约束，作为团队中的一员，接受领导者的任务就意味着做出承诺，而完成不了任务就是违约；同样，领导者承诺任务完成之后给予下属奖励，也不能言而无信。老子曾说："人无信不立，业无信不兴"，其意就是说人没有诚信，不遵守承诺，就不能立足；做事业缺乏诚信，违背承诺，就不会有好的发展。承诺文化也是企业文化中的重要组成部分。

(3) 心灵境界有四个品级。

第一品级的敬畏之心乃心灵最高境界。敬畏之心决定了伦理型领导者人生的高度。康德将"心中的道德律令"比作"头上的灿烂星空"，将道德称为人类最为敬畏的东西。中国古人则笃信"头顶三尺有神明，不畏人知畏己知"。敬畏之心包括敬畏制度、权力、人民，对规则、条律、伦理的敬畏，奉行"在商言信、在职言公、在群言理、在情言忠"的准则，虔诚不因风吹浪打而动摇。2020年农历新年期间，新冠肺炎疫情严重，全国万众一心抗击疫情，就体现了正心和正气的行为方式和敬畏生命的理念。

第二品级是慈悲之心。慈悲之心决定了伦理型领导者人生的深度。人最重要的生命价值在于为社会所需要，领导者在思想意识、灵魂深处应该始终怀着一颗为人民谋福祉、为群众做好事的"大慈悲心"，努力践行为人民服务的宗旨。一个社会的进步是慈悲心的进步，领导者需要有慈悲心，在力所能及的情况下尽可能地为人民群众多做事情。真正的强大是心灵的强大，是海纳百川的肚量，是高山仰止的气势。具有慈悲之心的领导者，能更多地了解弱者的需求；特别是对困难群体，领导者要始终保持慈悲之心，在工作和生活中，多一点体恤，多一点真情，多一点扶助，进一步密切与群众的联系，更好地营造和谐的氛围。领导者内心应充满着爱，爱就像春风，能吹散心情压抑的乌云，使领导者步入全心全意为人民服务的思想境界。中国共产党始终牢记"为人民服务"的宗旨，倡导扶贫事业，通过广泛动员各方力量，构建起政府、社会和市场协同推进的大扶贫格局。2018年，第73届联合国大会通过《消除农村贫困，落实2030年可持续发展议程》，把中国倡导的"精准扶贫"理念与实践写入其中。联合国秘书长安东尼奥·古特雷斯（António Guterres）认为，精准扶贫方略是"帮助最贫困人口、实现2030年可持续发展议程中宏伟目标的唯一途径"。通过扶贫、立志、融智，提升贫困群众摆脱贫困的动力和能力。

第三品级是感恩之心。感恩之心决定了伦理型领导者人生的广度。感恩是人类的一种重要情感意识，是中国的传统美德。德国哲学家弗里德里希·威廉·尼采（Friedrich Wilhelm Nietzsche）曾说过："感恩即灵魂上的健康。"伦理型领导者要有强烈的使命感和责任感，以一种感恩的心态去为党、为国家做事，心存感恩去为老百姓办实事，把心思用在工作上，时刻保持如履薄冰、如临深渊的危机感，增强自律意识、法律意识和纪律意识，坚持慎独、慎初、慎微，始终保持高尚情操。其实，感恩是一种情操、一种美德，也是一种境界、一种素质。只有学会感恩，才会知足，才能保持宽广的胸襟，才能不断激发自身的责任感和事业心。

第四品级是宽容之心。宽容之心决定了伦理型领导者人生的厚度。宽容是一种风度，如云生雨，似雨润物。对人宽容，对己宽容，海纳百川，有容乃大。领导者要取得下属的拥戴和同仁的支持，就必须具有宽容的情怀，并善于运用宽容的技巧。宽容不是和稀泥，不是无原则"求和"，它必须坚持道德底线，遵守法律法规。一名领导者要做到心胸坦荡，严于律己，宽以待人，对事不能过分苛求，对人不要求全责备。

10.6.2 优雅的神态

伦理型领导力的修炼还取决于领导者激情四射的神态，具体包括：

第一，始终表现出愉悦的情绪。心理学家发现，当人快乐的时候，大脑就会分泌多巴胺等益性激素。益性激素能让人心绪放松，产生快感，促使人体各机能互相协调、平衡，促进健康。企业若要做到基业长青，就需要具有饱满愉悦情绪的领导者，其益性激素所产生的神奇力量，能凝聚人心、化险为夷，帮助企业实现长远发展。

第二，不断设定具有前瞻性的远大目标。如果领导者没有目标，那么其所在组织的消亡便成了唯一的"目标"，隐藏的"自毁机制"就会悄然启动，最终导致组织崩塌。设定具有美好愿景的目标，努力去寻找实现目标的途径，将激发团队的生命活力、激励个人战胜困难。目标设定的大致步骤为：①计划在现有的信息状况下如何达成目标；②组建称职的团队成员、利益相关者及其他社会资源；③设定阶段目标；④面对全球市场和持续挑战，确立监控成败的指标；⑤在遇到不佳的评论时，要有担当；⑥让管理有效率和有效用地变更；⑦引导个人、团队和组织，实现双赢甚至多赢。

第三，拥有助人为乐的动机。研究人员发现，助人为乐有治疗作用，给予别人物质或精神的帮助，能够延长自身的寿命。

第四，如春风拂面般与人为善。领导者养成助人为乐的习惯，是预防和治疗忧郁症的良方。那么，如何建立和谐并与人为善的人际关系呢？春秋战国时期的政治家管仲就曾在《管子·心术》中说道："善气迎人，亲如兄弟；恶气迎人，害于戈兵。"领导者与下属及领导者之间的关系和反应，如同人在山间呼喊发出的回声，你"善"，回声则"善"；你"恶"，回声则"恶"。有些领导者因其"与人斗其乐无穷"的处事准则而人际关系差劲。在工作中，离不开合作与交往，神态举止得体乃伦理型领导者人格健全的保证。

10.6.3 积极的姿态

姿态就是行动，领导力归根到底就是行动力。树立积极的姿态有五大步骤：

第一，认识自我。从认识自己开始，改变是提升领导力制胜的唯一法宝。"赢在学习，胜在改变"就是这个道理。

第二，付出情感。在不违背伦理道德和社会准则的前提下，敢于"付出"定会收到意想不到的效果。有利于人际关系和谐的"付出"包括赞美、幽默、微笑、尊重、礼让、随和、包容、宽恕、体谅、同情、忠诚、倾听等。学会彬彬有礼而恰如其分地赞美下属，将会使得人际关系更加和谐。

第三，胜任角色。领导者的角色认同需要时间，只有从心理上进入领导者角色，才能成为众人心目中的领导者。

第四，均衡发力。领导力包括联系力、学习力、观察力、思考力、执行力、组织力、行动力、影响力、感召力、预测力。作为领导者，只有以身作则，均衡发力，才能引导他人。

第五，妥当授权。领导者往往认为事必躬亲才是领导力；但整天疲于奔命，难以使领导者冷静，思考未来的发展方向。因此，领导者通过授权，让下属独当一面地开展创造性工作，将会收获更好的结果。

总之，培养伦理型领导力是终身修炼的过程，成功的领导者有两点共同的特质：一是有更多的追随者；二是得到追随者的信任。领导者只有拥有一批志同道合、价值观一致的战友，才能使其团队合力发挥得更好，带领团队走得更远。

本章小结

将大道无形运用于领导及管理之中,是卓越领导力的特征。本章着重阐述了伦理型领导力的重要性,论述了领导与管理、领导者与领导方式、领导力和伦理型领导力等不同的概念,领导力受领导者的用人方法、施权方法、执行方法的影响,通过理解经济社会发展的大势,有助于提升其观察力、学习力、研究力和理解力。此外,探讨了人生发展观和人生价值观对于提升伦理型领导力的重要性。领导力作为合力,可以通过"真善美"得以艺术性和创造性地展现。其中,列举了老子"层次"学说、孔子"六艺"学说、孙子"五德"学说、诸葛亮"十力"学说等古代文明智慧,通过对心态、神态、姿态的研究,探讨了伦理型领导力的现代文明智慧。本章认为领导力取决于领导者的精神状态,并受到人生状态、文化内涵、心灵境界的影响。任何事业的成功,都需要伦理型领导者的引导。

关键术语

伦理型领导力　施权用力　管理内涵　道德修养

思考练习

1. 基于商业伦理的领导行为规范要求有哪些?
2. 如何理解伦理型领导力就是合力的内涵?
3. 如何准确理解伦理型领导者的"三态"?

应用案例

时任珠海格力电器股份有限公司(以下简称"格力")董事长董明珠在不同的场合里多次强调:"只有客户投资获得了回报,企业才会获得回报。"所以,格力凡事都是从客户利益的角度出发,为自己制定最高的服务标准,目的就是让客户获得更多的回报,继而格力才能获得更多的回报。比如,一般空调的使用寿命是 8~10 年,格力制定了"整机 6 年保修"的服务标准,这就意味着格力提倡的是终身免费保修。如此可见,格力的确花了大力气为客户着想。

成立之初,格力就强调并执行严格的管理制度。为了打造出世界上质量最好的空调,格力的管理层经过调研,一共列出了12个经常出现但可以避免的问题,继而制定了"总经理12条戒律"。他们认为,不管员工违背了12条中的哪一条,都会对格力的产品质量造成极大的影响,继而影响到格力在消费者心目中的形象,甚至会影响到企业的生存。因此,格力规定,一旦有员工违背其中任意一条,就将被开除。

在对待人才方面,格力的态度是,只要员工认真工作,一切都有保障。只要是格力的员工,格力就会对他们的生活和福利负责到底。格力在发展到具备足够实力后,想到的第一件事就是设法改善员工的工作、生活条件,努力为员工提供方方面面的待遇,如购入的豪华大巴以及兴建的能容纳10 000多人的员工生活区等。

格力信奉的经营理念是"双赢",也即"正和博弈"。企业之间能否达成合作关系,基于能否达成一个共识,包括经营理念和价值观上的共识等,如果能顺利达成共识,那么企业间的合作就能实现双赢。格力总是充当很多行业"游戏的制定者",有时推行的新规则会收到褒贬不一的评价,但格力还是能推行下去,其重要原因之一就是格力奉行"正和博弈"的经营理念。

多年来,格力一直奉行诚信经营。本着对国家、社会、股东、消费者、经销商及合作伙伴的诚信,格力坚决抵制了服务战、价格战、概念战的炒作,拒绝了短期商业利益的诱惑,以坦然冷静的心态潜心技术创新和工业制造。2004年3月24日,海关总署公布了进出口企业的"红名单"和"黑名单",格力成为空调行业当年唯一进入"红名单"的企业。多年来,诚信已经成为格力的企业文化,也成为格力的一笔宝贵财富。

资料来源:改编自富晨. 崛起的空调霸主格力电器 [J]. 企业研究,2014(12):68—71。

问题: 格力领导层的经营理念体现了哪些商业伦理规范?

第 11 章
商业伦理与法治能力

> 有商业的地方就有自由、美德和法治。
>
> ——孟德斯鸠（Montesquieu，法国政治哲学家）

> 人，在最完美的时候是动物中的佼佼者，但是，当他与法律和正义隔绝以后，他便是动物中最坏的东西。他在动物中就是最不神圣的，最野蛮的。
>
> ——亚里士多德（Aristotle，古希腊哲学家）

本章提要

本章比较分析了法律与商业伦理的关系问题。首先，概述了法律和伦理道德之间的关系；其次，比较了商业伦理和法律两者的主要特征与差异；再次，介绍了法律的规范及其局限性；最后，总结商业伦理在规范企业行为中的优势以及商业伦理与法律的互补效应。

学习目的

1. 回顾商业伦理与法治发展的历程
2. 厘清商业伦理与法律的关系
3. 探寻商业伦理与法律是如何规范企业行为的
4. 比较商业伦理与法律在规范企业行为时的优劣势

知识拓展

法律规范

法律规范是指具有立法权的国家机关在确立一系列法律规范性文件后,用国家强制力保证实施的行为规则,这往往被人们认为是规范(商业)行为的最有效途径[1]。例如,20世纪初美国能源巨头安然公司、美国世界通信公司等相继爆出了一系列公司丑闻(误导投资人,虚报账目),由此美国国会颁布了《萨班斯—奥克斯利法案》(Sarbanes-Oxley Act);数年之后又由于银行和金融机构片面追求高利润而置风险管控于不顾,导致美国次贷危机的爆发,并直接引发了2008年全球金融危机;因此,各国纷纷制定各种法案强化对资本市场的管控、加强对公司董事的责任要求。但经验证明,当法律完善的时候,人们的行为并不一定会改善。以道路交通为例,绝大多数国家都有非常详尽的交通法律规章制度,但这也是人们违规抑或"自欺欺人"最普遍的领域之一。试想,在车流量少的路口,人们是否会无视红绿灯横穿马路?在空旷的马路上,在没有测速仪的监控下,人们是否会忽视限速规定而超速行驶?因此,除国家强制力之外,个人内心自觉的约束(道德约束)则成为国家法律规范的重要补充。

由此可见,在很多方面,伦理道德约束与法律约束有着同等重要的作用。具体在商业活动中,商业伦理发挥着不容忽视的重要作用,本章将围绕商业伦理与法律法规这一主题进行阐述。

引导案例

麦当劳咖啡烫伤案

"麦当劳咖啡烫伤案"堪称商家违背商业伦理的家喻户晓的案例。1992年,79岁高龄的斯黛拉·莉柏克(Stella Liebeck)女士,由于意外闪失,将从麦当劳打包的咖啡洒在双腿之间造成"三度烫伤"[2]。莉柏克在两年治疗期间,进行了多次植皮手术,饱受身心痛

---

[1] "法律规范被人们认为是规范(商业)行为的最有效途径",根据此逻辑,有人认为当法律缺失的时候,人们的行为应该是最差的。

[2] 在医学上,"三度烫伤"属于最严重的真皮到皮下组织之间的深度烫伤,伤口会严重至皮下组织完全坏死,即使治愈也永远无法恢复原有功能,并且当伤害范围过大时,还需要进行植皮手术。

苦；在伤势初步稳定后，要求麦当劳赔偿却遭受拒绝，且被告知仅会得到 800 美元的"安慰费"。经验丰富的里德·摩根（Reed Morgan）律师，了解案情和伤情后，便帮助莉柏克以一纸诉状将麦当劳告上联邦地区法院。

1994 年 7 月，"麦当劳咖啡烫伤案"开庭时，新闻媒体和陪审团都认为此案荒谬绝伦；但在了解实情后，对烫伤的严重性感到震惊，认为此案不可低估；头疼的是，他们并不能从事实和法律上证明麦当劳应当承担产品质量责任。而老练的律师却发现了几大端倪：其一，在控方律师要求下，麦当劳公开的内部秘密文件和统计数据显示其烫伤事故并非偶然而是频繁。其二，麦当劳的咖啡温度比同业整整高出了大约 10℃～16℃。其三，麦当劳的烫伤事故频发，10 年间破费 50 万美元巨款"化解"烫伤事故。其四，麦当劳从未以法律术语警告，仅仅只是提醒顾客咖啡较烫。综合以上几点，最后陪审团一致判决，麦当劳在产品安全问题上疏忽大意，导致其出售的咖啡温度过高，侵犯了原告的人身安全，造成了重大伤害事故和经济损失。因此，麦当劳必须承担长期掩盖事实真相的法律责任，偿付原告 20 万美元的"补偿性赔偿"（Compensatory Damages）。但考虑到原告不慎失手，也应对事故承担 20% 的责任，故麦当劳的实际责任减为 80%，赔偿总额相应地由 20 万美元减为 16 万美元。

资料来源：陈伟. 震惊全美的"麦当劳咖啡案"[Z/OL].(2012-01-10)[2020-04-04]. http://www.360doc.com/content/12/0110/21/2730734_178617288.shtml。

思考题：在烫伤案之后，麦当劳会做出哪些符合商业伦理和法律的调整？

11.1　重要概述

法治一般至少有 5 个独立的含义或目标：受到法律约束的政府、法律面前人人平等、法律与秩序、可预见的富有效率的司法、不受国家侵犯的人权（崔贝尔考克，丹尼尔斯，2014）。法律常常被视为伦理与道德的底线。不道德的行为并不一定违法，但通常情况下违法行为必定是违反道德的[1]。卡罗尔提出的企业法律责任是"编撰整理后的

---

[1] 这里仍需要注意的是恶法亦法，例如，纳粹德国通过合法手段制定的一系列反犹太人法令则证明法律与道德并不存在必然的联系。但本章节将主要讨论良法，采纳自然法学派的法律应该从属人类正义的价值准则的观点。

商业伦理"正是反映了这一观点（Carroll，1991）。法律作为最低的道德行为准则意味着道德的商业行为往往会远远超出法律规章的要求，而一个合法的商业行为则有可能并不道德。

美国法学家朗·L. 富勒（Lon L. Fuller）将道德分为愿望的道德和义务的道德两类，其中，愿望的道德是"善的生活的道德、卓越的道德以及充分实现人之力量的道德"，它"好比是批评家为卓越而优雅地写作所确立的标准"；而义务的道德是一种基本的要求，就如"语法规则"，"如果说愿望的道德是以人类所能达致的最高境界作为出发点的话，那么义务的道德则是从最低点出发"（富勒，2005）。根据富勒的观点，能被法律规范的只能是义务的道德，即最基本的道德。并且美国法学界代表学者埃德加·博登海默（Edgar Bodenheimer）也指出，在道德价值的这个等级体系中，可以区分出两类要求和原则。第一类是社会有序化的基本要求，包括避免暴力和伤害、忠实地履行协议、协调家庭关系、对群体某种程度的效忠等原则，对于一个组织社会的有效运行是必不可少的。第二类是道德规范，包括有助于提升生活质量和增进人与人之间紧密联系的原则，如慷慨、仁慈、博爱、无私和富有爱心等，作为社会价值较高的境界远远超过了社会有序化的基本要求。对于第一类道德要求，即道德的基本要求，其"约束力的增强，当然是通过将它们转化为法律规则而实现的。禁止杀人、强奸、抢劫和伤害人体，调整两性关系，制止在合意契约的缔结和履行过程中的欺诈与失信等，都是将道德观念转化为法律规定的事例"（博登海默，2004）。研究表明，针对企业行为方面的法律，如刑法、劳动法、证券法等强行性法律规范，都是对企业道德底线的要求。

商业伦理的本质是对商业决策中是与非的道德判断，即什么应该做、什么不应该做。而法律则蕴含的是什么允许做、什么不允许做。虽然伦理与法律都具有约束力，但前者是非强制性的约束，而后者是由国家强制力[1]保障实施的。企业在追逐利润时往往会接受法律的约束，并将法律作为企业的（最低）行为准则；但常常忽视伦理道德责任，刻意躲避伦理的约束。曾有不少学者主张，企业只需要遵守法律并可在法律范围内通过一切手段逐利；甚至有人提出，企业就应该主动寻找并利用法律的漏洞将利润最大化，这两种行为最终将使企业自食其果。

---

[1] 国家强制力是指一个国家领导阶层对本国所拥有的包括政治、经济等在内强行约束、制裁、管理、调整的力量。保证这个力量的实现的国家机关即通常所说的国家暴力机关，主要包括军队、警察、法庭、监狱等。

11.1.1 认识与演变

随着现代公司制度的发展，20世纪30年代，有不少西方学者认为企业只需对股东利益负责；改善员工工作环境和福利、提升客户服务、增进与所在社区互动等都被视为运营的额外成本而需要被避免。简言之，这些学者认为企业唯一的责任就是使股东利益最大化，而无须对其他企业活动参与者或社会负责（Yan，2018）。

在此理论上衍生的另一种观点认为商业活动可以从社会活动中分离出来，并且不需要遵循社会普遍的伦理道德。例如阿尔伯特·Z.卡尔（Albert Z. Carr）曾提出商业活动有自己一套独特的道德准则，类似于扑克牌规则。根据卡尔的理论，一个人在工作时的品行是可以与其日常品行相分离的。一位企业高管从踏进办公室的那刻起就变成了一名类似于扑克牌游戏玩家的角色，而他原有的道德判断标准会被游戏规则替代。于是虚张声势、愚弄对手等在扑克牌中被普遍运用的伎俩也可以毫不掩饰地运用在商业活动中。在这套规则下，只要行为不违反法律，即使是以欺骗员工、顾客、政府等来增加利润的行为都能被合理化。扑克牌式的评价标准会使社会伦理道德所反对的行为，如拒绝员工合理的加薪要求、选用廉价劣质的原材料、夸大产品的功能、胁迫经销商等，在卡尔的观点下变得合理化；让企业更有理由不受商业伦理的约束，而在法律允许的范围内不惜一切地追求利润最大化。

经验表明，卡尔将商业活动比作（扑克牌）游戏的理论经不住推敲。企业作为社会不可分割的重要组成部分已是当今社会的共识，企业的管理经营人员也应该遵守社会道德准则，而不是采纳一套独立的准则，更不能以低于正常道德要求的标准来合理化商业活动中的不道德行为。正因为如此，即使不少人仍坚信企业的唯一责任就是创造利润，但也达成了"创造利润的前提是必须遵守最基本的道德规范"的共识[1]。

自20世纪60—70年代以来，美国国内社会矛盾加剧、各种民权运动不断兴起，特别是由越南战争所引发的对军工企业的抗议最终发展成民众对所有企业的怀疑与不信任；这引起了学术界和实务界对企业社会责任的大讨论，企业在强制性法律责任之外的道德责任逐渐被关注起来。与上述企业仅对股东负责的理论相反，企业被认为对社会负有责任；同时，近几十年来对商业论证的分析表明，企业对社会的责任被认为有利于提

---

[1] "不少人仍坚信企业的唯一责任就是创造利润……必须遵守最基本的道德规范"，这里注意背后的原因可能不尽相同，下文会有进一步阐述。

高企业的利润（Carroll，Shabana，2010）。

美国经济伦理学代表人物理查德·T. 德·乔治（Richard T. De George）被认为是第一位将商业伦理视作一门独立学科进行研究的学者，他将商业伦理定义为伦理与商业的相互影响，并将其分为三个层次：其一，通过对宏观经济系统的研究与解释，对经济制度进行道德评价；其二，通过对自由企业制度下商业组织的研究，对企业行为进行道德评价；其三，通过对经济及商业交易中个体道德的研究，对个体进行道德评价。简言之，对商业伦理的探讨主要就是针对商业活动在道德层面上是与非的研究分析。其主要目的正如曼纽尔·G. 贝拉斯克斯（Manuel G. Velasquez）所指出的，"在将正确的道德标准应用于商业政策、制度及商业行为时，商业伦理的重要性也不断提高；企业在开展商业活动时不仅需要遵守法律法规，也需要遵守道德规范"。

11.1.2 发展与互动

伦理和法律不是静止的，而是随着人类认知与科技的发展变化而不断更新。道德评价标准在一定条件下可以演变成法律，而法律规则也能影响人们对伦理的认识。

18世纪工业革命前，污染并未大规模存在，人们对"污染"一词并无概念，对排污也没有是非的道德判断。但随着工业革命的发展、蒸汽机的引入以及煤炭的广泛应用，英国作为第一次工业革命的发源地变得浓烟滚滚，伦敦更是一度被冠以"雾都"的恶名。经此，人们逐渐认识到污染的存在及其对人类的危害；为追求利润而牺牲环境的行为在道德评价体系中被视为失当和完全违背商业伦理的行为。随着环境保护的重要性愈发凸显以及各种游说团体的呼吁，许多国家先后颁布了环境保护的法律，将人们在道德上对污染行为的否定进一步上升到国家立法层面。环保法律法规从无到有的发展过程表明了法律标准可能会在特定的环境下与大众的道德评价标准趋于一致，凸显了伦理与法律不断变化且相互影响的本质。

中国对"投机倒把"的道德及法律判断也许能更直观地解释伦理与法律的运动性。在中国改革开放初期，经济方面实行国家统配价与市场调节价相结合的"价格双轨制"，这就造成了众多在"价格双轨制"之间来回牟利的投机行为。在当时的社会环境下，投机行为为人们所不齿；法律受到伦理道德的影响，将投机倒把定义为一种犯罪行为。根据1971年实施的《中华人民共和国刑法》（以下简称《刑法》）规定，凡是赚取差价的行为均可定性为投机倒把罪，且最高可判处死刑（陈兴良，2019）。随着改革开放的推进以及市场经济的不断发展，公众对投机倒把谋取差价这一行为的道德判断发生了变化，认为这是正常的市场行为；法律也不再视其为犯罪行为，1997年全国人民代表大会决定在《刑法》中正式取消"投机倒把罪"，对这种行为在法律上的评价由否定变为中立。随着社会的继续发展，人们对"低买高卖"这种牟利投机行为的评价继续发生着变化。有人认为，在市场经济条件下，不是要不要"投机"，而是会不会"投机"的问题。"倒买倒卖"问题亦然，期货就是一种"倒"，"倒"就是按价值规律办事，哪里价高，商品就往哪里去。也有人说，没有"投机"，就不能把握市场机遇；没有"倒把"，就不能搞活市场经济。还有人分析，"严格地讲，投机倒把更多的是个经济术语。投机就是寻找交易机会；倒把就是所有权转移"（张学兵，2011）。可以看出，公众对于寻找市场机遇，"价低买进、价高卖出"这样的市场商业行为最终给予了肯定评价。这种道德判断标准的变化也进一步影响了法律规范的变化，21世纪新修订的《中华人民共和国证券法》和《期货交易管理条例》等积极地肯定了这种市场行为。简言之，道德判断在法律行为效力的判断框架中占据着一席之地。

法律判断标准在社会发展过程中也会对道德判断标准产生影响。许多行为在伦理道德层面是中立的，但可能由于外部法律规则的介入而变得不当，例如众多交通法规的制定和实施，督促公众戒除了不文明的陋习，营造了良好的社会文明风尚。

总之，商业伦理的演变发展与法律法规的更新变化不断互相牵制、互相影响。尽管法律与伦理道德有别，但刻意隔断两者间的联系必定会为正确认识、运用道德和法律规范造成障碍。当然需要注意的是，并不是所有的道德规范都会转化为法律规范；也不是所有的法律规范必然会影响道德规范；同时，过去被法律引入的伦理道德考量也可能随着社会的发展而被剥离出来。

11.2 商业伦理与法律的主要特征及差异

从上一节可以得出商业伦理与法律都具有约束力，只是前者强调内在的约束，而后者依靠外在的约束。那么，为什么不能仅仅依靠商业伦理来规范企业的行为呢？

11.2.1 商业伦理的差异性与法律的普遍性

一方面，商业伦理具有差异性。即使在同一个国家或同一个法域内，不同的人对同一行为可能会有不同的道德评价。商业伦理也存在这种差异性。例如，商业活动中的倾销与补贴行为虽然为WTO相关法律规则所禁止，但因为不同阵营各执一词，所以此行为是否合乎商业伦理尚无定论。

另一方面，虽然法律在不同的时期、不同的国家可能会有所不同，但在同一个法域或国家的同一时期内却普遍适用，对具体行为存在统一的评价标准。即所有的个体或企业行为在一个特定国家中都会受到同样的一套法律标准的约束。法律的本质也是一个时期内一个国家统治阶级和大多数人所持有的共同的、普遍的和基础的价值观，是一种普世的价值观。

11.2.2 商业伦理的不确定性与法律的确定性

商业伦理具有不确定性。首先，商业伦理通常是一些概括抽象的原则，故不能对具体行为做出直接指导，从而增加了适用相关伦理评价标准时的不确定性。近些年在欧美，特别是在英国，性别平等被作为一个重要的商业伦理课题来研究，引起了社会的广泛讨论。但是单纯的性别平等这一商业伦理概念并不能直接指导商业活动中各个主体的具体行为。性别平等究竟是仅指有同等的就业、晋升机会，还是包括其他更广泛的要求？性别平等作为一个抽象的商业伦理标准似乎并不能给出一个准确的答案。虽然性别平等作为一个伦理评价标准，可以对不招收女性员工、同工不同酬等某些明显歧视女性员工的行为做出一个是非的判断，但不能指导着装要求、董事会男女比例等规定。此外，同一行为的不同评价标准，即商业伦理的差异性或多样性也会影响伦理的不确定性[1]。例如一家新企业进入一个相对陌生的环境，可能对有差异的伦理评价标准无所适从。

相反，法律具有确定性。首先，法律的确定性体现在同一行为在法律上的评价并

---

[1] 2018年的意大利奢侈品牌杜嘉班纳（D&G）的"广告辱华事件"，即体现了在不同文化背景下商业伦理的不确定性。在D&G发布的视频中，一位亚裔面孔的模特拿着筷子别扭地食用比萨，加上视频中旁白的语气和发音，引起了国内网友的极大不满，认为这支广告是D&G对中国传统文化的歧视和嘲讽。在这里，很难判断意大利消费者对这支广告的态度和评价，也很难下结论说这支广告违反了伦理规范；D&G这个企业及其雇用的设计师对于中国传统文化的态度也是其自主选择。但是在经济全球化背景之下，面对中国巨大的消费市场，其发布的广告和企业理念必然应当符合中国消费者的道德理念，否则就应当承担相应的经济后果。

不会因为企业或自然人主体的不同而改变。此外,法律除原则以外,还有更多具体的规定和条例可以用来指导对实践中具体行为的是非判断,并规范特定行为主体的行为。例如,《中华人民共和国公司法》要求公司应在每一会计年度终了时编制财务会计报告;要求上市公司在每一会计年度内半年公布一次财务会计报告。因此,相比商业伦理,法律具有更高的确定性[1]。

11.2.3 商业伦理的非强制性与法律的强制性

商业伦理不具有强制性,更多地依靠企业的自我约束。针对"不应为而为之"或"应该为而不为"的行为,伦理道德层面是与非的评价标准并不能对行为主体做出强制约束[2],只能通过社会舆论、谴责等方式对行为主体施加影响。例如,英国时尚品牌普里马克(PRIMARK)本身并无生产工厂,而是雇用发展中国家廉价代工厂为其生产低成本的产品,进而以低价参与市场竞争,获取利润。而其代工厂的工资常常低于最低工资标准,工作环境也非常恶劣,员工常常因此而沾染疾病[3]。以PRIMARK供应商在孟加拉国拉纳广场的工厂为例,2013年4月,该工厂大楼因年久失修而坍塌,造成581名员工死伤。这起悲剧引起英国国内舆论一片哗然,不少消费者团体对PRIMARK使用"血汗工厂"的行为进行了谴责,并呼吁抵制该品牌;但这并没有影响PRIMARK的业绩与选择供应商的根本策略。从企业行为的角度分析,由于商业伦理的非强制性,尽管使用"血汗工厂"以达到降低成本的商业行为会被认为不道德,但也不会受到过多的约束。

与之相反,法律作为国家意志的体现,由国家强制力保障实施,约束力更强。例

---

[1] 法律将抽象的、不确定的、非强制性的伦理观念和规则标准化、具体化、可操作化,强制人们接受并直接转化为自身的伦理道德观念的一部分。例如在食品安全领域,人们都明白基本的食品安全伦理道德,即食品安全关系到人们基本的生命健康安全。但这些伦理观念是抽象的,没有具体的标准,有巨大的解释伸缩空间。自有关食品安全的法规出台后,有关食品安全的生产安全规范、主管机构、安全管理体系、食品安全标准、食品检验、食品进出口、事故处理、责任承担等都被具体化、标准化、可执行化。

[2] 有学者强调伦理具有更多的社会属性及一定的他律性,但不可否认的是这些学者所谓的"他律"无非是通过社会舆论等促进其自我反省而摒弃不道德的行为。倘若遇到"恬不知耻者"或为追求利润而丧失道德底线的企业,那么商业伦理对其的影响会变得微乎其微。

[3] 工厂工人由于工作时会长期暴露在灰尘和织物纤维中,在没有妥善保护的情况下会大大增加肺病、肾病、皮肤病等的患病概率。

如，使用童工不仅违反商业伦理，也被法律法规明确禁止。不难看出，相比于伦理道德规范，法律因拥有更细化的规范而更具可操作性。法律对具体的行为准则做出清晰的界定，并以此为依据对不符合规范的行为做出强制性约束。例如在劳动法领域，法律明确规定了企业非法辞退员工应付的赔偿金标准；因而在发生解聘争议时，劳动者可以根据法律的规定准确计算自己应得的赔偿金额。伦理道德规范虽然能对行为主体做出规范性指导，但由于其细化程度不够，无法提供如何处理个案的精确信息[1]，因而可操作性不强。

11.3 法律的局限性

法律的普遍性和强制性等特点决定了法律比商业伦理更具有约束力，或者说更容易使企业规范其行为。从企业的角度来看，企业自愿接受法律约束的原因是法律所具有的惩罚性和奖励性。但是这种在国家强制力保障下的制度具有局限性，因为如果法律限制在某些条件下消失，那么企业很有可能再次开展法律所禁止的行为。

11.3.1 法律的惩罚机制

法律惩罚是指行为主体因为违反法律规范而受到相应的强制性处罚，造成受罚主体财产上的损失、肉体和精神上的痛苦。法律的惩罚机制由国家强制力保障而得以实施。企业有时并不愿意按照法律要求实施作为或不作为，但为避免受到法律的处罚，不得不依法开展商业活动。实际上，法律对于商业主体的约束主要体现在违反法律的惩罚性后果；若法律只规定违法行为而缺乏具体的惩罚性后果或者惩罚后果与违法成本不相适应，都无法很好地约束企业的行为。上述提到的禁止非法使用童工的法律，通过严厉处罚对招用或计划招用童工的企业起到震慑作用，从而达到消除使用童工的违法行为。

---

[1] 以 D&G 广告"辱华事件"为例，其视频虽然引发了广大网友的不满和一系列的抵制行为，但是由于其并未违反任何强制性的法规，而网友的抵制情绪和行为终究也会慢慢消散，故而在经历一系列危机公关和更多的促销活动后，其仍可活跃于中国市场。

法律因为惩罚机制的存在而具有威慑力，而惩罚机制需要由相关执法机构来具体落实。例如，对企业环境污染行为的惩罚主要由环保部门进行；对企业的偷漏税行为的惩罚主要由税务部门进行；对上市公司未尽披露义务行为的惩罚由证券监管机构进行。因此，法律惩罚机制的威慑力在一定程度上取决于相应执法机构执法的有效性，这就要求执法机构必须在法律规范的框架下严格执法，既不能越权，也不能选择性执法；做到有法必依，执法必严，违法必究。

11.3.2 法律的奖励机制

与惩罚机制相对应，法律还具有奖励机制。法律奖励是指行为主体通过履行法律规定的义务可以享受相应的权利。例如，行为主体在完成《公司法》上关于设立公司的相关手续之后，便能依法成立公司，并享受公司（或作为股东）在法律上的各种利益。企业也可以通过完成法律规定的相应行为获得某种商业特许经营权或者获许进入某一特定领域从事商业活动，从而享受法律赋予的权利。

11.3.3 法律奖惩机制的局限性

法律奖惩机制具有一定的局限性，如果企业仅仅因为害怕受到惩罚而按照法律规范的要求经营，就会造成一定的隐患。一旦某些法律限制在某些条件下消失（比如法律条款有所更改，或者企业从一个法域进入另一个法域，抑或实施不力），被约束的相应企业很有可能重新开展之前被禁止的商业活动。随着商业全球化的发展，跨国企业成为跨国家、跨地区进行投资、生产和销售的主要力量。由于不同的国家处于不同的发展阶段，从而造成了不同的国家不同领域法律法规的差异。例如，雇用童工和强制监狱在押犯人工作在某些发展中国家是合法的，但在西方发达国家是非法的。部分西方国家的跨国企业正是利用了这点，在发展中国家雇用童工和监狱在押犯人生产上游产品，既节省了成本，又"巧妙地"逃脱了本国法律的制裁。又如，国际贸易的国际法规因在不同国家和地区适用的范围和程度不同，故而不能如国内法一样有效约束参与国际贸易主体的行为。例如在特朗普就任期间，美国政府秉持"美国优先"政策，单方面终止或退出了许多双边或多边协定，使得美国企业不再受相关国际条约的约束。

诚然，实践中法律不能对所有的商业行为做出规范，很多在商业伦理层面错误的行为可能并没有违反法律规范。若法律的惩罚机制是企业守法的主要原因，那么企业有可能会在法律尚未做出具体规范或者法律惩罚机制失灵时变得"肆无忌惮"。的确，法律也不可能对企业的道德做出具体的约束，即使部分国家的《公司法》对企业的社会责任做出了规定，但也只是笼统的指导性原则[1]（施天涛，2019）。更有甚者，一些企业会认为钻营法律漏洞会比按照法律执行更节省成本，这使它们更有"动力"选择规避法律的约束。2016年德国大众汽车"排放门"事件很好地说明了这一局限性。德国大众汽车为避免重新研制符合环保标准的柴油发动机所需的巨大成本，选择在其柴油车上安装尾气排放作弊软件而使其在美国实验室排放测验中达标；时隔多年后，大众汽车的这一作弊行为才被偶然发现。

在西方社会，大型企业团体往往对立法有着不小的影响，正因为如此，不少企业愿意斥巨资游说立法机构以期阻止法律对其行为做出约束。一边是遵守法律，改变原有的生产工艺，支付不菲的整改费用；一边是游说立法，保持原状，支出不多的游说费用。基于成本最小化目标，这些企业将会忽视商业伦理的基本原则而毫不犹豫地选择后者。

11.3.4 法律的其他局限性

除了上述提到的局限性，法律还具有被动性和滞后性。

法律的被动性是指只有当新的行为出现并造成了足够（负面）的影响之后，相应的法律规范才可能会被制定起来。上文提到的法律的普遍性、确定性及强制性等特点很大程度上决定了所有法律规范要求慎重。法律极少会在新的环境里对新的行为做出规范；而只有当问题出现并造成（负面）影响时，法律才会被动介入并通过对特定行为的约束来解决相应的问题。例如，在2020年新冠肺炎疫情暴发之后，社会各界把矛头指向了捕杀、贩卖及食用野生动物的行为。严重的流行性疾病和巨大的社会舆论压力，推动了《中华人民共和国动物防疫法》的修订和中国各地方政府禁止野生动物交易和食用规定的制定。

法律的被动性直接导致其滞后性，法律规范总是滞后于实践中的新问题。同时，法

---

[1] 例如，《中华人民共和国公司法》第五条规定：公司从事经营活动，必须遵守法律、行政法规，遵守社会公德、商业道德，诚实守信，接受政府和社会公众的监督，承担社会责任。公司的合法权益受法律保护，不受侵犯。而此条规定在实践中难以判断和操作，被视为一种理想化的规定。

律作为国家意志的表现，从立项、调研、讨论、起草到提出议案、审议、修改、再审议（修改和再审议过程可重复）直至表决通过和最终颁布将经历相对较长的时间，更是加剧了其滞后性。

11.4 商业伦理的主要优势及与法律的互补性

11.4.1 规范商业行为的优势

法律主要是通过其奖惩机制来影响企业行为，这种外部威胁或利益引导将减少企业对行为本身是与非的判断。然而一旦这种外部威胁或利益引导消失，企业就很可能会再从事原来被威胁不允许的行为或者不再从事原来被奖励的行为。不同于法律，商业伦理在规范企业行为方面通过拷问企业内在价值观而具有行为改变更彻底的优势。

20世纪80年代有一个关于外部约束对行为影响的实验（Wilson，Lassiter，1982）。在第一组实验中，弗吉尼亚大学的大学生被邀请参加一场考试。这场考试没有监考，1/3的学生被警告不能作弊；1/3的学生被警告不能作弊且告知作弊会造成很严重的后果；另外1/3的学生没有被给予任何指示，结果显示所有的学生都没有作弊。几天之后，参加过第一组实验的这些学生被邀请进行第二组实验。这些学生并未被告知两组实验的关联性，考试在不同的教室进行，并且在这组实验中没有对任何应试学生做出不许作弊的警告[1]。与第一组实验结果不同，第二组实验中出现不少作弊现象。

这项实验主要关注外部约束（即威胁）对行为的影响。若将第一组实验中的学生分为未受威胁（没有受到任何警告）；受到一定威胁（即被警告不许作弊）及受到严重威胁（即除了被警告不许作弊，还被告知作弊后果的严重性），第一组实验中受到严重威胁的学生在第二组实验中出现作弊的现象最为严重，而未受威胁的学生出现作弊的情况最少。在应试学生被告知两组实验的相关性后，受到严重威胁的学生将第一组实验中不作弊的主要因素归结为外部威胁的存在，而未受威胁的学生则将不作弊的主要因素归结为他们内在的道德评价标准认定不应该这么做，受到一定威胁的学生不作弊的原因则介于上述两者之间。

---

[1] 实验在无监考的环境下要求学生按顺序完成8道题目且每题用时不能超过1分钟；另外，每题做完之后只能对下一题进行作答而不能返回到前一题，出现这两种情况都会被视为作弊。

这一实验验证了外部约束将削弱内在价值观对行为引导的作用。当行为主体被威胁禁止进行某种行为后，一旦这种威胁消失，该行为主体从事该禁止行为的概率将大大提高。换言之，若仅依靠外部约束来限制某种行为，则行为主体很有可能忽视其内在价值观对该禁止行为的考量，而失去一定的"自主能力"。虽然法律作为外部约束将继续存在，但法律的局限性会使其有效性"大打折扣"，从而出现更多问题。

相比之下，企业对行为进行道德评价后而改变其行为，往往会更加彻底，这种基于商业伦理进行的"自省"不会具有强制性和局限性。在很多法律法规尚未进行规范或无法触及的领域，商业伦理往往是规范企业行为的唯一利器。若"以破坏环境获取利润最大化"在某企业的商业伦理评价标准中是错误的，那么该企业除了会按照法律规定部分改变商业行为，减少污染，还有可能在法律尚未规定的领域，例如在温室气体排放等领域做出行为改变或修正。因此，遵守商业伦理的企业往往比仅守法的企业能更自觉地改变企业的不当行为。

其实，中国早在春秋战国时期就有了对法律与伦理道德在规范行为方面的深入认识。孔子曾在《论语·为政》中指出："道之以政，齐之以刑，民免而无耻；道之以德，齐之以礼，有耻且格。"孔子认为，用法律的手段管理社会，用刑罚的体制约束老百姓的行为，仅仅能使老百姓因为害怕惩罚而不犯罪，而并不能使老百姓懂得犯罪可耻的道理；但是，如果用道德和礼制去教化引导老百姓，那么他们便能懂得廉耻进而避免违法犯罪行为。孔子在这里谈的虽然是治国为政之道，但法律与伦理道德约束行为差异的辩证关系也同样适用于法律与商业伦理对企业行为的规范作用。

11.4.2 商业伦理和法律互为补充

商业伦理和法律在规范企业行为方面各有优缺点。商业伦理可以引导企业"矫正自我约束"，从源头上改变不符合商业道德规范的行为；但由于缺乏强制性，必会被一些"不负责任"的企业无视，而无法起到相应的作用。而法律具有强制性，其惩罚体制相较于道德谴责对行为的改变具有更为直接的效应，因而在规范企业行为方面更加直接有效。商业伦理的差异性与不确定性也凸显了以法律规范行为的必要性。但如果仅仅依靠法律的奖惩机制去约束、调整、改变企业行为，则可能会使企业以机械地遵从法律要求代替对行为本身的价值判断，这将导致企业"无主见"，有法律时按照要求改正错误，无法律时继续原有的错误行为,例如海外商业贿赂行为[1]。

因此,商业伦理和法律在企业的发展过程中缺一不可,只有将二者有机地结合起来,才能最大限度地有效规范企业行为。其一,在法律通过外部约束改变企业行为的同时,用商业伦理引导企业树立正确的道德评价标准才是从根本上避免企业"为恶"的方法;同时,相较于法律的被动性和滞后性,商业伦理可以相对主动及时地对某一行为进行调整。其二,当伦理道德无法约束企业的"为恶"行为时,应辅以具有惩罚性和强制性的法律加以坚决制止;或者当对某一行为存在不同的道德评价标准时,法律需要以其确定性介入并指导企业行为。总之,只有将商业伦理和法律双管齐下,才能更有效地规范企业的行为。

本章小结

当今中国把依法治国作为治理国家的基本方略,提出了治理体系和治理能力现代化的国家战略。坚持厉行法治,推进科学立法、严格执法、公正司法和全民守法,以全面提升全社会运用法治的能力来达到提升国家治理水平的目的。

法治能力的有效性,依赖于社会规范。法律作为由国家制定和执行的社会行为规则,对维持社会秩序和推动社会进步具有重要的作用。但商业伦理作为一种社会规范,是社会秩序完善的重要力量。商业伦理与法律具有十分紧密的关系。首先,基本的商业伦理与立法、执法和司法的价值观高度重合。法律很大程度上保障着基本的商业伦理。其次,随着社会的进步、文明的发展,立法会逐步吸收商业伦理规范,完善法律体系,将其融入法律的价值。最后,在现行法律处理商业行为出现滞后性时,商业伦理可以作为原则和规范,对法律进行有效的补充,具有重要的现实意义。但同时商业伦理和法律又从各自的维度对商业个体和商业行为进行有效的规范,体现出不同的功能性和效用性。

---

[1] 海外商业贿赂是指通过贿赂外国政府人员以获取或维持该政府所提供的特定优惠待遇,以此提高竞争优势以获取商业利益。虽然这种腐败行为对社会经济的负面影响显而易见,但在许多发展中国家并没有本地法来禁止那些大型跨国企业进行商业贿赂。因而,如果仅仅依靠法律威慑的话,一旦一家企业到了没有相关法律规定的国家,就可能因为没有法律规范而进行海外商业贿赂。因此,除了增加法律予以规范,另一个重要的途径便是从商业伦理着眼,以此来"改善"或"约束"企业的这种行为。

关键术语

法律评价　道德评价　法律的奖惩机制　法律的局限性

思考练习

1. 简述法律在规范企业行为方面的主要优势与劣势。
2. 简述商业伦理在规范企业行为方面的主要优势与劣势。
3. 结合生活实例谈谈法律的奖惩机制的功效及其局限性。

应用案例

天津德普商业贿赂案

天津德普诊断产品有限公司（以下简称"天津德普"）是全球最大的诊断设备生产企业——美国诊断产品公司（DPC）——在天津的子公司，于1991年在天津市经济技术开发区成立，从事免疫药盒的分装、全自动化学发光免疫分析仪销售等业务，年产值达7 000万元，约占中国三分之一的市场份额。2005年5月20日，根据美国司法部报告，天津德普在1991年到2002年，向中国国有医院医生行贿162.3万美元（现金），以换取这些医疗机构购买DPC的产品。这些贿赂经过天津德普总经理的授权，通过公司销售代表们直接送给医疗机构的工作人员。天津德普在做财务账面处理时，将这笔贿赂登记为销售支出。天津德普在案发后承认其从腐败行为中获利278.86万美元。美国司法部认为，DPC违反了《反海外贿赂行为法》有关禁止美国公司向外国有关人员行贿的规定，因此DPC要向美国司法部和美国证券交易委员会分别交纳200万美元和204万美元的罚款，还要支付75万美元的预审费等费用，总金额超过480万美元。

商业贿赂是当代商业伦理关注的重要对象和讨论的焦点，也是法律所严惩的行为。商业贿赂是指经营者为销售或购买商品而采用财物或其他手段贿赂对方单位或个人的行为。世界各主要经济体都存在程度不同的商业贿赂现象，贿赂甚至成为某些行业和市场的"潜规则"。商业贿赂现象的存在和泛滥一定程度上反映了商业伦理发展和建设上的缺失和扭曲，它的存在不仅破坏了正常的交易秩序和公平的市场环境，腐蚀了市场经济正确的价值观念，而且严重损害了各国消费者的合法权益。

《反海外贿赂行为法》在公司内部控制系统方面也设计了预防机制，以确保商业伦理和法律法规在公司内部得到有效的遵守。《反海外贿赂行为法》的会计条款关注公司以账外支付或其他欺骗的手段隐瞒腐败行为的做法，从而将惩治腐败的防线提前，力求通过公司自律性的监管实现对腐败的有效防治。对美国海外子公司控股50%以上的公司必须确保子公司遵守会计条款。而天津德普在做财务账面处理时，将这笔贿赂登记为销售支出，这一做法严重违反了该法的会计条款，其刻意隐瞒谎报也是在规避该会计条款的限制。但因该法在内部控制方面的有效实施，让天津德普的母公司DPC在控制管理的体系中发现了问题，也在一定程度上促使美国母公司及时披露下属公司的违法行为，自愿接受处罚。

追根溯源，美国一系列有关商业范畴的法律规范都有一个重要的立法原则，就是加强商业主体的内部治理责任，规范内部治理体系。其方法是由外部强制的规范带动并推动内部自觉地遵守伦理规范。在立法之初，美国政府就在立法和执法实践中强力推行"守法计划"[1]。守法计划首先就确立了基本的商业伦理法则和原则，随着社会的发展，又详细规定了企业进行公正的经营活动而必须遵守的行为准则。守法计划不仅在商业领域严格界定合法和非法的界限，还将非法和相应的民事和刑事处罚紧密地联系起来，有效地推进法律的执行，逐步确定、维护在法律上所保护的商业伦理和秩序；并随着社会的发展和实践的推进，扩大商业伦理新的价值和规范的保护范围，并给予法律上的强制贯彻。

资料来源：胡梅娟. 透视天津德普公司在我国行贿在美国被罚案 [EB/OL]. (2005-06-02)[2020-03-23]. http://www.jcrb.com/xztpd/2013zt/201307/GSK/YYAPF/201307/t20130719_1161227.html。

思考题：法律对企业行为的规范作用有哪些？法律有哪些特点？法律对商业伦理发展的影响有哪些？

---

[1] 这一计划是指如果企业有符合《反海外贿赂行为法》标准的守法计划，则在违反该法时可能会酌情考虑并适度调整处罚。

第 12 章
商业伦理与向善能力

> 上善若水。水善利万物而不争,处众人之所恶,故几于道。居善地,心善渊,与善仁,言善信,政善治,事善能,动善时。夫唯不争,故无尤。
>
> ——老子(春秋末期思想家)

> 如果我们想要自己的物种得以存活,如果我们发现了生命的意义,如果我们想拯救这个世界和每一个居住在世界上的生灵,爱是唯一的答案。
>
> ——爱因斯坦(美国物理学家)

本章提要

在人类社会的发展过程中,向善能力与商业伦理发展和社会经济进步休戚相关。向善能力包括文化向善、社会向善、教育向善、商业向善、经济向善、金融向善、科技向善等。本章重点从商业伦理角度研究向善能力。首先,从文化向善、社会向善、商业向善和经济向善的角度,论述向善能力的理论基础,阐述将企业社会责任融入企业战略定位和经营管理的方法;其次,针对商业价值观、企业文化观、市场机制说等分析向善能力的驱动要素;再次,针对向善能力的组织形态,划分出新型的商业组织、标准认证、经营模式、投资方式;最后,针对社会企业、共益企业、共惠企业和共享平台等不同类型,分别介绍向善能力的社会实践。

学习目的

1. 理解商业圆桌会议和共益企业的概念
2. 了解良好的商业道德能够从哪些方面为公司带来收益
3. 理解向善能力的驱动要素
4. 理解"公平贸易"和"善因营销"的内涵

知识拓展

"商业圆桌会议"

"商业圆桌会议"（Business Roundtable）成立于1972年，聚集了一大批美国最具影响力的企业领袖，对商业发展具有前瞻性的引领作用。自1978年起，该组织定期发布有关公司治理原则的声明。从1997年起，该组织发布的每份声明文件都赞同"股东至上"的原则，强调公司的首要任务是让股东受益，并实现利润最大化。但是，2019年8月19日，"商业圆桌会议"在美国华盛顿发布了一份由181位美国顶级公司首席执行官共同签署的声明文件——《公司宗旨宣言书》，重新定义了一个公司运营的宗旨，正式开启了企业商业向善的先河，庄重声明了企业应承担的社会责任。

引导案例

商业向善的行动

当人变得富有之后，应该怎样利用财富呢？买豪宅？购名画？世界旅行？还是留给子孙后代？世界首富比尔·盖茨给出了答案，做慈善。让世界变得更加美好才是一件令人感到由衷快乐的事情。例如，美国慈善家安德鲁·卡耐基（Andrew Carnegie）曾经说过："在巨富中死去，是一种耻辱。"这句话深刻地道明了资本有序流动对于社会进步的重要意义。资本是社会发展的血液，是现代人类社会发展繁荣的驱动力量。又如，美国石油大王洛克菲勒由于长期沉溺于享受财富带来的快乐而导致身体每况愈下，在深刻反省后，他决定把财富和精力投入慈善事业，并想方设法救助生活中遭遇困难的人；慈善事业使他的健康状况得到了极大的改善。邵逸夫于2014年离世，享年107岁，乐于慈善是他高寿的重要原因。多年来，他向内地捐助了34亿港元，并创立"邵逸夫奖"基金用于支持慈善事业。

第 12 章
商业伦理与向善能力

蝉联世界首富多年的比尔·盖茨作为一名热衷慈善事业的企业家而成为商业向善的榜样。早在 1994 年，比尔·盖茨即拿出 9 400 万美金成立了比尔及梅琳达·盖茨基金会（Bill & Melinda Gates Foundation），倡导"所有生命价值平等"，致力于帮助贫困人群和扶持弱势群体。股神沃伦·E. 巴菲特（Warren E. Buffett）的慈善之举更显得干脆，他直接将 34 亿美元捐赠给五家基金会，包括比尔及梅琳达·盖茨基金会；并承诺将会把个人大部分财富捐赠出去。"脸书"（Facebook）的创办者马克·扎克伯格（Mark Zuckerberg）在其女儿出生的时候，写了一封致女儿的信："为了让你们这一代生活在更好的世界，我们这一代能做的事情还有很多"；并表示"将在今后捐出所持 Facebook 股份的 99%，创办'陈-扎克伯格基金会'（Chan Zuckerberg Initiative），和其他人一起，提升人的潜力并为下一代创造平等的机遇"。不少富豪做出将个人财富捐赠给社会的承诺，表明了他们强烈的社会责任意识和巨大的商业向善力量。

思考题： 基于商业伦理的视角，如何看待企业家在社会进步中扮演的角色？为什么越来越多的富豪愿意投身于慈善事业？

12.1 向善能力的理论基础

善的内涵是什么？首先，善就是社会价值所普遍认可的社会伦理与行为方式。中国学者资中筠在考察美国人捐赠的动机时发现，有一种善是超越个人私利的利他同情心和对群体、对社会的责任感，这种善成为美国公益事业的基础（资中筠，2003）。善的出发点是大爱，是不分阶层、种族、国界的普世关爱。善往往体现为宽容、慈悲、节制、慷慨、审慎、忍让、正义等美德，善甚至被定义为道德律，是道德修养的基本规范和生活的基本目的。其次，善也意味着无私的奉献。这种奉献常常会通过减少自身利益的方式而成就被奉献的人们，比如捐赠金钱、时间、物资、技能等。善的重要呈现方式是给予而不是索取，是以和平的方式解决问题而不是通过斗争的方式促进变革。善的对立面是恶，而善的宽容却包括了对于恶的智慧性限制。最后，善更多地体现为促进人类生活更加美好的社会价值、修养与智慧。从商业伦理的角度来看，向善能力是"真、善、美"的结合，也是社会经济发展的基础；从善出发，才能使经济更好地服务于社会。本节将从文化、社会、商业、经济四个方面论述向善能力的理论基础。

12.1.1 文化向善

虽然东西方文化在人心善恶的理解上不尽相同,但是关于向善的愿望是一致的。中国古代先哲老子在《道德经》中论述道:"上善若水。水善利万物而不争,处众人之所恶,故几于道。"美国现代作家马克·吐温(Mark Twain)认为,善良是一种世界通用的语言,它可以使盲人感觉到,使聋人闻到。

善是中华民族文化的核心价值观之一。早在春秋战国时期,中国的先人便对善这一价值观进行了阐释,如"可欲之谓善",意为值得喜爱的,值得追求的就是善;所谓"可欲",就是对人、对己均要有好的欲望与需求。汉语词汇中"勿以恶小而为之,勿以善小而不为",主张不要因为坏事较小就认为可以做,不要因为善事较小就漠不关心。对善的阐释与践行一直是中华文明发展中的重要内容。

中国传统文化中,儒家、道家、佛家均对人性的向善有所认知。儒家所谓"仁者爱人""善即为仁",佛家所谓"慈悲""无私""大爱",道家所谓"重生""普度众生"等,无不体现了传统文化对善这一价值观的重视。其中,孔子认为"性相近也,习相远也"[1],强调人的自我道德修养及实践;"博学内省"及"敬德修业",鼓励不断积攒向善的力量,逐渐达到修身齐家治国平天下的君子之境。孔子认为后天之"习",相比道德天性,在人性向善中发挥的作用更为重要。孟子认为"恻隐之心,人皆有之"[2],强调人皆有同情之心,向善对人而言是一种天性。老子说:"道生之,德畜之"[3],即道生成万事万物,德养育万事万物,向善的德行才能促进社会的发展。佛教倡导"自利利他,利他自利"的价值观,人生存在的唯一社会价值在于"利他"。在《菩提行经》卷二中有言:"凡所作为事,要在于利他,彼无利非爱,定获罪无疑",这里强调任何行为均需要遵循社会大众的利益,反对使用欺诈及邪恶的手段获得利益。中国近代新文化运动时期,社会上流行这样一种伦理观,"今为社会谋公益者第一须自利利他主义",主张在个人主义"自利"的前提下实现利他、利群的目的(郭双林,高波,2015)。

法国18世纪启蒙思想家让–雅克·卢梭(Jean-Jacques Rousseau)认为"怜悯心是一种自然的情感,由于它调节着每一个人源自爱心的活动,所以对于人类全体的相互保存起着协助作用。正是这种情感,在自然状态中代替了法律、风俗和道德",亚当·斯密

---

[1] 出自《论语·阳货》。
[2] 出自《孟子》的《告子上》。这里认为人性天生善良。
[3] 出自老子《道德经》第五十一章。

延续卢梭关于人性中存在善的观点，在《道德情操论》中谈道："一个人无论被看成怎样自私，他的天赋中总是清楚地存在着一些本性，这些本性使他关心别人的命运。"

12.1.2 社会向善

历史证明，社会向善是改变社会的动力。20 世纪中叶，美国"民权运动"兴起[1]，其中蒙哥马利巴士抵制运动[2]表现出反抗种族隔离与消除社会不平等的决心与毅力。越南战争期间，举世闻名的新闻照片《战火中的女孩》[3]，掀起了美国乃至全球的反战浪潮。美国民众不再购买为战争生产凝固汽油弹公司的股票，导致这家企业几乎停产。"南非种族隔离"[4]期间，美国通用汽车公司董事里昂·苏利文（Leon Sullivan）提出企业要不分肤色、平等对待员工的"苏利文原则"[5]，该原则对种族隔离时代南非政府所实行的种族歧视与隔离政策构成了挑战，为南非黑人员工争取合法权益起到

---

[1] 美国黑人民权运动，又称非裔美国人民权运动（African-American Civil Rights Movement），是美国民权运动的一部分。1950 年至 1970 年，美国黑人发起反对种族歧视和种族压迫的非暴力抗议，以争取非裔美国人民权。1954 年，美国联邦最高法院判定实施种族隔离的学校违法；1955 年，亚拉巴马州蒙哥马利市，黑人公民以全面罢乘来反对公车上的黑白隔离措施；1963 年，华盛顿特区国家广场聚集了 25 万余名群众，共同反种族隔离，美国民权运动领袖马丁·路德·金博士发表著名的演说《我有一个梦》，达到了民权运动的高峰。

[2] 蒙哥马利巴士抵制运动（Montgomery Bus Boycott）是美国民权运动历史上的一座里程碑。该运动开始自 1955 年年底，持续了一年左右的抵制运动展现了非裔美国人以及支持民权运动的其他美国人共同反抗种族隔离与社会不平等的决心与毅力。蒙哥马利巴士抵制运动最终促使美国最高法院于 1956 年做出裁决，裁定蒙哥马利市的公交种族隔离法违反宪法。

[3] 《战火中的女孩》是刊登在《纽约时报》头版的新闻照片，获得当年的普利策奖。1972 年 6 月 8 日，一名越南小女孩在遭遇凝固汽油弹袭击后背部燃烧、赤身裸体奔逃，这张照片记录了这一场景。它把战争对无辜平民的残酷伤害直接呈现在世人面前，在美国乃至全球范围内激起了规模巨大的反战浪潮，加速了越南战争的结束。

[4] 南非种族隔离（Apartheid）是 1948 年至 1991 年在南非共和国实行的种族隔离制度，Apartheid 引自荷兰语，为区分隔离制度之意。该制度对人种进行分隔（主要分成白人、黑人、印度人和其他有色人种），依照法律上的分类，各族群在地理上被强制分离，特别是占多数的黑人，依法成为某些"家园"的市民。这些"家园"在名义上是自主国家，但运作上比较类似于美国印第安人保留地和加拿大原住民保留地。事实上，多数的南非黑人从未在这些"家园"居住过。

[5] 苏利文原则（Sullivan Principles）是非裔牧师苏利文为了促进企业承担社会责任，而于 1977 年制定的企业行为规范。当时他作为通用汽车公司的董事会成员，在南非雇用的黑人最多，他要求企业保证做到：员工不分肤色都必须得到平等的待遇；无论是否在工作场所，资方都不得设立隔离环境。1984 年新增了一条规则，共包含七项规则。1999 年，苏利文又与联合国秘书长科菲·安南一起公布了新的全球"苏利文原则"，总体目标是使公司在经营时，同时促进经济发展、社会进步与政治正义，其中包括尊重所有人民的人权和平等的工作机会。

了积极作用。

在当今国际背景下，社会向善促进国与国的合作，让人道主义行动得以顺利实施。2020年3月，美国马萨诸塞州州长查理·贝克（Charlie Baker）在面对新冠肺炎疫情集中暴发而医用防护物资极度缺乏的危急时刻，向马萨诸塞综合医院董事会主席乔纳森·克拉夫特（Jonathan Kraft）和中国驻纽约总领馆求助。中国驻纽约总领馆迅速为机组人员办理了赴中国签证，同时安排腾讯迅速接应落实。于是，中美之间以"中国速度"开展了社会向善的合作。

在全球共同抗击新冠肺炎疫情之际，只有社会向善才能克服前所未有的困难。腾讯设立1亿美元的"全球战疫基金"，并向美国紧急捐赠了12.5万个N95口罩。这种心系天下的伦理情怀体现出中国企业的社会责任感。中国还派出上百名医疗专家驰援他国，向美国和其他多国急需医疗物资的医院捐助检测盒、口罩和检测仪器，同有关国家分享抗疫技术和经验。社会向善将有助于进一步完善全球卫生治理体系。

12.1.3 商业向善

所谓商业向善，就是将商业作为创造美好的力量（Business as a Force for Good），投入社会可持续发展进程。企业作为商业组织，如果将"责任"和"能力"合二为一，就能极大地增强商业向善的力量。"责任"指企业社会责任，"能力"是为客户、员工和股东带来持续的利益并创造价值的能力。换言之，以商业推动社会可持续发展，是从"动机向善"到"效果向善"的转变；在向善的同时也要求商业的投资回报。

从20世纪80年代开始，随着全社会对商业伦理的重视，企业社会责任（Corporate Social Responsibility，CSR）报告与环境、社会和公司治理（Environmental, Social and Governance，ESG）报告等陆续形成。CSR报告的目标受众群体是各利益相关者，包括政府监管部门、员工、合作伙伴、社区、非政府组织等；而ESG报告的目标受众群体主要是资本市场参与方，特别是机构投资者，主要用于评估企业在促进经济可持续发展、履行社会责任方面的贡献。此外，一系列投融资的新方式不断涌现，在追求投资回报的同时，也重视社会环境改善与员工成长等绩效。联合国倡导的负责任投资原则（Principles for Responsible Investment，PRI），作为先进的投资理念，帮助投资者明确环境、社会和公司治理对投资的重要影响。其中，影响力投资是资本向善最典型的例子之一，其要求投资人考虑财务回报的同时，兼顾社会和环境价值。

近几年，沃伦·巴菲特投资风能和电动汽车产业；比尔·盖茨投资海藻燃料技术；拉里·佩奇投资能源环保产业。他们作为绿色创富的引领者，致力于商业向善的推动（陆波，2016）。此外，英国石油公司承诺减少二氧化碳的排放，为此，公司改变了业务流程并支付了2 000万美元的成本，最终却意外地节约了高达6.5亿美元的费用（埃斯蒂，温斯顿，2009）。商业向善对企业有诸多有利之处：其一，企业慈善行为可以为企业赢得社会合法性；其二，企业慈善行为可以协助政府解决社会问题，从而赢得良好的政企关系，使企业赢得更多的优惠政策和资源；其三，慈善行为在社会建设中的投入，能为企业打造良好的社区关系，进而降低企业的本地化风险。对于开拓海外市场的中国企业来说，慈善行为是企业能够稳固扎根国外社区的重要战略举措。总之，善有善报（Does Virtue Pay）。

12.1.4　经济向善

历史上，经济学曾脱胎于伦理学；而如今，经济学正在积极寻回其伦理学根基。在亚当·斯密的苏格兰启蒙运动时代，经济和伦理均属于道德哲学范畴，经济学乃伦理学中的一门课程，可见经济学与伦理学之间的渊源。

面对世界贫困差距加大和生态环境恶化的难题，有经济学者再次将伦理学引入经济学，典型代表人物为阿马蒂亚·森（Amartya Sen）。他认为现代经济学忽略了伦理，经济学者们只是重视亚当·斯密有关"人们的活动是受自利引导，市场则以互利为原则"的思想，而没有察觉到他有关"应该考虑伦理在人类行为中的作用"的思想贡献（森，2000）。

美国学者肯尼斯·阿罗（Kenneth Arrow）和爱德华·弗里曼（Edward Freeman）的观点与前面章节提及的弗里德曼的观点相左。其中，弗里曼认为，在社会关系日趋复杂的现实情况下，企业需要处理好与利益相关者的关系才能实现可持续发展，企业的责任就是为利益相关者创造价值，遵循公平原则，创造帕累托最优结果[1]（弗里曼，2006）。

---

[1] 帕累托最优（Pareto Optimality）是由意大利经济学家维尔弗雷多·帕累托（Vilfredo Pareto）提出的，也称为帕累托效率（Pareto Efficiency），是经济学中的重要概念，并且在博弈论、工程学和社会科学中有着广泛的应用。它是指资源分配的一种理想状态：假定固有的一群人和可分配的资源，从一种分配状态到另一种分配状态的变化中，在没有使任何人境况变坏的前提下，使得至少一个人变得更好。

换言之，经济向善观点催生全社会的善经济（the Caring Economy）。美国专家于同弱（Toby Usnik）也认为，善经济是将企业社会责任融入品牌与企业文化，能使企业真正受益（于同弱，2020）。这种经济形态，将以解决社会问题为使命，从而成为一种新的社会生产力（王振耀，田小红，2015）。

善经济时代有三个主要标志：其一，全球各国的人均国民生产总值达到一万美元水平；其二，第三产业尤其是以人为本的各类产业在整个产业结构中的比例超过50%；其三，全社会的认知水准达到了这样的水平，即社会价值逐步引领经济价值。

12.2　向善能力的驱动要素

过去企业间竞争与合作的动机，主要是基于利益驱动；而现代企业开始寻求基于共同价值观的合作伙伴。例如，清洁生产型公司避免与高污染型公司合作，催生了循环经济园、生态工业园，并且吸引更多的企业合作实施社会公益项目，履行企业社会责任等。从单纯的经济合作到共同的公益"输出"再到解决社会问题，企业社会向善能力得到了极大的提升。具体而言，从商业伦理的视角来看，向善能力也是商业向善能力，驱动力量主要来自商业价值观、企业文化观和市场机制说三要素。

12.2.1　商业价值观

从20世纪到21世纪，商业价值经历了从"股东利益最大化"到"创造社会和利益者价值"的转变，使得更多的企业愿意承担社会责任和环境责任。从巴菲特的人生轨迹，可以窥见一名秉持股东利益最大化的商业家到一位号召商业向善的倡导者的角色转变。20世纪60年代，巴菲特的管理原则还是将股东作为资本的提供者和所有者，公司主要围绕股东利益开展相关业务；但随着社会的发展和自己思想的演变，他逐渐重视公共利益，2019年更是以388亿美元的捐赠总额高居美国慈善排行榜榜首[1]。此外，许多商业主体也提出了自己的商业价值观。谷歌就以"不作恶"（Don't Be Evil）作为商业价

---

[1]　《福布斯》连续追踪美国最富有400个人的慈善捐赠，"股神"巴菲特高居榜首。截至2019年年底，其捐赠总额达到惊人的388亿美元，相当于他个人身价的32%。

值观之一。

在中国也出现了商业价值观的转变趋势。2004年，中国出现了由企业家成立的社会团体"阿拉善SEE生态协会"[1]。他们参与治理沙尘暴，推动中国企业家承担更多的环境和社会责任。发展至今，企业家会员近900名，直接或间接支持了700多家中国民间环保公益机构或个人的工作。此外，阿里巴巴经营发展的商业价值观是：客户第一，员工第二，股东第三。这使其在商业战略中更加关注社会、用户、员工和环境的关系，把做"好事"纳入企业的盈利策略，为其带来了积极的社会影响力。

12.2.2 企业文化观

商业向善既是一种商业行为，也是企业承担社会责任的公益行为。商业向善已经成为企业文化共识，转化为致力于基业长青企业的发展基因。

有一些享有国际声誉的百年公司，围绕为员工提供"机会"打造企业文化，即给员工做事的机会、学习的机会、赚钱的机会、晋升的机会，为员工创造平台，激励员工与企业共同成长，从而凝聚了一批批优秀的员工。还有一些企业，如海尔集团，围绕消费者利益建立了自身的企业文化，提出了由创造型企业向服务型企业转变的思路，"强调一切从消费者利益出发"正是其基于商业向善原则的表现。还有一些企业，如奥克斯集团，围绕商业向善创立企业文化；其开展的商业向善的"彩虹计划"，让数以万计的贫困孩子得到帮助，也使公司获得了美誉。

总之，构建商业向善的长效机制取决于企业文化。《道德经》说"上善若水"，即最高的善就像水一样，水利万物而不争，所到之处就是生命。如果仅仅将公益事业当成任务，那么企业文化将永远到达不了向善的高度。搭建一套商业向善的企业文化，需要建立相应的企业文化体系，培养全体员工一颗利他向善的心。

---

[1] 2004年6月5日，百位企业家成立了中国首家以社会(Society)责任为己任、以企业家(Entrepreneur)为主体、以保护地球生态(Ecology)为实践目标的非政府组织。2008年，阿拉善SEE生态协会发起成立北京市企业家环保基金会，致力于资助和扶持中国民间环保公益组织的成长，打造企业家、环保公益组织、公众共同参与的社会化保护平台，共同推动生态保护和可持续发展。2014年年底，北京市企业家环保基金会升级为公募基金会，以环保公益行业发展为基石，聚焦荒漠化防治、绿色供应链与污染防治、生态保护与自然教育三个领域。

12.2.3 市场机制说

在经济全球化的当下，企业生产经营活动已形成了全球性的供应链、产业链；这些国际而非国内的经济链条在促进全球经济快速转型的同时，也带来了如何规范各经营者国际市场行为的难题。在 2020 年世界 500 强排行榜中，中国（含港澳台）公司数量达到 133 家，历史上第一次超过美国（121 家）。这说明，中国企业规模和大公司的数量不断增加，其整体经济规模不断壮大。因此，必须高度重视市场行为规范中关于跨国劳工雇用、跨国生产的环境污染、跨国商业腐败、逃避本国法律等相关问题。作为企业社会责任规范的重要监督主体，国际标准化组织（International Standard Organization，ISO）于 2010 年发布 ISO 26000《社会责任指南》，该指南中的一系列评价指标为搭建和完善市场机制提供了重要的参考，从而为更好地筛选优质企业提供了保障。

ISO 26000 工作组在标准开发过程中，遵循 5 项重要原则：①强调遵守法律法规，尊重国际公认的法律文件；②强调对利益相关者的关注；③高度关注透明度；④对可持续发展的关注；⑤强调对人权和多样性的关注。该标准有 7 个核心主题，涉及 36 个议题。评价一个组织是否尽到了社会责任，不只局限于本身的活动，还有其影响力所能达到的整个影响力范围，甚至整个价值链，涵盖合作伙伴及对手。值得强调的是，其一，在 ISO 26000 中，社会责任的定义最为重要，用社会责任代替企业社会责任，就使得以往只针对企业的指南扩展到适用于所有类型的组织；其二，该指南不用于第三方认证，不是管理标准，从而与《质量管理体系标准》（ISO 9000）和《环境管理体系标准》（ISO 14000）区分开来，也不同于美国民间组织社会责任国际组织（SAI）于 1997 年颁布的《社会责任标准》（SA 8000）[1]。

实行国际标准化的管理，可以使企业立于不败之地。中国加入 WTO 之后，国际产业链、供应链、价值链均对产品的设计、质量和环保等标准方面提出了内外生性的要求，这种优胜劣汰的市场机制将成为企业履行社会责任的驱动要素。同时企业意识到，商业作为一种向善的力量，在市场机制中易于聚集更多的社会资源，增加商业的收益。

---

[1] SA 8000《社会责任标准》的英文全称为 Social Accountability 8000 International Standard，是全球首个道德规范国际标准。其宗旨是确保供应商所供应的产品皆要符合《社会责任标准》的要求。SA 8000 标准适用于世界各地的任何行业及规模的公司，其依据与 ISO 9000《质量管理体系标准》及 ISO 14000《环境管理体系标准》一样，皆为一套可被第三方认证机构审核的国际标准。

12.3 向善能力的组织形态

商业向善力量不仅来自企业本身,而且来自不同的组织形态,同时涉及利益相关者,它将改变企业的思维模式、行为模式和决策机制,深刻影响整个社会的消费方式和治理模式,以崭新的理念服务于整个社会。亚里士多德认为,"每种技艺与研究,同样人的每种实践与选择,都应以某种善为目的"(亚里士多德,2003)。当全社会形成一种向善的社会选择机制,将更好地促进企业承担社会责任。中国学者资中筠对公益事业有独到的见解,她研究了以追求影响力和效率为目标的美国模式,认为公益事业不再是单纯的捐赠,而是一种可营利的事业;公益不只是富人的事情,穷人也不再是单纯的资助对象,而是潜在的创业伙伴(资中筠,2015)。

12.3.1 新型的商业组织

2019年8月19日,181家美国顶级公司首席执行官在美国商业组织"商业圆桌会议"上联合签署了《公司宗旨宣言书》,宣称公司的首要任务是创造一个更美好的社会,由此引发了市场有关推翻"股东利益最大化"观点的全球热议。"商业圆桌会议"与过去成立的商业组织不同,它作为新型的商业组织,自1972年以来,逐渐聚集了一大批最具影响力的企业领袖;其定期发布的声明间接或直接影响到全球的商业文化,引导着商业向善的发展。该机构不仅主张公司的首要任务是创造一个更美好的社会,这有助于增强企业牢固树立商业伦理的意识和提升企业积极承担社会责任的能力;而且认为商业公司领导团队是推动商业向善的绝对力量,主要目标有:①向客户传递企业价值;②通过雇用不同群体并提供公平的待遇来投资员工;③与供应商交易时遵守商业道德;④积极投身社会事业,注重可持续发展;⑤为股东创造长期价值。

该组织终结了以股东利益最大化为宗旨的商业价值观,使商业向善成为一个新型的商业模式,将有三大发展趋势:

趋势一:公司从关注股东利益需求,转到关注客户、员工、社区的相关利益,承担社会进步、可持续发展的社会责任;追求股东利益不再是唯一的重要目标,在不断变化的市场环境中,应兼顾利益相关者的诉求,创造商业价值。

趋势二:公司从关注创造经济价值,转到创造社会和环境多重共同价值;对公司治理、生态足迹、文化品牌、风险管控等各个方面都有高水平要求。

趋势三：企业从单方面关注行业盈利高的竞争战略，转向关注企业社会责任、可持续发展的企业战略，并重塑企业的使命、愿景、核心价值观，发挥企业在社会进步中的作用。

12.3.2 新型的标准认证

国际上涌现出一种新型的认证标准，是由美国商业组织"共益实验室"（Benefit Laboratory，B Lab）[1]推出的共益企业认证体系（B Corp ™）。该组织的愿景是所有的公司不再是比拼谁是业内最强、谁是国内最强、谁是某一领域最强，而是比拼谁是对世界最有益的企业。

共益企业认证是一种第三方认证制度，其特点是对企业全方位，而非针对特定产品或公司某一方面做测评。共益企业认证面向全球开放，申请认证的主体必须是营利性公司；目的是通过在法律允许范围内建立标准认证体系，区别商业向善的公司与单纯注重市场盈利的公司，为那些追求社会和环境影响力的资本发现更合适的投资对象。例如，企业在达到节能认证标准的建筑物里办公会加分；让基层员工持股、为其提供与企业高层同等的福利也会加分，这种体系的目的是推动商业向善。

B Corp ™作为B Lab所授予"认证"共益企业（Certified B Corporation）的批准印章，为所有利益相关者的经营提供了具有法律效力的承诺，可认证不同类型的民营和国有公司，以及评估企业社会和环境绩效（善与志，2016）。"认证"共益企业致力于所有企业"运用商业之效力，打造世界之美好"。它是自下而上对现有商业环境的一种变革，让企业不仅成为"世界上最好的企业"，而且成为"为了更好的世界而存在的企业"。

这里，有必要就"认证"共益企业和共益性公司（Benefit Corporation）做一下对比，如表12-1所示。

---

[1] "共益实验室"是由Jay Coen Gilbert、Bart Houlahan和Andrew Kassoy于2016年在美国费城创办的非营利组织，并于次年认证了全球第一家共益企业。其总部位于美国宾夕法尼亚州韦恩市，在全球设有分支机构。B Lab通过建立共益企业认证体系（B Corp ™），致力于推动商业向善。该认证体系在美国32个州受法律认可，并对全球公司开放申请，集结了全球性的先锋企业社群。目前，已有50多个国家、上百个行业、数千家企业通过了B Corp ™认证，覆盖3亿多人次。

表 12-1 "认证"共益企业和共益性公司对比表

	"认证"共益企业	共益性公司
责任	负责人需要考虑决策对股东和利益相关者产生的影响	与"认证"共益企业相同
透明	企业必须公开发布报告,根据第三方标准,评估企业整体影响力	与"认证"共益企业相同
绩效	经 B Lab 认证	企业自行发布
持续性证明	必须每两年重审一次	除了满足透明的要求,不需要其他持续性证明
支持	可以得到 B Lab 的多样化服务和支持	没有 B Lab 的正式支持
可获得性	全球任何一家私人企业均可	仅有一些国家(或美国的一些州)通过了共益性公司相关法律
费用	"认证"共益企业的年度认证费用是 500~25 000 美元,根据企业年销售额而定	美国各州的文件费用通常是 70~200 美元;文件模板和律师等相关信息可查询 benefitcorp.net

资料来源:改编自游海霞(2017)。

共益性公司作为一种公司类型,除为股东创造价值外,对透明度、责任与目的具有较高的要求。同时,它作为一种营利性法人实体,得到法律保护,并需要考虑所有利益相关者(消费者、供应商、合作方、环境、员工)而非仅考虑股东的利益。一旦企业开始关注共益性公司相关理论,将留住人才并获得客户的认可。综上所述,成为共益性公司不是不需要营利或者不看重商业经营,它只是把盈利性架构作为一种有力的工具,驱动利益相关者参与到社会变革中。作为新型公司治理模式,它为企业可持续发展转型提供了可能的路径。对于传统企业而言,急需一些能够高效优化现行公司治理的解决方案和相应的判断标准,而共益企业理论提供了这一解决思路。

12.3.3 新型的经营模式

在不同的商业组织中，有一种以公平贸易[1]为宗旨的企业经营模式。过去"快时尚"生产方式催生了童工、"血汗工厂"和环境污染等一系列社会问题产生。"公平贸易"反其道而行之，倡导"慢时尚"经营模式，在选择产品原料时重视劳动者权益。2006年著名纪录片《黑金》（Black Gold）揭示了"公平贸易咖啡"的重要性。其实，咖啡种植者并不需要西方世界的施舍，完全可以靠劳动生存，只要给予咖啡公平的价格。占据全球70%咖啡豆交易的跨国企业，例如卡夫（Kraft）、雀巢（Nestlé）、宝洁（Proctor & Gamble）等拒绝了该片的采访，不愿面对其产业链和供应链环节存在的商业伦理缺失问题，在某种程度上说明其经营就是变相的与"恶"为伴。目前，星巴克在企业发展宗旨中，十分重视公平贸易，成为公平贸易认证（Fair Trade Certified™）咖啡最大的采购者之一，与非营利性环保组织"保护国际"（Conversation International）共同拟定咖啡采购的指导原则，向拉丁美洲、非洲和亚太地区的小规模种植者传授专业技能，提供所需的市场渠道、技术帮助和贷款支援，提升种植者的生活水平，推广对环境、社会和经济负责任的做法。此外，中国台北居民也以"公平贸易"理念创办了商店"地球树"，其销售的服饰、方巾等棉纺织品都拥有世界有机棉认证组织认证许可。

此外，还有以社会责任为宗旨的企业经营模式。社会责任具体可以分为经济责任、文化责任、教育责任和环保责任等四个方面。吴敬琏先生提出，加快推动"所有者经济"向"利益相关者经济"演进，要把商业企业履行社会责任提高到与时代命运相连的高度，这是一个不能忽视的新趋势（吴敬琏，2019）。传统的企业形式重视股东利益最大化，也即"所有者经济体"。而共益性公司将环境、社区、员工、消费者等一系列利益相关者纳入企业经营理念，属于"利益相关者经济体"。在全球可持续发展的背景下，发达国家已开始率先尝试从所有者经济体转向利益相关者经济体。阿里巴巴创始人马云于2017年宣布成立探索人类科技未来的实验室"达摩院"，将探索人类科技前沿作为企业应该

---

[1] 公平贸易（Fair Trade）是一种有组织的社会运动，它提倡一种关于全球劳工、环保及社会政策的公平性标准，其产品从手工艺品到农产品不一而足，这个运动特别关注那些自发展中国家销售到发达国家的产品。该概念始于20世纪60年代的英国，旨在通过削减商品销售过程的中间环节，直接向生产者购买商品，以最大限度地保护生产者的利益。它提倡以人为本和环保，采用传统工艺制造以促进边远地区的发展，体现了对贫困地区劳动生产者的关怀。

承担的责任，把参与"解决社会问题"作为公司的宗旨。中国一大批对商业向善有认同感的企业，以中国绿公司年会为平台，引导企业提升向善能力。马云也对公司高管提出了三个"观"，认为企业家要树立"未来观、全球观、全局观"，这充分体现了中国新一代企业家的思想境界。

当今人类社会面临着由环境恶化、资源短缺所带来的社会发展问题，仅靠政府资源和慈善捐助已经不能很好地应对和解决。为此，在社会上也出现了"善因营销"（Cause-related Marketing）[1]方式，它将企业与非营利机构，特别是慈善组织相结合，将产品销售与社会问题或公益事业相结合，在为相关事业进行捐赠、资助其发展的同时，达到提高产品销售额、实现企业利润、改善企业社会形象的目的。

12.3.4　新型的投资方式

2007年，洛克菲勒基金会（Rockefeller Foundation）率先提出了"社会影响力投资"的概念。这是一种兼顾社会效益和财务收益的投资方式，倡导资本通过有经济效益的手段做公益。商业向善的投资方式开始将企业投资的商业行为与回馈社会的企业责任结合起来，形成了社会责任投资、可持续发展投资、影响力投资等新型投资平台。中国政府高度重视绿色投资平台的建设，出台了一系列有关政策，有助于一系列新型投资方式的发展，如表12-2所示。

表 12-2　绿色投资的政策梳理

颁布时间	法律与法规	颁布单位	主要内容
2015年9月21日	《生态文明体制改革总体方案》	中共中央、国务院	首次明确提出构建中国绿色金融体系

---

[1] 企业要想创造性地、富有成效地拓展善因营销，必须关注以下几点：①商业目标与慈善目标有效结合。只有选择与企业目标相吻合的公益事业和合作伙伴，才能将商业目标与慈善目标有效地结合起来，提升企业品牌形象。②长期承诺，全员参与。当企业考虑将自己有限的资源投入某项公益事业时，必须保证企业的最高管理层理解这是一项长期承诺，切不可把通过善因营销进行品牌建设与月度或季度之类的短期促销计划混为一谈。③沟通，沟通，再沟通。身处注意力和互联网的时代，如何获得更多的眼球关注在相当程度上决定着某项营销活动的成败。要想有效提高善因营销活动的成功率，企业应当综合使用一系列内部和外部的传播渠道，包括微信、抖音等新媒体及年度报告、直邮和广告等。

(续表)

颁布时间	法律与法规	颁布单位	主要内容
2016年8月31日	《关于构建绿色金融体系的指导意见》	中国人民银行等七部委	提出金融与环境、社会和治理绩效之间的联系，并将构建绿色金融上升到国家战略高度
2017年10月18日	十九大报告	第十八届中央委员会	提出推进绿色发展，包括"建立健全绿色低碳循环发展的经济体系""发展绿色金融"等一系列举措
2018年7月12日	《绿色投资指引（试行）》征求意见稿	中国证券投资基金业协会	鼓励基金管理人关注环境可持续性，强化基金管理人对环境风险的认知，明确绿色投资的界定和实施方法，推动该基金行业发展绿色投资，改善投资活动的环境绩效，促进绿色、可持续的经济增长
2019年2月14日	《绿色产业指导目录（2019年版）》	国家发展改革委等七部委	包括6大类（主要为节能环保产业、清洁生产产业、清洁能源产业、生态环境产业、基础设施绿色升级、绿色服务）、30个子类和211项细化绿色产业

1. 社会责任投资（Social Responsibility Investment，SRI）

社会责任投资是对社会和环境负责的投资，其以解决社会性问题为导向，引导投资者的投资决策。除了考察投资对象的基本财务指标，它更强调基于社会伦理性标准和环境问题贡献程度评价投资对象的企业社会责任履行能力，从而进行定向投资。近年来，社会责任投资发展迅速，原因在于其重点考虑了经济、社会和环境的综合影响，直接提高了企业履行企业社会责任的积极性，为社会发展和环境保护带来了积极的影响。

基于可持续发展的理念，社会责任投资具有创造长期价值的属性，即在资本不被用尽的前提下，实现长期持续的收益。这种长期投资使得大量的可持续发展举措能够长期发挥作用，同时帮助企业逐渐习惯和深化可持续发展的观念。

2. 可持续发展投资（Sustainable Investment）

该投资主要是以资金配置为核心，以实现可持续发展为目标，让金融机构用货币投票，创造出可计量的经济、社会和环境价值的金融服务，无论是全球机构还是个人投资者均可运用可持续发展投资方法实现投资目标，如绿色金融等。

3. 影响力投资（Impact Investing）

影响力投资又称社会价值投资，是指将资本投向创造经济、社会和环境综合效益的机构或项目。影响力投资并非具体的资产种类，而是一种投资方法，包括影响力股权投资、影响力债权投资、公益信托等投资方式，涉及可持续农业、教育发展、清洁能源和金融服务等领域。影响力投资旨在产生积极的社会与环境影响，是一种义利并举、公益与商业相融合的投资，因其对于社会价值的重视而优于最大盈利原则。一方面，影响力投资能够帮助投资者了解资本产生的社会效应。投资者的这种投资"成就"增强了其商业向善的意识，激发了其参与商业向善活动的热情。另一方面，影响力投资注重社会公平和生态保护，为社会的弱势群体提供了更多的就业机会。根据奥肯定律，失业意味着生产要素的非充分利用，失业率的上升会伴随着实际GDP的下降。而充分就业意味着实际GDP的上升。影响力投资将为国家实际GDP的增长和充分就业提供新的机会。

2016年，深圳市率先出台了《福田区落实深圳市国家可持续发展议程创新示范区建设三年行动计划（2018—2020年）》，发布了《社会影响力投资专项政策》，推动包括社会影响力债券在内的五种业态发展，在财政资金扶持和优惠政策方面加大力度，鼓励辖区的企业发行社会影响力债券，促进了影响力投资的发展。

12.4 向善能力的社会实践

2008年，汶川地震引发海内外空前的慈善高潮而被称为中国慈善新纪元。根据中国慈善联合会发布的《2017年度中国慈善捐助报告》统计，2017年捐赠额接近1 500亿元，较上年增长近8%，其中中国企业是捐赠的主要来源。企业的慈善捐赠不仅可以提升企业战略形象，也可以将道德融入企业文化，增强企业凝聚力及品牌效应。此外，美国针对企业捐赠等慈善行为，给予企业税收优惠政策。1986年美国出台的《国内税收法典》第501（C）条款对企业和慈善组织的免税和减税进行了详细规定，开启了美国慈善捐赠的合法免税路径。2017年，美国全社会慈善捐赠额达到4 100亿美元，其中企业慈善捐赠增幅高达 8%。

向善社会实践活动中，如何将慈善基金进行定向投资，让慈善的钱实现盈利，成为一个关键问题。2017 年，中国出台《慈善组织保值增值投资活动管理暂行办法》，以鼓励慈善组织尝试各种增值投资活动，以提升慈善组织的现代化管理水平及能力；同时要求慈善组织遵循企业社会责任原则和向善原则。

12.4.1　社会企业

社会企业作为商业向善的实践方式之一，体现了服务社会的商业伦理观。与其他追求利益最大化的公司不同，它是致力于实现社会目标的企业形式，以社会需求为导向，为社会带来所需要的产品和服务。社会企业的概念最早由法国经济学家蒂埃里·让泰（Thierry Jeantet）在 1998 年提出，他认为社会企业不是以人们衡量资本主义经济的办法，即工资、收益等来定义的，其产出是把社会效益和间接的经济效益结合在一起的。经过二十余年的发展，社会企业已在各国得到一定的发展；社会企业既不同于以营利为目的的企业，又不同于非营利组织，它是以社会公益为本的一种社会责任企业。孟加拉国经济学家穆罕默德·尤努斯（Muhammad Yunus）认为"社会企业是以企业的模式来解决社会问题"（尤努斯，韦伯，2011）。他创立的格莱珉银行就是社会企业的典型代表，该银行以小额贷款帮助解决农村贫困问题。其贷款原则和其他商业银行显著不同，该银行将钱贷给贫困人员而非有钱人，是一家为穷人服务的银行。根据一般规律，贫困人员可能偿还贷款的概率较低；但是实际上，不少人正是因为格莱珉银行的贷款，而获得了更好的生活，改善了他们的贫困状况，提高了他们偿还贷款的能力。

社会企业的决策并不仅仅基于资本所有权，而是由所有受影响的人参与制造，实现有限的利润分配。同时，为了适应社会和环境发展的需要，社会企业的形式和结构也在不断地创新。因此社会企业具有社会性、企业性、公益性和盈利性的基本特征。在中国，只有在政府支持下，进一步完善法律及税收政策和社会管理体制，提升全社会的向善能力，才能促进社会企业的进一步发展。

12.4.2　共益企业

共益企业是一种新型公司治理模式，它不仅关注股东利益，还强调企业经营的社会外部性以及对人的重视,以推动整个商业、环境及社会问题的改善。自 2007 年以来,全球涌现出数千家共益企业,横跨 71 个国家、150 多个行业。目前,中国已有来自 6 个城市的 16 家企业通过认证成为共益企业,上百家企业正在申请共益企业,而使用共益影响力来作为企业社会影响力评估与提升的企业已有 500 多家。共益企业重视商业向善、社会创新的业务模式,完全符合中国推进特色社会主义改革创新中的商业向善的客观需要。

12.4.3　共惠企业

在新冠肺炎疫情的全球大流行阶段,人们的价值观正发生巨大的变化,全球的商业伦理也催生出新的商业模式,一种共惠企业的实践方式标志着善经济和善社会时代的到来。它要求企业必须改善工作方式,承担社会责任和遵守商业伦理,与其他企业在经营中形成共惠合作的闭环系统,从而实现共赢。其一,预就业教育扶贫新模式将从受教育者收取学费转为向未来雇主收费,打破了传统教育培训向学生直接收取学费的盈利模式;这种企业间的共惠合作,解决了青年人的受教育和就业问题,将成为精准教育扶贫的商业模式。其二,影响力投资增值模式提供了财富保值与增值服务,金融机构有目的地引导客户参与有影响力投资基金,以共惠方式提高客户参与优质公益项目的积极性。总之,一旦商业向善模式采取了资源置换、更换市场和客户主体等共惠方式,企业就能在不增加成本的同时,承担社会责任,并创造出更长远的商业价值。

12.4.4　共享平台

波特敏锐地发现了商业思想的共享价值原则,它不同于社会责任、慈善活动和可持续性发展,而是一种实现经济价值的新方式。此原则主张经济价值和社会价值并重,企业成功与社会进步相连。他甚至肯定了企业营销模式的善行对企业战略竞争力的提升作用,并强调企业的经济效益需要与长远的社会效益同步(Porter, Kramer, 1999)。在 2020 年新冠肺炎疫情大流行期间,这种共享平台借助于高科技形成了一种保护生产者、经营者、消费者的安全趋势,即向善服务型的非接触式经济。这种非接触式经济由非接触式服务业与非接触式服务装备制造业相结合,其核心就是服务者对被服务者的服务以非接触的方式进行。其中包括非接触刷卡支付、无感支付、扫码支付、无接触洗车、自助非接触式购物、机器人或无人机送货、远程医疗等。目前,从产业发展角度来看,这种服务经济不够系统全面,而中国拥有得天独厚的优势,应该重点培育非接触式服务

业,将其作为一种新型服务业,制定行业标准,开拓更广阔的前景。非接触式服务借助于互联网平台,可以分为以下类别:

第一,信息产品非接触式服务。特别是在互联网的5G时代,信息传递以数字信号的方式进行,法律咨询、会计审计等专业服务,都能以非接触的电子化形式提供服务。因此,信息产品服务成为非接触式服务的主要突破口。

第二,货币金融非接触式服务。基于互联网的移动支付系统以及央行发行的数字货币,中国的货币移动支付将成为全球非接触式服务的一大亮点。

第三,货物物流非接触式服务。对于货物物流服务,虽然服务者与被服务者之间在空间上必须密切接触才能完成货物物流的服务交割,但却可以在时间上不同步,确保服务者与被服务者之间错开而不直接接触。例如,快递柜存储货物,允许服务者先递送货物到存储柜,而后由被服务者接收;服务者可先将货物交由机器人、无人机快递,而后由被服务者接收。

第四,与人体相关的非接触式服务。与人体相关的服务,过去都需要在密切的空间接触才能完成服务。随着科技的发展,近年来可以使用信息技术、新材料等进行"隔离",通过设备来实现非接触式服务。远程手术、拔牙、理发等远程操控技术使得非接触式服务成为可能。

总之,商业向善成为推动社会进步的主要驱动力量,表现为以下几个方面:①善将催生"以人为本"的社会服务业,如养老、儿童服务业等。②善能提升产品的安全品质,更好地理解社会大众的真正需求,从而创造出更多优质的名牌。③善能创造出优良的企业文化。以善的商业伦理经营企业,就可避免"血汗工厂"制度,激发员工的尊严感,从而产生并持续巩固企业的内在凝聚力。④善是拓展市场最有效的工具。一个企业家的善举往往胜过多个广告,以善的方式推广产品,往往能够与大众的心理与社会需求结合起来,从而创造出新的价值,使人们的消费加入文化和社会要素。⑤善能够促成行业的真正联合,从而避免钩心斗角、恶性竞争的局面。⑥善能使各个社区居民的车辆实现有效统一使用,用市场经济方式实现车主与搭乘者同目的地行驶、车辆所有者和使用者在不同的时段使用,达到减物质化并提高车辆使用率,从而避免空置率、减少实际购车量,实现能源消耗的降低及环境压力的舒缓。⑦善也能改变个人生活习惯和人心。如果每个家庭成员都严格实行垃圾分类,将家中的有机残余物和社区里的落叶,以堆肥方式自行处理,或存储在瓶中制作成酵素,用于建设社区花园,那么这种循环再利用的前端处理方法将大大减少末端处理的成本,不仅有助于提升公民向善能力,也能增强公民素质。简言之，整个社会经济管理方面向善能力的提升，能够给社会带来积极的影响，推动社会的良性发展。

本章小结

无论中外，企业家都占有大量的社会资源，因此应该承担更多的社会责任；以商业向善的方式承担社会责任，既是风险最小、也是最具有建设意义的选择。企业通过商业向善行为承担社会责任，促进商业与公益的融合，让商业向善成为社会进步的标志。纵观古今中外企业的发展，只有那些注重商业伦理、遵守市场竞争法则、具备向善能力的企业，才能实现可持续发展。商业向善使企业的使命感和责任感更强，追求的境界更高，发展的动力更足，其员工的精神面貌更佳，企业的整体素质和社会形象也更好，企业从中将获得无法比拟的优势；同时，商业向善将善与市场经济活动紧密联系起来，使商业伦理思想与原则系统地贯彻在经营活动中，这将成为生态文明时代的发展趋势。

关键术语

商业向善　善经济　经济伦理

思考练习

1. 阐述 ISO 26000《企业社会责任指南》的内涵。
2. 如何建立商业向善的组织形态？
3. 理解影响力投资和社会责任投资的积极作用，阐述企业发展的商业价值观。

应用案例

生产向善：环境友好的经营方式

英国有一家秉持环境友善理念的企业，试图用生产向善（Product for Good）的方式解决社会问题。创始人 Reed Paget 先生作为一名致力于环保的企业家，曾做过记者和纪录片制作人。他在担任记者时便关注环境污染问题，并发现全球超 10 亿人口无法获得清洁用水，每年造成上百万儿童死于腹泻。于是，他在 2004 年创立了全新的饮用水公司布鲁（Belu），布鲁公司创立后，坚持环境伦理，同时参与社区公益，具体措施有：其一，为了降低在运输过程中的碳排放，布鲁公司坚持不用进口水源，就地生产、就地销售，不对外出口；其二，在包装方面，与当地制瓶厂合作研发出用玉米糖原料制成的可生物降解的瓶子；其三，将公司收益用于支持水资源保护的公益组织 Water Aid。该公司通过改善饮用水的质量帮助了更多的人，让企业成为造福社会的力量，让商业向善成为企业的最佳选择。此外，Reed Paget 先生在 2010 年成立"One Earth Innovation"，主要开展绿色产品的培育、开发与营销，协助其他企业经营环境友善的产品，将商业与工艺相结合，通过商业向善的方式展示了社会企业的绿色成长之路。

资料来源：葛鹏.Belu：英国美丽之水 [EB/OL].(2016-09-13)[2020-03-25]. http://www.gongyishibao.com/html/guojianli/10368.html。

思考题：全球企业界有一股商业向善的发展趋势，请结合自身工作，举例说明商业向善的具体措施。

第 13 章
商业伦理的中国视角

先天下之忧而忧，后天下之乐而乐。

——范仲淹（北宋思想家）

苟利国家生死以，岂因祸福避趋之。

——林则徐（清朝政治家）

本章提要

本章首先通过对传统商业伦理的思考，提出了建设现代商业伦理的思路；其次，从形成背景、思想来源、内涵三个方面来阐述中西方商业伦理的差异，并总结了中国商业伦理的特征；再次，介绍了中国社会企业的兴起、特征、困境和发展对策；最后，从企业公民、互联网和全球化经营等方面对商业伦理在中国的发展进行了展望。

学习目的

1. 掌握中国传统商业伦理的特点
2. 理解中西方商业伦理的差异性
3. 理解中国社会企业的基本概念
4. 展望中国商业伦理的前景

知识拓展

漂绿

漂绿（Green Washing）是 Green（绿色）和 Whitewash（漂白）的混合体。该词语出现于1986年，是指隐藏增加利润的目的而表面对环境负责的行为。《牛津英语词典》（Oxford English Dictionary）将漂绿定义为：机构为了展示环境负责的公共形象而宣传虚假信息。其表现形式有虚假宣传、夸大宣传、含糊其词、偷换概念、无效消费等。漂绿的主要目的是迎合公众的价值取向和企业的图利倾向。其最常见的方式是正面宣传，但有些企业却故意虚假宣传竞争对手的产品、服务或实践所涉及的环境问题，以此显示本企业的环境绩效，该行为被称为"反向漂绿"。

引导案例

归真堂上市风波

归真堂是一家成立于中国福建的以制药、保健食品为主营业务的综合性制药企业，其主要产品为熊胆粉、熊胆胶囊等以熊胆为原料的产品，需要从活熊体内抽取胆汁进行制造。其上市风波主要指2012年归真堂再度谋求在深圳证券交易所创业板上市而引发的一系列社会反响。国内国际动物保护组织皆因其制药过程过于残忍，而公开表示反对其上市。同时，在媒体进行相关报道之后，公众舆论压倒式地反对该公司上市。

在法律层面上，评价一家企业是否符合上市资格，需要根据《首次公开发行股票并上市管理办法》进行判断，即审查上市文件所含信息是否真实、完整以及准确，确保企业主营业绩不存在欺诈行为且其历史业绩能够证明公司具有可持续经营能力。

对于归真堂的上市，有两种截然不同的意见。第一种意见认为归真堂的经营业绩已经达到了相关法律法规要求的上市条件，其披露文件未发现虚假陈述等欺诈行为，并且该公司的历史业绩也能证明其具有持续的盈利能力，所以应该准许上市。第二种意见则认为归真堂对动物的"虐待"违反了社会的公序良俗和商业伦理，未尽到其应有的社会责任，所以不应该准予上市。该事件最终以2016年6月归真堂迫于社会各界舆论压力撤回其上市申请而告一段落。

资料来源：纪海龙. 上市与"虐熊"无直接关联——归真堂事件的法哲学透视 [J]. 政治与法律，2013(1)：31—39。

思考题： 基于商业伦理的角度，对中国企业如何进行道德评价？如何才能更有效地规范企业行为？

13.1 传统商业伦理的思考

历史上著名的徽商、晋商和浙商都重视诚信为金、推崇商业伦理，这也引起了当代中国企业的很多思考。商业伦理是人的社会性表现，反映了人与人之间期望的标准。随着科学技术和市场经济的迅速发展，现代商业伦理也不断面临着一系列新的挑战。

13.1.1 冲突与挑战

第一，效率与公平需要兼顾。尽管中国实行了社会主义市场经济，但其市场环境发展仍不成熟。社会主义市场经济需要兼顾市场经济的竞争和社会主义的公平，而这对政府和企业来说都并非易事。因为现实生活中政府和企业需要时刻面临对效率和公平的选择，而具体社会氛围和企业环境使得这一取舍成为进退两难的问题。这一问题也一直是困惑经济学家和社会学家的难题。美国著名经济学家奥肯曾在其专著《平等与效率：重大的抉择》（Equality and Efficiency: The Big Trade Off）中说道："效率和公平无法兼得，为了效率就要牺牲某些公平，并且为了公平就要牺牲某些效率。"匈牙利著名经济学家亚诺什·科尔内（Janos Kornai）则把公平和效率完全对立起来，认为它们是两个完全不兼容的价值体系，指出"两个不兼容的体系给社会经济决策带来了许多困境"（Kornai，1986）。中国经济学界许多学者提出，在现实生活的选择中，效率与公平难以同时兼顾，难以两全（侯德泉，2007）。

中国实行社会主义市场经济，需要正确处理好公平和效率的关系；既要鼓励人民积极奋斗，促使社会经济高效率运行，推动社会繁荣富强，还要追求全体人民的共同富裕；既要符合市场、竞争的发展标准，还要符合公平、正义、合理的价值标准，以保证社会的安全、和谐、稳定。

第二，政府及相关部门监管缺失。近年来，中国企业违背商业伦理的事件屡见不鲜。企业不顾后果地追求经济效益以及政府缺少对恶劣商业行为的监督，造成了营商环境的破坏。为减少此类事件的出现，政府市场监管部门需要明确监管职责，积极主动地对企业的不正当商业竞争行为进行监督、引导和限制。

目前,中国对于限制企业之间恶性竞争的相关法律法规惩罚力度有限。很多法律法规重视股东和债权人的合法权益,而对于普通员工、供应商、消费者等利益相关者的权益关注却不够。例如,《中华人民共和国反不正当竞争法》适用的违法案例范围过窄,许多企业通过纸媒、网络等渠道恶意捏造竞争对手的负面信息,采取不正当手段压制竞争对手,但并没有受到相应的惩罚,从而助长了企业经营管理者无视商业伦理、投机取巧、赢取不正当利益的气焰。

第三,企业内部道德风险增大。现代企业的一个基本特征就是所有权与经营权的分离,这也为管理者谋取私利提供了条件。管理者利用所有权和经营权的信息不对称,索要高昂的代理成本,从而损害了股东利益,一定程度上减少了企业的价值。信息不对称勾起了管理者投机取巧、不劳而获的贪心,常常会引发道德风险。那么,如何防范管理者的道德风险?如何对管理者的行为进行激励与约束?这些都需要更好的制度和管理安排。

第四,外部的示范效应明显。从经济发展角度来讲,社会财富的积累离不开劳动者的辛勤劳动;但从财富创造的实质来看,社会财富其实还源于社会。因此,财富主体在开展经营活动、创造社会财富的过程中,必然会受到社会整体财富观念的制约,由这种制约形成的商业道德无形中制约着企业的日常经营行为。同时,企业对于社会的积极反馈,作为一种社会参与者的行为具有积极效应。无论是西方的宗教信仰,还是中国的传统文化,都积极推崇商业向善的行为。作为社会经济发展的重要组成部分,企业主体应当遵守伦理观念、造福社会群众,这不仅是一种备受推崇的向善行为,也是一种高尚的道德情操。

在西方国家,富豪服务社会、帮助他人的社会责任意识逐渐成为一种共识。其中,前文提及的微软公司创始人比尔·盖茨,就很好地诠释了用财富回馈社会的现代商业伦理的思想。在中国,虽然企业家逐渐接受了捐赠财富、回馈社会的思想,但家族财富传承的观念使其"兑换现实"充满困难。

13.1.2 继承与发扬

中国的商业活动可以追溯到商朝,历史久远。历史上,尽管商业行为受到限制,商人的社会地位低下,但仍然涌现了许多值得当代企业借鉴的商业伦理思想。

第一,"诚信为本"的经营理念。北宋理学家周敦颐在《通书》中曾写道:"诚者,圣人之本""诚，五常之本，百行之源也。""诚"是儒家商业伦理的重要范畴之一，不仅可以吸引更多的顾客，提高顾客忠诚度，而且可以为企业赢得信誉。东汉著名史学家、文学家班固说"贪贾三之，廉贾五之"，即通过"诚信为本"赢得顾客的信赖，通过"薄利多销"以增加利润。中国传统企业道德提倡的"诚信为本"与现代商业中的诚信经济、合作共赢的理念是一个道理。

第二，"货真价实"的伦理准则。"货真价实，量足守义"是古代企业信奉的商业伦理观念，也是传统的企业经营理念和企业遵循的行为准则。其中"货真"是指商品质地优良。《礼记·王制》记载道："布帛精细，不中数，幅广狭不中量，不粥于市"，强调经营者首先应该使商品质量得到保证，才能真正地做到对顾客负责。"价实"则指商品价格公道。"量足"是指既要有足量的商品以达到绝对数量，还要有统一的计量单位。"守义"是指一种经商作风。这些思想与现代商业伦理发展过程中所提倡的营销4P理论[1]不谋而合。

第三，"乐施于民"的经商美德。"乐善好施""独乐乐不如众乐乐"等中华传统道德在古代商业活动中不断体现。"范蠡三次散尽家财、救助贫困"是"乐施于民"的体现，更是古代商业向善的典范。时至今日，"乐施于民、真诚待人、周济百姓"的经商美德还在流传。

13.1.3　发展与契机

相比于中国传统的商业文化与伦理道德，西方商业伦理文化研究的底蕴更深、影响更广。加强中国现代商业伦理建设，应该考虑在全球化氛围中，形成包括政府、企业、社区的整个社会互动；同时继承中国传统商业伦理精髓，构建中国现代的商业伦理体系，为维持现代商业秩序奠定更好的基础。

13.2　中西方商业伦理比较

由于历史文化背景和经济发展程度的不同，中西方商业伦理存在许多差异。而当今

---

[1] 它是指被归结为四个基本策略的组合，即产品（Product）、价格（Price）、渠道（Place）、促销（Promotion），由于这四个词的英文字头都是P，所以简称为4P理论。

经济全球化趋势在促进世界商业合作的同时，也使得中西方在商业伦理上达成了更多的共识。西方的商业交易前提就呼应了中方的"财自道生、利缘义取"原则；中西方的商业交易原则都是"诚实守信、公平交易"，商业交易的目的都是"以和为贵"和"互惠"。这些共同点为构建全球商业伦理打下了坚实基础。

13.2.1　中西方商业伦理的差异

中国商业伦理和西方商业伦理分别经历了重农抑商和推崇商业的不同社会环境，使得中西方商业伦理发展的方向有所不同。

从文化背景来看，正如前文对商业伦理文化基础的研究发现，儒、道、佛三家思想是中国商业伦理的主要来源，其中儒家影响最为深远。儒家伦理以国家和人民的关系为中心，围绕着如何管理好国家这个主题，提出"修身、齐家、治国、平天下"的思想；同时将经济活动中的伦理与人性、义利、教育相融合，形成了中华文化的伦理思想。而西方商业伦理制度是神律哲学[1]、道德哲学[2]和人生哲学[3]的产物。

从应用角度来看，中国商业伦理强调自我修身，西方商业伦理注重切实可用。印度经济学家阿马蒂亚·森作为"经济学良心的肩负者"，经过长期对社会底层人民生活及道德的研究，认为工具导向性和功利导向性乃西方商业伦理所具有的鲜明特征（森，2012）。

13.2.2　中西方商业伦理的内涵

中西方伦理思想经过各自不同的历史阶段，不断地发展演变，最终在不同的商业环境中形成了各自独特的商业伦理理论。

西方文化对人的理解主要源于亚里士多德的"人是理性的动物"这一假设，以理性原则来调节和控制人性；而中国传统文化更多地提倡伦理家庭观念，强调以人为本、和

---

[1] 它是以《圣经》中所启示的上帝为中心，以上帝所启示的律法为规模而建立的哲学体系。
[2] 它是对人类道德生活进行系统思考和研究的学科，是研究善与恶、对与错、职权与义务等概念的哲学分支。它试图从理论层面建构一种指导行为的法则体系，并且对其进行严格的评判。
[3] 它是以人生为研究对象的哲学思维，内容包括人生的目的、意义和价值，人生的理想和道路，人生行为的标准，待人接物和为人处世之道，等等。

谐社会。因此，在跨国经济活动中，中西方不同的文化渊源也使其商业伦理存在差异，具体体现在以下四个方面：

第一，从消费的角度来看，中西方对推动社会的观念不同。在古代很长的历史时期内，重农抑商是中国发展的主要轨迹。因此，中国的主流思想更加注重道德水平的修养，提倡重"义"而轻"利"的观念，宣扬节制和理性的生活作风，在全社会形成了勤俭节约的风尚，很大程度上抑制了民众的消费行为。

作为西方文化的发源地，古希腊的哲学观点和中国的哲学观点存在一定的差异。古希腊人倾向于从更高的层面实现个人欲望，从而达到作为自然人精神上的幸福。这一观点也在后世欧洲哲学的发展中得以继承。由此可见，西方更加注重通过消费推动社会的进步（莫申江，王重鸣，2009）。

第二，中西方对道德判断和道德行为的认知有所不同。中国社会讲究"关系"，"关系"已经成为一种社会资源，甚至成为商业活动中的潜规则；而西方社会将信任作为商业活动的基础，以社会契约作为纽带。商业组织的合法性通过建立社会契约来实现，利用关系进行商业活动将会带来合法性质疑（章凯，2016）。

第三，在个体与群体关系方面，中西方商业伦理也有所不同。西方商业伦理重视个人主义，普遍认为只有当个人切断与社会的一些关系而成为独立个体时，才能充分发挥作用；而中国传统的儒家商业伦理虽然看重自我的作用，但更加强调集体主义。

第四，在权利和义务方面，中西方商业伦理观念不一。西方更加强调个人权利，使得人们在进行商业活动时经常思考"什么是我们的权利？我能做些什么而又不犯法？"等问题。因此，公众在产生人际关系冲突时，一般通过仲裁和谈判来解决矛盾。中国更强调责任的重要性，人们把自己看作是团队的一分子，在集体中扮演自己的角色，承担自己的责任；这种商业伦理关系被称为"信用社区的体系网络"。

13.2.3 中国商业伦理的特征

当代中国商业伦理同经济转型过程中的生态文明建设相联系，具有其内在的独特特征。

第一，价值追求上功利性与道义性的辩证统一。功利与道义并重是当代商业伦理的首要特征，如果想要真正做到"君子爱财，取之有道"，那么对功利的追求就应受到道义的指导和约束。商业活动按照等价交换原则进行是功利性追求的主要表现，而商业活动具有的人性化色彩和为人民服务的性质是道义性的追求。

当代中国商业伦理体现了利己与利他的辩证统一。同时，当代商业伦理的效率原则和公平原则的有机统一是义利统一的具体表现。效率原则作为利益原则理应为商业伦理所推崇，也应当被高度认同。而公平原则作为道义原则，则暗示商人在经商谋利过程中要考虑个人、他人和社会集体的利益，要合理并均衡发展各方利益。

第二，经营理念上竞争性与协作性的统一。当代商业伦理作为与社会主义市场经济密切相关的伦理精神，要求将商业竞争与商业协作有机统一，形成和完善公平的市场秩序，以保证市场竞争的健康发展。商业伦理在商品经济基本要素和规律的竞争中有所体现，包括敢不敢竞争、愿不愿竞争、善不善于竞争。

相互协作作为当代中国商业伦理的特征之一，表明商业主体在遵守互利互助道德准则的同时，也要保证自身利益得到维护而不受侵犯。正如斯密在《道德情操论》中所说的那样，"人类社会的所有成员，都处在一种需要互相帮助的状况之中"（斯密，1997）。因此，尽管商业主体间存在利益竞争，也要相互协作，共同抵御市场风险，共同提高经济效益。

第三，主体意识上理智性与情感性的统一。当代中国商业伦理需要按照社会主义法治原则和规范办事，同时还要弘扬以"为人民服务"为核心、以集体主义为基本原则的精神，这就要求商业主体能够将理智性和情感性二者并重，并有机结合在一起。

当代中国商业伦理既是社会主义市场经济发展的必然产物，也是对其基本规律和要求的反映。中国商业伦理是高度理智化的，其理智性首先表现为对价值规律和基本经济规律的遵循，以及反对不等价交换的想法和强买强卖的行为，在尊重交换主体的前提下，要求商业人员严格遵守诚信公正、互惠互利的原则；其次表现为依照现代法制来增强法律观念和规范行为，严格遵守公司法、经济合同法、反不正当竞争法、税法、商标法等各种经济法律法规，禁止任何作奸犯科的商务活动；最后表现在坚持社会主义物质利益原则的基础上，正确处理好个人利益、集体利益与国家利益之间的关系，保证所进行的商业活动能使各个利益主体受益和各种利益关系平衡协调发展。

德国著名的思想家、政治学家马克思提出，在商业活动中不仅要注重等价交换，也要注重情感沟通（马克思，2007）。纵观历史，从古代儒家提出"仁爱"思想到如今将"五爱"[1]作为主要的社会主义公民道德规范，整个发展过程充分展现了道德情感的深化。

---

[1] 这是社会主义道德建设的基本要求。1982 年通过的《中华人民共和国宪法》把"五爱"表述为：爱祖国、爱人民、爱劳动、爱科学、爱社会主义。

当代商业伦理在弘扬"买卖不成仁义在"精神的同时,将理智性和情感性有机结合在一起,在完成利益交换的同时,又实现了情感交换。

第四,观念构成上民族性与全球性的统一。当代中国商业伦理来源于传统,又不局限于传统,是一种彰显时代感的商业伦理。社会在不断进步,商业伦理也在不断变化。当代中国商业伦理形成于经济全球化和世界贸易一体化的背景下,它将其他国家、民族、区域的特色文化不断进行融合吸收,也将自身特色不断发扬出去,使得中西方商业伦理逐渐趋同化。比如,中国哲学家孔子的伦理思想,在世界范围内得到广泛赞赏;西方重商崇商、权利平等、信守契约等商业伦理思想,在中国也得到了积极的认同。斯密的《道德情操论》、韦伯的《新教伦理与资本主义精神》以及德鲁克的管理理论中有关商业伦理的思想,在中国已经受到相当广泛的重视(Drucker, 1954)。

13.3 中国社会企业的兴起

13.3.1 社会企业的基本概念

上一章中社会企业被当作商业向善的实践方式进行了讨论,其实它也是一种介于传统商业企业和非营利组织之间新的组织现象,还是倡导利用商业手段来实现社会目标的组织。商业企业和社会企业有所不同,前者的目标是市场价值最大化,而后者的使命是完成社会公共目标。社会企业是以履行企业社会责任为目标的一种新型组织,它创新地识别并利用机会、吸收资源、管理风险,在实现财务自足的同时将所得利润主要用于企业发展的再投资或用于对社会目标的支持,其产出结果往往具备一定的社会影响力。社会企业具有四大基本特征:①公益性;②经济性;③以解决就业问题为导向;④解决各种社会问题。

13.3.2 中国社会企业的发展

在全球日益兴起的社会企业已成为推动社会发展的"第四推动力"。起初,社会企业这一创新型组织在英国、日本、美国等各地兴起;从 2015 年开始,社会企业在中国出现并蓬勃发展。作为推动社会民生事业发展的重要途径和关键力量,社会企业的合法性也渐渐得到了地方政府的认可(刘志阳,王陆峰,2019)。

在中国特殊的基本国情下,社会企业作为一种新的企业组织形式,只有在市民社会发育、市场经济完善、政府灵活调控等条件的共同推动下,才能得以繁荣和发展。

13.3.3　中国社会企业的特征

中国社会企业虽然受到了西方商业伦理的影响,但是更多地受到了中国环境的影响,因而具有不同于西方社会企业的特征。

第一,义利兼顾。义利观作为先秦儒家文化的核心思想,为中国本土商业发展打下了烙印。近代,众多民族企业家抱着"实业救国"的目标,开创了大批为国为民的民族企业,期望改变中国落后贫困的命运,如实业家张謇开办纺织企业,成立纺织学校,为民族纺织业做出了巨大贡献。当代,社会企业将"天下为公"的崇高追求和强烈的社会责任感纳入企业文化核心,这种对先人遗风的继承,就具有义利兼顾的精神理念。

第二,机会导向。社会问题为社会企业家提供了很多的发展机会,同时社会价值和商业价值在社会创业的推动下不断得到创造。

第三,变通参与。改革开放以来,中国的社会结构逐渐转型为"国家、市场和社会"的三元结构。政府不仅负责调控和分配市场及社会背后的重要资源,也以审慎的态度看待社会组织的整体发展。发展社会企业一方面为公民参与解决社会问题提供了途径,另一方面也促进了社会自治化的发展(刘志阳,王陆峰,2019)。

13.3.4　中国社会企业的困境

中国的社会企业在发展中面临着一系列的困境,可以总结为以下四个方面:

第一,社会企业法律地位不明确。中国官方对社会企业尚无立法,大部分以私人工商注册的社会企业无法得到政府的政策扶持。作为社会企业发展较早的欧洲和北美已有14个国家通过了社会企业立法(金仁仙,2015)。中国的社会企业概念模糊、社会认知度低、得不到法律的认可是社会企业阶段性发展困难的一个非常重要的原因。

第二,社会企业融资困境突出。在中国,融资难的问题普遍阻碍着社会企业的发展。由于没有明确的法律形式,大多数社会企业无法获得银行贷款及相关金融机构的支持。双边和多边组织、国际基金会和国际非营利组织是传统社会企业的主要资金来源。近年来,中国社会企业依赖的这些机构慢慢由中国政府、企业、由政府管理的公共基金会和私人基金会所取代。然而新的机构并没有将财政资源提供给社会企业，进一步加剧了社会企业融资困难的问题。

第三，缺乏社会企业人才培养机制。社会企业的创立需要优秀的社会企业家。英国、美国等发达国家在政策上都有监管或支持社会企业的措施，比如有针对性地在大学研究中心开展关于未来社会的教学计划，包括美国哈佛大学和英国牛津大学在内的大学已开设培育社会企业家的课程（如哈佛大学商学院社会企业计划、牛津大学商学院的SKOLL中心项目）。这些计划给学生提供了寻找解决社会问题的创新方法的机会，使学生能获得真实的社会企业家的实践体验。

第四，缺少规范的社会企业研究平台。中国的社会企业还未建立规范的研究平台，中国社会企业只能借鉴国外的历史经验以作参考。国外对社会企业的研究起步早，对社会企业的理论和实践都有较丰富的研究成果，也取得了不错的社会成效；因此，建立研究平台对社会企业的研究具有重要的意义。中国对社会企业的研究起步较晚，尚未形成一个规范的研究平台，这对社会企业的未来发展非常不利。

13.3.5 中国社会企业的对策

随着社会的发展，中国社会企业面临更多新挑战，但也出现了相应的发展对策。新挑战包括社会企业如何在社会治理中发挥更大的作用，以及社会难题如何通过社会创新结合社会企业的强大活力来解决等；发展对策可以归纳为以下两条：

第一，加强社会企业法律法规制度建设。这可以为社会企业发展提供制度空间，保障社会企业的合法性。推动《中华人民共和国公司法》《中华人民共和国慈善法》或其他相关法律明确社会企业的定义及其法律地位的标准，使得公众认识社会企业并参与社会企业的活动，引导社会企业的良性发展。参考国际经验出台针对社会企业的金融、税收、劳动人事等相关系统性制度政策以促进社会企业的快速发展。如丹麦、意大利、西班牙等国的社会企业发展的重要资源都来自政府部门的采购和补贴（Nyssens，2006）。

第二，培育企业家精神。为促进社会企业的发展，对公司管理人员的教育应该以解决社会公共问题，实现社会公共利益为导向开展。社会企业家精神应用于社会民生领域，不仅是新的发展机会，还是一项重要的战略举措，可进一步推动社会的包容性发展，有助于加强商业伦理理念的普及。

13.4 中国商业伦理的展望

社会及科技的发展使得营商环境发生了翻天覆地的改变，如物联网（Internet of Things）的出现改变了企业经营的时间和空间概念，同时全球化经营的不确定性因素增加，全球商业竞争加剧，这些都对中国企业的商业伦理提出了更高的要求。

13.4.1 企业公民与商业伦理

研究商业伦理，需要明确企业公民的内涵。企业公民的内容可以从公民的定义中窥见一斑。公民指具有某国国籍，并根据该国法律规定享有权利和承担义务的人。企业公民指一个公司将社会基本价值与日常商业实践、运作和政策相整合的行为主体。

从概念可以看出，公民既享有法律规定的权利，又履行对社会应尽的义务。同样，企业也需要承担对社会各方的责任和义务。因此，企业公民应该包括以下三个方面的内容：

第一，企业的基本价值观。企业在运行过程中，应当遵守国家的法律法规，恪守基本的商业伦理；不通过腐败、贿赂等不良手段和走私等不良渠道获利；不进行恶意竞争，维护良性的商业伦理。

第二，对利益相关者负责。企业的利益相关者包括雇员、股东、客户、社区、供应商和自然环境等。因此，企业应当保证员工的生命及财产安全，就业机会和薪酬福利的公平公正；保障股东的权益；保护消费者的合法权益，保证商品的质量；维护供应商及投资商的权益；使用清洁能源，避免环境污染，与社会共同承担维护和治理环境的责任；承担对企业所在社区应尽的伦理责任。

第三，对社会发展的广义贡献。例如为救助自然灾害、救济贫困和残疾人等弱势群体发挥企业的经济力量及社会宣传力量；建设和参与社会的伦理慈善机制等。

有些企业不断出现欺诈、贿赂、恶意竞争、污染环境等违背商业伦理的行为，在消费者市场"筛选"和社会价值引导的趋势下，势必会淘汰一批未尽企业公民责任的劣质企业，吸引一批"守法奉公"的优质企业公民，从而形成崇尚商业伦理的社会风气。

13.4.2 互联网化与商业伦理

13.4.2.1 互联网伦理产生的原因

互联网伦理问题形成的原因诸多，但主要有以下两个方面：

(1) 网络结构缺陷。虚拟网络社会的离散性和开放性使得人们在网络上的行为难以受到管理和监控，这也导致虚拟网络社会充斥着各式各样违反伦理道德的行为。

(2) 经济利益驱动。在网络上通过获取他人隐私、聚众赌博、传播色情信息等行为能够获得巨大的经济回报，而网络社会法律规范的不健全又助长了网络犯罪的猖獗。这种情况下，伦理力量显得微不足道。

13.4.2.2 互联网伦理的表现形式

互联网伦理主要有以下三个典型表现：

(1) 在观念层面上，个人主义盛行。在现实社会中，人们观念的表达受到身份、年龄、性别甚至社会地位的限制；而在互联网的社会环境中，所有限制都在虚拟交流中消失，人们的言行变得更加自由放松，道德虚无主义更加膨胀，一些违反伦理道德的行为甚至会引起人们尤其是青少年人群的争相模仿，给社会带来了严重的负面影响（杨礼富，2006）。

(2) 在规范层面上，道德规范运行机制失灵。在虚拟网络社会中，交流途径的繁多、主体人群的复杂、社交门槛的降低使得传统的伦理道德机制失去了用武之地。在网络社会中，互不了解的人也能交往，大部分社交主体的身份互不透明，违反伦理道德所要承担的后果变得微乎其微，这都使得人们敢于逾越道德底线，甚至进行网络欺骗和网络犯罪行为。

(3) 在行为层面上，网络不道德行为蔓延。互联网上的不道德行为主要分为两种，一是人们因为价值观的缺陷以及明辨是非能力的不足，制造和传播不实谣言及反动言论等，恶意引起社会的不良反响。二是人们在经济利益的驱使下，传播黄赌毒等不良信息，造成恶劣的网络风气；利用信息技术窃取他人隐私甚至钱财等，给个人及社会带来巨大的经济损失。

13.4.2.3 互联网伦理的构建

互联网伦理的构建需要加强技术的监控、法律法规的建设以及互联网伦理的教育。

(1) 加强技术的监控。互联网安全技术作为互联网科技发展的重要一环，需要国家与社会的大量投入。国家网络安全管理部门不仅要保证网络安全及监督体系的建立与完善，还要保证网络信息内容以及传播途径的严格控制和监督。例如，可以通过防火墙和加密技术的革新来阻挡网络上的非法入侵；通过过滤软件来限制网络上流传的信息，剔除涉及黄赌毒以及反动言论等不利于社会发展的内容；通过 IP 地址跟踪等技术手段，使得进行网络犯罪的主体无法逃避其所应当承担的法律责任；等等（杨礼富，2006）。

(2) 加强法律法规的建设。法律作为约束社会成员的特殊行为规范，对社会的发展起着引导作用。因此，虚拟网络社会的发展离不开网络法律法规。目前，中国虽然在加强网络法律体系的建设，但成效并不显著，网络诈骗依然盛行，对网络犯罪的量刑也没有统一标准。这需要政府与司法机关的积极努力，通过制定完善的法律机制净化网络环境，增强网络社会的安全性，避免众多遭受网络诈骗的悲剧再次发生。

(3) 加强互联网伦理的教育。政府及教育机构应重视互联网伦理教育的重要性，加快互联网伦理教育体系建设的步伐。随着社会及科技的发展，人们开始接触互联网的年龄呈现年轻化，因此，在中小学开设互联网伦理教育的课程刻不容缓。通过系统的互联网伦理教育，增强人们的道德责任感，帮助其树立正确的互联网伦理价值观，从根源上提高国民互联网伦理道德水平，构建起良好的互联网伦理体系。

13.4.3 全球化经营与商业伦理

13.4.3.1 全球化经营中的伦理问题

不同的国家和民族因为其独特的地理环境、历史环境和文化环境，形成了各自独特的风俗习惯与价值观念。对于跨国公司而言，资本和劳动力的流动与其说是一个单纯的经济问题，不如说是一个政治和伦理问题（黄海峰等，2010）。跨国公司作为商业全球化的主力军，在为许多国家提供先进的产品及服务体验的同时，也对消费者产生了巨大的影响。

中国加入 WTO 以来，其商业伦理建设受到了全球化经营的巨大影响。随着中国社会主义市场经济体系的不断完善，商业法律法规更加系统，市场秩序日益规范，中国的商业伦理体系也在不断完善。

13.4.3.2 全球化经营中的中国实践

(1) 理解对东道国"发展"的伦理责任。中国在跨国经营中，需要努力向东道国展示自身对其发展的投入、支持和贡献。当中国进入非洲或南亚国家时，一些西方国家经常将中国描述成新殖民者，并且这种论调还得到了东道国一些社会阶层的认同。特别是随着"一带一路"倡议的实施，中国在世界范围内的影响力越来越大，不免会受到以美国为首的西方国家的关注、诋毁甚至打压。因此，中国的全球化进程和中国企业的全球化经营应该更多地关注东道国的社会、文化、经济、政治和环境发展需求，主动承担社会责任，注重商业伦理，而不是将"发展"的理解仅仅停留在物质和经济层面。

（2）遵守文化习俗，融入当地的社会。在跨国经营中，需要遵守法律底线，树立良好的社会形象，融入当地社群并努力成为推动当地社区发展、承担社会责任的积极力量。跨国企业需要建立商业伦理规范，杜绝海外贿赂，支持当地员工参与企业事务，尊重当地生活习俗等。

（3）建立可持续的全球伙伴关系。承认商业伦理的普适性，是建立全球伦理伙伴关系的基础和前提。中国企业需要认知并熟练运用如《考克斯圆桌商业原则》和《经济合作与发展组织跨国企业准则》等全球普遍接受的伦理准则，建立与重要利益相关者的良好互动关系，构建起良好的企业文化，培育管理者的伦理领导力，处理好经营管理中出现的商业伦理问题。

本章小结

尽管中国深受重农抑商思想的影响，但是在儒、道、佛三家伦理思想的影响下，中国传统的商业伦理仍有许多值得现代商业企业借鉴的地方，如"诚信为本"的理念、良好的商业伦理规范、优良的企业传统行为和起主导作用的观念文化等。随着现代科技的进步与经济的飞速发展，现代商业伦理遇到了一些新的机遇和挑战，应汲取中国传统商业伦理中的精华，建立现代商业伦理体系。

关键术语

商业伦理　社会企业　全球化经营　企业公民

思考练习

1. 如何从中国传统商业伦理中寻找建设现代商业伦理的契机？
2. 如何看待企业公民这一提法？对中国企业来说，它是否是一种过重的责任？
3. 全球化是否必然带来伦理冲突？说说自己的看法。

应用案例

践行商业伦理　承载方太企业生命力

如果一个企业家不建立和遵守商业伦理的准则，那么他领导的企业将无法成为伟大的公司。20多年来，方太集团不忘初心，打造出中国高端厨电第一品牌，引领了厨电行业的发展潮流。其成功在于汲取儒家精髓，遵守商业伦理原则，将以中西合璧、品德领导、德礼管理、仁道经营、领导人修身为特点的中华优秀传统文化深深扎根于企业管理，成为践行企业社会责任的实践者和先行者。

在西方文化中，道德、梦想、责任和精神是对商业伦理最好的诠释；而在中国文化语境中，伦理就是关系。企业处理好与用户、员工、社会之间的关系，在竞争激烈的商业环境中显得尤为重要。

首先，方太集团将儒家文化融入使命、愿景、核心价值观等核心理念。其使命是"为了亿万家庭的幸福，打造健康环保有品位的生活方式，传播中华优秀传统文化，让亿万家庭享受更加美好的生活"；其愿景是"成为一家伟大的企业"；其核心价值观是"人品、企品、产品，三品合一"，从而探索出"中学明道、西学优术、中西合璧、以道御术"的现代儒家管理模式。

此外，方太集团将核心理念进行落地，转化为全体员工的思维和行为习惯。通过建立"四大践行体系"（顾客得安心、员工得成长、社会得正气、经营可持续），确立了"以用户为中心"的产品研发理念和服务思维，用良知为用户生产可信赖的产品，为用户提供优质的服务。

全球第一款水槽洗碗机被方太集团隆重推出。这款研发年限长达5年之久的水槽洗碗机的方案被领导人茅忠群屡次"枪毙"。主管人员带着爱心，走访了中国25个城市的1 000多户家庭，其中25位用户参与了产品设计研发，最终制作出拥有22项发明专利的水槽洗碗机。它不仅是一款具备水槽功能的洗碗机，还是一款果蔬净化机，更为重要的是在洗涤过程中，这款水槽洗碗机不需要添加任何洗涤剂，受到公众的一致好评和市场的极大欢迎。方太集团以"己所不欲，勿施于人；人之所欲，亦施于人"的仁爱之心，传递着让人心安定的社会关怀。

方太集团不仅把员工当家人，还成就员工的幸福。方太集团除为员工提供了40多项福利、健全的职业发展路径、良好的薪资水平之外，每年还会拿出利润的一部分，给全体员工分配身股[1]，为员工带来了强烈的工作安全感、归属感、使命感、成长感和成就感。与其他企业不同的是，方太集团员工每天上班的第一件事既不是处理邮件，也不是制订工作计划，而是诵读经典。方太集团以知行合一的文化理念引导员工成为快乐的学习者和奋斗者。在工作中，他们以精益求精的工匠精神面对每一件作品；带着儒家的仁爱之心，努力实现自己的圆满幸福人生，奋力践行企业的使命和愿景。

资料来源：山西新闻网. 践行商业伦理 承载方太企业生命力 [Z/OL]. (2015-04-20)[2020-03-29]. http://news.sina.com.cn/o/2015-04-20/145931738582.shtml。

思考题：方太集团重视商业伦理的文化建设，这种中国式管理带给我们哪些思考？

---

[1] 有时也被称作收益股，是指出资人有条件赠送给部分员工的股份。身股享有一般股份的收益权，但不能继承、出让和参与投票。

第 14 章
商业伦理的欧非视角

> 非暴力是最高的道德境界,是所有进化的目标。在我们停止伤害其他生命前,我们都是野蛮的。
>
> ——托马斯·A. 爱迪生（Thomas A. Edison，美国发明家）

> 一个企业,不论是在发展中国家还是在发达国家,要在全球竞争中保持领先,都应该实施环境友好型运营。
>
> ——阿希姆·施泰纳（Achim Steiner，联合国副秘书长）

本章提要

本章从国际视野进一步阐述了在全球治理中商业伦理的基本问题,了解企业社会责任形式因为国家不同而差异巨大。首先,重点论述了欧洲地区企业社会责任的演变；其次,重点研究了非洲地区的资源枯竭、贫富差距、矿业冲突等现象；最后,阐述了全球商业伦理面临的挑战和趋势。

学习目的

1. 了解如何负责地应对全球化及其带来的挑战
2. 掌握全球经营活动给商业伦理带来的挑战与机遇
3. 掌握企业社会责任多元化和统一化趋势
4. 理解联合国"全球契约"的内涵

知识拓展

联合国"全球契约"

在 1995 年召开的世界社会发展首脑会议上，时任联合国秘书长科菲·安南提出"社会规则""全球契约"（Global Compact）的设想。之后在 1999 年 1 月的达沃斯世界经济论坛年会上，安南再次提出"全球契约"计划，并于 2000 年 7 月在联合国总部正式启动，全球超过 100 多个国家的 3 000 多家著名公司共同签署了这项计划。计划要求成员公司在加入契约两年内及其之后的每年提交年度进展报告（Communication on Progress，COP），由此全球范围内关于 CSR 的立法与企业的可持续发展报告披露活动进入全新发展阶段。"全球契约"计划旨在号召各公司遵守关于人权、劳工标准、环境及反贪污方面的十项基本原则。安南向全世界企业领导呼吁，遵守有共同价值的标准，并且实施一整套必要的社会规则，即"全球契约"。联合国"全球契约"十项基本原则来源于《世界人权宣言》《国际劳工组织关于工作中的基本原则和权利宣言》《关于环境与发展的里约宣言》《联合国反腐败公约》四份文件，涉及人权、劳工标准、环境和反贪污四个方面的内容。

人权方面

原则 1：企业应该尊重和维护国际公认的各项人权

原则 2：企业决不参与任何漠视与践踏人权的行为

劳工标准方面

原则 3：企业应该维护结社自由，承认劳资集体谈判的权利

原则 4：企业应该消除各种形式的强迫性劳动

原则 5：企业应该支持消灭童工制

原则 6：企业应该杜绝任何在用工与职业方面的歧视行为

环境方面

原则 7：企业应对环境挑战未雨绸缪

原则 8：企业应该主动增加对环保所承担的责任

原则 9：企业应该鼓励开发和推广环境友好型技术

反腐败方面

原则 10：企业应反对各种形式的贪污，包括敲诈勒索和行贿受贿

第 14 章 商业伦理的欧非视角

引导案例

矿业冲突案例

刚果民主共和国,简称刚果(金),国土面积 234.5 万平方公里。刚果(金)自然资源丰富,蕴藏多种有色金属、稀有金属和非金属矿,这些矿物质对于制造各种设备至关重要,包括手机、笔记本电脑和 MP3 播放器等消费类电子产品。

20 世纪 90 年代以来,刚果(金)东部内战不断,主要就是为了争夺矿产贸易收益,以加强武装力量建设。长期以来,激进组织控制矿产,并用非法暴力手段控制矿产资源和税收,使用童工、严重践踏人权、藐视商业伦理,造成了严重的社会和环境问题。据官方统计,1998—2007 年该国的武装冲突造成了 540 万人死亡,婴儿死亡率高达 17%。

2012 年 8 月 22 日,美国证券交易委员会采纳 2010 年颁布的《多德-弗兰克华尔街改革与消费者保护法案》提出了"冲突矿产"(Conflict Minerals)的概念。"冲突矿产"主要是指锡石、铌钽铁矿、钨锰铁矿、金矿及其衍生物,或由美国认定的任何其他矿产及其衍生物。新规要求,这些矿物的开发和贸易助长了侵犯人权和违背商业伦理的行为,所以相关公司需要额外披露这些矿物的使用信息,旨在减少及断绝这类从事侵害人权矿产开发行为组织的资金来源。

资料来源:陈永雄,高鹏,丘志力等."冲突矿产"的国际监管及其应对研究 [J]. 中国矿业,2018,27(12):30—35。

思考题: 全球高科技企业应该从哪个环节来限制使用由"冲突矿产"生产的产品?

14.1 公司治理的全球伦理问题

14.1.1 主要问题

目前,在全球化进程中,跨国公司凭借着资源、资本、科技力量的三方优势,极大地提升了影响力,但在面对环境问题、社会问题、意识形态、宗教信仰和商业伦理等挑战时,必须视野开阔。刚果(金)矿业冲突的案例,揭示了缺乏商业伦理约束的资本力量所造成的人道灾难,也正是这样的力量进一步加剧了全球冲突和贫富悬殊。如果到 2030 年人类仍不采取积极的有效行动加以改变的话,那么全球将有三分之二的贫困人口陷入脆弱、冲突和暴力的环境局势之中。可喜的是，世界上有不少有识之士正积极推动着全球商业伦理的发展。

在经济全球化的背景下，跨国公司享有诸多便利，例如进入他国投资、设立工厂、开采矿产、雇用员工、销售产品等。为了促进经济发展，不少国家给予跨国公司诸多优惠政策和条件，但对跨国公司进行约束的法律却较少。诸多学者已经认识到跨国公司在全球化竞争中，采取逐底竞争或竞次竞争（Race to the Bottom）[1]的策略会带来很多社会问题。为了达到最高收益的目标，跨国公司可能刻意规避法律严格（例如环保、劳动者权益保护标准较高）的国家，而到法律标准较低的国家开展生产和经营。因此，仅仅依靠法律难以约束跨国公司的行为。

跨国公司需要自我约束，需要自愿遵循商业伦理，而不仅仅限于遵守各国法律。只有跨国公司的拥有者、管理层及所有员工真正贯彻商业伦理的理念，才能创造可持续发展和美好健康的世界。值得欣慰的是，不少跨国公司正自愿采用商业伦理指导原则，超越国家的法律规定，积极参与全球治理，促进全球可持续发展，并积极促进当地社区的就业、教育、环保等可持续发展目标的实现（Green，2013）。

14.1.2　国际特征

在国际视野下，商业伦理具有一些区别于国内商业伦理的特征，具体表现为以下四个方面：

第一，规章制度的局限性。与国内环境不同的是，在全球治理中，并不存在一个中央政权，也不存在全球统一的规章制度，更加缺乏强制性的法律制度，导致很难标准化地对跨国公司的商业行为进行约束。因此，如果同时没有商业伦理的约束，企业按照追逐利益的天性开展商业行为，就势必将世界带入一个充满冲突的境地。

第二，法律制度的多样性。在全球视野下，不同的国家拥有不同的法律制度和差异化的法治水平。在某种程度上，跨国公司可在全球范围内配置其资源，选择对其有利的法律制度，而规避对其不利的法律制度。

---

[1] "竞次"即打到底线的竞争，这一现象也被形象地称作"向谷底赛跑"。在"竞次"的游戏中，比的不是谁更优秀，谁投入了更多的科技、更多的教育，而是比谁更次、更糟糕，更能够苛待本国的劳动阶层，更能够容忍本国环境的破坏。

第三，文化风俗的多元性。这将导致对商业伦理内涵解释的多元化。在一国符合商业伦理的实践未必符合另一国家的伦理。不少跨国公司在其全球部署中，面临着本地化的问题；如果不能很好地融入当地，不遵守当地的文化和风土人情，其项目就可能面临失败的风险。

第四，地球生活的同一性。在全球化背景下，"地球村"或"人类命运共同体"的概念不断被提及，这表明全球伦理的不断发展。无论是哪个国家或地区，世界人民都共同面临着诸如气候变化、生物多样性、资源枯竭等问题。人类应该摒弃不同的观念，采取共同的行动，解决共同的问题。因此，学者呼吁跨国公司应依靠其雄厚的经济实力和全球影响力，重视全球大气污染、水资源枯竭、森林砍伐和矿物资源减少等问题，携手政府共同开展全球治理（Green，2013），培养全球责任企业（Globally Responsible Business，GRB），既拥有一个强有力的全球责任商务策略，又要让企业顺利融入本土环境（拉什，康纳威，2017）。

14.1.3 重要意义

国际学者强调在全球化进程中坚持公司治理准则的重要性。商业伦理是企业家精神的重要组成部分，其规范行为、价值观越来越受到学术界和商业界的重视（Francis，2011）。欧洲和非洲的公司治理模式存在较大差别，从而造成了欧非商业伦理与公司治理关系的差异以及商业伦理对公司治理的不同影响。下面从权力的角度阐述伦理与公司治理之间的关系。

公司治理是围绕权力展开的，是权力分配、控制和监督的机制，每一个执行权力的人都应该受到控制和监督。公司治理应着眼于解决三个方面的问题：①谁应该获得权力，以使机构的多元利益能够得到恰当实现；②应该如何架构和实施监督机制，以使权力的滥用得到控制并降低到最低限度；③应该设立和实行何种平等的激励机制，以使机构可以完成其角色和任务。

全球商业伦理的水平将很大程度上取决于每个公司的治理结构。想要提升公司的商业伦理水平，就需要优化企业的治理结构。正如迪恩·罗索夫（Deon Rossouw）的研究发现，公司治理法对非洲地区加强伦理建设非常重要（Rossouw，2005，2009）。从非洲和欧洲的各种案例可以看到，如果法则被企业领导阶层认可，就能起到积极的作用。同时，伦理道德法则的价值也越来越明确地显现在经营管理中。这里说的伦理道德法则包含了平等、诚实、正直、公正、忠实、尊重、透明、责任、廉洁等价值观（Casson，2013）。

14.2 欧洲地区的企业社会责任

欧洲地区的商业伦理分析重点围绕其企业社会责任（CSR）的思想演变、发展阶段和变化过程三个方面开展。

14.2.1 欧洲 CSR 的思想演变

CSR 涉及商业伦理问题（Scherer et al., 2016），关系到经济、法律、环境、社会等领域的发展，在注重公司经营绩效的同时，也关注企业如何创造出自觉行使社会责任的机制。目前，欧洲的企业社会责任观念仍然被围困在一个经济模式中，没有考虑到社会经济或公共物品供给等多方面因素（Scherer et al., 2016）。

随着跨国企业在全球的扩张，其经营过程由于缺乏监管而造成各方利益的矛盾，欧洲各国也因此越来越重视 CSR 的功能（Scherer, Palazzo, 2008；Scherer et al., 2016）。

14.2.2 欧洲 CSR 的发展阶段

1. 商业的传统角色

在欧洲自由市场经济环境中，经济运行建立在法律的基础上，需要国家建立公平竞争的市场经济机制；同时，国家主权的合法性和行政管理的权威性在社会管理中发挥着重要的作用，例如保护国家领土安全和供给公共品。大部分欧洲国家实行自由经济体制，并且建立了支撑市场经济的相关政治、社会、法律体系（Scherer, Palazzo, 2008），营造了法治化的市场环境，给公司提供了良好的经营条件，使公司具有创造巨大财富的潜力。同时，政府保障了其公民参与社会政治的权利，并鼓励企业参与社会服务，遵守共同的价值观。

2. 企业的社会责任

全球化带来的经济转型，改变了社会经济状况。大部分西欧跨国公司建立了利益相关者的管理机制，以促使企业创造财富时重视企业的社会责任。公司往往迫于不同的社会参与者的压力，承担了更多的社会义务，促使了 CSR 理念的全球推广。在 CSR 全球化语境中，公民社会组织将其自身视作这些公司的"代言人"，并以合法性代理人的身份出现（Kinderman，2013），这些参与者有助于企业克服"非生产性冲突"[1]。非政府组织通过采取一些方式迫使公司做出改变，比如提高它们在公众辩论中的话语权，从而使得大部分公民成为制定社会规则的力量之一。

在全球化时代，信息技术正日新月异地高速发展，其信息交换速度为缺乏资源的活动家提供了展示权威的机会。国家及跨国政府部门也考虑到大量民间社团的需求，通过推行与实施相关政策，以激励企业对自身行为负责（Matten，Moon，2008）。政府部门以强制力、立法权及统治行为作为影响企业行为的手段，颁布了诸多治外法权的条例，比如《通用数据保护条例》（General Data Protection Regulation，GDPR）就明确规定了在跨国商业活动中任何收集、传输、保留或处理涉及欧盟所有成员国内的个人信息的机构组织均受该条例的约束（European Parliament and Council of the European Union，2018）。通过这种方式，欧盟国家试图在某种程度上跨越国界以加强对跨国公司活动的控制权（Scherer et al.，2016），这也进一步体现出 CSR 发展进程中制定法律的力量。

14.2.3　欧洲 CSR 的变化过程

1. 企业合法性的来源

有学者认为合法性促进了企业在现代社会中实现创造巨大财富的目标。同时，现代主权国家的合法性源自对社会的管理，如提供公共产品和国土安全。鉴于国家和企业不同的合法性来源，不少欧洲学者主张国家和企业的功能分离，国家应承担社会功能，而企业则专注于经济事务，这种思想导致企业在社会管理中放弃了政治和社会服务等功能。

基于这种国家和企业的二元化，企业仅仅在相关法律下创造财富以及参加慈善事业等志愿行为就满足了企业的合法性。即使是在利益相关者理论中，欧洲企业也仍然将自己的义务圈定在较小的范围内，而漠视更广泛的利益相关者需求。

但企业的合法性不仅来自上述二元化中的创造财富，也源自对道德的遵守。企业通过"参与公开审议、集体决策及公众产品供给，或者在公共权威机构无能力或无意愿胜任这一角色的情况下，主动限制公害产品的生产"，扮演了超越其自身经济性质的政治角色，展现了企业的合法性（Scherer et al.，2016）。

---

[1] 指企业不与利益相关者直接发生对抗性冲突，而是通过其他公民社会组织来与对抗方进行沟通和协调。

2. CSR 的政治化及全球化

欧洲的"国家和企业"二元化在全球化的冲击下渐渐崩溃。不少企业不仅承担了创造财富的经济责任，而且承担了其他被视为政府需要提供的服务，例如跨国公司在不发达地区提供基础设施服务等。

随着跨国企业将其活动扩展到母国之外的国家，母国的国家法律的约束管辖受到限制。商业社会在迈向全球化的时代进程中，打破了企业和政治相分离的状态。在不发达国家中，跨国企业经常需要承担一些本应由政治组织承担的责任。不少跨国公司为了项目的顺利开展，不仅培训当地的员工，而且为当地居民提供教育、医疗以及其他公共服务，以提升整个社区的治理水平。

正如第 13 章所讨论的问题，与中国略有不同，欧洲的企业需要突出企业公民的角色，以凸显企业在全球化的环境中承担的政治行动者的权利和义务。强调企业要展现社会公民的形象，在保证企业盈利的同时，积极参与社会服务，将社会和环境等公共利益目标纳入企业战略规划。

14.3 欧洲 CSR 的发展

在欧洲的大部分国家，CSR 被理解为一个由市场的相关参与者（包括企业、消费者、投资者等）以及公共政策制定者、非政府组织和媒体组成的管理理念。2000 年，欧盟在欧洲理事会（European Council）的指导下，首次确定了 CSR 一词，在欧洲范围内要求企业制定 CSR 战略并将其对社会和环境的承诺制度化。欧盟机构越来越强调 CSR 从信息自愿披露原则走向强制披露机制。

CSR 已经越来越多地影响到欧洲的权力机构、国际组织和各国政府。其主旨在于企业在履行法律职责外，积极承担对消费者、社区和环境的责任。它将企业的盈利目标、社会和道德价值的实现以及可持续发展的长期战略结合在一起。通过 CSR，企业可以开发出创新的解决方案、方法，达到保持社会价值与经济价值的可持续共存状态。众多德国酒店采取了多种 CSR 策略和措施，如为了防止浪费资源而使用的水流限制器和确保可重复使用的滤水器、支持弱势群体和关注有特殊需要的人群，均有效提升了酒店的盈利水平和客户满意度。

14.3.1 CSR 多元化合作

由于欧洲地区自身的多元化而呈现出不同的理论与实践，有助于 CSR 跨越国别在各行各业加以贯彻。在一个相对较小的地理空间涌现不同的文化和语言形成了欧洲独有的现象，在欧盟内部，东西欧和中欧国家对 CSR 虽然有不同的认知，但是欧盟有关 CSR 的举措，对欧盟统一仍然有着促进作用。欧洲的 CSR 正是建立在不同行业、文化、传统与政见的互动基础之上，有利于保护多元文化的特色和保存不同历史的足迹。

欧洲 CSR 有共通之处，企业家精神中融入了对社会、环境与道德因素的关切，涉及可持续发展、公司治理、工作与家庭平衡、商业道德和社会市场经济等，这些因素有助于提升企业的竞争能力和盈利能力。根据欧盟委员会的报告，虽然 CSR 很大程度上仍然是基于自愿性的概念，但是通过立法与制定战略，将有助于企业把社会责任工作提升到新的高度。

CSR 概念不应仅仅由思想家来阐释，政府、企业、公民、贸易联合会、非政府组织等不同的利益相关者都应该加入其中，形成跨行业、跨部门之间的多元化创新合作，从而创造出符合未来需求的组织架构。

14.3.2 CSR 融合化趋势

CSR 与欧洲商业体系的融合取决于诸多因素，大多数中小企业会采取一种以直觉为主的非正式方式，而大型企业则会选择比较正式的方式。国际上列出了 CSR 的指导原则，有助于企业建立起一个战略体系。其中最重要的指导原则包括联合国"全球契约"十项原则、国际劳工组织（ILO）《关于多国企业和社会政策的三方原则宣言》、《经济合作与发展组织跨国企业准则》《联合国商业与人权指导原则》以及 ISO 26000 企业社会责任指导原则等。

14.3.3 CSR 差异性特点

CSR 在欧洲内部各个国家之间也存在诸多差异。在北欧，CSR 大部分是基于自愿性原则，主要注重自然资源的保护。在斯堪的纳维亚半岛，CSR 被视为由金融行业驱动外贸活动的一部分。在西欧，政府对于 CSR 表现出较大兴趣，科学研究机构、非政府组织、金融机构和工会也有较强的影响力。其中法国则恰恰相反，法国的企业家不太会通过 CSR 来解决社会问题，他们反而认为 CSR 要求的议题已经很大程度上被政府解决了。虽然已经有很多上市公司披露了社会和环境责任，但事实证明，大部分情况下是迫于公众压力而改变其商业行为。几年前，法国通过公布企业破坏环境及财务造假等丑闻，促使企业重视社会责任中的法律问题。英国政府对 CSR 的商业价值进行了阐释，一些英国大型企业认可 CSR 是良好的商业实践（Idowu，Papasolomou，2007）。对于大多数东欧国家来说，CSR 的概念还比较新鲜。在南欧，CSR 并不被视为一个管理战略，更多的是一个市场营销的工具，获得竞争优势和树立良好形象乃企业承担社会责任的主要驱动力。

14.4　非洲地区的商业伦理分析

现实中企业不断增多的不法行为促使非洲学者开始关注商业伦理。世界各地的媒体也陆续报道了非洲商业伦理的严重缺失。一些国际机构和跨国公司在非洲地区普遍存在违背商业伦理的行为，因此在非洲地区审查商业伦理操守至关重要。正如珍妮特·莫里森（Janet Morrison）提出的，全球商业格局已经转向新兴经济体，因此，非洲地区有必要提出自身的伦理理念。在较长一段时间内，非洲虽然提高了国家治理中的透明度并实施了问责制，但是整个社会对商业伦理的重视依然不够（Gichure，2006）。非洲有关商业伦理的学术概念有待进一步探讨。例如，在东非就普遍缺乏商业伦理的专业术语（Gichure，2006），当地从商者也没有践行商业伦理的习惯。

14.4.1　传统和当代分析

1. 传统观点

在传统观点中，伦理大多数以道德形式出现，行为是伦理判断的唯一考虑，却不太注重行为者的动机和行为的后果。传统上的非洲比较遵循道德守则，道德守则以不成文方式融入当地日常的文化生活，他们的伦理判断遵循社会可接受的方式（Gichure，2006）。甚至是在与陌生人初次进行商业交易时，这些不成文的道德守则要求每个人履行相应的责任。因为个人行为也代表其家庭、社区或部落，甚至附近的村庄或城镇。如果个人出现不负责任的行为，就会损害整体名声，使整个部落蒙羞。在非洲的传统中，一旦出现这种情况，必将是严重的罪行。

2. 当代观点

由于国际化带来了外来文化的影响，传统的伦理观也在逐渐发生变化。在判断行为是否道德的时候，不仅基于行为本身，还基于行为者的动机和行为的后果，从而产生了对道德的不同解释。

从传统和当代的不同视角来审视商业伦理，就需要进一步理解伦理行为的驱动因素。研究发现，个人特征在伦理判断中起到了重要作用（Bratton, Strittmatter, 2013）。

14.4.2 宏观和微观分析

1. 宏观视角

从宏观视角来看，历史、文化、社会、宗教、法律和全球化等因素影响着商业伦理。

第一，历史因素。非洲伦理问题的起源与其殖民史、奴隶制和外部影响的社会变革联系在一起（Gichure, 2006）。过去的殖民史将非洲分化为英语和法语两种语系的国家，不同的民族显示出不同的伦理性，这些错综复杂的历史背景正是非洲难以快速转型的原因。

第二，文化因素。文化是指群体或社区在某一特定区域内所表现出的规范、价值观和信仰。规范、价值观和信仰也可以影响其他群体成员。每种文化背后都有自我认可或不认可的道德准则。非洲传统文化提倡非物质主义的道德行为。例如，选拔领导者及评价领导者的管理绩效并不是基于其取得的物质财富，而是基于领导者的诚信和勇敢。在特殊情况下，这种诚信和勇敢更加受到社区的尊重。传统观念让某些伦理价值观在非洲国家或地区得以保存，例如在组织中雇用亲戚成为集体文化的一部分，但这种现象在西方文化情境中是不适当的。而随着经济全球化的发展，非洲大量的传统伦理观念受到现代经济、管理新思想的冲击并逐渐瓦解。

第三，社会因素。社会因素极大地影响了人们对商业伦理的看法。在非洲社会中，儿童不仅属于他们的父母，而且属于整个社区。任何偏离伦理的行为都会受到社区长者的谴责甚至惩罚。这种传统形式的制裁有助于维持社区的伦理标准。

第四，宗教因素。商业伦理起源于公元前950年的犹太传统。在非洲，宗教是影响伦理的一个主要因素，如新教、天主教、伊斯兰教、印度教以及传统的非洲宗教等。因此在非洲伦理与宗教信念密切相关。

第五，法律因素。伦理道德先于法律存在，一旦相关的伦理辩论成为社会规范，就会被颁布为相关法律。传统的非洲社会可以在社区一级解决他们的争端，且并不一定依赖法律。长者负责解决相关争议，或依据传统习俗进行道德是非判断，不当伦理的行为可能会引起不同的制裁，例如罚款、清洗或被驱逐出社区。

第六，全球化因素。全球化进一步促进了人们对商业伦理的重视，反映了多元的价值观念。不幸的是，这些伦理和价值观很难在非洲地区快速地被大众普遍接受。

2. 微观视角

从组织微观层面来看，个体、公司治理、企业领导力、组织文化、团体、组织结构等都影响着商业伦理。

第一，个体。个体是影响商业伦理最关键的因素之一。包括个体的价值观、信念和期望，都有可能影响个体对道德价值观的看法。个体除受家庭价值观、规范、传统和习俗的影响之外，还受到教育等其他因素的影响，从而造成了其对待伦理态度的差异。

第二，公司治理。公司治理对于创建发展愿景和战略制定非常关键；董事会通常负责完善公司的治理，以便建立道德操守。董事会构成中的年龄、性别、种族多样性、任期和能力都对组织中的商业道德有重要的影响。

第三，企业领导力。企业领导力对于推行道德行为准则有着很大的作用，涉及组织使命和战略。不同领导理念的组织可能有不同的道德行为。首席执行官的职责，就是在团队成员中灌输价值观念，以及尊重习俗和传统。

第四，组织文化。组织文化与信念、价值观、习俗和传统有关。如员工构成的多样性、员工的种族及技能等，都会影响到组织的道德行为，甚至影响伦理的判断标准。

第五，团队。团队会受到个体伦理判断的影响，但团队也会影响个体的商业伦理取向。如集体制裁和支持可能影响人们对腐败和贿赂的看法。如果团体偏重于物质财富，就可能会引导团体成员为获得财富而采取不道德的行为。

第六，组织结构。设立正确和有效的组织结构，将有助于提高道德水平。简单地说，在缺乏有效的组织结构的情况下，容易滋生不道德行为。

14.4.3 重点部门的研究

1. 矿业 / 采掘部门

在非洲开展的一些矿产采掘活动，存在严重的伦理道德问题。这些活动包括：石油开采、煤炭挖掘、矿物采集等。塞拉利昂"血钻"背后无尽的杀戮，刚果（金）"冲突矿产"引发的战争冲突，尼日利亚常年的石油泄漏污染等，这些严重违背商业伦理的活动对当地经济和社会发展产生了极其恶劣的影响。总体来说，非洲的石油勘探、钻探和出口都存在严重违背商业伦理的活动。

2. 农业

大多数非洲国家仍然为农业国，生产众多的农产品，如谷物、咖啡、可可、茶叶、乳制品和牛肉等。非洲大部分国家在取得民族独立后走上了优先发展工业的道路，甚至不惜以牺牲农业为代价；同时，全球农业资本主义的束缚和常年爆发的战争更让非洲农业发展雪上加霜，死于饥饿的人口不计其数。

14.4.4 组织管理的研究

组织管理中存在许多伦理问题，包括生产与经营、市场营销、会计和财务、人力资源管理和采购管理等。

1. 生产与经营

在诸如制造、加工、质量管理、运输和物流等生产与经营活动中，在产品的质量和安全、经营安全和流程等方面均面临着严峻的道德挑战。

2. 市场营销

在垄断竞争、广告、定价、推广、产品质量等市场营销方面一直存在伦理争论。例如，由于缺乏对市场价格的了解而使用带有歧视性的定价；通过具有一定欺骗性的广告以促进伪劣产品的销售等。同时，非洲缺乏甚至不具备提供相关信息的资讯咨询渠道。例如在营销研究中，受访者在参与营销研究之前应该被告知知情同意书，同时落实受访过程的保密性和匿名性；但这些营销中的权利和道德标准在非洲都不能得到保证。

3. 会计与财务

会计与财务伦理是指会计与财务工作的职业伦理，会计人员在会计与财务事务中应遵循的道德规范。近几年，随着一些国际公司纷纷倒闭，社会更加关注会计与财务伦理，发现这些国际公司中普遍存在财务缺乏透明度、财务控制薄弱、内幕交易、审计流程存在漏洞等问题。

4. 人力资源管理

人力资源管理伦理是指在人力资源管理过程中产生的各种伦理关系及其道德原则、道德规范和道德实践的总和。人力资源管理伦理评估至关重要，表现在诸如选拔、招聘、晋升、薪酬给予、绩效评估等环节。而在某些非洲国家，因为基于部落、种族和裙带关系的偏袒，导致在招聘、晋升和薪酬给予方面都存在有违伦理的现象。非洲国家的失业率很高，人力资源管理可能会采取歧视性的招聘做法，特别是在非技术领域的招聘，存在一些不道德现象，包括性骚扰、猥亵、贿赂和剥削等。

5. 采购管理

在采购过程中的采购方法往往涉及伦理道德，有时采购所涉及的资金非常庞大，大多数流程都会受到诚信问题的约束。由于非洲缺乏完善的法规，采购中时有公共资金被挪用等伦理丑闻发生。

14.4.5 道德困境的研究

非洲地区在商业活动中存在一些伦理困境，即资源诅咒[1]、可持续发展困境[2]、贫困与伦理困境等。

资源诅咒是指丰富资源没有给社会带来财富反而成为诅咒。资源诅咒的局面是由于商业机构从事不道德的活动而造成的。例如尼日尔三角洲和南苏丹的石油开采问题，安哥拉、塞拉利昂和利比里亚的"血钻"交易，刚果（金）的黄金和钻石开发等。其

---

[1] 资源诅咒（Resource Curse）是一个经济学的理论，多指与矿业资源相关的经济社会问题。丰富的自然资源可能是经济发展的诅咒而不是祝福，大多数自然资源丰富的国家比那些资源稀缺的国家增长得更慢。经济学家将原因归结为贸易条件的恶化、"荷兰病"或人力资本的投资不足等，主要由于对某种相对丰富的资源的过分依赖。

[2] "可持续发展"这一学术概念经历了相当长的历史过程。1962年，美国生物学家蕾切尔·卡逊（Rachel Carson）出版了《寂静的春天》（*Silent Spring*），作者描绘了一幅由农药污染所引起的可怕景象，惊呼人们将会失去"春光明媚的春天"，在世界范围内引发了人类关于发展观念的争论。十年后，美国著名学者巴巴拉·沃德（Barbara Ward）和雷内·杜博斯（Rene Dubos）享誉全球的著作《只有一个地球》（*Only One Earth*）问世，把对人类生存与环境的认识提升到一个可持续发展的新境界。同年，罗马俱乐部发表了有名的研究报告《增长的极限》（*The Limits to Growth*），明确提出"持续增长"和"合理持久的均衡发展"的概念。1987年，以挪威首相格罗·哈莱姆·布伦特兰（Gro Harlem Brundtland）为主席的联合国世界与环境发展委员会发表了一份报告《我们共同的未来》（*Our Common Future*），受到世界各国政府组织和舆论的极大重视。

中,"冲突矿产"获利的目的主要是为支持非法武装发动战争,在生产和加工各个环节违反法律和伦理,强迫妇女和童工从事繁重工作,使用非法暴力手段控制矿产资源和税收。

就可持续发展困境而言,全球化带来的外部影响与可持续发展存在深刻的伦理冲突。与发达的西方国家相比,非洲国家普遍存在环境污染、过度开采和自然资源枯竭等问题。在可持续生存与可持续发展之间有着尖锐的悖论。

就贫困与道德困境而言,非洲存在生活贫穷和资源匮乏的问题,人们的基本生活需求也对伦理提出了挑战。贫困造成了社会排斥、机会被剥夺以及发展能力受限等一系列问题,这些都涉及维护公民合法权益的伦理问题。

14.5 全球商业伦理的未来展望

在全球化过程中,特别是跨国公司的出现,对商业伦理提出了更高的要求。前面章节中,我们分析了欧洲和非洲的商业伦理发展,较多着眼于论述本区域中商业伦理的理念和实践。但是,正如开篇案例中所揭示的,本地冲突与本区域外企业的非伦理行为有着紧密的联系。因此,重视全球商业伦理,不能仅局限于企业所在的国家,也应包括企业跨国商业活动的区域。另外,建立全球企业社会责任的共同行为守则才是当务之急。

14.5.1 全球商业伦理的挑战

全球化的国际贸易和国际投融资借助于现代信息技术,促进了各国的商业合作,但是也给全球环境、文化、政治、经济制度及公共卫生安全等带来了极大的挑战。

首先,开放国内和国际的经济政策推动了全球化的浪潮,各国政府通过谈判大幅降低了商品贸易壁垒,并制定了促进商品、服务和投资贸易的国际协定。区域保护主义的存在和部分企业的非伦理行为,加剧了企业间的恶性竞争。

其次,在制度文明层面上,全球化重建了世界的秩序,国家、宗教和民族团体之间出现了很多新的变化。一方面,不同国家之间的贫富差距越来越大;另一方面,人类社会也面临着诸多矛盾,如环境与经济不平衡使得全球的政治、科技、商业等领域都面临伦理的挑战,需要思考新的解决方案。

最后，在互联网时代，商业伦理成为企业进入全球化合作的试金石。企业的员工、合作伙伴、客户、竞争对手都会注视着企业的商业行为和企业家的言行举止。如果企业有违背商业伦理的行为，就必将遭受各种舆论压力。

14.5.2 全球商业伦理的前景

全球商业伦理将呈现多元治理和多元合作的发展趋势。

第一，多元治理的创新机制。随着科技将国与国之间、地区与地区之间的人、资源、资本和信息更加紧密地联系在一起，新的多元治理创新机制，即政府、非政府组织、企业共同参与全球问题的多元治理体制，将挑战目前以主权国家为主的治理机制（Green，2013）。例如，跨国企业作为具有丰富资源、管理能力、雄厚资本及丰富人力资源的组织，应该在全球社会和环境问题中发挥更加重要的作用，而不能仅仅将其作用限定在经济利润的狭窄范围之内。

第二，多元合作的创新模式。在多种文化的互动冲击下，全球商业伦理将脱离目前以西方文化和价值为主导的模式，进入多元合作的创新模式时代（Chang et al., 2017）。西方的理性主义、人类中心主义及企业以利润为中心的思考范式难以解决目前全球遇到的公共问题，例如资源枯竭和气候变化等。西方文明、东方文明、非洲文明、南美文明等都将提供全球商业伦理的多元合作新思想，为全球治理问题提供相应的解决方案。

本章小结

虽然世界各地对商业伦理的认知、行为主体、责任划分有不同的定义，但却有一个共同的认识：商业伦理不仅仅广泛存在于商业活动中，用来规范企业的经济活动，更是各主体应该遵守的行为准则。特别是当一个跨国企业面对不同区域、不同国家、不同文化的时候，尊重伦理，善于学习和遵守当地的执行准则，将为企业在全球化发展过程中带来助力。本章重点对欧洲和非洲进行了研究，认为非洲地区对商业伦理的重视和实践相比大部分欧美国家较为落后，非洲国家在商业伦理方面面临的挑战和问题要比欧美更为迫切和重大。非洲国家既面临着传统文化价值观与以西方价值观为代表的现代价值观的冲突，也包含了本身社会和文化多元化给践行商业伦理带来的挑战。非洲矿产资源丰富,是跨国贸易中极其重要的原材料来源地,跨国公司的非伦理行为,非洲内部的政治冲突、斗争及腐败等让其陷入了资源诅咒和不可持续的发展路径之中。因此,商业伦理在公司全球化治理过程中具有重要的作用。商业伦理不仅能够帮助国际公司拓展市场,使其成为全球责任企业,而且能够帮助公司彰显社会形象,维护企业文化品牌,为公司基业长青打下坚实的基础。

关键术语

营销伦理　采购伦理　资源诅咒　冲突矿产　可持续发展困境　全球契约

思考练习

1. 简述传统和当代非洲商业伦理观点。
2. 非洲的商业伦理困境可通过哪些途径解决?
3. 欧洲各国的企业社会责任原则存在哪些不同?

应用案例

德国大众汽车的"排气门"事件

世界著名汽车企业德国大众,在德国曾一度被称为"国民的汽车"。自身长期标榜为造福国民的企业,竟因为在 2015 年 9 月 18 日被曝出"排气门"事件,丢失了企业诚信,违背了商业伦理。起因是德国大众汽车为了逃过尾气测试,在柴油系列车(包括 2009—2015 年生产的奥迪、帕萨特、捷达、高尔夫、甲壳虫)中安装了一种特殊软件,该软件由复杂算法写成,可以在尾气排放检测时,让汽车释放的尾气成分达标,从而通过检验。实际上,这一类柴油车的氮氧化物排放量极高,超过了美国法定标准的 40 倍,而这种柴油车的产量竟然高达 48.2 万辆。因此,德国大众汽车因违反美国《清洁空气法》(Clear Air Act)面临高达 180 亿美元的巨额罚款。当然,该企业面对的不仅仅是罚金,还有高昂的维修、赔偿等费用。2015 年 9 月 20 日,德国大众汽车首席执行官马丁·温特科恩(Martin Winterkom)表示将就此事件展开全面的调查。在"排气门"事件曝出之后,德国大众汽车的股票一路大跌，市值在次日 1 天内就损失了约 130 亿欧元。2015 年 9 月 22 日，美国司法部已经介入大众"排气门"事件的调查。丑闻持续发酵，次日，温特科恩提出辞职，集团不得不调整企业发展方向。2015 年 9 月 24 日，韩国、瑞士、法国、意大利、德国等多个国家的相关监管部门均开始就德国大众"排气门"事件进行全面调查。德国大众汽车的企业声誉和利益在此次事件中严重受损。

诚实守信乃企业立身之本、商业伦理之根，但德国大众汽车只顾眼前利益，用特殊软件在汽车尾气排放上造假。同时，德国大众汽车为了能顺利通过检测，不惜以污染环境为代价，这也是严重违背商业伦理的行为。最终德国大众汽车得不偿失，受到了法律的制裁。因此，企业都应该引以为戒，纵使市场竞争再激烈、丰厚的利润再诱人，都不应该以违背商业伦理、违反法律法规为代价谋取利益，否则，必将自食其果。企业一旦丧失商业伦理，就将失去民众的信任和青睐。

资料来源：Hotten R. Volkswagen: the scandal explained[EB/OL]. (2015-12-10)[2020-03-25]. https:// www.bbc.com/news/business-34324772。

思考题：商业伦理对于一个企业在国际上发展有何重要性？

结束语

英国古典经济学家亚当·斯密被尊为"市场经济之父",他以《国富论》和《道德情操论》两部著作立世。《国富论》告诉世人如何才能创造更多的财富,揭示了人的物质属性是利己的;《道德情操论》告诉世人道德情操的重要性,指出了人的精神属性是利他的。利己主义和利他主义作为两种截然不同的人性假设,历来被视为"斯密悖论"(Smith Paradox)[1]。当今,研究商业伦理同样如此,商业这匹"烈马",如果不套上伦理的"缰绳",就无法真正地服务社会。因此,发达的市场经济必须有先进的商业伦理作为支撑,方能维持秩序与活力,才能构建真正的和谐社会。

商业伦理作为商业活动中的伦理关系及规律,核心内容是商业主体应该遵守商业行为的原则和规范,向社会展现优良的商业精神。当下,新冠肺炎疫情在全球大流行,绝大多数国家深受影响,大量的死亡使人类历史进入至暗时刻。全球不仅面临着巨大的公共卫生灾难,也面临着经济危机和人道危机。保守主义、脱钩主义、民粹主义、种族歧视等甚嚣尘上;囤积居奇、哄抬物价、医护罢工、资源垄断等违背商业伦理的事件屡见不鲜。美国著名政治家亨利·阿尔弗雷德·基辛格(Henry Alfred Kissinger)甚至认为,如果全球不能团结共同抗御疫情扩散,将导致世界万劫不复。

19世纪英国作家查尔斯·狄更斯(Charles Dickens)在其《双城记》(*A Tale of Two Cities*)中,揭示了工业社会转型中的种种弊端。其中"那是一个最好的年月,那是一个最坏的年月,那是智慧的时代,那是愚蠢的时代"也是对当今VUCA[2]时代中商业变局的最好写照(狄更斯,2004)。时至今日,全球化时代虽然促进了人类社会的发展,但

---

[1] 斯密悖论又被称为亚当·斯密问题(Adam Smith Problem),是指亚当·斯密在《道德情操论》中提出的同感原理与在《国富论》中提出的利己心原理相互矛盾。

[2] VUCA 是 Volatility(易变性)、Uncertainty(不确定性)、Complexity(复杂性)、Ambiguity(模糊性)的缩写,这个术语源于军事用语并在20世纪90年代开始被普遍使用。

是也降低了人类社会的"免疫能力"，某一地区的事件可能触发全球的连锁反应，比如恐怖事件、金融危机、污染泄漏、自然灾害、疾病流行等。对此，美国学者理查德·哈斯（Richard Haass）认为人类必须具备全球知识素养并了解世界的运作方式（Haass，2020）。在全球经济社会面临重大危机之际，唯有坚守伦理道德的知识素养，抛弃政治、宗教等偏见，求同存异，以人类命运共同体的共识，促进各国合作发展、参与全球治理方案，才能维护世界秩序规范（李丹，李凌羽，2020）。在国际商业合作中，进一步发挥商业伦理的内在约束力和外在凝聚力，在社会、教育、文化、市场、管理、科技、法治等各个领域发挥调节和促进的作用，并参照以下商业伦理"六镜"论，辨别出万事万物的实质[1]。

商业伦理是一面"照妖镜"，照清无良，引领向善。著名经济学家弗里德里希·奥古斯特·冯·哈耶克（Friedrich August Von Hayek）指出，如果没有基于道德基础之上的责任感，那么任何职业都将失去它的社会价值。商业伦理如同一面"照妖镜"，照清具有不良动机的商人企图。纵观当今世界，崇尚伦理已经成为一种新的全球性发展趋势。在全球疫情大流行时，商业伦理充分展示出巨大的力量。许多企业积极投入这场世纪之战，参与捐赠等公益活动，甚至不惜一切代价转而生产医疗器材。中资机构如华为、马云基金会、蔡崇信基金会等分别向世界各地捐赠了数万件个人防护用品、数百万个口罩、数千台呼吸机等紧缺防疫物资，充分体现了"商兴则民富，民富则国强，富强之基础，我商人宜肩其责"的伦理精神。企业积极履行社会责任势必掀起一股前所未有的商业向善浪潮。

商业伦理是一面"显微镜"，探究原理，揭示本质。商业发展的本质是什么？利己还是利他？利己是人的自然属性，利他是人的社会属性。人是自然属性与社会属性的统一，任何人的现实生命都既要表现其自然属性，也要表现其社会属性。剖析人的这两种属性，也能更好地揭示出企业的本质。对企业而言，"利他"中的"他"就是代表包括人类、动物、自然、环境等在内的各个生态。当一个企业以"利己"的理念去经营时，结局一定是关门大吉；而当一个企业抱着"利他"的心态去经营时，则必定会生意兴隆。商业伦理作为一面"显微镜"，有利于观察商业的本质。商业本质应该回归到对生态的关怀，摒弃逐猎式的商业行为，从利他出发，兼顾利己，进而实现互利，这样的商业社

---

[1] 中国人民大学国际关系学院教授王义桅文章归纳出全球抗疫的"六面镜子"（见2020年3月26日《参考消息》），笔者认为当今商业伦理也具有六面镜子的功能。

会才能永续发展,造福人类。

商业伦理是一面"望远镜",以史为鉴,以期未来。商业文明除了包括法律制度环境,还包括人文环境,如社会道德水准、人文观念的现代化程度、对隐形价值的重视程度等。在漫长的企业发展史中,违背商业伦理的事件时有发生。安然和安达信,一个是世界上最大的能源龙头企业之一,一个是世界五大会计师事务所之一,因为违背商业伦理而相继倒闭。正如犹太政治理论家汉娜·阿伦特(Hannah Arendt)所说的,"人本身的更新换代,会给社会带来意想不到的希望"。我们也同样希望,在未来百年之大变局中,商业伦理依然是考验企业能否持续发展的试金石和检验企业能否健康发展的方向标。

商业伦理是一面"折射镜",折射现实,衬托希望。经济全球一体化加剧了企业间的竞争程度,竞争的加剧使伦理管理也成为竞争要素。其实,国际社会表面上扬起的这股"逆全球化"歪风,实质上是第一、第二大经济体之间在经济全球化损益、规则和秩序等问题上发生了重大分歧。对中国而言,不仅防范的是产业链脱钩,还有经济全球化的"去中国化"。目前,国际社会上现代企业的竞争已不仅仅是市场份额的竞争、产品的竞争或品牌的竞争,更重要的是服务的竞争、伦理的竞争。优质的服务与质量是共同伦理文化的价值观体现。一方面,企业良好的伦理管理形象不仅能够促进现有产品的销售和新产品的市场占领,而且能够帮助企业获得社会各界的支持,为企业生存和发展创造条件;另一方面,企业伦理行为准则能够调整企业内部和外部两方面人与人之间的关系,在经营作风、交往风格、价值观念、道德情操等方面帮助企业树立良好的形象。一个不遵守商业伦理的企业,就不会有良好的企业形象,这在企业国际合作中屡见不鲜;企业对商业伦理的守护已成为国际社会交往的基础。但是,每一个国家和民族独特的风俗习惯与价值观念也对商业伦理产生了一定的冲击,促使更多参与全球化进程的企业不断深思。在全球化过程中,企业应该以商业向善来开展经营管理。企业间的竞争也应该是良性的竞争、积极的竞争,旨在超越自我而不是要消灭对方的竞争;以竞争助推合作,以合作创造共赢;这样才符合商业伦理的准则,才是人类社会可持续发展的希望。

商业伦理是一面"透视镜",透视病状,对症下药。企业的经营管理时常会陷入伦理困境,而商业伦理对企业的导向性和自我约束性就如同"透视镜",可以诊断公司治理中的病症。经济行为的目标和动力是利益和对利益的追求,而获取利益需要人际关系的沟通,企业成功合作的背后往往是基于和谐的利益关系。近十多年间,一些著名公司由于缺失道德规范的制约，违背商业伦理去开拓新兴市场，爆发出轰动一时的贿赂和腐败丑闻，透视出公司治理中存在的严重问题。因此，经济活动的政策制定和方案实施，都必须体现商业伦理的价值观念和道德原则。

商业伦理是一面"过滤镜"，取其精华，去其糟粕。在漫长的历史长河中，人类社会演化经历了原始文明、农业文明和工业文明，21世纪正处于迎接生态文明的历史新阶段。换言之，对生态文明的向往，就是对现代化的追求（达利，柯布，2015）。中国的"儒、道、佛"哲学开创了中国商业伦理的思想：儒家思想强调国家要施行"仁政"，商业活动要践行"仁、义、礼、智、信"；道家注重"无为、知足、勿矜、勿伐、勿骄"；佛家则强调"行善去恶、善恶轮回报应"。同样，西方发达国家的发展史也表明了商业伦理对市场经济的重要意义，诚信与道德是市场经济健康运行和企业持续发展的基石。在不同时期，商业伦理有一定程度的传承关系，但又有本质上的区别。农业文明时期的商业伦理既含有如管仲、范蠡等的宝贵精神遗产，也有需要摒弃的糟粕；工业文明时期的商业伦理在促进物质和精神产品的发展方面，远远超过了农业文明时代，但同时也暴露出其反生态、反人性的本质，尤其是当资本主义发展到垄断资本主义阶段，尔虞我诈、钩心斗角等道德沦丧行为比比皆是，经济危机、社会危机、道德危机、生态危机接踵而至，人类走到了生死存亡和绝续的十字路口。究竟是沿着可持续发展大道走向生态文明，还是沿着不可持续的歧路从悬崖滑下去而走向毁灭？对这一系列尖锐问题的思考，从一些国家签署与退出《京都议定书》和《巴黎协定》的行为中，就可以看出某些政治家所表现出来的自利与短视，使人类在全球气候变化和疫情大流行面前束手无策。因此，建设生态文明和重塑商业伦理乃当务之急。

综上所述，人类只有一个地球，各国共处一个世界。这次新冠肺炎疫情的全球大流行，一方面给全人类社会经济造成了生命和物质的巨大损失；另一方面也使得商业伦理的崇高精神在全球抗疫中得以充分展现。越来越多的国家和企业携手共进，从最初中国快速新建"火神山"和"雷神山"医院、国际社会对中国抗击疫情的支援，到中国派出医疗队到几十个国家参与救援、中国许多企业加班加点地生产并向全球派送急需的医疗物资，再到绝大多数国家、国际组织、跨国公司、非政府组织甚至个人团结起来共克时艰，都凸显出人类协同作战、企业承担社会责任的巨大力量，这便是伦理精神力量带来的希望与光明。

人类社会要想走出困境，唯有培养一大批伦理型的领导者和管理者，以及一大批遵守商业伦理准则和行为的企业家和公民；唯有将教育与伦理相结合，让青少年学会成人，让社会各界工作者学会做人，让教育者和领导者学会育人；唯有以科学知识和伦理道德为引导，让诚实、谦逊、宽容、同情和同理心引领世界，冲破带偏见的政治藩篱，战胜极端的种族歧视，克服自私的商业利益。人类唯有实施建设生态文明的共同行动，形成全球人类命运共同体的伦理共识，夯实商业伦理的教育基础，才能终止危害社会的恶劣行为；停止恶性限制竞争对手的做法，才能营造有序的市场环境；终止破坏全球共识的国际准则，才能防止破坏规则的垄断现象；寻求全面广泛的合作与共赢，才能建设一个更公平、更公正、更美好的世界。

诚然，今天依然有一些国家使用 GDP 增长作为衡量经济增长的标准；相信明天将有更多国家采用企业从事商业向善的数量、设计生产绿色环保产品的种类、改善边远贫困地区的范围等指标作为衡量国家繁荣的标准。我们不能目睹生态环境由于商业伦理的沦丧而遭受毁灭；不能为了打败竞争对手而损人利己；也不能为了"一国优先"而咄咄逼人地限制他国发展；更不能为了眼前利益去掠夺下一代人的生存机会。人类唯有通过生态文明建设，焕发伦理的精神，开展全球合作、协同治理、科技创新、价值投资、人人行动，才能实现可持续发展，造福后代（王彬彬，2020）。生态寓意着和而不同和同舟共济，文明意味着伦理与关爱，生态文明建设就是创造更美好的人类社会。英国著名诗人珀西·比希·雪莱（Percy Bysshe Shelley）说过："冬天来了，春天还会远吗？"让我们满怀信心地去迎接新商业文明时代春天的到来！

参考文献

[1] 阿伦特 H.，2003. 耶路撒冷的艾希曼：伦理的现代困境 [M]. 孙传钊，译. 吉林：吉林人民出版社.
[2] 埃斯蒂 C.，温斯顿 A. S.，2009. 从绿到金 [M]. 张天鸽，梁雪梅，译. 北京：中信出版社.
[3] 爱泼斯坦 E.，张飞，2002. 美国的商业伦理 [J]. 国外社会科学文摘，(12)：33—37.
[4] 奥萨多 R. J.，2012. 可持续发展战略：企业"变绿"何时产生回报 [M]. 李月，译. 北京：机械工业出版社.
[5] 鲍利 G.，2012. 蓝色经济 [M]. 程一恒，译. 上海：复旦大学出版社.
[6] 伯恩斯 J. M.，2016. 领袖 [M]. 常建，孙海云，等译. 北京：中国人民大学出版社.
[7] 博登海默 E.，2004. 法理学：法律哲学与法律方法 [M]. 邓正来，译. 北京：中国政法大学出版社.
[8] 博特赖特 J. R.，2002. 金融伦理学 [M]. 静也，译. 北京：北京大学出版社.
[9] 曹国正，2007. 博弈圣经 [M]. 新加坡：新加坡希望出版社.
[10] 曹孟勤，2012. 合乎自然而生活——斯多葛学派生态伦理思想研究 [J]. 道德与文明，(01)：45—49.
[11] 晁罡，程鹏，鲁常玉，2012. 西方商业伦理教育沿革及影响研究 [J]. 华南理工大学学报（社会科学版），14(03)：29—33，58.
[12] 陈炳富，周祖城，1997. 企业伦理学论纲 [J]. 南开管理评论，(04)：24—28.
[13] 陈春花，乐国林，李洁芳等，2018. 企业文化 [M]. 北京：机械工业出版社.
[14] 陈辉，王红梅，2019. 中国传统德性管理伦理的扬弃与现代重构 [J]. 理论探讨，(06)：182—187.
[15] 陈佳贵，黄速建，1998. 企业经济学 [M]. 北京：经济科学出版社.
[16] 陈思坤，2013. 公民的道德责任研究 [D]. 郑州：郑州大学.
[17] 陈卫国，2010. 中国经济发展中的商业伦理问题 [J]. 管理现代化，(03)：53—55.
[18] 陈兴良，2019. 投机倒把罪：一个口袋罪的死与生 [J]. 现代法学，(04)：18—35.
[19] 陈怡俊，黄海峰，2020. 社会公共领域治理失灵的解决路径研究 [J]. 中国物价，(7)：89—92.
[20] 崔贝尔考克 M. 丹尼尔斯 R.，2014. 法治与发展 [M]. 冯川，郭安康，沈志平，译. 南京：南京大学出版社.
[21] 达利 H. E.，柯布 J. B.，2015. 21世纪生态经济学 [M]. 王俊，韩冬筠，译. 北京：中央编译出版社.
[22] 戴景平，2007. 善恶的人性尺度和社会尺度 [D]. 长春：吉林大学.
[23] 德鲁克 P. F.，1973. 管理：任务、责任、实践（使命篇）[M]. 北京：机械工业出版社.
[24] 德鲁克 P. F.，2006a. 公司的概念 [M]. 慕凤丽，译. 北京：机械工业出版社.
[25] 德鲁克 P. F.，2006b. 社会的管理：德鲁克文集（第三卷）[M]. 沈国华，译. 上海：上海财经大学出版社.
[26] 德鲁克 P. F.，2007. 管理的实践 [M]. 刘若兰，译. 北京：机械工业出版社.

[27] 德鲁克 P. F.，2017. 德鲁克论管理 [M]. 何缥，康至军，译. 北京：机械工业出版社.
[28] 狄更斯 C.，2004. 双城记 [M]. 石永礼，赵文娟，译. 北京：人民文学出版社.
[29] 丁瑞莲，贺琳，2013. 金融伦理的结构与功能 [J]. 长沙理工大学学报（社会科学版），28(01)：68—72.
[30] 杜莉，高振勇，2007. 金融混业经营及其监管：德国和英国的比较与借鉴 [J]. 经济体制改革，(02)：152—155.
[31] 恩德勒 G.，2002. 面向行动的经济伦理学 [M]. 高国希，吴新文，等译. 上海：上海社会科学院出版社.
[32] 樊纲，2014. 制度改变中国 [M]. 北京：中信出版社.
[33] 费雷尔 O. C.，弗雷德里克 J.，费雷尔 L.，2016. 企业伦理学诚信道德、职业操守与案例 [M]. 李文浩，卢超群，等译. 北京：中国人民大学出版社.
[34] 冯岳，2019. 从赤道原则浅析中国金融机构的环境责任 [J]. 法制与社会，16：68—69.
[35] 弗里曼 R. E.，2006. 战略管理：利益相关者方法 [M]. 王彦华，梁豪，译. 上海：上海译文出版社.
[36] 福格特 W.，1981. 生存之路 [M]. 张子美，译. 北京：商务印书馆.
[37] 傅景华，2010. 黄帝内经素问译注 [M]. 北京：中国人民大学出版社.
[38] 富勒 L.，2005. 法律的道德性 [M]. 郑戈，译. 北京：商务印书馆.
[39] 淦未宇，徐细雄，林丁健，2015. 高管性别、权力结构与企业反伦理行为——基于上市公司违规操作 PSM 配对样本的实证检验 [J]. 外国经济与管理，37(10)：18—31.
[40] 高文，吴达，董丽萍等，2017. 天津滨海高新区核心区高新技术企业现状分析 [J]. 天津科技，44(06)：1—4.
[41] 歌德 J. W. V.，2019. 浮士德 [M]. 绿原，译. 北京：人民文学出版社.
[42] 格林利夫 R. K.，2008. 仆人式领导 [M]. 徐放，齐桂萍，译. 南昌：江西人民出版社.
[43] 谷士欣，2017. 外媒：指挥 15 亿中国人梦想的习近平领导力 [EB/OL]. (2017-06-19)[2020-03-06]. http://news.cri.cn/20170619/eef69d82-90a9-ecfa-88f0-128e3d672a6b.html.
[44] 郭双林，高波，2015，高一涵卷 [M]. 北京：中国人民大学出版社.
[45] 哈特 H. L. A.，1996. 法律的概念 [M]. 张文显，译. 北京：中国大百科全书出版社.
[46] 海费茨 R. A.，2016. 并不容易的领导艺术 [M]. 伍满桂，译. 上海：商务印书馆.
[47] 海闻，2016. 商学教育变革：全球视角 [M]. 北京：北京大学出版社.
[48] 韩步江，余达淮，2016. 西方社会伦理的三种基本形态 [J]. 江西社会科学，36(8)：11—17.
[49] 韩云忠，马永庆，2017. 道德形而上的思考 [J]. 齐鲁学刊，(05)：70—76.
[50] 豪尔 G.，泽德维茨 M. V.，2017. 从中国制造到中国创造 [M]. 许佳，译. 北京：中信出版集团.
[51] 何九盈，王宁，董琨，2018. 辞源 [M]. 北京：商务印书馆.
[52] 何盛明，1990. 财经大辞典 [M]. 北京：中国财政经济出版社.
[53] 何祚庥，2005. 人类无须敬畏大自然 [J]. 绿色视野，(04)：16—17.
[54] 侯德泉，2007. 论民族关系调控中的社会环境建设 [J]. 宁夏社会科学，143(04)：71—74.
[55] 侯合心，2009. 经济学伦理理论溯源 [J]. 云南财经大学学报，25(03)：11—19.
[56] 胡祎赟，2008. 西方德性伦理传统批判 [D]. 长沙：中南大学.

[57] 黄海峰，2016. 中国绿色转型之路 [M]. 南京：南京大学出版社.

[58] 黄海峰，2018. 共生教育与人才培养 [M]// 钱宏. 全球共生：化解冲突重建世界秩序的中国学派. 台湾：晨星出版社.

[59] 黄海峰，刘京辉等，2007. 德国循环经济研究 [M]. 北京：科学出版社.

[60] 黄海峰，王昕宇，吴华南等，2016. 中国绿色创新之路 [M]. 北京：首都经济贸易大学出版社.

[61] 黄海峰，周国梅等，2010. 中国经济创造之路 [M]. 北京：首都经济贸易大学出版社.

[62] 黄海峰，周国梅等，2014. 中国经济转型之路 21 世纪的绿色变革 [M]. 北京：科学出版社.

[63] 黄宗智，2015. 道德与法律：中国的过去和现在 [J]. 开放时代，(01)：89—90.

[64] 纪良纲，2005. 商业伦理学 [M]. 北京：中国人民大学出版社.

[65] 加德纳 H.，2010. 奔向未来的人：五种心智助你自如应对未来社会 [M]. 胡雍丰，杨娟，译. 北京：商务印书馆.

[66] 姜晶花，2013. 环境伦理背景下的企业绿色责任 [J]. 学习与探索，(11)：91—95.

[67] 金仁仙，2015. 韩国社会企业发展现状、评价及其经验借鉴 [J]. 北京社会科学，(05)：122—128.

[68] 金以圣，1988. 生态学基础 [M]. 北京：中国人民大学出版社.

[69] 康德 I.，2013. 道德形而上学 [M]. 张荣，李秋零，译. 北京：中国人民大学出版社.

[70] 柯恩，2012. 我们如何过上更好的生活——专访管理大师彼得·圣吉 [J]. 商业评论，(12)：57—70.

[71] 科特 J. P.，1998. 现代企业的领导艺术 [M]. 史向东，颜艳，译. 北京：华夏出版社.

[72] 拉什 O.，康纳威 R. N.，2017. 责任管理原理：全球本土化过程中企业的可持续发展、责任和伦理 [M]. 秦一琼，曹毅然，译. 北京：北京大学出版社.

[73] 李丹，李凌羽，2020. 构建人类命运共同体的理论内涵与实践路径研究评析 [J]. 理论月刊，(01)：21—30.

[74] 李洁，2013. 组织特性、伦理气氛对审计人员道德决策的影响研究 [D]. 沈阳：东北大学.

[75] 李林波，2007. 企业营销决策的伦理判断研究 [D]. 北京：北京交通大学.

[76] 李硕，2013. 管理者伦理决策过程及其影响因素的质性研究 [D]. 成都：西南交通大学.

[77] 李业，2000. 企业生命周期的修正模型及思考 [J]. 南方经济，(02)：47—50.

[78] 廖申白，2002. 论西方主流正义概念发展中的嬗变与综合（上）[J]. 伦理学研究，(02)：55—60，110.

[79] 廖晓义，2005. 廖晓义：敬畏自然，何罪之有 [Z/OL]. (2005-02-01)[2017-03-11]. http：//www.aisixiang.com/data/5636.html

[80] 刘爱军，钟尉等，2016. 商业伦理学 [M]. 北京：机械工业出版社.

[81] 刘立明，2015. 法律权威内化于心的理论逻辑 [J]. 理论导刊，12：45—49.

[82] 刘顺，2017. 资本的辩证逻辑：生态危机与生态文明——对生态马克思主义的批判和超越 [J]. 当代经济研究，(04)：44—51.

[83] 刘宇，2009. 我国金融监管体制改革路径探索 [D]. 成都：西南财经大学.

[84] 刘志阳，王陆峰，2019. 中国社会企业的生成逻辑 [J]. 学术月刊，51(10)：82—91.

[85] 卢钊，孙萌，2012. 四种监管模式比较分析 [J]. 东方企业文化，(04)：263，260.

[86] 陆波，2016. 善行天下：一个公益经理人的跨国札记 [M]. 北京：中国社会出版社.

[87] 罗尔斯 J., 1988. 正义论 [M]. 何怀宏, 何包钢, 廖申白, 译. 北京: 中国社会科学出版社.
[88] 罗素 B., 2003. 伦理学和政治学中的人类社会 [M]. 肖巍, 译. 石家庄: 河北教育出版社.
[89] 马克思 K., 2007. 资本论 [M]. 姜晶花, 张梅, 译. 北京: 北京出版社.
[90] 马晓彤, 2018. 中医发展的战略性难点分析 [J]. 中国软科学, (7): 1—8.
[91] 马歇尔 A., 2012. 经济学原理 [M]. 廉运杰, 译. 北京: 华夏出版社.
[92] 麦克尼尔 I. R., 1994. 新社会契约论 [M]. 雷喜宁, 潘勤, 译. 北京: 中国政法大学出版社.
[93] 梅多斯 D., 兰德斯 J., 梅多斯 D., 2013. 增长的极限 [M]. 李涛, 王智勇, 译. 北京: 机械工业出版社.
[94] 莫申江, 王重鸣, 2009. 国外商业伦理研究回顾与展望 [J]. 外国经济与管理, (07): 16—22, 42.
[95] 尼尔森 R. P., 2005. 伦理策略——组织生活中认识和推行伦理之道 [M]. 伏宝会, 陈育明, 译. 北京: 中国劳动社会保障出版社.
[96] 牛庆燕, 2017. 全球化视域中的生态主义伦理精神 [J]. 伦理学研究, (1): 115—120.
[97] 彭美华, 巢来春, 2001. 企业文化与企业竞争力 [J]. 商业研究, (09): 175—176.
[98] 钱宏, 2012. 原德: 大国哲学 [M]. 北京: 中国广播电视出版社.
[99] 强海洋, 谢海霞, 刘志超, 2017. 特色小镇建设土地利用问题浅析 [J]. 中国土地, (9): 31—32.
[100] 乔丹 L., 图埃尔 P. V., 2008. 非政府组织问责: 政治、原则与创新 [M]. 康晓光, 等译. 北京: 中国人民大学出版社.
[101] 卿定文, 2009. 金融伦理及其运行机制初论 [J]. 伦理学研究, (01): 56—60.
[102] 森 A., 2000. 伦理学与经济学 [M]. 王宇, 王文玉, 译. 北京: 商务印书馆.
[103] 森 A., 2012. 以自由看待发展 [M]. 任赜, 于真, 译. 北京: 中国人民大学出版社.
[104] 善与志, 2016. B Lab 官方讲座: 何为 B Lab? 何为 B Corp? [R/OL]. (2016-08-12)[2020-03-10]. http://www.chinadevelopmentbrief.org.cn/news-18749.html.
[105] 上海国家会计学院, 2010. 商业伦理与 CFO 职业 [M]. 北京: 经济科学出版社.
[106] 沈晴, 2006. 欧美日企业文化之比较与启示 [D]. 苏州: 苏州大学.
[107] 圣吉 P., 史密斯 B., 克鲁基维特茨 N., 等, 2018. 必要的革命: 可持续发展型社会的创建与实践 [M]. 李晨晔, 张成林, 译. 北京: 中信出版社.
[108] 施天涛, 2019. 《公司法》第五条的理想与现实: 公司社会责任何以实施？[J]. 清华法学, 13(05): 57—79.
[109] 史密斯 P. M., 弗利 J. W., 2018. 领导者的规则与工具 [M]. 庄莲平, 王立中, 译注. 上海: 文汇出版社.
[110] 斯密 A., 1997. 道德情操论 [M]. 蒋自强, 钦北愚, 朱钟棣, 等译. 北京: 商务印书馆.
[111] 宋宝莉, 揭筱纹, 窦玉凯, 2006. 企业承担生态责任: 构建和谐社会的第一步 [J]. 生态经济, (10): 82—85.
[112] 苏勇, 2017. 管理伦理学 [M]. 北京: 机械工业出版社.
[113] 孙思邈, 1998. 千金方 [M]. 北京: 中国中医药出版社.
[114] 孙英, 吴然, 2005. 伦理经济学 [M]. 北京: 首都经济贸易大学出版社.
[115] 孙宇, 2011. 制造商应对主垄断供应商纵向约束的竞合策略研究 [D]. 广州: 华南理工大学.
[116] 泰勒 E. B., 2005. 原始文化 [M]. 连树生, 译. 广西: 广西师范大学出版社.

[117] 汤普森 D., 2005. 牛津现代英汉双解词典 [M]. 北京：外语教学与研究出版社.

[118] 唐海燕, 2017. 以生态伦理观推进精准扶贫 [N]. 广西日报, 2017-05-04, (010).

[119] 唐凯麟, 2012. 食品安全伦理引论：现状、范围、任务与意义 [J]. 伦理学研究, (02)：115—119.

[120] 汪一雄, 2013. 中国传统商业伦理的发展及其对公司治理的影响 [D]. 武汉：中南民族大学.

[121] 汪永晨, 2005. "敬畏自然"不是反科学 [J]. 环境教育, (03)：23.

[122] 王彬彬, 2020. 如何协同应对新冠肺炎疫情与气候变化？[J]. 可持续发展经济导刊, (07)：61—63.

[123] 王刚, 2019. 当代我国企业道德的缺失与重建研究 [D]. 兰州：兰州财经大学.

[124] 王锦虹, 2015. 基于逆向选择的互联网金融 P2P 模式风险防范研究 [J]. 财经问题研究, (05)：61—68.

[125] 王静玉, 2013. 汲取儒家文化精华，构建中国特色企业文化 [D]. 石家庄：河北经贸大学.

[126] 王曙光, 2011. 金融伦理学 [M]. 北京：北京大学出版社.

[127] 王维平, 2003. 经济政策创新论 [J]. 兰州大学学报, (02)：93—100.

[128] 王伟清, 2010. 社会主义市场经济条件下商业伦理建设研究 [D]. 甘肃：西北民族大学.

[129] 王延平, 2015. 基于晋商商业伦理的现代企业管理伦理体系构建 [J]. 商业经济研究, (23):84—86.

[130] 王艳红, 2010. 论构建社会主义和谐社会的道德基础 [D]. 郑州：河南工业大学.

[131] 王振耀, 田小红, 2015. 现代慈善与国家治理现代化 [J]. 社会治理, (01)：41—48.

[132] 王治河, 樊美筠, 2011. 第二次启蒙 [M]. 北京：北京大学出版社.

[133] 威克斯 A. C., 弗里曼 R. A., 沃哈尼 P. H., 2015. 商业伦理学——管理方法 [M]. 马凌远, 张云娜, 王锦红, 译. 北京：清华大学出版社.

[134] 威廉姆斯 C. A., 汉斯 R. M., 1990. 风险管理与保险 [M]. 陈伟, 张清寿, 王铁, 等译. 北京：中国商业出版社.

[135] 吴红梅, 2012. 我国商学院本科生商业伦理教育普及性与对策研究 [J]. 淮阴师范学院学报（教育科学）, 11(4)：386—390.

[136] 吴敬琏, 2019. 东亚应加快推动"所有者经济"向"利益相关者经济"演进 [EB/OL]. (2019-09-23)[2020-03-09]. http://www.chinareform.net/index.php?m=content&c=index&a=show&catid=193&id=33819

[137] 武留信, 朱玲, 陈志恒等, 2018. 中国健康管理与健康产业发展报告 [R]. 北京：社会科学文献出版社.

[138] 肖海林, 2003. 企业生命周期理论的硬伤 [J]. 企业管理, (02)：34—36.

[139] 肖群忠, 2004. 论商业道德基本规范 [J]. 兰州交通大学学报, (02)：5—10.

[140] 熊洁, 2010. 基督教"道德金律"与康德的道德律令 [J]. 伦理学研究, (05)：51—54.

[141] 熊玠, 2015. 习近平时代 [M]. 纽约：美国时代出版公司.

[142] 徐建云, 2018. 读杨泉《物理论·论医》有感 [J]. 南京中医药大学, 2018-12-31, (4).

[143] 亚里士多德, 2003. 尼各马可伦理学 [M]. 廖申白, 译注. 北京：商务印书馆.

[144] 杨礼富, 2006. 网络社会的伦理问题研究 [D]. 苏州：苏州大学.

[145] 杨壮, 王海杰, 2012. 德胜洋楼：中国式管理的新范本 [J]. 哈佛商业评论：中文版, (7)：122—139.

[146] 姚荻琳, 甘胜军, 2013. 道德经与领导力 [M]. 北京：经济管理出版社.

[147] 姚旭，2010. 制度动力学视角下的行业信用体系法律建设研究 [J]. 社会科学辑刊，(03)：181—183.

[148] 叶陈刚，王克勤，黄少英等，2013. 商业伦理学 [M]. 北京：清华大学出版社.

[149] 叶晨辉，2011. 中国私募证券基金委托代理与利益分配问题研究 [D]. 杭州：浙江大学.

[150] 叶林顺，邓玉瑜，2004. 绿色政策运行机制的方法研究 [J]. 环境科学与技术，(04)：40—42，116.

[151] 尹珏林，2014. 国际商业伦理实践教程 [M]. 上海：上海外语教育出版社.

[152] 尹霖，2020. 观点负责任的研究与创新应当如何"负责"？[EB/OL]. (2020-01-21)[2020-03-23]. http://kepu.gmw.cn/2017-09/28/content_26367401.htm.

[153] 尤努斯 M.，韦伯 C.，2011. 企业的未来 [M]. 杨励轩，译. 北京：中信出版社.

[154] 游海霞，2017. 认证共益企业的发展、现状与趋势 [EB/OL]. (2017-09-05)[2020-03-25]. https://chuansongme.com/n/2008235051715.

[155] 于同弼，2020. 善经济：如何以企业社会责任制胜 [M]. 吴滨，杨乐，译. 北京：中信出版集团.

[156] 余丽，2010. 先秦中原文化区域国际政治思想主干及其当代价值 [J]. 世界经济与政治，(2)：101—118.

[157] 约翰·杜威，2001. 民主主义与教育 [M]. 北京：人民教育出版社.

[158] 张红明，朱丽贤，2005. 商业伦理的中西方比较研究 [J]. 经济经纬，(06)：143—146.

[159] 张季平，李笑春，2010. 戴维佩珀的生态社会主义思想解读 [J]. 内蒙古大学学报（哲学社会科学版），42(06)：49—53.

[160] 张维迎，1996. 博弈论与信息经济学 [M]. 上海：上海人民出版社.

[161] 张象枢，2012. 基于环境社会系统分析的可持续发展论——环境社会系统发展学学习心得 [J]. 当代生态农业，(Z2)：1—13.

[162] 张学兵，2011. 当代中国史上"投机倒把罪"的兴废——以经济体制的变迁为视角 [J]. 中共党史研究，(5)：35—46.

[163] 赵文静，2001. 试论责任与责任教育 [D]. 济南：山东师范大学.

[164] 钟开斌，2007. 风险管理：从被动反应到主动保障 [J]. 中国行政管理，(11)：99—103.

[165] 周博文，杜山泽，2012. 社会管理创新：从伦理观念、管理理念到思维方式的转变 [J]. 行政管理改革，(11)：50—54.

[166] 周国梅，唐志鹏，2008. 生态文明理念的国际演变 [M]// 赵轶峰. 当代中国的"人—自然"观. 长春：东北师范大学出版社.

[167] 周林森，2006. 现代企业营销道德评价问题研究 [D]. 湘潭：湘潭大学.

[168] 庄振华，2010. 黑格尔的历史观 [D]. 上海：复旦大学.

[169] 资中筠，2003. 散财之道：美国现代公益基金会述评 [M]. 上海：上海人民出版社：317—328.

[170] 资中筠，2015. 财富的责任与资本主义演变：美国百年公益发展的启示 [M]. 上海：上海三联书店.

[171] 曾亦，2018. 儒家伦理与中国社会 [M]. 上海：上海三联书店.

[172] 章凯，2016. 中西方商业伦理有何不同 [J]. 人民论坛，(21): 62—63.

[173] BANSAL P, DESJARDINE M R, 2014. Business sustainability: it is about time[J]. Strategic Organization, 12(1): 70-78.

[174] BERLE A A Jr., 1959. Power without property: a new development in American political economy[M]. New York: The American Economic Republic.

[175] BERLE A A Jr., MEANS G C, 1933. The modern corporation and private property [M]. New York: The Macmillan Company.

[176] BLANCHARD K, PEALE N, 1988. The power of ethical management [M]. New York: Fawcett Crest: 20.

[177] BODIE Z, MERTON R, 1995. A conceptual framework of analyzing the financial environment [M] // CRANE D B, BODIE Z, FROOT K A, et al., The global financial system: a functional perspective. Boston: Harvard Business School Press.

[178] BOWEN H R, 1953. Social responsibilities of the businessman [M]. New York: University of Iowa Press.

[179] BRATTON V K, STRITTMATTER C, 2013. To cheat or not to cheat?: The role of personality in academic and business ethics[J]. Ethics & Behavior, 23(6): 427-444.

[180] CAMPBELL J L, 2007. Why would corporations behave in socially responsible ways? An institution theory of corporate social responsibility [J]. Academy of Management Review, 32(3): 946-967.

[181] CARROLL A B, 1991. The pyramid of corporate social responsibility: toward the moral management of organizational stakeholders [J]. Business Horizons, 34(4): 39-48.

[182] CARROLL A B, SHABANA K B, 2010. The business case for corporate social responsibility: a review of concepts, research and practice [J]. International Journal of Management Reviews, 12(1): 85-105.

[183] CASSON J, 2013. A review of the ethical aspects of corporate governance regulation and guidance in the EU. [N]. Institute of Business Ethics.Occasional Paper, 8: 1-44.

[184] CAVANAGH G F, MOBERG D J, VELASQUEZ M G, 1981. The ethics of organizational politics [J]. Academy of Management Review, 6(3): 363-374.

[185] CHANG K, OH Y, PARK H, 2017. Exploring the relationship between board characteristics and CSR: empirical evidence from Korea [J]. Business Ethics, 140(2): 225-242.

[186] CHOI J S, KWAK Y M, CHOE C, 2010. Corporate social responsibility and corporate financial performance: evidence from Korea [J]. Australian Journal of Management, 35(3): 291-311.

[187] CORY J, 2005. Business ethics: the ethical revolution of minority shareholders [M]// CORY J. Activist Business Ethics, Berlin: Springer.

[188] DAVIS K, 1960. Can business afford to ignore social responsibilities [J]. California Management Review, 2(3): 70-76.

[189] DODD E M, 1932. For whom are corporate managers trustees? [J]. Harvard Law Review, 45(7): 1145-1163.

[190] DRUCKER P F, 1954. The practice of management [M]. New York: Harper& Brothers.

[191] DRUCKER P, 1990. Managing the non-profit organization [M]. New York: Harper Collins.

[192] ELKINGTON J, 1997. Cannibals with forks: the triple bottom line of 21st century business [M]. Oxford:

Capstone.

[193] EPSTEIN E M, 1987. The corporate social policy process beyond business ethics, corporate social responsibility and corporate social responsiveness [J]. California Management Review, 29(3): 99-114.

[194] EUROPEAN PARLIAMENT AND COUNCIL OF THE EUROPEAN UNION, 2018. General data protection regulations[EU/OL]. (2018-05-25)[2020-03-22]. https://gdpr-info. eu/.

[195] FETSCHER I, 1978. Conditions for the survival of humanity on the dialectics of progress[J]. Universitas, German Review of the Arts and Science, Science, Quarterly English Language Edition, 20(1):161.

[196] FIGUERES C, RIVETT-CARNAC T, 2020. The future we choose: surviving the climate crisis[M]. New York: Knopf.

[197] FORTE A, 2004. Business ethics: a study of the moral reasoning of selected business managers and the influence of organizational ethical climate [J]. Journal of Business Ethics, 51(2): 167-173.

[198] FOX R, DEMARCO J, 2000. Moral reasoning: a philosophical approach to applied ethics [M]. San Diego: Harcourt College Publishers.

[199] FRANCIS, RONALD D, 2011. Ethics and corporate governance: an Australian handbook[M]. Sydney: UNSW Press.

[200] FRIEDMAN M, 1970. A Friedman Doctrine: the social responsibility of business is to increase its profit[J]. New York Times Magazine, 32–33(33): 173-178.

[201] FRIEDMAN M, 1982. Capitalism and freedom [M]. Chicago, IL: University of Chicago.

[202] GICHURE C W, 2006. Teaching business ethics in Africa: what ethical orientation? The case of East and Central Africa[J]. Journal of Business Ethics, 63(1): 39-52.

[203] GLOECKLER G, 2013. The best undergraduate B-Schools for ethics[EB/OL]. (2013-05-20)[2020-03-25]. https://www.bloomberg.com/news/articles/2013-05-20/the-best-undergraduate-b-schools-for-ethics.

[204] GRAAFLAND J, VAN D V B, 2006. Strategic and moral motivation for corporate social responsibility [J]. Journal of Corporate Citizenship, 22: 111-123.

[205] GREEN J F, 2013. Rethinking private authority: agents and entrepreneurs in global environmental governance [M]. Princeton: Princeton University Press.

[206] HAASS R, 2020. The world: a brief introduction[M]. London: Penguin Press.

[207] HARDIN G, 2009. The tragedy of the commons [J]. Journal of Natural Resources Policy Research, 1(3): 243-253.

[208] HOSMER L, 2007. Strategic planning as if ethics mattered [J]. Strategic Management Journal, 15(1): 17-34.

[209] IDOWU S O, PAPASOLOMOU I, 2007. Are the corporate social responsibility matters based on good intentions or false pretences? An empirical study of the motivations behind the issue of CSR reports by UK companies [J]. Corporate Governance, 7(2): 136-147.

[210] JACKSON T, 2009. Prosperity without growth ? the transition to a sustainable economy [J]. Journal of Cleaner Production, 18: 596-597.

[211] KARAKE Z A, KARAKE-SHALHOUB Z, 1999. Organizational downsizing, discrimination and corporate social responsibility [M]. Westport: Greenwood Publishing Group.

[212] KINDERMAN D, 2013. Corporate social responsibility in the EU, 1993–2013: institutional ambiguity, economic crises, business legitimacy and bureaucratic politics [J]. Social Science Electronic Publishing, 51(4): 701-720.

[213] KORNAI J, 1986. Contradictions and dilemmas: studies on the socialist economy and society [M]. Cambridge, MA: The MIT Press.

[214] KOTTER J P, 1988. John P Kotter on what leaders really do[M]. Cambridge: Harvard Business School Press.

[215] KROEBER A, KLUCKHOHN C, 1952. Culture: a critical review of concepts and definitions [M]. New York: Vintage Books.

[216] LAMM-TENNANT J, WEISS M A, 1997. International insurance cycles: rational expectations/institutional intervention[J]. Journal of Risk & Insurance, 64(3): 415-439.

[217] LEWIN K, LIPPITT R, WHITE R K,1939. Patterns of aggressive behavior in experimentally created social climates [J]. Journal of Social Psychology,10 (2): 271-301.

[218] LONERGAN B, 1992. Insight: a study of human understanding [M]. Toronto: University of Toronto Press.

[219] MASLOW A H, 1943. Theory of human motivation [J]. Psychological Review: 370-396.

[220] MATTEN D, MOON J, 2008. "implicit" and "explicit" csr: a conceptual framework for a comparative understanding of corporate social responsibility[J]. Academy of Management Review, 33(2): 404-424.

[221] MCGUIRE J W, 1963. Business and society [M]. New York: McGraw-hill.

[222] MEHR R I, HEDGES B A, 1963. Risk management in the business enterprise [M]. Michigan: R. D. Irwin.

[223] MEPHAM T B, 2000. The role of food ethics in food policy [J]. Proceedings of the Nutrition Society, 59(4): 609-618.

[224] MISHRA S, SUAR D, 2010. Does corporate social responsibility influence firm performance of Indian companies? [J]. Journal of Business Ethnics, 95(4): 571-601.

[225] MORELLI J, PERRY C, 2017. A manager/researcher can learn about professional practices in their workplace by using case research [J]. Journal of Workplace Learning, 29(1): 49-64.

[226] NASH J,1951. Non-cooperative games [J]. Annals of mathematics (second series), 54(2): 286-295.

[227] NYSSENS M, 2006. Social enterprise: at the crossroads of markets, public policies and civil society [J]. Journal of Enterprising Communities People & Places in the Global Economy, 36(3): 747-750.

[228] PORTER M E, KRAMER M R, 1999. Philanthropy's new agenda: creating value[J]. Harvard Business Review, (11-12): 121-122.

[229] PORTER M E, KRAMER M R, 2006. Strategy and society: the link between competitive advantage and corporate social responsibility [J]. Harvard Business Review, 84(12): 78-92.

[230] PORTER M E, VAN DER LINDE C, 1995. Toward a new conception of the environment-competitiveness relationship [J]. The Journal of Economic Perspectives, 9(4): 97-118.

[231] ROSSOUW G J, 2005. Business ethics and corporate governance in Africa [J]. Business and Society, 44(1): 94-106.

[232] ROSSOUW G J, 2009. The ethics of corporate governance [J]. International Journal of Law and Management, 51: 5-9.

[233] RUF B M, MURALIDHAR K, BROWN R M, 2001. An empirical investigation of the relationship between change in corporate social performance and financial performance: a stakeholder theory perspective [J]. Journal of Business Ethics, 32(2): 143-156.

[234] SCHERER A G, PALAZZO G, 2008. Corporate social responsibility and theories of global governance: strategic contestation in global issue areas[M] // CRANE A, MCWILLIAMS A, MATTEN D, et al. The Oxford Handbook of Corporate Social Responsibility. Oxford: Oxford University Press.

[235] SCHERER A G, PALAZZO G, 2008. The new political role of business in a globalized world: a call for a paradigm shift in CSR[C]// Academy of Management Annual Meeting.

[236] SCHERER A G, RASCHE A, PALAZZO G, SPICER A, 2016. Managing for political corporate social responsibility: new challenges and directions for PCSR 2.0 [J]. Journal of Management Studies, 53(3): 273-298.

[237] SCHWEITZER A, 1923. Kultur und ethik [M].Munich: C. H. Beck.

[238] SETHI S P, 1975. Dimensions of corporate social performance: an analytical framework [J]. California Management Review, 17(3): 58-64.

[239] SHELDON O, 1924. The social responsibility of management [M]. London: Sir Isaac Pitman and Sons Ltd.:115-118.

[240] STARK A, 1993. What's the matter with business ethics? [J]. Harvard Business Review, 71(3): 38-48.

[241] STEINER G A, STEINER J F, 1980. Casebook for business, government, and society [M]. New York: Random House Business Division.

[242] STOGDILL R M, 1948. Personal factors associated with leadership: a survey of the literature [J]. Journal of Psychology, 25(1): 35.

[243] VITELL S J, HIDALGO E R, 2006. The impact of corporate ethical values and enforcement of ethical codes on the perceived importance of ethics in business: a comparison of US and Spanish managers [J]. Journal of Business Ethics, 64(1): 31-43.

[244] WEBER M, 1958. The protestant ethic and the spirit of capitalism [M]. Charlottesville: Scribner Associates, Inc.

[245] WEBER T,2011. Gandhi's moral economics: the sins of wealth without work and commerce without morality[J]. The Cambridge Companion to Gandhi: 135-153.

[246] WEF, ALPHABETA, 2020. New nature economy report II: the future of nature and business[R/OL]. (2020-07-14)[2020-08-29]. https://www.weforum.org/reports?utf8=%E2%9C%93&query=the+fu-

ture+of+nature+and+business.

[247] WU C F, 2001. The study of global business ethics of Taiwanese enterprises in East Asia: identifying Taiwanese enterprises in mainland China, Vietnam and Indonesia as targets [J]. Journal of Business Ethics, 33(2): 151-165.

[248] WWF, GFN, ESA, 2012. Living planet report 2012: biodiversity, biocapacity and better choices[J]. Gland, Switzerland.

[249] XEPAPADEAS A, DE ZEEUW A, 1999. Environmental policy and competitiveness: the Porter hypothesis and the composition of capital[J]. Journal of Environmental Economics and Management, 37(2): 165-182.

[250] YAN M, 2018. Beyond shareholder wealth maximisation [M]. London: Routledge.

[251] ZWART H A, 2000. Short history of food ethics[J]. Journal of Agricultural & Environmental Ethics, 12(2): 113-126.

后　记

2012年我担任了北京大学汇丰商学院助理院长，开始负责教授"商业伦理"这门课程。大部分学生通过学习，逐渐清楚地认知到社会发展的大势，切身体会到推动商业伦理的真正力量。我也开始考虑对中国经济转型过程中的商业伦理进行研究。除了教学工作的需要，撰写《商业伦理：全球视角》的强烈动机与我个人的成长背景和工作经历有着密切的联系。

我出生于20世纪60年代，高中毕业后就报考了大连铁道学院的金属材料专业。随着改革开放的不断深入，我开始梦想着投身于经济管理工作。在20周岁之际，我在大学学报上发表了有关教育伦理的学术文章并获得优秀论文奖，由此激发了从事社会科学研究的兴趣。在大连交通学院姜继斌教授的推荐下，通过自学经济管理，我从实习的成都机车车辆厂考入四川省社会科学院工业经济研究所（以下简称"工经所"）。

1986年，在工经所副所长胡秀坤研究员的培养下，我作为实习研究员参与了"大西南建设"的研究课题；通过深入的实证调研，培养了研究问题的思维。1988年，在母亲夏光的鼓励下，我通过了单位选拔，获得了到北京大学经济学院学习的机会。在恩师范家骧教授的指导下，我仅用一年半时间就将大部分本科和研究生核心课程修完，其间在国内顶级学术期刊上发表了经济改革和生态保护等方面的文章。1991年，在四川省社会科学院院长刘茂才教授的支持下，我考入了南京大学中美文化研究中心。1992年，我获取了德国学术基金会全额奖学金，前往德国从事学术研究，同时被德国柏林洪堡大学录取为博士研究生。1993年，在夏威夷大学深造期间，我毅然放弃美国待遇优渥的工作机会。在博士生导师德国柏林洪堡大学费路（Roland Felber）教授和德国科隆大学古德曼（Gernot Gutmann）教授的共同指导下，于2000年完成了博士生学位论文，并以优异的成绩通过了毕业答辩。从国内外学习经历中，我深刻体会到人生就是不断学习和修炼的过程，信守承诺就是伦理。

1997年，我曾随留德博士生代表团回国访问，并代表留德学生向时任国务院副总理李岚清汇报了对社会经济发展的看法。2001年，我接受北京市组织部门的任命，回国担任北京市WTO研究中心副主任一职，负责领导干部的国际化培训，并积极组织了首届中国加入WTO北京国际论坛，参与了一系列相关政策的制定工作。我有幸在中国发展最需要人才的时候，参与到国家建设的宏伟事业中。从回国后的工作经验中，我深刻体会到感恩和回报就是伦理。

2002年之后，北京市教育委员会授予我北京市属高校特聘教授称号，并入选"北京百千万人才项目计划"。在中国著名社会学家费孝通先生、政治学家赵宝煦教授、历史学家杜文棠教授、循环经济专家左铁镛院士、经济学家李京文院士的支持下，我在北京工业大学创立了中国经济转型研究中心。其间还兼任了国家自然资源部（原国土资源部）特约监察专员、生态环境部东盟环保中心核心专家、教育部留学基金委评审专家、民主建国会中央能源与资源环境委员会委员。2004年，我承担了"循环经济"国家级重点研究课题，同时组织了50多位中外学者参加由我负责的《德国循环经济研究》专著的撰写工作。2007年，我和团队荣获教育部颁发的"人文社会科学研究优秀成果奖"。在此基础上，我代表中国民主建国会北京市委员会起草了《关于完善垃圾处理体系、促进绿色北京建设的提案》。作为北京最早提倡垃圾分类的提案，这项提案荣获了中国人民政治协商会议北京市委员会颁发的"全市最具影响力提案奖（2010—2014年）"。

在中国环境科学学会的支持下，我以"国际生态发展联盟"[1]理事单位名义，发起了"联盟乡村生态教育扶贫"项目，在中国最贫困的通江县泥溪镇和宜宾县锦屏镇的大力支持下，与社会各界共建"联盟夏光"图书馆和"联盟夏光"爱传递项目，先后筹集上百万元的资金、设备、图书和学习卡；十年间上百位学者、企业家和国内外青年学生先后组成生态教育团队，以教育方式传送生态文明的理念，这些活动有助于改善贫困山区乡村孩子的学习环境，有助于泥溪镇、锦屏镇的数个乡村向生态农业的转型。从这些公益活动中，我切实体会到社会责任和社会良知就是伦理。

在国家生态环境部（原国家环境保护部）有关部门领导推荐下，我代表中国学术界参与了联合国环境规划署《绿色经济报告》的撰写工作。其间多次出席法国和瑞士的

---

[1] 英文全称为 Ecological Development Union International，简称 EDUI，其同音译为"益地友爱"，即从事有益于地球的生态发展和生态文明，促进人与人、人与社会、人与生态环境的相互关爱。

论证会。当时，大部分国外学者在报告中都将中国冠以世界上最大的碳排放国、环境污染国、能源消费国，即所谓的"三大冠军"加以批评，我则以在美国加利福尼亚大学圣塔芭芭拉分校访学期间所参与的有关全球垃圾供应链和海外企业污染转移的实证调查结果，明确指出造成中国成为"三大冠军"的根源乃近30年发达国家工业化污染转移的结果，还列举出一些西方企业缺乏商业伦理，违背国际法规，非法将大量电子垃圾向中国转移的事实。这些具有科学依据的学术观点在国际会议上获得了与会学者的高度重视。在我和众多专家的共同努力下，最终的《绿色经济报告》改变了对中国的论断，更多强调共同责任和国际合作。通过上述国际交流，我深刻理解到遵守国际准则与坚持公平公正就是伦理。

在长达几十年的工作和生活中，但凡遇到抉择，我都始终遵循伦理准则，正向思考和正念做事，对在日常工作中遵循伦理的重要性感同身受。在科研中，我坚持精细分析原则，重视学术的严谨性、科学性和创新性，不急功近利。正是坚守这样的伦理原则，我最终围绕"循环经济研究"和"经济转型研究"两大领域撰写了近十部学术著作，第九届、第十届全国人大常委会副委员长成思危先生，著名经济学家吴敬琏先生，著名政治学家赵宝煦先生，法国经济学家皮埃尔·卡蓝默（Pierre Calame）教授，国家发改委副主任解振华先生，著名循环经济专家左铁镛院士、冯之浚先生分别写序，其中循环经济的研究成果获得生态环境部有关部门的好评。总之，涉及个人利益的事情，我均宽容与包容对待，顾全大局而放弃名利之争；但是，凡是涉及有损集体荣誉、有违科研准则的事情，我则坚守伦理原则。我始终牢记"千日行善，善犹不足；一日行恶，恶自有余"的训诫，认为坚守道德底线和捍卫集体荣誉就是伦理。

正是怀着"不忘初心、持之以恒"和"聚沙成塔、聚水成涓"的信念，经过三年多的艰苦奋战，在大家的共同努力下，《商业伦理》方得以成书。

在此，衷心感谢联合国政府间气候变化专门委员会时任副主席莫汉·穆纳辛格（Mohan Munasinghe）教授和欧盟地区委员会时任秘书长格哈德·斯塔尔（Gerhard Stahl）教授亲自为本书作序，他们的真知灼见对于统领全书具有重要的指导意义，多年以来他们对我的学术支持成为完成此书重要的精神力量。

十分感谢北京大学深圳研究生院、北京工业大学和常州大学有关领导和老师的大力支持，感谢中国人民大学、南京财经大学、中国科学院、中国社会科学院等教育科研机构师生们的参与。特别感谢美国国家人文科学院小约翰·柯布（John Cobb Jr.）院士、中国人民大学张象枢教授、全球新兴经济体商学院联盟（CEEMAN）主席兼斯洛文尼亚布莱德管理学院院长丹妮卡·普尔格（Danica Purg）教授、德国商业伦理专家瑞勒·斯密德彼特（Rene Schmidpeter）教授、英国企业社会责任专家萨姆尔·艾德沃（Samuel Idowu）教授、北京地球村环境文化中心廖晓义博士、北京师范大学公益研究院王振耀教授、中国科学院刘曼红教授、国际生态发展联盟陈立柱教授、中国社会科学院罗红波研究员、牛津大学中医药研究中心马玉玲研究员、中国中医科学院马晓彤研究员、大连交通大学姜继斌教授、对外经贸大学刘宝成教授、暨南大学王玮教授、亚洲教育论坛秘书长姚望博士等所给予的无私支持。其中柯布院士和张象枢教授，不仅德高望重而且虚怀若谷，通过微信或论坛分享其学术见解，他们的学术思想极大丰富了本书的内容。

为了进一步丰富《商业伦理》的内涵，汲取国内外近期学术思想，由我牵头，组成了跨国界、跨学科、跨文化、跨学校的学术课题组，围绕商业伦理所涉及的相关议题，邀请各领域的专家、青年学生参与交流。

本书编写具体分工如下：

第1章至第4章，陆华良主笔，李宾、黄惠盈、吴思嘉、张焕、张晨钊、董之源参与，黄海峰、李洋修改；

第5章，黄海峰主笔，张静参与，陆华良修改；

第6章，黄海峰、陈怡俊主笔，吴迪参与，吴华南、陆华良修改；

第7章，黄海峰主笔，刘曼红、刘小兵、刘辉、郑广源参与，汤一诺、杨海珍、李建军提出修改意见；

第8章，黄海峰主笔，张象枢、马玉玲、李宾、盛春红、吴迪、毛子豪、朱妮参与，马晓彤、胡涛提出修改意见；

第9章，陈怡俊、黄海峰主笔，吴华南、陆华良修改；

第10章，黄海峰主笔，吴迪参与，吴华南修改；

第11章，严忞主笔，吴昊、单文庆、蔡玮律参与，黄海峰修改；

第12章，黄海峰主笔，王振耀、陈怡俊、胡涛、吴迪参与，陆华良提出修改意见；

第13章，陆华良主笔，叶秋雨参与，黄海峰修改；

第14章，黄海峰、盛春红主笔，吴迪、南唐（Nathan M. Diwambuena）参与，罗红波、陆华良修改。

此外，多位国际专家提供了丰富的研究成果：Danica Purg 教授、René Schmidpeter 教授、Samuel Idowu 教授、Arnold Walravens 教授、André Hantke 博士、Marina Schmitz 博士、Christopher Stehr 教授、Oliver Danih 博士、Thomas Cheruiyot 教授、Ravi Madhavan 教授、Ulf Henning Richter 博士、Yves Zimmermann 先生。

吴艳、王雅洁参与外文资料翻译工作；陆华良、盛春红、彭柯、林亦琛（Nathan Faber）负责目录、简介的英文翻译；全书在交稿前，又由李洋和吴迪牵头，组织了张喆、海友连（Julian Heinig）、单文庆、张静、姜涵、赵丹丹、曾昭铭、凌丽敏、王亚娜、李璐、张玥等对全书各章内容、图表、参考文献进行校正，并制作出教学PPT资料；结束语由黄海峰、陆华良、李洋共同撰写。

值得一提的是，在写作过程中，我受邀参与了亚洲教育论坛、世界商业伦理大会，分别做了主旨发言，并与国内外专家学者和企业家进行了深入交流，受益匪浅。同时，陆华良教授也承接了国家自然科学基金项目（71773046）、江苏省社科基金项目（16HQ014）、江苏省高校哲学社会科学基金重点项目（2017ZDIXM061），其中部分章节是课题的阶段性研究成果。2019年7月到12月，我在主持北京大学"粤港澳大湾区绿色金融研究课题"过程中，生态环境部周国梅教授、国家发改委白泉教授、清华大学孔英教授、哈尔滨工业大学彭柯教授、深圳大学张扬教授、澳门科技大学邓伟强博士以及北京大学栾胜基教授、马晓明教授、岑维教授，深圳资本市场学院张韶辉博士、耿庆武教授，深圳排放权交易所赵改栋的建设性意见也对本书有所启发。也感谢在最初的课题筹备过程中，孙美、本力、王昕宇、程伟鸽、刘俊言、邓春芳、孙兴华等先后提供的学术资料。不幸的是，刘俊言同学于2019年8月6日在家中去世，也希望此书面世以纪念她在北大的学习经历。

最后，对所有支持本书写作的专家学者、青年学友和亲朋好友致以感谢，深深地感谢你们这几年的支持、理解和守护。感恩养育、培育和教育我一生的父亲黄贵瑜和母亲夏光，他们所给予的家庭伦理教育，仿佛像永不消逝的光芒始终指引我前行。感谢家人们给予我的关爱和支持。

本书即将完稿之际，正值世界各国与新冠肺炎搏斗的特殊时期，全国人民积极战"疫"所表现出的中华民族精神也极大激励了全体写作成员。特别是钟南山、李兰娟等无数"白衣天使"，为了救助患者，将自己的生命置之度外，所展现的崇高的伦理情怀和无私的奉献精神令人感动。同时，我们也看到，科学家最初怀疑新型冠状病毒源头有可能来自野生动物，在关系到社会的伦理与发展、人类的健康与生存的关键时刻，国家有关部门立即实施了禁止交易和食用野生动物的措施。中国各级领导有效发挥了伦理型领导力，在极短时间内迅速有效地制止了疫情的蔓延。中国社会所彰显出的国家领导能力、科技发展水平、医者伦理操守、公民伦理道德等，都成为书稿的创作灵感来源。

总之，《商业伦理》汇集了集体智慧，是老中青三代学人的集体成果。本书将有助于弘扬商业伦理精神，在教学实践中使得未来的人才更多地关注社会责任、人文情怀和生态文明的内涵，使其心系社会、感恩社会。值得一提的是，在观点综述、资料取舍和文献引用的过程中，难免挂一漏万，恳请得到学界同仁和广大读者的批评指正。在今后的教学实践中，本书也会不断修订完善。

黄海峰

2020 年 9 月 22 日

教辅申请说明

　　北京大学出版社本着"教材优先、学术为本"的出版宗旨，竭诚为广大高等院校师生服务。为更有针对性地提供服务，请您按照以下步骤通过**微信**提交教辅申请，我们会在1～2个工作日内将配套教辅资料发送到您的邮箱。

◎ 扫描下方二维码，或直接微信搜索公众号"北京大学经管书苑"，进行关注；

◎ 点击菜单栏"在线申请"—"教辅申请"，出现如右下界面；

◎ 将表格上的信息填写准确、完整后，点击提交；

◎ 信息核对无误后，教辅资源会及时发送给您；如果填写有问题，工作人员会同您联系。

温馨提示：如果您不使用微信，则可以通过以下联系方式（任选其一），将您的姓名、院校、邮箱及教材使用信息反馈给我们，工作人员会同您进一步联系。

联系方式：
北京大学出版社经济与管理图书事业部
通信地址：北京市海淀区成府路205号，100871
电子邮箱：em@pup.cn
电　　话：010-62767312 / 62757146
微　　信：北京大学经管书苑（pupembook）
网　　址：www.pup.cn